Roland Geißler

Großer Wanderführer
Unstrut

mit Radtourenvorschlägen

Verlag Rockstuhl

Impressum

Herausgeber: Harald Rockstuhl, Bad Langensalza

Umschlaggestaltung: Harald Rockstuhl, Bad Langensalza

Großes Titelbild: Blick auf den „Blütengrund", Einmündung der Unstrut in die Saale. Hier findet man eine kleine Fährstelle, welche 1283 erstmals urkundlich erwähnt wurde. Sie ist gleichzeitig Start- oder Endpunkt von Wanderungen oder Radtouren entlang der Unstrut oder der Saale.
Im Blütengrund befinden sich auch die Anleger für die Unstrut-Schiffe MS „Fröhliche Dörte", MS „Unstrutnixe" sowie des MS „Reblaus". Foto: Harald Rockstuhl
Kleine Titelbilder: Unstrutquelle bei Kefferhausen; Unstrutidyll bei Silberhausen; Luftbilder von der Wasserburg Heldrungen und der Arche Nebra bei Wangen (Nebra).
Grafiken auf der Rückseite: ARTIFEX Computerkartographie & Verlag Bartholomäus und Richter, Bad Langensalza

1. Auflage 2016

ISBN 978-3-938997-09-3

Redaktionsschluss: 12. April 2016

Streckenskizzen im Buch: Rüdiger Müller, Leinefelde
Satz: Roland Geißler, Leinefelde
Innenlayout: Harald Rockstuhl, Bad Langensalza

Fotos ohne Unterschrift von Roland Geißler

Druck und Bindearbeit: Beltz GmbH Bad Langensalza

Gedruckt auf alterungsbeständigem Papier nach ISO 9706

Die Deutsche Nationalbibliothek verzeichnet diese Publikation in der Deutschen Nationalbibliografie. Detaillierte bibliografische Daten sind im Internet über *http://dnb.d-nb.de* abrufbar.

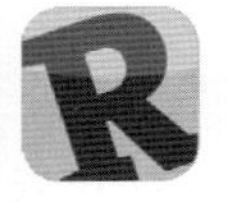

Verlag Rockstuhl
www.verlag-rockstuhl.de

Inhaber: Harald Rockstuhl
Mitglied des Börsenvereins des Deutschen Buchhandels e.V.
Lange Brüdergasse 12 in D-99947 Bad Langensalza/Thüringen
Telefon: 03603 / 81 22 46 Telefax: 03603 / 81 22 47
www.verlag-rockstuhl.de

Vorwort des Autors

Als ich im Mai 2005 erstmals den kompletten Unstrut-Radweg abgeradelt bin, war ich sehr beeindruckt, obwohl ich noch einige Schwachstellen vorfand. 2007 war es wieder soweit. Da bin ich den Weg erneut abgefahren und stellte fest, das sich wieder etwas getan hat. Außerdem begegnete ich einer größeren Anzahl von Radfahrern, die diesen Weg nutzten. Während dieser Tour kam mir die Idee, das vorliegende Werk zu verfassen. Dabei wusste ich, dass es bereits einige Publikationen von namhaften Verlagen über diesen tollen Radweg gibt. Deshalb hatte ich einige Skrupel. Außerdem war ich zu jener Zeit gerade mit anderen Buchprojekten befasst.
Bei meinen weiteren Streifzügen per Rad oder per pedes stellte ich fest, dass auch das Hinterland der Unstrut nicht zu verachten ist. Dazu zählen das Eichsfeld, der Nationalpark Hainich, die Kyffhäuserregion, die Hohe Schrecke und das Saale-Unstrut-Triasland. Und gerade im Thüringer Becken um Sömmerda ist das Radwegenetz besonders dicht geknüpft.
So habe ich schließlich die Unstrut mit ihrem „Speckgürtel" vernetzt. Jede Tour beginnt an der Unstrut. Dies ermöglicht Touristen einen mehrtägigen Aufenthalt an einem Unstrutort.

„So manchmal bin ich die Unstrut auf und ab gezogen:
zur Frühlingszeit, wenn im funkelnden Sonnenregen die Erde freudig zu beben schien ob allen Blühens und Singens ringsumher,
oder auch an stillen, klaren Herbsttagen, wenn in unerschöpflich reicher Segensfülle Thal und Rebenhügel schimmerten.
Und immer ist es mir um's Herz dabei warm geworden, ob all des innigen Glückes, das ich zu sehen meinte, weil es selbst mich in diesen Stunden heimlich umfangen hielt."

Diese Eindrücke schilderte der Wanderschriftsteller August Trinius in seinem 1892 erschienenen Wanderbuch „Durch´s Unstruttal – Von Naumburg a. d. Saale bis zum Kyffhäuser".

Abschließend wünsche ich allen, die unsere Heimat als Wanderer oder als Radler kennen lernen möchten, ein gutes Vorankommen. Möge dieses Büchlein eine wertvolle Orientierung dazu sein.
Außerdem möchte ich allen danken, die zum Gelingen dieses Werkes beigetragen haben. Das gilt insbesondere für die Sponsoren und alle Wander- und Heimatfreunde der Region, die mein Manuskript kritisch unter die Lupe nahmen und Anregungen gaben.

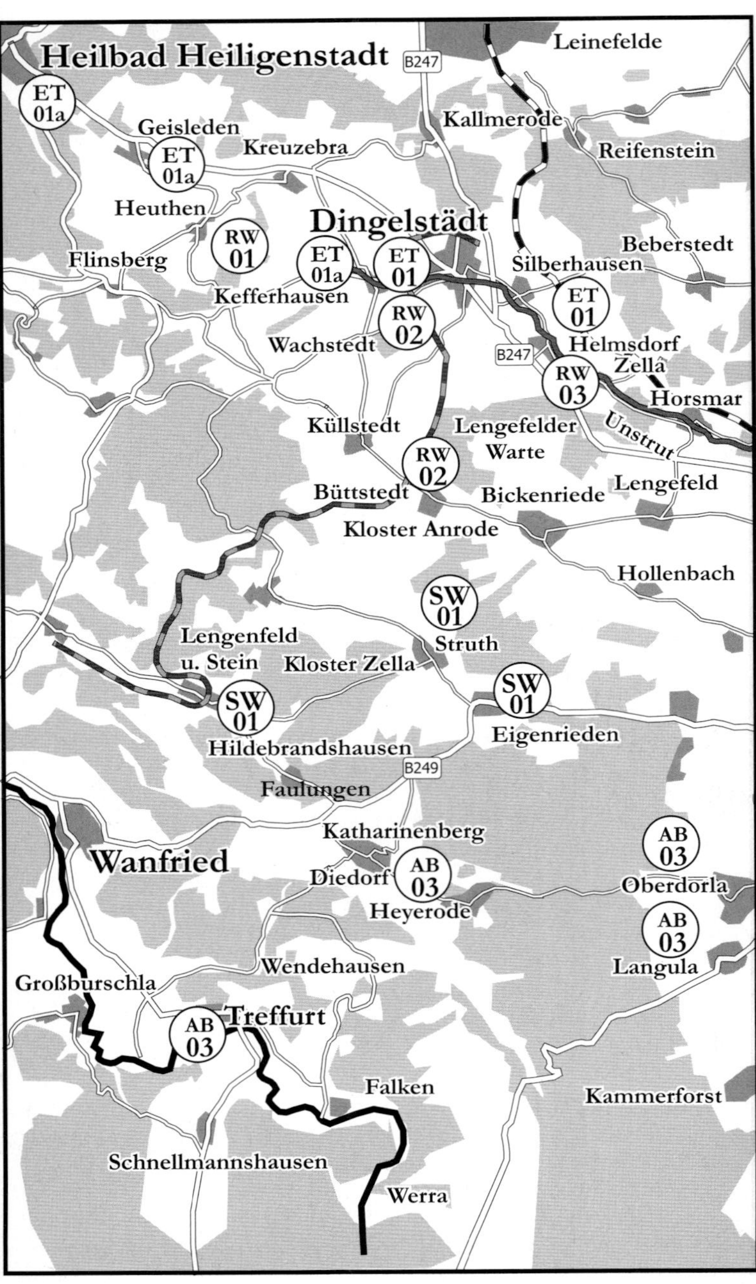
Heilbad Heiligenstadt
B247
Leinefelde
ET 01a
Geisleden
Kreuzebra
Kallmerode
Reifenstein
ET 01a
Heuthen
Dingelstädt
RW 01
Beberstedt
Flinsberg
ET 01a
ET 01
Silberhausen
Kefferhausen
RW 02
ET 01
Wachstedt
B247
Helmsdorf
Zella
RW 03
Horsmar
Küllstedt
Lengefelder Warte
Unstrut
RW 02
Lengefeld
Büttstedt
Bickenriede
Kloster Anrode
Hollenbach
SW 01
Lengenfeld u. Stein
Struth
Kloster Zella
SW 01
SW 01
Eigenrieden
Hildebrandshausen
B249
Faulungen
Katharinenberg
AB 03
Wanfried
AB 03
Diedorf
Oberdorla
Heyerode
AB 03
Langula
Wendehausen
Großburschla
AB 03
Treffurt
Falken
Kammerforst
Schnellmannshausen
Werra

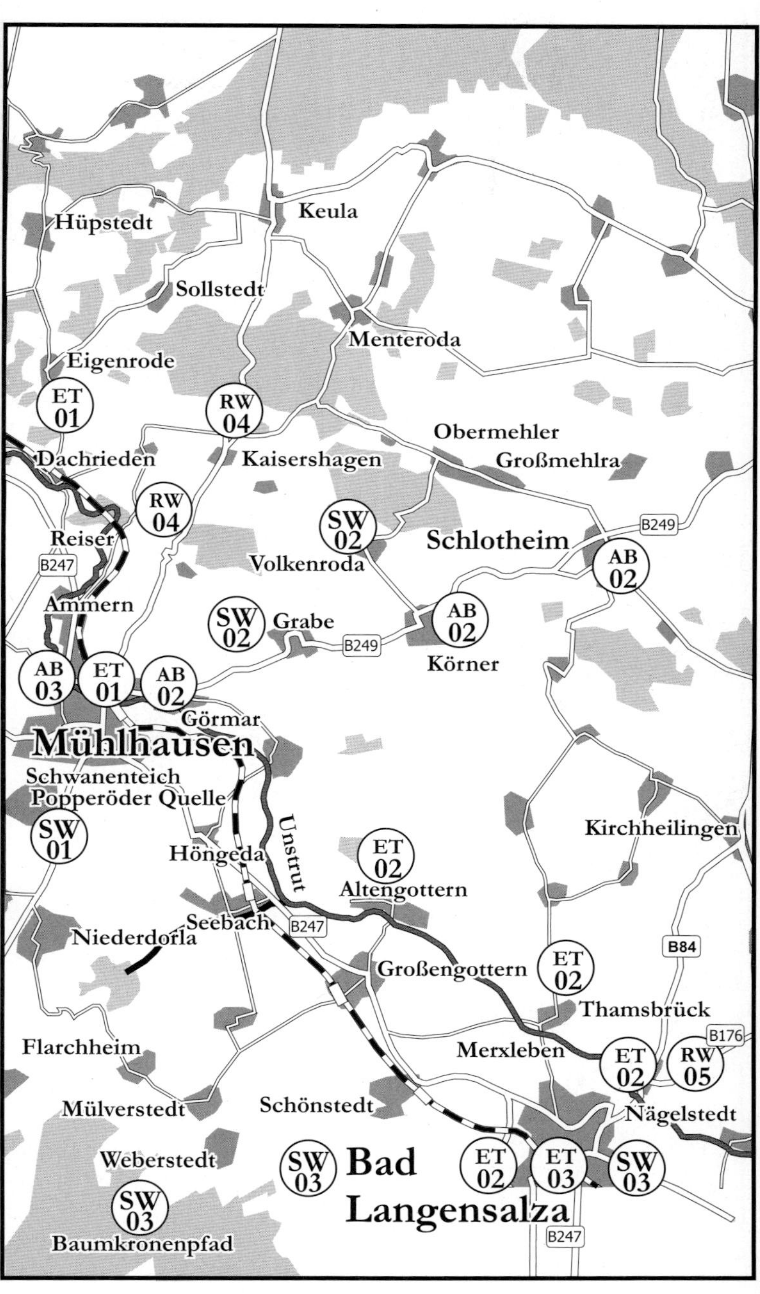
Hüpstedt
Keula
Sollstedt
Menteroda
Eigenrode
ET 01
RW 04
Obermehler
Dachrieden
Kaisershagen
Großmehlra
RW 04
SW 02
B249
Reiser
Schlotheim
B247
Volkenroda
AB 02
Ammern
SW 02
Grabe
AB 02
B249
Körner
AB 03
ET 01
AB 02
Görmar
Mühlhausen
Schwanenteich
Popperöder Quelle
SW 01
Unstrut
Kirchheilingen
Höngeda
ET 02
Altengottern
Seebach
B247
Niederdorla
B84
Großengottern
ET 02
Thamsbrück
B176
Flarchheim
Merxleben
ET 02
RW 05
Mülverstedt
Schönstedt
Nägelstedt
Weberstedt
SW 03
Bad Langensalza
ET 02
ET 03
SW 03
SW 03
B247
Baumkronenpfad

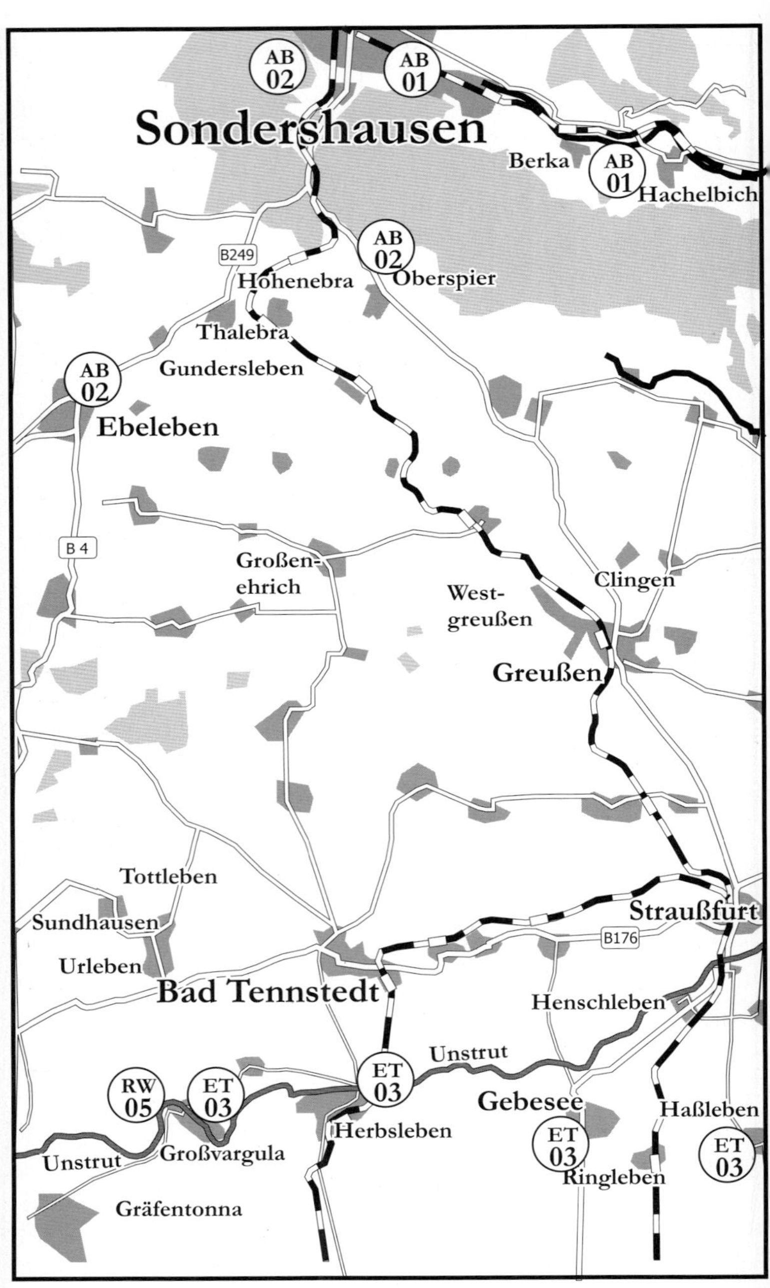
AB 02
AB 01
Sondershausen
Berka
AB 01
Hachelbich
B249
AB 02
Hohenebra
Oberspier
Thalebra
AB 02
Gundersleben
Ebeleben
B 4
Großen-
ehrich
West-
greußen
Clingen
Greußen
Tottleben
Sundhausen
Urleben
Bad Tennstedt
Straußfurt
B176
Henschleben
Unstrut
RW 05
ET 03
ET 03
Gebesee
Haßleben
Herbsleben
ET 03
ET 03
Unstrut
Großvargula
Ringleben
Gräfentonna

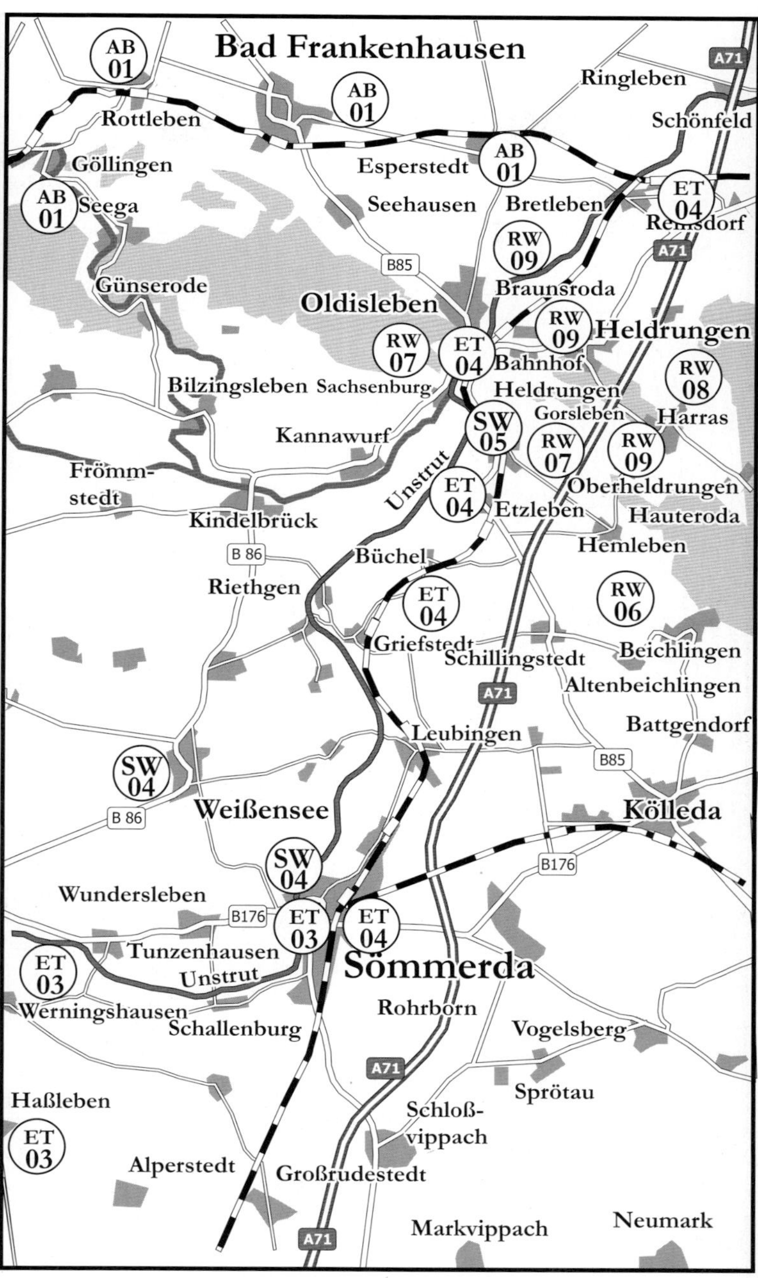
Bad Frankenhausen
AB 01
Rottleben
Göllingen
Seega
Günserode
Esperstedt
Seehausen
Ringleben
Schönfeld
Bretleben
Reinsdorf
A71
B85
Oldisleben
Braunsroda
RW 09
RW 07
ET 04
Heldrungen
Bahnhof Heldrungen
RW 08
Harras
Gorsleben
Bilzingsleben
Sachsenburg
Kannawurf
SW 05
Frömm-stedt
Kindelbrück
Unstrut
Oberheldrungen
Etzleben
Hauteroda
Hemleben
B 86
Büchel
Riethgen
RW 06
Griefstedt
Schillingstedt
Beichlingen
Altenbeichlingen
Battgendorf
Leubingen
SW 04
Weißensee
Kölleda
B176
Wundersleben
ET 03
Tunzenhausen
Sömmerda
Werningshausen
Schallenburg
Rohrborn
Vogelsberg
Sprötau
Haßleben
Schloß-vippach
Alperstedt
Großrudestedt
Markvippach
Neumark

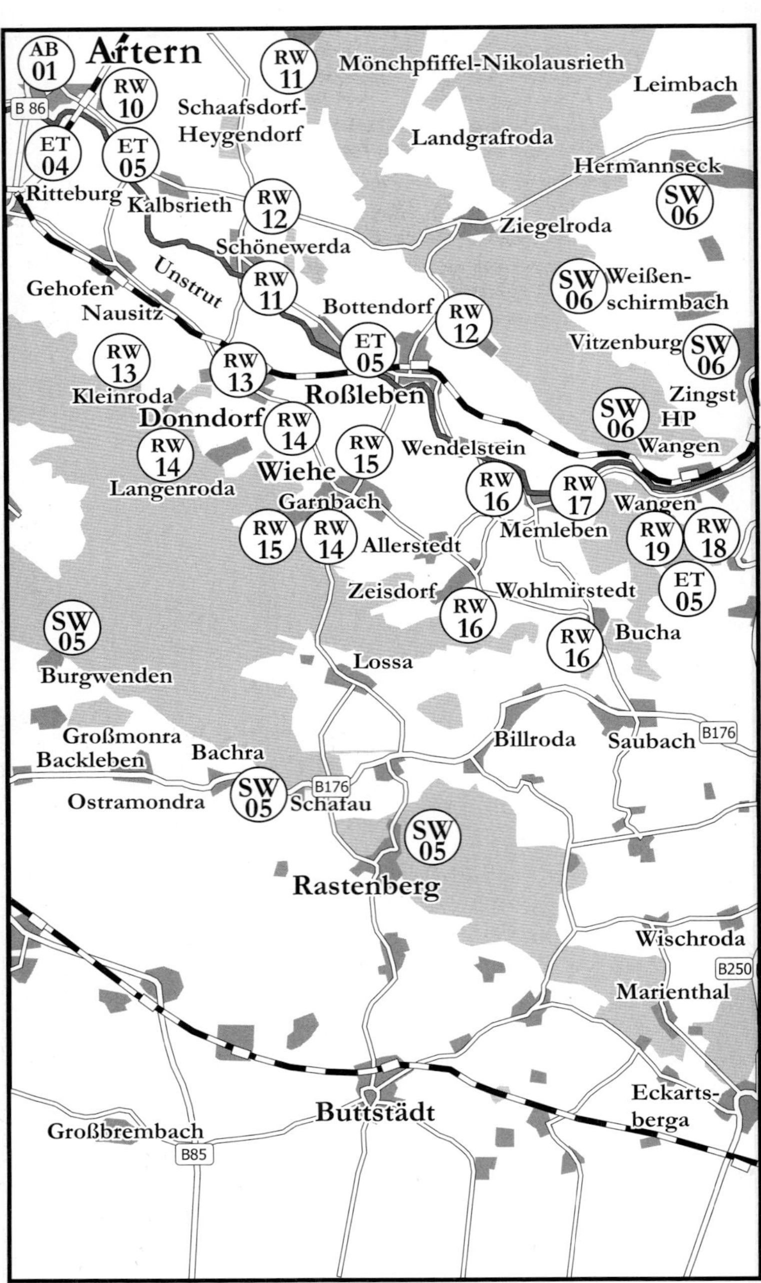

AB 01
Artern
RW 10
RW 11
Mönchpfiffel-Nikolausrieth
Leimbach
B 86
Schaafsdorf-
Heygendorf
ET 04
ET 05
Landgrafroda
Hermannseck
SW 06
Ritteburg
Kalbsrieth
RW 12
Ziegelroda
Schönewerda
Unstrut
SW 06
Weißen-
schirmbach
Gehofen
RW 11
Bottendorf
RW 12
Nausitz
Vitzenburg
SW 06
RW 13
RW 13
ET 05
Zingst
Kleinroda
Roßleben
SW 06
HP
Donndorf
RW 14
Wangen
RW 14
RW 15
Wendelstein
Wiehe
Langenroda
RW 16
RW 17
Garnbach
Wangen
Memleben
RW 15
RW 14
Allerstedt
RW 19
RW 18
Zeisdorf
Wohlmirstedt
ET 05
RW 16
SW 05
RW 16
Bucha
Lossa
Burgwenden
Billroda
Saubach
B176
Großmonra
Backleben
Bachra
Ostramondra
SW 05
B176
Schafau
SW 05
Rastenberg
Wischroda
B250
Marienthal
Eckarts-
berga
Buttstädt
Großbrembach
B85

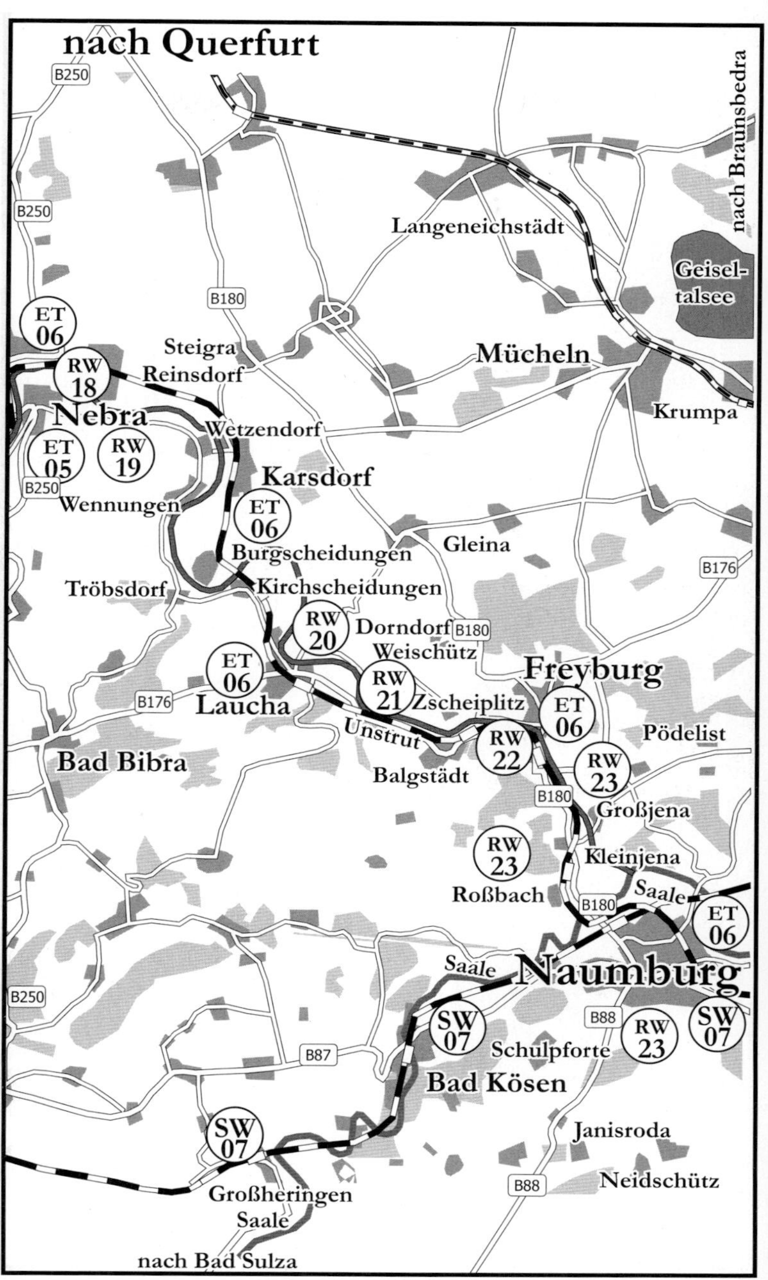
nach Querfurt
B250
nach Braunsbedra
Langeneichstädt
Geisel-
talsee
B180
ET 06
Steigra
Mücheln
RW 18
Reinsdorf
Nebra
Krumpa
Wetzendorf
ET 05
RW 19
B250
Karsdorf
Wennungen
ET 06
Gleina
Burgscheidungen
B176
Tröbsdorf
Kirchscheidungen
RW 20
Dorndorf
B180
Weischütz
ET 06
Freyburg
RW 21
B176
Laucha
Zscheiplitz
ET 06
Unstrut
RW 22
Pödelist
Bad Bibra
Balgstädt
RW 23
B180
Großjena
RW 23
Kleinjena
Roßbach
B180
Saale
ET 06
Saale
Naumburg
B250
SW 07
B88
RW 23
SW 07
B87
Schulpforte
Bad Kösen
SW 07
Janisroda
B88
Neidschütz
Großheringen
Saale
nach Bad Sulza

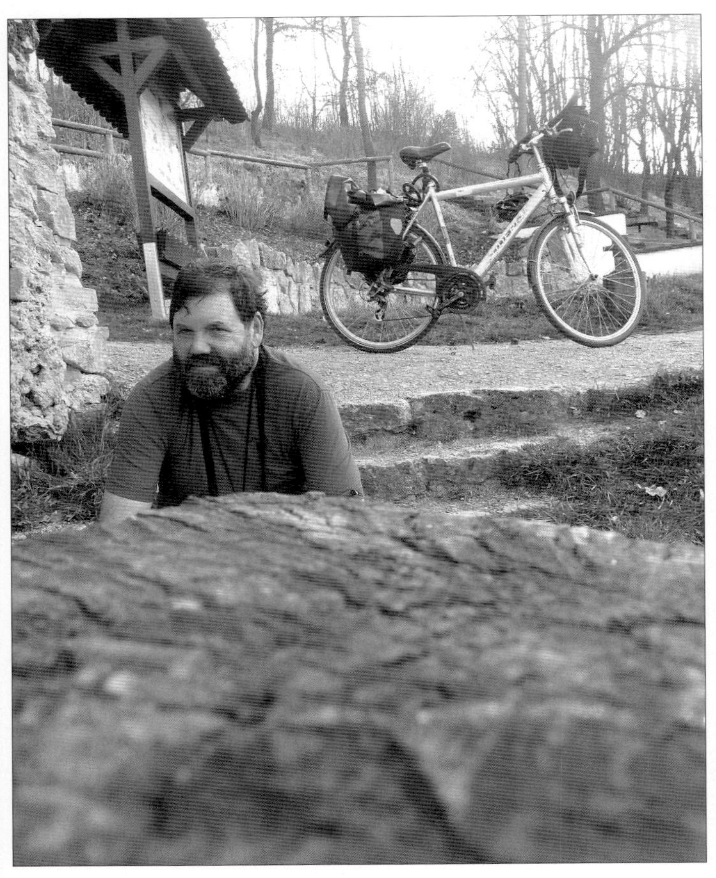

Der Autor an der Unstrutquelle westlich von Kefferhausen.

Inhaltsverzeichnis

1. Rundwanderungen (RW)

RW 11: Über das Märzenbechertal zum Klostergut Mönchpfiffel 20 km

Schönewerda - Märzenbechertalweg - Rastplatz Märzenbechertal - Schlangentalskopf - Beerkopf - Klostergut Mönchpfiffel - Nikolausrieth - Helme-Wanderweg - Schaafsdorf-Heygendorf - Kalbsrieth - Kyffhäuser-Feengrotten-Weg - Schönewerda

RW 12: Rund um die Kupferhütte Bottendorf 8 km

Bottendorf, Kupferhütte - Bottendorfer Hügel - Schönewerda - Unstrut-Radweg - Bottendorf, Kupferhütte

RW 13: Auf dem Köhlerhüttenweg um das Kloster Donndorf 10 km

Donndorf - Kloster Donndorf - Schrecke-Kammweg - Kleinroda, Teich - Orlisloch - Köhlerhütte - Jagdhütte auf dem Wolfsberg - Cölledaer Chaussee - Himmelreich - Schwenkplatz - Donndorf

RW 14: Auf den Spuren des Leopold von Ranke 19 km

Wiehe, Markt - Schrecke-Randweg - Wassertretbecken am Hainborn - Garnbach - Mufflongehege - Rasenplatz - Kreuztal - Langenroda - Wolfstalquelle - Schutzhütte „Zauberhafte Heimat“ - Jagdhütte auf dem Wolfsberg - Cölledaer Chaussee - Borntal - Kloster Donndorf - Ranke-Wanderweg - Schießbahn im Kreuztal - Hechendorf - Ranke-Obelisk - Schieferspitze - Wiehe, Markt

RW 15: Zur Burgruine Rabenswald 10 km

Wiehe - Wassertretbecken am Hainborn - Mägdesprung - Waldglashütte - Burgruine Rabenswald - Palmtal - Leintal/Hexenmacher-Atelier - Garnbach - Friedenseck - Kuckuckswald - Wiehe

RW 16: Rund um Memleben 16 km

Memleben - Kuhtal - Schonung Rotbuche - Bucha - Wolfsangerstraße - Zeisdorf - NL Klefferbachweg - Wohlmirstedt - Memleben

RW 17: Auf dem Geopfad Triastor (Große Runde) 21 km

Memleben - Wendelstein - Abraumhalde Roßleben - Langes Gestell - Wegekreuz Lodentrift - Wangener Grund - Rastplatz Hirtentisch - Kleinwangen - HP Wangen - Großwangen, Kriegerdenkmal - Aussicht Erbberg - Schwalbestal - Glockenborn - Bockberg - Orlas - Kuhtal, Hügelgräber - Memleben

RW 18: Auf dem Geopfad Triastor (Kleine Runde) 12 km

Kleinwangen - HP Wangen - Buntsandsteinhochfläche „Bock“ - Aussicht vom Bock - Sandsteinbrüche - Bf. Nebra - Unstrut-Radweg - Verwaltung Geo-Naturpark - Altenburg-Felsen - Schlosspark Nebra - Geologischer Aufschluss Nebra - Schwalbestal - Schacht Wangen - Großwangen - HP Wangen - Kleinwangen

RW 19: Von Wangen zum Fundort der Himmelsscheibe 11 km

Klein-Wangen - Erlebniscenter Arche Nebra - Aussichtspunkt Wangen - Langes Gestell - Burgtal - Infohütte Waldpädagogik -

Fundort Himmelsscheibe mit Aussichtsturm - Bushaltestelle - Lodentrift - Rastplatz Hirtentisch - Wangener Grund - Klein-Wangen

RW 20: Auf dem Fliegerweg 7 km

Dorndorf - Dorndorfer Berge - Abzw. Flugsportzentrum - Gleinaer Berge - Unstrut-Radweg - Glockenseck - Dorndorf

RW 21: Von Weischütz nach Zscheiplitz 9 km

Weischütz - Kyffhäuser-Feengrotten-Weg - Schafberg - Steinbruch - Kalkbrennofen - Zscheiplitz - Mühle Zeddenbach - Unstrut-Radweg - Weischütz

RW 22: Auf dem Geopfad Zscheiplitz 5 km

Mühle Zeddenbach - Geologischer Aufschluss Zeddenbach - Zscheiplitz, Dorfbrunnen - Klostergut Zscheiplitz - Kalkbrennofen - Weingut Pawis - Geologischer Aufschluss Zeddenbach - Zscheiplitz, Mühle Zeddenbach

RW 23: Rund um den Blütengrund 10 km

NMB-Henne - Unstrut-Radweg - Großjena, Blütengrund, Nordseite - Steinernes Bilderbuch - Max-Klinger-Weinberg - Kleinjena - Roßbach - Saale-Radweg - Kaysers Badeanstalt - Blütengrund, Südseite - NMB-Henne

2. Streckenwanderungen (SW)

SW 01: Zur Erlebnis-Draisine 24 km

Mühlhausen - Schwanenteich - Popperöder Quelle - Weißes Haus - Wendelhütte - Gerberbank (Mammutbäume) - Haferecke - Schäfersbrunnen - Eigenrieden - Eigenrieder Warte/Mühlhäuser Landgraben - Dörnaer Wald - Struth - Briefträgerweg - Annaberg - Kloster Zella - Schutzhütte und AP „St. Florian" - Lengenfeld unterm Stein - Erlebnis-Draisine

SW 02: Zum Kloster Volkenroda 12 km

Mühlhausen - Görmar - NSG „Grabsche Berge" - NSG „Birntal" - Grabe - Eselsstieg - Kloster Volkenroda

SW 03: Zum Baumkronenpfad im Nationalpark Hainich 16 km

Bad Langensalza - Ufhoven - Golken - Schutzhütte „Salzablick" - Harth-Haus - Damhirschgehege - Binsenteich - Netzbornholz - Thiemsburg mit Baumkronenpfad

SW 04: Auf dem Lutherweg von Sömmerda nach Weißensee 10 km

Sömmerda, Kirche „St.-Bonifatius" - Scherndorfer Weg - Weißenburg - Baumschule - Michelshöhe - Luthersborn - Diebssteig - Weißensee, Runneburg - Weißensee, Chinesischer Garten - Weißensee, Gondelteich

SW 05: Über Schmücke und Finne von Heldrungen nach Rastenberg 30 km

Bf. Heldrungen - Stubenberg - Schwanenfeld - Schmücke-Wanderweg - Limberleite - Finnewanderweg - unterhalb Künzelsberg - unterhalb Monraburg - Wegekreuz Klapptor - Burgwenden - NSG „Finnberg" - Rosenmühle - Bornberg, Wildgehege - Schafau - Finnebahndamm - Pavillon - Waldschwimmbad - Stiftung Finneck - Rastenberg, Rathaus

SW 06: Auf dem Geotrail von Wangen bis zum Hermanneck 18 km

Wangen - Wangener Grund - Buntsandsteinhochfläche „Bock" - Zingst - Vitzenburg - Pretitz - Weißenschirmbach - NSG „Stachelroder Grund" - Abzw. Birkenschäferei - Hermannseck, Pumpenhaus - Klapperborn - Hermannseck, Tiergehege - Hermannseck, Bus

SW 07: Auf dem Finnewanderweg zur Saale und zur Ilm 17 km

Naumburg-Hbf - Almrich - Kleine Saale - Klopstockquelle - Kloster Pforta - Bad Kösen - Johannisquelle - Campingplatz Rudelsburg - Rudelsburg - Burg Saaleck - Saaleck, Ort - Stendorf - Großheringen, Bf.

Radtourenvorschläge

„Beim Radfahren lernt man ein Land besser kennen, weil man dessen Hügel empor schwitzt und sie dann wieder hinunter saust."

Ernest Hemmingway

Bei der Beschreibung der einzelnen Wandertouren wird darauf eingegangen, welche für Radtouren geeignet sind. Darüber hinaus werden 60 Radtourenvorschläge angeboten. Die Touren sind größtenteils auf vorhandenen Radwegen, Wirtschaftswegen und z. T. auch auf wenig befahrenen Straßen vorgenommen worden. Allerdings wurden Bundesstraßen ausgenommen. Alle Tourenvorschläge wurden vom Autor persönlich „abgestrampelt". Auf eine detaillierte Streckenbeschreibung wie bei den Wanderungen wurde allerdings aus Platzgründen verzichtet. Sonst wäre das Buch für einen Wanderführer mit Taschenbuchformat einfach zu dick geworden. Dafür werden Zwischenkilometer angegeben, damit man sich seine Tour entsprechend der Kondition zusammenstellen kann. Fettgedruckte Orte verfügen über einen Bahnhof bzw. Haltepunkt, sodass man gegebenenfalls Touren verkürzen oder mit einer anderen Route kombinieren kann. Bei seinen Recherchen war der Autor manchmal mehrere Tage unterwegs und so sind auch Angebote entstanden für Mehrtagestouren, die über den Horizont des Flusses Unstrut hinausgehen.
Bei der Beschreibung des Unstrut-Radweges in sechs Etappen werden einige Radwege ins Hinterland kurz vorgestellt. Außerdem werden bei allen sechs Etappen Pannenhilfen aufgelistet. Seit 01. Januar 2016 bietet zudem der ADFC kostenlose Pannenhilfe für Mitglieder an.

s. auch
– www.radroutenplaner.thueringen.de,
– www.adfc-thueringen.de und
– adfc-sachsen-anhalt.de

Gliederung der 60 Radwandervorschläge:

RT 01: Zur Burg Scharfenstein **27 km**

Dingelstädt - Kerbscher Berg - Gabelung Kreuzebra (km 2,1) - *Wirtschaftsweg - Chaussee Kreuzebra-Kefferhausen* (3,9) - Kreuzebra (5,1) - Burg Scharfenstein (7,6) - **Beuren (9,9) -** Beinrode, Johannitergut (12,4) - **Birkungen (15,1**) - Bahntunnel (17,8) - Saugrund (18,8) - Forsthaus Geney (19,8) - **HP Silberhausen (21,9) -** Silberhausen (23,2 - Steckenpferdreiter (25,1) - Dingelstädt (27)

Bemerkung: *von Dingelstädt bis zur Gabelung Kreuzebra sowie von Silberhausen bis Dingelstädt auf URW, von Beinrode bis zum Bahntunnel sowie vom Saugrund bis Silberhausen auf Pilgerweg Loccum-Volkenroda (Nebenstrecke), schlechte Oberfläche vom Forsthaus Geney bis HP Silberhausen, auf Landstraße von Beuren bis Beinrode,* ***Steilabfahrt von der Burg Scharfenstein hinab!***

RT 02: Rund um Dingelstädt **16 km**

Dingelstädt - *Melmweg* - Melmbaum (2,8) - Schutzhütte Hollau (4,1) - Hollau-Weg (4,7) - Rodelandhütte (5,6) - Querung B 247 (6,8) - Lengefelder Warte (7) - Zella (8,4) - Pfaffenborn - Helmsdorf (10,2) - Ölberggrotte (10,6) - **Silberhausen (12,2)** - Steckenpferdreiter (14,1) - Dingelstädt (16)

Bemerkung: *von der Schutzhütte Hollau bis zur Lengefelder Warte auf Hollau-Weg, von Zella bis Dingelstädt auf URW*

RT 03: Rund um die Lengefelder Warte **23 km**

Dingelstädt - *Melmweg* - Melmbaum (2,8) - Schutzhütte Hollau (4,1) - Lindenhof (6,8) - *Chaussee Küllstedt-Büttstedt (7,1)* - Abzw. Anrode (7,5) - Kloster Anrode (9,9) - Bickenriede (11,2) - Lengefelder Warte (15) - Zella (16,4) - Pfaffenborn - Helmsdorf (18,2) - Ölberggrotte - **Silberhausen (20,2)** - Steckenpferdreiter (21,1) - Dingelstädt (23)

Bemerkung: *von Zella bis Dingelstädt auf URW, auf Landstraße vom Lindenhof bis zum Abzweig Anrode*

RT 04: Von der Unstrut zur Leine **48 km**

Dingelstädt - Steckenpferdreiter - Silberhausen (km 2,4) - **HP Silberhausen (3,7)** - Forsthaus Geney (5,8) - Saugrund (6,8) - Bahntunnel (7,8) - Birkungen, Stationsweg (10,5) - **Birkungen, HP (11,2) - Leinefelde, Bf (15,2)** - Leinequellen (16) - **Beuren (18,9) - Wingerode (22,1) -** Rastplatz Gem. Wingerode (23,1) - **Bodenrode,** Radfahrerkirche (24,6) **-** Westhausen, Festplatz (26,2) - **Heilbad Heiligenstadt**, VITAL-Park (30) - KGA Kupfermühle (33,3) - Geisleden (37,2) - Heuthen (40,4) - Bildstock an der Bachlinde - Wasserscheide Weser-Leine-Elbe-Unstrut (42,1) - Werdigeshäuser Grund (42,7) - *Chaussee Kreuzebra-Kefferhausen* (43,4) - Kefferhausen (43,9) - Unstrutquelle (44,6) - Kefferhausen (45,3) - Kerbscher Berg (46,6) - Dingelstädt (48)

Bemerkung: *von Dingelstädt bis Silberhausen sowie von der Unstrutquelle bis Dingelstädt auf URW, vom Bahntunnel bis Birkungen auf Pilgerweg Loccum-Volkenroda (Nebenstrecke), von Leinefelde bis HIG auf Leine-Heide-Radweg, von HIG bis Heuthen auf Verbindungsradweg Leine-Unstrut, auf Landstraße Teilabschnitt Wingerode-Bodenrode sowie Teilabschnitt Geiselden-Heuthen*

RT 05: Rund um Helmsdorf **14 km**

Helmsdorf - Pfaffenborn - Zella (km 1,7) - Gut Breitenbich (3,3) - Beberstedt (6,1) - **Silberhausen (12)** - Ölberggrotte - Helmsdorf (14)

Bemerkung: *von Helmsdorf bis Zella sowie von Silberhausen bis Helmsdorf auf URW, auf Landstraße von Beberstedt bis Silberhausen*

RT 06: Auf die Eichsfelder Höhe **20 km**

Dachrieden, HP - Beyrode (km 2,5) - Horsmar (4,4) - Horsmarer Warte (5,7) - Gut Breitenbich (6,9) - Beberstedt (9,7) - Schutzhütte (11,8) - Hüpstedt (12,7) - Eigenröder Warte (15) - Eigenrode (16,7) - **Dachrieden (20)**

Bemerkung: *von Dachrieden bis Horsmar auf URW, auf Landstraße von Dachrieden bis Horsmar*

RT 07: Rund um Dachrieden **33 km**

Dachrieden - Eigenrode (km 3,2) - Eigenröder Warte (4,9) - Hüpstedt (7,2) - *Wirtschaftsweg* - Zaunröden (10,5) - Kleinkeula - Sollstedt - Menteroda (18,8) - Schacht Pöthen (21,5) - Siedlung Pöthen (23) - Thomasecke (24,8) - Kaisershagen (30,8) - **Dachrieden (33)**

Bemerkung: *auf Landstraße von Dachrieden bis Eigenrode sowie von Zaunröden bis Sollstedt und von Siedlung Pöthen bis Dachrieden*

RT 08: Über den Hainich und die Vogtei zur Unstrut **58 km**

Mühlhausen - Schwanenteich (km 2,5) - Popperöder Quelle (3,4) - Jacobs-Brunnen - Weidensee (5,5) - Oberdorla (7,9) - Langula (10,1) - Sängerdenkmal - Kammerforst (12,8) - Zollgarten (15) - Eiserne Hand (18,6) - Otterbühl (20) - Craulaer Kreuz (22,6) - Craula (24,8) - Thiemsburg/Baumkronenpfad (28,4) - Eichenberg (30,2) - Abzw. Alterstedt (31,4) - Mittelberg - Weberstedt (34,7) - Mülverstedt (36,1) - Kuhbrücke (38,5) - Talsperre Großengottern (40,5) - Gedenkstein US-Flieger (41,4) - **Großengottern (43,7)** - Altengottern (45,9) - Bollstedt (52,8) - Abzw. Grabe - Görmar (56,5) - **Mühlhausen (58)**

Bemerkung: *von MHL bis Langula Radweg Rote Route sowie Unstrut-Werra-Radweg, von Langula bis Otterbühl Radweg Rote Route, vom Otterbühl bis zur Thiemsburg Radweg Gelbe Route, von Altengottern bis MHL URW, vom Abzw. Grabe bis MHL auch Unstrut-Werra-Radweg*

RT 09: Nach Schlotheim **47 km**

MHL, Bf. - Görmar (km 1,5) - Abzw. Bollstedt (4,5) - NSG „Grabsche Berge" - Rastplatz Heimatverein Grabe (5,6) - Grabe (7)

- Abzw. Furthmühle (7,5) - Rastplatz Grenzbank (9,1 - Körner, ehem. Bf. (10,3) - Bergmühle (11,2) - Österkörner (12,1) - Schlotheim, Ortseingang (15,4) - Schlotheim, Markt (16) - Schaftal - Teichmühle (17,7) - Neuer Börner-Teich - Großmehlra, Notterbrücke (22,5) - Obermehler (24,6) - Siedlung Pöthen (26,8) - Thomasecke (28,6) - Windeberg (32,3) - Kaisershagen (36,5) - Reiser (39,2) - **Ammern (41,2) - MHL, Bf. (47)**

Bemerkung: *von MHL bis Schlotheim auf Unstrut-Werra-Radweg, von MHL bis Abzw. Bollstedt auf URW, von Neuer Börner-Teich bis Großmehlra nur bei trockenem Wetter passierbar, auf Landstraße von Obermehler bis Reiser*

RT 10: <u>Zur Vogelschutzwarte Seebach und zum Gondelteich Höngeda</u> 30 km

MHL, Bf. - Schwanenteich (km 2,5) - Popperöder Quelle (3,4) - Jacobs-Brunnen - Weidensee (5,5) - Oberdorla (7,9) - Niederdorla, Mallinden (9,9) - Opfermoor Vogtei (10,9) - Campingplatz Palumpaland (13,7) - *Koppelweg* - **Seebach, Wasserschloss (18,6)** - Seebach, Milchviehanlage - Höngeda, Gondelteich (22,2) - Bollstedt (25) - Abzw. Grabe - Görmar (28,7) - **MHL, Bf. (30,2)**

Bemerkung: *von MHL bis Kammerforst auf Radweg Rote Route (bis Langula Überschneidung mit Unstrut-Werra-Radweg), von Bollstedt bis MHL URW, auf Landstraße von Höngeda bis Bollstedt*

RT 11: <u>Durch den Mühlhäuser Stadtwald</u> 34 km

MHL, Bf. - Schwanenteich (km 2,5) - Popperöder Quelle (3,4) - Jacobs-Brunnen - Weidensee (5,5) - Schullandheim Waldschlösschen (7,5) - Seebachgrund (12,1) - Großer Senkig (14,4) - Himmelsleiter (16) - Wetterscheidenchaussee - Luthereiche - Katalaunische Felder (17,6) - Rote Haus-Chaussee - Rote Haus-Hütte (19) - Rehbuche (21) - Spittelbrunnen (21,9) - Wegkreuzung Weidensee (23,3) - Weißes Haus (24,8) - Prinzenhaus (25,4) - Holzecke/Überquerung B 249 (26,6) - MHL-Pfafferode (27,6) - Johannistal (30,3) - Schützenberg (31,1) - **MHL, Bf. (34)**

Bemerkung: *von MHL bis Gut Weidensee auf Unstrut-Werra-Radweg sowie Radweg Rote Route, auf Landstraße von der Holzecke bis MHL*

RT 12: <u>Zum Kloster Volkenroda</u> 39 km

MHL, Bf. - Ammern (km 5,4) - Reiser (8) - LSG Reisersches Tal - **Dachrieden (11,4)** - Kaisershagen (13,6) - Thomasecke (16,6) - Obermehler (22,1) - Kloster Volkenroda (26,2) - Körner (28,9) - Rastplatz Grenzbank (30,1) - Abzw. Furthmühle (31,7) - Grabe (32,2) - Rastplatz Heimatverein Grabe (33,6) - unterhalb Grabsche Berge - Abzw. Bollstedt (34,7) - Görmar (37,7) - **MHL, Bf. (39,2)**

Bemerkung: *von MHL bis Dachrieden sowie vom Abzw. Bollstedt bis MHL auf URW, von Körner bis MHL auf Unstrut-Werra-Radweg, auf Landstraßen von Dachrieden bis Körner*

RT 13: <u>Von Bad Langensalza durch das Unstruttal</u> 34 km

LSZ, Bf. - Riedsgraben - Nägelstedt (km 5,3) - NSG „Unstruttal“ -

Großvargula (10,7) - Querung B 176 - Urleben (14,2) - Wassertretbecken (15,5) - Tottleben (16) - Wegekreuz Sundhausen (17,9) - Kirchheilingen (19,6) - Kleinwelsbach (22,9) - Großwelsbach (25,5) - Thamsbrück (28,8) - **LSZ, Bf. (34)**
Bemerkung: *von Thamsbrück bis Großvargula URW, vom Wassertretbecken bis LSZ Kneipp & Kleinbahnradweg K²*

RT 14: Rund um die Große Harth **36 km**
LSZ, Bf. - *Thiemsburger Weg* - Thiemsburg/Baumkronenpfad (km 10,9) - Craula (14,5) - Reichenbach (18,8) - Tüngeda (22,1) - Harth-Haus (25) - *Wirtschaftsweg* - Zimmern (29,4) - *Thiemsburger Weg* - **LSZ, Bf. (36)**
Bemerkung: *von LSZ bis Craula sowie von Zimmern bis LSZ auf Radweg Gelbe Route, auf Landstraße von Craula bis Tüngeda*

RT 15: Stadtumlandtour Bad Langensalza **32 km**
LSZ - *Thiemsburger Weg* - Abzw. Waldstedt (km 4,5) - Waldstedt (5,4) - *Straße Waldstedt-Zimmern (6,6)* - Zimmern (7,6) - Große Harth (12,4) - Grumbach (14,7) - Wiegleben (17) - Ascharaer Kreuz/Querung B 247 (18,7) - Aschara (21) - **Eckardtsleben (22,9)** - Illeben (24,8) - Gewerbegebiet Ost - Riedsgraben - **LSZ (31,5)**
Bemerkung: *von LSZ bis Abzw. Waldstedt auf Radweg Gelbe Route, vom Riedsgraben bis LSZ auf URW*

RT 16: Von Bad Langensalza zum Baumkronenpfad und zum Wildkatzendorf Hütscheroda **50 km**
LSZ, Bf. - *Thiemsburger Weg* - Thiemsburg/Baumkronenpfad (km 10,9) - Craula (14,5) - Schützenhaus (15,6) - Rabenhög-Steinbruch (19) - *Talweg* - Baumeisterkreuz (20,3) - Skulptur am Rosenbergweg (20,7) - Rosenbergwiese (21,6) - Wüstung Hesswinkel (22,6) - Wangenheimer Grenzstein (23) - Schauanlage „Wildkatzenlichtung" - Hütscheroda (23,8) - Querung B 84 (25,6) - Wolfsbehringen (27,6) - Behringen (29,8) - *Wirtschaftsweg* - Tüngeda (35,2) - Harth-Haus (38,1) - Grumbach (40,8) - Henningsleben (41,6) - Illeben (45,2) - Gewerbegebiet Ost - Riedsgraben - **LSZ (49,8)**
Bemerkung: *von LSZ bis Craula Radweg Gelbe Route, von Wüstung Heßwinkel bis Hütscheroda auf Hainichlandweg, vom Riedsgraben bis LSZ auf URW, auf Landstraße von Hütscheroda bis zur B 84, von Wolfsberingen bis Behringen, von Illeben bis Gewerbegebiet Ost*

RT 17: Nach Bad Tennstedt **45 km**
LSZ, Bf. - Böhmenteiche/Kloster Homburg (3,8) - Thamsbrück (4,8) - Hoher Steig (9,7) - Sundhausen (11,9) - Wegekreuz Sundhausen (14) - Tottleben (15,9) - Wassertretbecken (16,4) - Abzw. Urleben (17,9) - Schutzhütte Abzw. Bruchstedt (19,3) - Plattenstraße rechts (20,9) - Bad Tennstedt, Haus des Gastes (23,7) - Bad Tennstedt, Markt (24,2) - ehem. Bf. Bad Tennstedt (26) - Abzw. Ballhausen (26,9) - Bahndamm (29,2) - Unstrutbrücke (30,1) - Herbsleben (31) - Wanderhütte „Unstrutaue" (32) - Großvargula (33,8) - NSG „Unstruttal" - Nägelstedt (39,2) - Riedsgraben - **LSZ, Bf. (45)**

Bemerkung: *vom Wegekreuz Sundhausen bis Herbsleben auf Kneipp & Kleinbahnradweg K², von Herbsleben bis LSZ auf URW, auf Landstraße von LSZ bis Thamsbrück*

RT 18: Auf dem Radweg K² **48 km**

LSZ, Bf. - Thamsbrück (km 5,2) - Großwelsbach (8,5) - Kleinwelsbach (11,1) - Kirchheilingen (14,4) - Wegekreuz Sundhausen (16,1) - Tottleben (18) - Wassertretbecken (18,5) - Abzw. Urleben (20) - Schutzhütte Abzw. Bruchstedt (21,4) - Plattenstraße rechts (23) - Bad Tennstedt, Haus des Gastes (25,8) - Bad Tennstedt, Markt (26,3) - ehem. Bf. Bad Tennstedt (28,1) - Abzw. Ballhausen (29) - Bahndamm (31,3) - Unstrutbrücke (32,2) - Herbsleben (33,1) - Wanderhütte „Unstrutaue" - Großvargula (37,6) - NSG „Unstruttal" - Nägelstedt (43) - Riedsgraben - **LSZ, Bf. (48,2)**

Bemerkung: *von LSZ bis Herbsleben auf Kneipp & Kleinbahnradweg K², von Herbsleben bis LSZ auf URW*

RT 19: Über Unstrut und Gera in die Landeshauptstadt Erfurt **44 km**

LSZ, Bf. - Riedsgraben - Nägelstedt (km 5,2) - NSG „Unstruttal" - Großvargula (10,6) - Wanderhütte „Unstrutaue" - Herbsleben (16,1) - Gebesee, Querung B 4 (22,7) - **Ringleben (24,3) - Walschleben (29) - Elxleben (32,1) - EF-Kühnhausen, Weißfrauenbach (35) - EF-Gispersleben (37,7) - EF-Hbf. (44)**

Bemerkung: *von LSZ bis Ringleben URW, von Ringleben bis Erfurt Gera-Radweg*

RT 20: Rund um Herbsleben **15 km**

Herbsleben - Wanderhütte Unstrutaue (km 2,7) - Abzw. Großvargula/Döllstädt (3,9) - Vargulaer Hügel (5,7) - Erwerbsobstplantage (6,4) - Abzw. Döllstädt (6,7) - Döllstädt, Am Schingelaich - **Döllstädt, Bf. (7,6) - Dachwig (10,5)** - Herbsleben (15)

Bemerkung: *von Herbsleben bis Abzw. Großvargula/Döllstädt auf URW, Abschnitt Abzw. Großvargula/Döllstädt bis Erwerbsobstplantage nur bei trockenem Wetter zu empfehlen*

RT 21: Von Herbsleben nach Dachwig **36 km**

Herbsleben - **Dachwig (km 4,7)** - *Wirtschaftsweg* - Speicher Dachwig, Südostspitze (7,4) - Großfahner (8,5) - Erwerbsobstanlage **Döllstädt (11,5)** - Herzog-Carl-Eduard-Linde (15,2) - Burgtonna, Gewerbegebiet (16,8) - Burgtonna, Abzw. Aschara (17,5) - **Gräfentonna, Bf. (19,9)** - Lohmühle (22,6) - Nägelstedt, Sportplatz (24,1) - NSG Unstruttal - Großvargula (31,1) - Wanderhütte „Unstrutaue" - Herbsleben (35,7)

Bemerkung: *von Nägelstedt bis Herbsleben auf URW, von Gräfentonna bis Nägelstedt auf FHH-Wanderweg (rotes Quadrat), von der Chaussee Gräfentonna-Großvargula bis zur Lohmühle nur bei trockenem Wetter zu empfehlen*

RT 22: **<u>Rund um Straußfurt</u>** **13 km**

Straußfurt, Bf. - Vehra (km 1,4) - Abzw. Haßleben (2,6) - Werningshausen (4,2) - Wundersleben (8,5) - **Straußfurt, Bf. (13)**
Bemerkung: *von Straußfurt bis Vehra auf Radweg neben der B 4, von Werningshausen bis Wundersleben auf URW, von Wundersleben bis Straußfurt auf Radweg neben der B 176*

RT 23: **<u>Rund um das Kloster Werningshausen</u>** **23 km**

Werningshausen - Wundersleben, Unstrutbrücke (km 3,8) - Schallenburg (7,6) - Gramme-Mühle (11,3) - Alperstedt (13,6) - Renaturierungsgelände (17) - Reiterhof (17,4) - Haßleben (18,7) - NSG Haßlebener Ried - Werningshausen (22,9)
Bemerkung: *von Werningshausen bis Schallenburg sowie von Haßleben bis Werningshausen auf URW, von Schallenburg bis Alperstedt auf Laura-Radweg sowie auf Radweg Erfurter Seen*

RT 24: **<u>Auf den Spuren Martin Luthers nach Stotternheim</u>**
41 km

Werningshausen, Kloster - Wundersleben (km 3,8) - Schallenburg (7,8) - Gramme-Mühle (11,5) - Alperstedt (13,8) - Alperstedter See (16,8) - **Stotternheim, Bf. (19)** - Luthersee (19,5) - Lutherstein (20,5) - Deponie Schwerborn (21,5) - *Schwerborner Chausee* - NEZ Stotternheimer See (24,8) - **Stotternheim, Bf. (25,4)** - Alperstedter See (27,6) - Nöda (30) - Riethnordhausen, Tankstelle (32) - Weggabelung, geradeaus (33,5) - Weggabelung, rechts (Schotterweg) (34,1) - Haßleben (36,4) - NSG Haßlebener Ried - Werningshausen, Kloster (40,6)
Bemerkung: *von Werningshausen bis Schallenburg sowie von Haßleben bis Werningshausen auf URW, von Schallenburg bis Riethnordhausen auf Radweg Erfurter Seen, Schotter-Abschnitt bei km 34,1 nur bei trockenem Wetter zu empfehlen (900 m lang)*

RT 25: **<u>Tour de Frömmschdt</u>** **34 km**

Sömmerda, Bf. - SÖM, Marktplatz **- Leubingen (km 6) - Griefstedt** (10,5) - Büchel (13,3) - **Etzleben (16,6) -** Gorsleben (18,8) - Kannawurf, Schloss/Heimatmuseum (22,4) - Kindelbrück, Sportplatz (26,2) - Kindelbrück, Stadtmauer (27) - ND Gründelsloch (28) - Steinrinne Bilzingsleben (30,6) - Frömmstedt (34,2)
Bemerkung: *von SÖM bis Frömmstedt komplett Radweg Tour de Frömmschdt, von SÖM bis Gorsleben auf URW, auf Landstraße von Griefstedt bis Büchel*

RT 26: **<u>Rund um Sömmerda (Kleine Runde)</u>** **10 km**

Sömmerda, Bf. - Tunzenhausen (km 4,3) - Schallenburg (6) **- SÖM, Bf. (10,4)**
Bemerkung: *von SÖM nach Tunzenhausen auf Radweg neben B 176, von Tunzenhausen bis vor Schallenburg auf Radweg Grüne 3, von Schallenburg nach Sömmerda auf URW, auf Landstraße von Tunzenhausen bis vor Schallenburg*

RT 27: Zum Stausee Großbrembach **69 km**
SÖM - *Kölledaer Straße - Rohrborner Weg* - Rohrborn (km 5,5) - Modellflugplatz (6,9) - Hochbehälter (7,8) - Rechtsdenkmal Langensteinsches Gericht (10,1) - Baumschule Sprötau (11,8) - Großbrembach, Obermarkt (24,6) - Haindorfer Mühle (27,8) - Krautheim (29,4) - Stausee Großbrembach (30,5) - Krautheim (31,6) - Neumark (38,3) - Vippachedelhausen (40,8) - Markvippach, Wasserburg (44,6) - Dielsdorf (46,5) - Schloßvippach (48,1) - **Großrudestedt (52,7)** - Alperstedt (56,3) - Gramme-Mühle (58,6) - Schallenburg (62,3) - Tunzenhausen (64,6) - **SÖM (69)**
Bemerkung: *von SÖM bis Großbrembach auf Radweg Gelbe 1, von Neumark bis Schallenburg auf Laura-Radweg, von Großrudestedt bis Tunzenhausen auf Mühlen-Wanderweg, von Tunzenhausen bis SÖM auf Radweg neben der B 176*

RT 28: Zu den Erfurter Seen **52 km**
SÖM - Schallenburg (km 4,2) - Gramme-Mühle (7,9) - Alperstedt (10,2) - Alperstedter See (13,2) - **Stotternheim, Bf. (15,4)** - Luthersee (15,9) - Lutherstein (16,9) - Weggabelung rechts Plattenweg (17,3) - A71-Brücke (19,7) - Barkhäuser Turm (20,1) - Udestedt (22,5) - ICE-Brücke (25,9) - Ollendorf, Wasserschloss/Kulturspeicher (27,9) - Ballstedt (30,3) - Vippachedelhausen (33,8) - Markvippach, Wasserschloss (38,4) - Dielsdorf (39,3) - Schloßvippach (41,7) - Hochbehälter (44,4) - Modellflugplatz (45,5) - Rohrborn (46,7) - **SÖM (52)**
Bemerkung: *von SÖM bis Schallenburg auf URW, von Schallenburg bis Alperstedt auf Laura-Radweg, von Alperstedt bis zum Lutherstein auf Radweg Erfurter Seen, vom Hochbehälter bis SÖM auf Radweg Gelbe 1*

RT 29: Auf dem Weg in die Steinzeit **21 km**
SÖM - Leubingen, Unstrutbrücke (km 5,9) - Griefstedt, Lossabrücke (9) - Rastplatz Moritzhölzchen (10,5) - Riethgen (11,4) - Abzw. Kannawurf (14,2) - Kindelbrück (16,5) - ND Gründelsloch (18) - Pavillon (18,7) - Steinrinne Bilzingsleben (20,5)
Bemerkung: *komplett auf dem Weg in die Steinzeit, von SÖM bis Griefstedt auch auf URW*

RT 30: Nach Buttstädt über Kölleda und Rastenberg **42 km**
SÖM - Leubingen (km 6,5) - Leubinger Häuptlingsgrab (8,2) - Stödten (9,1) - **Kiebitzhöhe (12,1) - Kölleda, Bf. (14,5)** - Battgendorf (16,2) - Großmonra (19,7) - Ostramondra (22,6) - Bachra (25,4) - Schafau (27,9) - Pavillon (29,7) - Rastenberg (33,2) - Hardisleben (35,2) - Mannstedt (38,4) - **Buttstädt, Bf. (41,8)**
Bemerkung: *von SÖM bis Leubingen auf URW, von Leubingen bis Kölleda auf Radweg Grüne 1, von Kölleda bis zum Pavillon auf Finnebahn-Radweg, auf Landstraße von Rastenberg bis Buttstädt*

RT 31: Von Sömmerda nach Erfurt **30 km**
SÖM - Schallenburg (km 4,2) - Gramme-Mühle (7,9) - Alperstedt

(10,2) - Alperstedter See (13,2) - **Stotternheim, Bf. (15,4)** - Sulzer Siedlung (18,4) - *Stotternheimer Straße* - Querung Schwerborner Straße - Siedlung Stollberg (21,2) - *Leipziger Straße - Leinefelder Straße* - Wenigemarkt/Krämerbrücke **- Erfurt, Hbf (30)**

Bemerkungen: *von SÖM bis Schallenburg auf URW, von Schallenburg bis Erfurt auf Radweg Erfurte Seen*

RT 32: Auf dem Laura-Radweg nach Weimar **50 km**

SÖM - Schallenburg (km 4,2) - Gramme-Mühle (7,9) - Alperstedt (10,2) - **Großrudestedt (13,8)** - Schloßvippach (18,4) - Dielsdorf (20,8) - Markvippach, Wasserschloss (21,7) - Vippachedelhausen (26,3) - Neumark (28,2) - Berlstedt - Schwerstedt (32,8) - Buttelstedt (36,5) - Daasdorf (37,6) - Leutenthal (40,2) - Sachsenhausen (41,7) - Wohlsborn (43,6) - Siedlung Schöndorf (45,6) - Schöndorf-Waldstadt (47,9) - **WE, HBF (50,1)**

Bemerkung: *von SÖM bis Schallenburg auf URW, von Schallenburg bis Weimar auf Laura-Radweg*

RT 33: Rund um Leubingen **29 km**

Leubingen - **Griefstedt (km 4,2)** - Büchel (7) - Hemleben (13,5) - Beichlingen (17,4) - Altenbeichlingen, Windmühle (19,2) - Schillingstedt, Bockwindmühle (21,9) - **Leubingen (28,8)**

Bemerkung: *von Leubingen bis Büchel auf URW, von Hemleben bis Beichlingen auf Radweg Gelbe 4, von Beichlingen bis Leubingen auf Mühlen-Wanderweg, Abschnitt Hemleben-Beichlingen nur bei trockenem Wetter zu empfehlen*

RT 34: Kleine Mühlen-Tour **26 km**

Etzleben - Gorsleben (km 2,3) - Hemleben (6,5) - Beichlingen (10,4) - Altenbeichlingen, Windmühle (12,2) - Schillingstedt, Bockwindmühle (14,9) - Abzweig Leubingen (16,9) - Abzweig Weißensee (19,4) - **Griefstedt (21**) - Büchel (23,8) - **Etzleben (26,4)**

Bemerkung: *von Etzleben bis Gorsleben sowie von Griefstedt bis Etzleben auf URW und Radweg Tour de Frömmschdt, von Gorsleben bis Beichlingen auf K11 bzw. gelbe 4, von Beichlingen bis Abzw. Weißensee auf Mühlen-Wanderweg*

RT 35: Von Sachsenburg zur Steinrinne **24 km**

Sachsenburg - Bilzingsleben (km 8,4) - Steinrinne (10,7) - ND Gründelsloch (13,2) - Pavillon - Kindelbrück (14,7) - Kannawurf, Schloss/Heimatmuseum (18,3) - Gorsleben (21,9) - Sachsenburg (24,3)

Bemerkung: *von Sachsenburg bis Bilzingsleben auf Radweg K9, von der Steinrinne bis Gorsleben auf Radweg Tour de Frömmschdt, von Gorsleben nach Sachsenburg auf URW*

RT 36: Durch das Wippertal **36 km**

Oldisleben - Seehausen (km 6) - Bad Frankenhausen (10,1) - *Seegaer Weg* - Florian-Geyer-Siedlung (10,6) - Seega (16,6) - Wipperdurchbruch - Günserode (21,3) - Abzw. Oberbösa (23,7) - Bilzingsleben (24,6) - Sachsenburg (33) - Oldisleben (36)

Bemerkung: *komplett auf Radweg K9, auf Landstraße von Seega bis Bilzingsleben*

RT 37: <u>Rund um die Hohe Schrecke - alter Wald mit Zukunft</u> 81 km

Bf. Heldrungen - Heldrungen, Feldstraße - Querung A 71 - Wegekreuz „Der Hasenlauf" (km 3,9) - Braunsroda (5,4) - Wegekreuz „Der Hasenlauf" (6,9) - Oberheldrungen (9,6) - Hauteroda, Lundershausen (11,7) - Wirtschaftsweg Richtung Oberheldrungen - Landmaschinenhalle, links ab - Abzweig Harras - Harras, Naturbad (14,3) - Hemleben (16,6) - Abstecher Grabstätte von Werthern (19) - Beichlingen, Schloss (20,5) - Wegekreuz „Klapptor" (24,1) - Burgwenden (25,8) - Großmonra (27,7) - Ostramondra (30,7) - Bachra, ehem. Bf. (33,4) - Schafau (35) - Grenzstein (36) - Pavillon, Abzw. Rastenberg (37,6) - Rothenberga (38,8) - Pfingstkreuz (40,1) - Lossa (42) - Vattenfallturm (43,4) - Schießplatz Lossa (44,9) - Wegekreuz Lossa (46,8) - Gr. und Kl. Sumpf - Leintal/Hexenmacher-Atelier - Garnbach (51,8) - Wiehe (54,6) - Schieferspitze (56,3) - Hechendorf (57,4) - Kreuztal - Langenroda (59,5) - Donndorf, Dorfteich - Kloster Donndorf (62,4) - Kleinroda (63,1) - Agrarbetrieb Donndorf - *Reitweg* - Nausitz (65,9) - Gehofen (68,1) - **Reinsdorf (71,6) - Bretleben (74,9)** - Heldrungen (79,2) - **Bf. Heldrungen (81)**

Bemerkungen: *von Bf. Heldrungen bis Heldrungen sowie von Reinsdorf bis Bf. Heldrungen auf URW, vom Abzw. Harras bis Wegekreuz Klapptor auf Radweg Gelbe 4, von Großmonra bis Lossa auf Finnebahn-Radweg, von Wiehe bis Kloster Donndorf auf Ranke-Radweg, Anstieg von Beichlingen bis Wegekreuz Klapptor erfordert Kondition! Abschnitt Hemleben - Beichlingen sowie Agrarbetrieb Donndorf - Gehofen nur bei trockenem Wetter zu empfehlen, Finnebahn-Radweg zwischen Rothenberga und Lossa noch nicht komplett ausgebaut, auf Landstraße von Oberheldrungen bis Hauteroda sowie von Burgwenden bis Großmonra*

RT 38: <u>Durch die Diamantene Aue</u> 35 km

Bf. Heldrungen - Oldisleben (km 1,9) - Seehausen (7,7) - Bad Frankenhausen (11,8) - Abzweig Flugplatz (15,5) - Querung Chaussee Udersleben-Esperstedt (18,8) - Ringleben (22) **- Bretleben (27,9) -** Heldrungen (33,3) **- Bf. Heldrungen (35)**

Bemerkung: *von Bf. Heldrungen bis Bretleben auf Radweg K11, von Bretleben bis Heldrungen auf URW, von Seehausen bis Bad Frankenhausen auf Radweg neben der B 85, von Ringleben bis Bretleben nur bei trockenem Wetter*

RT 39: <u>Auf dem GeoPfad Unstrut-Hohe Schrecke</u> 52 km

Heldrungen, Wasserburg **-** Oberheldrungen (km 4,3) - Hauteroda, Gutshof (7,4) - Rastplatz Pfingstfleck (10,3) - Wegekreuz Wetzelshain (13,4) - Wildteich im Borntal (15) - Langenroda (17,3) - Schießplatz (19) - Kreuztal (19,4) - Hechendorf (20) - Schieferspitze (21,1) - Wiehe, Stadtpark (23) - Egelseebrücke (25) -

Roßleben, Unstrutbrücke (27,3) (Abstecher Klosterschule) - Bottendorf, Kupferhütte (29,5) - Donndorf, Heimathaus (31,7) - Kloster Donndorf (33,4) - Kleinroda, Teich (35,5) - *Kleinrodaer Waldstraße* - Wegekreuz Köhlerhütte (38,2) - Bilsenhügel - Rastplatz Enzianberg (40,3) - Wegekreuz „Die Buche" (43,9) - Forst Langenthal (47,1) - Braunsroda (48,3) - Wegekreuz „Der Hasenlauf" (49,8) - **Heldrungen (52)**

Bemerkung: *komplett auf GeoPfad Unstrut-Hohe Schrecke, mit Abstecher zum Mühlencafe 2 km länger, auf Landstraße von Heldrungen bis Hauteroda sowie von Bottendorf bis Donndorf (Kopfsteinpflaster)*

RT 40: <u>Von Heldrungen nach Kölleda</u> 45 km

Bf. Heldrungen - Heldrungen (km 1,7) - Wegekreuz „Der Hasenlauf" (3,9) - Oberheldrungen (6,6) - Harras (8,1) - Hemleben (10,4) - Beichlingen, Schloss (14,3) - Battgendorf (18) - **Kölleda, Bf. (21,2) - Kiebitzhöhe (23,7)** - Stödten (26,7) - Leubinger Häuptlingsgrab (27,6) - **Leubingen (29,3) - Griefstedt (33,5)** - Büchel (36,3) - **Etzleben (39)** - Gorsleben (40,7) - Sachsenburg, Brücke (42,9) - **Bf. Heldrungen (45,3)**

Bemerkung: *von Oberheldrungen bis Beichlingen auf Radweg gelbe 4, von Battgendorf bis Leubingen auf Radweg grüne 1, von Leubingen bis Bf. Heldrungen auf URW, auf Landstraße von Oberheldrungen bis Hemleben, von Beichlingen bis Battgendorf sowie von Griefstedt bis Büchel, von Hemleben nach Beichlingen nur bei trockenem Wetter zu empfehlen!*

RT 41: <u>Zum Esperstedter Ried</u> 60 km

Bretleben, Bf. - **Reinsdorf (km 2,9)** - *Gehofener Weg* - Gehofen (6,5) - *Pflasterstraße Richtung Ritteburg* - Abzw. Schönewerda (8,2) - Schönewerda (12,5) - Kalbsrieth (16,3) - Schaafsdorf, Helmebrücke (19,3) - Nikolausrieth, Helmebrücke (21,5) - Voigtstedt, Sportplatz (26,4) - **Voigtstedt, HP (27,3)** - *Neuer Weg* - Kirschplantage (28,5) - Wetterstation (29,7) - **ART (31)** - Schönfeld (33,9) - Schönfelder See (34,6) - Ringleben (37,7) - Esperstedt (41,2) - Esperstedter Ried/Vogelbeobachtungsturm (44,4) - Rastplatz (45,6) - Seehausen (46,9) - Oldisleben (51,2) - **Bf. Heldrungen (53,4)** - Heldrungen (54,8) - **Bretleben, Bf (59,8)**

Bemerkung: *komplett auf K10, von Bretleben bis Reinsdorf, von ART bis Schönfeld und Heldrungen bis Bretleben auf URW, von Schönfeld bis zum Rastplatz auf Unstrut-Werra-Radweg, von Kalbsrieth bis Nikolausrieth auf Helme-Wanderweg*

Abschnitte von Reinsdorf bis Gehofen, von Kalbsrieth bis Nikolausrieth sowie von Voigtstedt bis zur Wetterstation nur bei trockenem Wetter zu empfehlen!

RT 42: <u>Auf dem Kyffhäuser-Radweg</u> 60 km

Artern, Bf. - KGA „Kyffhäusergrund" (km 2,4) - Solegraben (3,2) - Sumpf - Kachstedt, Salzwiesen (6,2) - Borxleben (8,7) - Ichstedt, ehem. Bf. (9,6) - Ichstedt, Leopoldstal (10,2) - Udersleben (14,3) -

Flugplatz (15,4) - Bad Frankenhausen 20,6) - Kleine Wipper/Gelbe Brücke (22,8) - Rottlebener Dreiangel (25,3) - Mühlen - Barbarossahöhle (27) - Ochsenburg (28,4) - Steinthaleben (30) - Huflar (32,3) - Strandbad (34,4) - Kelbra, ehem. Bf. (36,6) - Sittendorf (40,9) - Tilleda, Markt (44,4) - Melmsee (47,1) - Ichstedter Lehde (48,9) - Ichstedt, Leopoldstal (50,2) - Ichstedt - (50,8) - Ringleben (53,3) - Schönfelder See (56,2) - Schönfeld (57) - **ART, Bf. (60)**

Bemerkung: *auf dem Kyffhäuser-Radweg von Artern bis Ichstedt, von Ringleben bis Schönefeld auf Unstrut-Werra-Radweg, auf Landstraßen von der Barbarossahöhle bis Kelbra, von Ichstedt bis Udersleben sowie von Ichstedt bis Ringleben*

RT 43: <u>Rund um Artern (Kleine Runde)</u> 17 km

ART, Bf. - Schönfeld (2,9) - Rastplatz Flutkanal Reinsdorf (4,3) - **Reinsdorf (6,4) -** *Gehofener Weg* - Gehofen (10) - Ritteburg (13,1) - **ART (17)**

Bemerkung: *von ART bis Reinsdorf sowie von Ritteburg bis ART auf URW, Reinsdorf bis Gehofen auf K10, von Reinsdorf bis Gehofen nur bei trockenem Wetter, auf Landstraße von Gehofen bis Ritteburg*

RT 44: <u>Nach Sangerhausen und Allstedt</u> 47 km

ART, Markt - Solegraben (km 1,8) - Sumpf - Kachstedt, Salzwiesen (4,8) - Borxleben (7,3) - Ichstedt, ehem. Bf. (8,7) - Schützenplatz Ichstedt (10,2) - Hackpfüffel (12,6) - Brücken (15,8) - Martinsrieth, Helmebrücke (19,8) - Querung A 38 (20,2) - Radweg neben ehem. B 80 (21,4) - **Sangerhausen**, Kreisverkehr Erfurter Straße (24,9) (Abstecher Zentrum) - **Oberröblingen (29)** - Niederröblingen (31,3) - Allstedt, Rathaus (35,7) - Burg/Schlossmuseum Allstedt (37,2) - Rastplatz Rohnebrücke (39,8) - Mönchpfiffel, Klostergut (41,5) - Nikolausrieth (42,5) - *Arterner Weg* - **ART, Bf. (47,4)**

Bemerkung: *von ART bis Borxleben auf dem Kyffhäuser-Radweg, von Hackpfüffel bis Sangerhausen auf dem Harzvorland-Radweg, von SGH bis Allstedt auf Radweg Salzstraße, von Allstedt bis Nikolausrieth auf Rohne-Wanderweg*

RT 45: <u>Rund um das Kloster Donndorf</u> 21 km

Donndorf - ehem. HP Donndorf (km 1,1) - Kupferhütte Bottendorf (3,1) - Schönewerda (6,3) - Ritteburg (10,9) - Gehofen (13,9) - Nausitz (16) - *Reitweg* - Agrarbetrieb Donndorf - Kleinroda (18,9) - Kloster Donndorf (19,6) - Donndorf (21,2)

Bemerkung: *von Donndorf bis Bottendorf auf Kupferhüttenweg (Kopfsteinpflaster), von Bottendorf bis Ritteburg auf URW, von Ritteburg bis Gehofen auf Radweg K10 (Kopfsteinpflaster), auf Landstraße von Donndorf bis Bottendorf sowie von Ritteburg bis Gehofen, von Nausitz bis Chaussee Kleinroda nur bei trockenem Wetter zu empfehlen!*

RT 46: <u>Rund um Roßleben</u> 32 km

Roßleben - Egelseebrücke (km 2,8) - Wendelstein (7,1) - Memleben

(10,4) - Allerstedt (12,2) - Wiehe (14,7) - Schieferspitze - Hechendorf (17,6) - Kreuztal - Donndorf (20,7) - Kloster Donndorf (21,9) - Kleinroda (22,6) - Schönewerda (26,1) - Bottendorf, Kupferhütte (29,6) - Roßleben (32)

Bemerkung: *von Roßleben bis Memleben sowie von Schönewerda bis Roßleben auf URW, von Memleben bis Allerstedt auf Finne-Radweg, von Wiehe bis Donndorf auf K14 (Ranke-Radweg), von Donndorf bis Schönewerda auf dem Märzenbechertalweg, auf Landstraße von Memleben bis Wiehe sowie von Donndorf bis Schönewerda*

RT 47: Von Roßleben zum Fundort der Himmelsscheibe von Nebra **28 km**

Roßleben, Unstrutbrücke - *Ziegelrodaer Straße* - Forsthaus (km 2,7) - Lodentrift (8,1) - Aussichtsturm/Fundort Himmelsscheibe auf dem Mittelberg (10) - Schutzhütte mit Blick auf Wangen (12) - Besucherzentrum Arche Nebra (12,7) - Kleinwangen, Parkplatz an der Steinklöbe (13,4) - **HP Wangen** - Memleben (18,2) - Wendelstein (21,1) - Egelseebrücke (25,4) - Roßleben (28)

Bemerkung: *von Roßleben bis zum Aussichtsturm Fundort Himmelsscheibe auf dem NL Himmelsscheibe, von der Lodentrift bis Wangen auf Himmelsscheibenradweg, von Wangen bis Roßleben auf dem URW*

RT 48: Rund um Wiehe (Kleine Runde) **18 km**

Wiehe, Modellbahn - Egelseebrücke (km 2,5) - Wendelstein (6,9) - Memleben (10,4) - Wohlmirstedt (13,6) - Allerstedt (15) - Wiehe, Modellbahn (17,5)

Bemerkung: *von Wiehe bis Memleben auf URW, von Memleben bis Allerstedt auf Finne-Radweg, auf Landstraße von Allerstedt bis Wiehe*

RT 49: Rund um Wiehe (Große Runde) **40 km**

Wiehe, Stadtgarten - Garnbach (km 2,8) - Hexenmacher-Atelier - Großer und Kleiner Sumpf (7) - Rastplatz Wegekreuz Lossa (7,8) - Forsthaus Rettgenstedt (11,5) - Ostramondra (13,6) - Bachra (16,3) - Schafau (17,9) - Grenzstein (18,9) - Pavillon Abzw. Rastenberg (19,5) - Rastenberg (23) - Stiftung Finneck - Waldschwimmbad (25,2) - Rothenberga (28) - Pfingstkreuz (29,3) - Lossa (30,6) - Zeisdorf (34,6) - NL Klefferbach - Wohlmirstedt (36,3) - Allerstedt (37,7) - Wiehe (40)

Bemerkung: *von Wiehe bis Rastplatz Wegekreuz Lossa auf K 22, von Garnbach bis Ostramondra auf Wanderweg gelber Punkt, von Ostramondra bis Rastenberg auf Finnebahn-Radweg*

RT 50: Von Memleben über die Finne **23 km**

Memleben - Bucha (km 4,3) - Kahlwinkel (8,9) - Lossa (14,2) - Zeisdorf (19) - Wohlmirstedt (20,2) - Memleben (23,4)

Bemerkung: *von Lossa bis Memleben auf Finne-Radweg, auf Landstraße von Kahlwinkel bis Lossa*

RT 51: Auf dem Himmelsscheibenradweg nach Halle 78 km

Wangen, HP - Besucherzentrum „Arche Nebra" (km 1,1) - Mittelberg, Turm (4,6) - Lodentrift (7,8) - Jagdhütte Kohlenstraße (8,8) - Naherholungsgebiet „Hermannseck" (15,5) - Parkplatz Hermannseck (16,1) - Gasthof Leimbach (19,2) - Leimbach (19,8) - **Querfurt**, Burg (24,5) - Querfurt, Markt (25,2) - Obhausen (29,6) - Kuckenburg (32,6) - Esperstedt (34,7) - Schraplau (36,8) - **Röblingen am See (40,2)** - Aseleben (43,6) - Seeburg, Seepromenade (46,2) - Schloss Seeburg (46,8) - Rollsdorf (50) - Langenbogen (54,9) - Rastplatz NSG Salzatal (57) - Zappendorf (59,1) - Benkendorf (61) - Lieskau (64,5) - Dölauer Heide - HAL, Peißnitzinsel (73,6) - Halle (Saale), Vorzeitmuseum (75,7) **- Halle, Hbf (78)**

Bemerkung: *komplett auf Himmelsscheibenradweg, von Seeburg bis Halle auch auf Radweg Harz-Saale, auf Landstraße von Esperstedt bis Schraplau sowie von Röblingen bis Seeburg*

RT 52: Zur Dolmengöttin und zum Geiseltalsee 68 km (mit Umrundung Geiseltalsee u. Abstecher Flugplatz, sonst 41 km)

Karsdorf, Bf. - Steigra (km 2,9) - Katzendorf (4,1) - Jüdendorf (4,8) - Langeneichstädt (7,1) - Eichstädter Warte (8,1) - Bockwindmühle (9,4) - **Bf. Langeneichstädt (10) -** Stöbnitz (14,8) - Marina Mücheln/Geiseltalsee (16,7) - Umrundung Geiseltalsee - Rastplatz Sanierungstagebau (19,9) - Abzw. Wünsch (23,3) - Weinberg, Insektenhotel (23,4) - Frankleben, Oststrand (32) - Marina **Braunsbedra**/AP Leonhardt (37,2) - Geol. Aufschlüsse (39,2) - AP Biendorf (39,9) - Abzw. Geiseltalkirche (41,4) - Marina Mücheln (43) - **Bf. Mücheln** (43,9) - Mücheln, Markt (44,8) **-** Branderoda (48) **-** Baumersroda (51,9) - Gleina (54,4) - Segelflugplatz (56,9) - Abzw. Segelflugplatz - Dorndorf (58,7) - Burgscheidungen (64,2) - **Karsdorf (68)**

Bemerkung: *von Karsdorf bis Katzendorf auf Radweg Salzstraße, von Langeneichstädt bis Marina Braunsbedra auf Dolmenradweg, auf Geiseltalrundweg um Marina Mücheln, von Dorndorf bis Karsdorf auf URW, auf Landstraßen von Karsdorf bis Langeneichstädt, vom Bf. Langeneichstädt bis Stöbnitz sowie von Mücheln bis Dorndorf*

RT 53: Von Freyburg zum Geiseltalsee 57 km

Freyburg - Großjena (km 3,6) - Dobichau (7,6) - Goseck, Pflaumenallee (10,8) - Sonnenobservatorium (11,2) - Markröhlitz - Pettstädt, Am Denkmal (17,5) - Roßbach-Süd (20,2) - Roßbach, Kirche (21,6) - Leiha, Eschenweg (23,7) - Schortau, Lehmhohle (25,4) - **Braunsbedra**, Stadion (26,4) - Marina Braunsbedra/AP Leonhardt (28,4) - Geol. Aufschlüsse (30,3) - AP Biendorf (31) - Marina Mücheln (34,2) - **Bf. Mücheln (35,1)** - Mücheln, Markt (36) - Branderoda (39,2) - Baumersroda (43,1) - Gleina (45,6) - Müncheroda (48,5) - Weischütz (51) - Mühle Zeddenbach (55,1) - **Freyburg (57)**

Bemerkung: v*on Freyburg bis Großjena sowie von Mühle Zeddenbach bis Freyburg auf URW, von Goseck bis Mücheln auf Dolmenradweg, von Gleina bis Weischütz auf Goethe-Radweg, auf Landstraße von Roßbach-Süd bis Leiha sowie von Mücheln bis Weischütz*

RT 54: Rund um Freyburg **61 km**

Freyburg - Mühle Zeddenbach (km 1,8) - **Balgstädt** (3,1) - Größnitz (5,7) - Städten (7,4) - Pomnitz (11,4) - Burgheßler (15,1) - Strohmühle (17) - Klosterhäseler (18,3) - Gößnitz (19,9) - Querung B 250 - Marienthal (25,7) - Rastplatz (26,5) - Wischroda (29,2) - Gutschbachmühle (31,6) - Steinbach (35,4) - Bad Bibra (37,8) - Bibermühle (38,4) - Thalwinkel (41,1) - Rastplatz (44,2) - Tröbsdorf (45) - Burgscheidungen (46,1) - Geol. Aufschluss Glockenseck - Dorndorf (51,6) - **Laucha (53)** - Weischütz (54,7) - Mühle Zeddenbach (59) - **Freyburg (61)**

Bemerkung: *von Freyburg bis Mühle Zeddenbach sowie von Burgscheidungen bis Freyburg auf URW, von Mühle Zeddenbach bis Burgscheidungen auf SUE-Radacht, Aufstieg von Balgstädt nach Größnitz erfordert Kondition, auf Landstraße von Balgstädt bis Städten, von Burgheßler bis Klosterhäseler, von Gößnitz bis zur B 250 sowie von Steinbach bis Bad Bibra*

RT 55: Zum Sonnenobservatorium **28 km**

Freyburg - Großjena (km 3,6) - Dobichau (7,6) - Querung Straße Markröhlitz-NMB (8,8) - Rastplatz Alte Eiche (10,5) - Goseck, Pflaumenallee (10,8) - Goseck, Sonnenobservatorium (11,2) - Goseck, Schloss (12,9) - Eulau, Schellsitzer Weg (16,1) - Bockwindmühle Schellsitz (18,4) - **NMB**, Hennebrücke (20,6) - Blütengrund (22,7) - Großjena (24,2) - **Freyburg (28)**

Bemerkung: *von Freyburg bis Großjena sowie von Hennebrücke bis Freyburg auf URW*

RT 56: Über Saale und Ilm von Naumburg nach Weimar **62 km**

NMB, Hbf. - Blütengrund, Südseite (km 2,8) - Kaysers Badeanstalt (4,6) - NMB-Almrich (7,4) - NMB-Weinberge (8,2) - Klosterpforta (10,5) - **Bad Kösen, Bf. (14)** - Saaleck (16,9) - Kleinheringen, Museumsgutshof Sonnekalb (17,6) - Kaatschen-Weichau (19,4) - Großheringen, Ilmbrücke (21,7) - **Bf. Großheringen (22,4) - Bad Sulza, Gradierwerk (24,9)** - Darnstedt (27,9) - Historisches Eberstedt (30,3) - Eberstedt, Radfahrerkirche (31) - Wickerstedt (33,8) (Abstecher **Apolda**) - Mattstedt (38,3) - Zottelstedt (40,1) - Niederroßla (42) - Oberroßla (44,6) - **Oßmannstedt, Wielandgut (49,1)** - Abzw. Denstedt (52,4) - *Franz-Liszt-Promenadenweg* - Kromsdorf, Schloss (54) - *Maria-Pawlowna-Promenadenweg* - Schloss Tiefurt (56,7) - Park an der Ilm - Weimar, Goetheplatz (60,9) **- Weimar, Hbf (60)**

Bemerkung: *von NMB bis Kaatschen-Weichau Saale-Radweg, von Kaatschen-Weichau bis Weimar Ilmtal-Radweg*

RT 57: Auf dem Saale-Radweg nach Halle **72 km**

NMB, Hbf - NMB-Henne, Saalebrücke (km 2,1) - Hallescher Anger (2,6) - Alter Felsenkeller (4,2) - Schönburg, Bootshaus (7,8) - Oeblitzschleuse (11,8) - **Bf. Leißling (14,9) - Weißenfels, Saalebrücke/Bf. (21,5)** - Weindorf Burgwerben (24,4) - Weindorf Kriechau (27) - Skortleben, Abstecher Ruine (28,3) - Kleinkorbetha (31,5) - **Bad Dürrenberg,** Kurpark (37,2) - **Leuna** (40) - Göhlitzsch (42,7) - **Merseburg, Schlosspark (49,9)** - Rastplatz Arnimsruh (52,1) - Planena (56,4) - Rattmannsdorf (60,7) - Hohenweiden (61,2) - Röpzig (63,5) - **Halle, Hbf (72)**

Bemerkung: *komplett Saale-Radweg*

RT 58: Auf dem Saale-Radweg nach Jena **52 km**

NMB, Hbf. - Blütengrund, Südseite (km 2,8) - Kaysers Badeanstalt (4,6) - NMB-Almrich (7,4) - NMB-Weinberge (8,2) - Klosterpforta (10,5) - **Bad Kösen, Bf. (14)** - Campingplatz Rudelsburg (15,1) - Löwendenkmal (16,8) - Kaiser-Wilhelm-Denkmal (17,1) - Rudelsburg (17,5) - Löwendenkmal (18) - Abzweig Burg Saaleck (19) - Saaleck (19,3) - Kleinheringen, Museumsgutshof Sonnekalb (20) - Kaatschen-Weichau (21,8) - Stöben, Hofladen (23,6) - Abzw. Cyriakruine (25) - **Camburg, Friedensbrücke (26,6)** - Freibad Camburg (28,2) - Döbritschen, Rittergut (30) - Würchhausen (31,7) - Dorndorf-Steudnitz, Carl-Alexander-Brücke (35,2) - Dammtal (36,8) - Golmsdorf (39,7) - Porstendorf, Rabeninsel/Gleistal (41,1) - Jena-Zwätzen (44,6) - J-Kunitz (46,2) - FND Erlkönig (48,3) - Jena, Zentrum **- Bf. Jena-West (51,7)**

Bemerkung: *von NMB bis Jena Saale-Radweg*

RT 59: Saale-Unstrut-Elster-Radacht (SUE-Westroute)
83 km

NMB, Hbf - Blütengrund, Südseite, Fähre (km 2,8) - Blütengrund, Nordseite (2,8) - Großjena, Steinernes Bilderbuch (3,3) - Max-Klinger-Gedächtnisstätte (3,7) - **Freyburg, Herzoglicher Weinberg (8,1)** - Mühle Zeddenbach (9,9) - Weischütz (14,2) - **Laucha (15,9)** - Dorndorf (17,3) - Geol. Aufschluss Glockenseck - Burgscheidungen (22,8) - Tröbsdorf (23,9) - Thalwinkel (27,8) - Bad Bibra (31,3) - Steinbach (33,7) - Gutschbachmühle (37,5) - Wischroda (39,9) - Rastplatz (42,6) - Marienthal (43,4) - Funkturmsiedlung (43,9) - Eckartsberga, Markt (46,7) - **Bf. Eckartsberga (48,2)** - Reisdorf (49,7) - Auerworldpalast (51,7) - **Bf. Auerstedt (52,8)** - Auerstedter Weinberg - Ensenmühle (55,1) - **Bad Sulza, Gradierwerk (56)** - **Bf. Großheringen (58,5)** - Großheringen, Ilmbrücke (59,2) - Kaatschen-Weichau (61,5) - Kleinheringen, Museumsgutshof Sonnekalb (63,3) - Saaleck (64) - Abzweig Burg Saaleck (64,3) - Löwendenkmal (65,3) - Rudelsburg (65,8) - Kaiser-Wilhelm-Denkmal (66,2) - Löwendenkmal (66,5) - Campingplatz Rudelsburg (68,2) - **Bad Kösen, Bf. (69,3) -** Klosterpforta (72,8) - NMB-Weinberge (75,1) - NMB-Almrich

(75,9) - Kaysers Badeanstalt (78,7) - Blütengrund, Südseite (80,5) - **NMB, Hbf. (83,3)**
Bemerkung: *von NMB bis Burgscheidungen auch auf URW, von Bad Sulza bis Kaatschen Ilmtal-Radweg, von Kaatschen bis NMB Saale-Radweg*

RT 60: <u>Saale-Unstrut-Elster-Radacht (SUE-Ostroute)</u> 97 km
NMB, Hbf - NMB-Henne, Saalebrücke (km 2,1) - Hallescher Anger (2,6) - Alter Felsenkeller (4,2) - Schönburg, Bootshaus (7,8) - Oeblitzschleuse (11,8) - **Bf. Leißling (14,9) - Weißenfels, Saalebrücke/Bf. (21,5)** - Dehlitz, Alte Postsäule (27,4) - Überquerung A38 - Großgöhren (31,3) - Kleingöhren, Artenschutzturm Alter Trafo (32) - Poserna (33) - Taucha, Kirche (35,7) - Geschützter Biotop - Webau (39) - Wählitz - (41) - **Hohenmölsen,** Sportanlage **(43,5)** - Jaucha (44,5) - Campingplatz Mondsee (46,5) - Naturbeobachtungsturm (47,7) - Naundorf (52,2) - Deuben, Bergbaumuseum (53,8) - Trebnitz (56,5) - **Bf. Luckenau (57,2)** - Luckenau (58,6) - Kretzschauer See - Kretzschau (62,1) - Bf. Droyßig (66,1) - Romsdorf (69,7) - Weickelsdorf (70,9) - Waldau (72,2) - Osterfeld, Zentrum (75) - Pauscha (76,6) - Peter-Hermann-Vogt-Stein (77,7) - Löbitz (78,9) - Grostgestewitz (80,9) - Beuditz (82,2) - Wettaburg (82,9) - Herrenmühle (84,5) - **Mertendorf (86,8)** - **Wethau (89,6)** - Kroppental, Neue Welt (92) - Alter Felsenkeller (93,2) - **Naumburg, Hbf (97,4)**
Bemerkung: *komplett auf Saale-Unstrut-Elster-Radacht, von Naumburg bis Weißenfels auch auf Saale-Radweg*

Wasserwandern

Da der Autor bislang nur per pedes oder per Rad an der Unstrut unterwegs war, das Wasserwandern aber immer beliebter wird, stützt er sich dabei auf die Informationen vom Netzwerk „Blaues Band“ (s. auch www.blaues-band.de). Dabei wird der 120 km lange Abschnitt von Straußfurt bis Naumburg beschrieben. Die Einteilung erfolgt in sechs Etappen. Auf der oberen Unstrut sind die Möglichkeiten immer noch sehr begrenzt.

1. Etappe Straußfurt - Sömmerda ca. 15 km
- *Einsatzstelle:* Straußfurt - zwischen Wehr und Brücken links
- *Aussetzstelle:* Sömmerda - am Wehr, beim Kanu-Club
- *Wehre:* Sömmerda rechts kurz vor dem Wehr ausbooten oder in den Abzweig Mühlgraben hineinfahren und dort links beim Kanuclub aussetzen, ca. 50 m umtragen und rechts über eine Treppe hinterm Wehr wieder einsetzen.

2. Etappe Sömmerda - Oldisleben/Heldrungen ca. 25 km
- *Einsatzstelle:* Sömmerda - hinterm Wehr, am Kanu-Club
- *Aussetzstelle:* Oldisleben/Heldrungen - rechts

Wehre:
- Sömmerda (s. Etappe 1):
- Riethgen unter der Straßenbrücke befindet sich eine alte Spundwand quer zur Fahrtrichtung und dazu erschweren große Steine die Durchfahrt. Die Spundwand ist zwischen dem rechten Ufer und dem mittleren Brückenpfeiler etwa auf einer Breite von 2 m unterbrochen, doch durch Steine und Strömung kann man die Stelle nicht genau erkennen. Also Vorsicht! Am Besten rechts vor der Brücke anlegen und selbst einen Blick von der Brücke auf die Gefahrenstelle werfen oder rechts umtragen.
- Oldisleben, rechts kurz vor dem Wehr, innerhalb des abgezäunten Bereiches, aussteigen und ca. 100 m umtragen. Achtung, komplizierte Einsatzstelle! - sehr steil und steinig.

3. Etappe Oldisleben/Heldrungen - Ritteburg ca. 20 km
- *Einsatzstelle:* Oldisleben/Heldrungen an der Brücke rechts
- *Aussetzstelle:* Ritteburg an der Schleuse

Wehre:
- Artern - Schleuse Artern ist fertig saniert. Ansonsten gibt es rechts vor der Schleuse Anlegemöglichkeiten vom Kanu- und Wanderverein Arten, dann übers Vereinsgelände und über die Brücke zur Schleuseninsel umtragen und dort am rechten Ufer (Treppe) wieder einsetzen.
- Ritteburg - im Schleusenhaus Ritteburg ist eine Gaststätte mit Pension untergebracht, auf dem Außengelände kann man zelten.

4. Etappe Ritteburg - Memleben ca. 20 km
- *Einsatzstelle:* Ritteburg - an der Schleuse
- *Aussetzstelle:* Memleben, Biwakplatz am rechten Ufer

Schleusen:
- Ritteburg
- Wendelstein

5. Etappe Memleben - Kirchscheidungen ca. 20 km
- *Einsatzstelle:* Memleben - Biwakplatz am rechten Ufer
- *Aussetzstelle:* Kirchscheidungen - Biwakplatz am rechten Ufer

Schleusen:
- Tröbsdorf

6. Etappe Kirchscheidungen - Naumburg ca. 20 km
- *Einsatzstelle:* Kirchscheidungen, Biwakplatz am rechten Ufer
- *Aussetzstelle:* Campingplatz „Blütengrund“ am Zusammenfluss Saale/Unstrut

Beim Aussetzen ist hier zu beachten: Der erste Anleger gehört zur Fähre, Anlegen ist dort verboten! Den zweiten Anleger dürfen Mitglieder des DKV benutzen. Erst der dritte Anleger ist für die Allgemeinheit bestimmt!

Praktische Hinweise

Alle in diesem Wanderführer enthaltenen Angaben wurden vom Autor nach besten Wissen und Gewissen erstellt und mit größtmöglicher Sorgfalt geprüft.
Allerdings werden, was erfreulich ist, stets neue Anstrengungen unternommen, die vorhandenen Wanderwege noch besser zu markieren und neue Wege zu erschließen. Der Autor hat sich bei den Routenbeschreibungen auf seine eigenen Recherchen gestützt und vorliegende Karten zur Orientierung verwendet. Im Sinne des Produkthaftungsrechts sind inhaltliche Fehler deshalb nicht vollständig auszuschließen. Deshalb erfolgen die Angaben ohne jegliche Verpflichtung und Garantie des Autors oder des Verlegers. Beide übernehmen keinerlei Verantwortung und Haftung für eventuelle inhaltliche Unstimmigkeiten. Wir bitten dafür um Verständnis und sind dankbar für Korrekturhinweise. Ebenso dankbar ist der Autor für alternative Wandervorschläge, die in eine etwaige Neuauflage aufgenommen werden könnten.

Gehzeiten

Bei der Festsetzung der Gehzeiten ist der Autor nicht von sich ausgegangen. Schließlich können die Wanderzeiten entsprechend der Kondition oder Tagesform eines Wanderers verschieden sein. Auch das Wetter spielt sicherlich eine Rolle. Die Zeiten sind ohne Besichtigungen angegeben. Berücksichtigt werden sollten auch eventuelle Zeiten für eine Einkehr bzw. Fotopausen.

Wissenswertes

Unter dieser Rubrik wurde am Anfang jeder Tourenbeschreibung auf eine besondere Sehenswürdigkeit eingegangen. Weil manche Touren mehrere Höhepunkte aufweisen, wurde auf diese im weiteren Verlauf unter der Rubrik „Routenbeschreibung" verwiesen. Da manche Orte und Sehenswürdigkeiten mehrmals „auftauchen", wurden diese im Stichwortverzeichnis mit fetter Schrift versehen. Dadurch findet man leichter, auf welcher Seite eine nähere Beschreibung vorgenommen wird. Außerdem wird die Beschreibung der Sehenswürdigkeiten einer Wanderung mit kleinerer Schrift versehen, damit sie sich deutlicher von den Routenbeschreibungen abheben.

Einige Abkürzungen

– RW (Rundwanderungen) - bei diesen kommt man wieder dort an, wo man gestartet ist
– SW (Streckenwanderungen) - bei diesen wandert man von Ort „A“ zu Ort „B“. Unter der Rubrik „Auskünfte zum Nahverkehr erteilen“ erfährt man die Möglichkeiten zur Rückkehr mit öffentlichen Verkehrsmitteln. Übernachtungsmöglichkeiten für Mehrtagestouren können unter der Rubrik „Auskünfte erteilen“ erfragt werden.
– RT - Radtour
– NL - Naturlehrpfad
– NP - Naturpark
– NLP - Nationalpark
– NSG - Naturschutzgebiet
– LSG - Landschaftsschutzgebiet
– GLB - Geschützter Landschaftsbestandteil
– FND - Flächennaturdenkmal
– ND - Naturdenkmal
– NEZ - Naherholungszentrum
– AP - Aussichtspunkt
– Bf. - Bahnhof
– HP - Haltepunkt
– KGA - Kleingartenanlage
– s. - siehe
– h - Stunden
– km - Kilometer
– m - Meter
– NN - Höhenangabe über dem Meeresspiegel
– Gem. - Gemeinde
– Einw. - Einwohner
– Jh. - Jahrhundert
– Jt. - Jahrtausend
– UB - Urkundenbuch
– ev. - evangelisch
– kath. - katholisch
– hl. - heilige/r
– Hg. - Herausgeber
– B 176 - Bundesstraße 176
– URW - Unstrut-Radweg
– ET01 - Etappe1 vom Unstrut-Radweg
– AB 01 - Abschnitt 01 vom Unstrut-Werra-Radweg

Wanderkarten

Unter der Rubrik „Wanderkarten“ werden alle empfohlenen Karten nummeriert dargestellt, um Platz zu sparen. Bei jeder Wanderung ist anhand der Nummern ersichtlich, welche Karten empfohlen werden. Anhand diese Auflistung kann der Nutzer auch prüfen, welche Karten er bereits hat, um keine doppelt kaufen zu müssen.

Nr. 1: Rad- und Wanderkarte Unstrut-Radweg - Von der Quelle im Eichsfeld bis zur Mündung bei Naumburg, 1:35000, 1. Auflage, Verlag Dr. Barthel Borsdorf (ISBN-Nr. 978-3-89591-215-3)

Nr. 2: Topographische Karte Südliches Eichsfeld, Hainich, Werratal (Kartenblatt 54), 5. Auflage 2012, 1:50000, Landesamt für Vermessung und Geoinformation Erfurt
(ISBN-Nr. 978-3-86140-225-1)
auch geeignet für Radtour 05, 08, 10-12, 14, 16

Nr. 3: Die Karte Nr. 6 Freizeit im Naturpark Eichsfeld-Hainich-Werratal, 1:50000, ARTIFEX-Computerkartographie
Bad Langensalza, 4. überarbeitete Auflage 2013
(ISBN-Nr. 978-3-86973-057-8)
auch geeignet für RT 01-03, 05-12, 14, 16

Nr. 4: Rad- und Wanderkarte Landkreis Eichsfeld, 1:50000, Kartographische Kommunale Verlagsgesellschaft mbH Nordhausen, 2. Ausgabe 2012 (ISBN-Nr. 978-3-86973-057-8)
auch geeignet für RT 01-07, 10-11

Nr. 5: Rad- und Wanderkarte Unstrut-Hainich-Kreis, 1:50000, ebenda, 3. Ausgabe 2014 (ISBN-Nr. 978-3-86973-093-6)
auch geeignet für RT 02-03, 05-18, 20

Nr. 6: Topographische Karte Westliches Thüringer Becken, Mittleres Unstruttal (Kartenblatt 61), 2011, 1:50000, Landesamt für Vermessung und Geoinformation Erfurt
(ISBN-Nr. 978-3-86979-146-3)
auch geeignet für RT 13, 17-18, 20-24, 26, 29

Nr. 7: Rad- und Wanderkarte Kyffhäuserkreis mit GeoPark Kyffhäuser, 1:50000, Kartographische Kommunale Verlagsgesellschaft mbH Nordhausen, 3. Ausgabe 2013
(ISBN-Nr. 978-3-86973-078-3)
auch geeignet für RT 09, 12, 25, 33-46, 48-49

Nr. 8: Topographische Karte Hohe Schrecke, Schmücke, Finne, 2007, 1:25000, Landesamt für Vermessung und Geoinformation Erfurt (ISBN-Nr. 978-3-86140-226-2)
auch geeignet für RT 39, 46, 48-49

Nr. 9: Rad- und Wanderkarte Querfurt, Heldrungen, Bad Bibra und Umgebung, 1:35000, 1. Auflage, Verlag Dr. Barthel Borsdorf (ISBN-Nr. 978-3-89591-220-7)
auch geeignet für RT 39, 43-48, 50

Nr. 10: Topographische Karte Östliches Thüringer Becken, Unteres Unstruttal (Kartenblatt 62), 1. Auflage 2010, 1:50000, Landesamt für Vermessung und Geoinformation Erfurt
(ISBN-Nr. 978-3-86979-010-7)
auch geeignet für RT 30, 33-34, 37, 39-40, 47-50

Nr. 11: Rad- und Wanderkarte Weinstraße, Land der Burgen, Region Saale-Unstrut, 1:50000, Kartoprodukt GmbH Halle/Saale, 8. Auflage 2010, 1:50000 (ISBN-Nr. 978-3-928765-31-2)
auch geeignet für RT 47-48, 50, 53-55, 59

Nr. 12: Rad- und Wanderkarte Mittleres Saaletal, Naumburg und Umgebung, 1:35000, 5. Auflage, Verlag Dr. Barthel Borsdorf (ISBN-Nr. 978-3-89591-099-9)
auch geeignet für RT 54, 59

Darüber hinaus werden für die Radtouren folgende Karten von Grünes Herz, Verlag für Tourismus Ilmenau und Ostseebad Wustrow empfohlen:

01. Pocket Fahrradkarte Hainich 1:50000, 1. Auflage 2012, Offizielle Karte des ADFC-Landesverbandes Thüringen und des Hainichland - Tourismusverband der Thüringer Nationalparkregion e. V. (ISBN 978-3-86636-088-4)
Diese Karte deckt folgende Radrouten ab: RT 08, 10-11

02. Fahrradkarte Erfurt-Mittelthüringen 1:75000, 3. Auflage 2014, ADFC-Landesverband Thüringen (Hg)
(ISBN 978-3-86636-080-8)
Diese Karte deckt folgende Radrouten ab: RT 13, 17-24, 26, 28-29, 31

03. Fahrradkarte Kyffhäuser-Nordthüringen 1:75000, 2014, Offizielle Karte des ADFC-Landesverband Thüringen (Hg)
(ISBN 978-3-86636-089-1)
Diese Karte deckt folgende Radrouten ab: RT 25-26, 29, 33-46, 48-49

04. Pocket Fahrradkarte Naumburg, Saale - Unstrut - Elster - Radacht 1:75000, 2. Auflage 2014, Offizielle Karte der ADFC-Landesverbände Sachsen-Anhalt und Thüringen
(ISBN 978-3-86636-181-2)
Diese Karte deckt folgende Radrouten ab: RT 47, 53-55, 59-60

05. Fahrradkarte Halle (Saale), Eisleben, Geisetalsee, Naumburg mit Himmelsscheibenradweg 1:75000, 3. Auflage 2014, Offizielle Karte des Regionalverbandes Halle (Saale)
(ISBN 978-3-86636-068-6)
Diese Karte deckt folgende Radrouten ab: RT 51-55, 57, 59

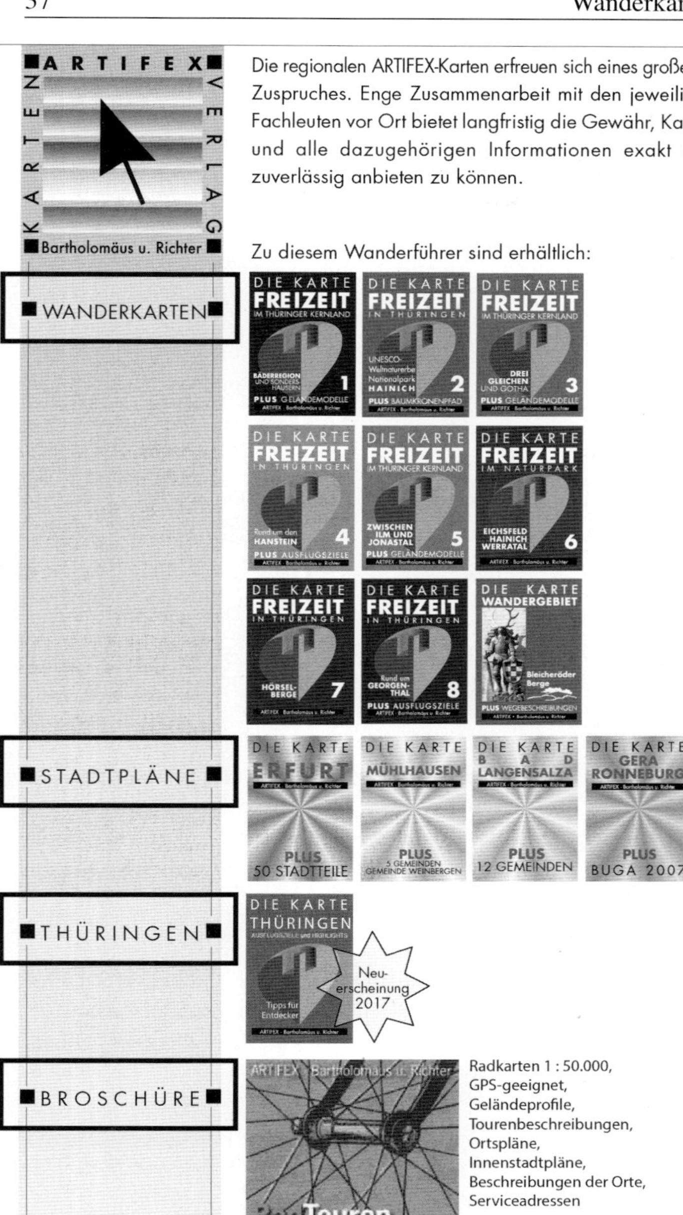
ARTIFEX
KARTEN
VERLAG
Bartholomäus u. Richter
Die regionalen ARTIFEX-Karten erfreuen sich eines großen Zuspruches. Enge Zusammenarbeit mit den jeweiligen Fachleuten vor Ort bietet langfristig die Gewähr, Karten und alle dazugehörigen Informationen exakt und zuverlässig anbieten zu können.
Zu diesem Wanderführer sind erhältlich:
WANDERKARTEN
DIE KARTE FREIZEIT IM THÜRINGER KERNLAND BÄDERREGION UND SONDERSHAUSEN 1 PLUS GELÄNDEMODELLE
DIE KARTE FREIZEIT IN THÜRINGEN UNESCO-Weltnaturerbe Nationalpark HAINICH 2 PLUS BAUMKRONENPFAD
DIE KARTE FREIZEIT IM THÜRINGER KERNLAND DREI GLEICHEN UND GOTHA 3 PLUS GELÄNDEMODELLE
DIE KARTE FREIZEIT IN THÜRINGEN Rund um den HANSTEIN 4 PLUS AUSFLUGSZIELE
DIE KARTE FREIZEIT IM THÜRINGER KERNLAND ZWISCHEN ILM UND JONASTAL 5 PLUS GELÄNDEMODELLE
DIE KARTE FREIZEIT IM NATURPARK EICHSFELD HAINICH WERRATAL 6
DIE KARTE FREIZEIT IN THÜRINGEN HÖRSEL-BERGE 7
DIE KARTE FREIZEIT IN THÜRINGEN Rund um GEORGENTHAL 8 PLUS AUSFLUGSZIELE
DIE KARTE WANDERGEBIET Bleicheröder Berge PLUS WEGEBESCHREIBUNGEN
STADTPLÄNE
DIE KARTE ERFURT PLUS 50 STADTTEILE
DIE KARTE MÜHLHAUSEN PLUS 5 GEMEINDEN GEMEINDE WEINBERGEN
DIE KARTE BAD LANGENSALZA PLUS 12 GEMEINDEN
DIE KARTE GERA RONNEBURG PLUS BUGA 2007
THÜRINGEN
DIE KARTE THÜRINGEN Tipps für Entdecker
Neuerscheinung 2017
BROSCHÜRE
ARTIFEX · Bartholomäus u. Richter
RadTouren im Hainich
Radkarten 1 : 50.000, GPS-geeignet, Geländeprofile, Tourenbeschreibungen, Ortspläne, Innenstadtpläne, Beschreibungen der Orte, Serviceadressen

Auskünfte erteilen

– TM & IS Oliver Demian, Simonstraße 5, 39114 Magdeburg, www.unstrutradweg.de oder www.blaues-band.de

– HVE Eichsfeld Touristik e.V., Gülden Creutz, Roßmarkt 3, 37339 Leinefelde-Worbis, OT Worbis, Tel. 036074-621650, Fax: 036074-6216519, info@eichsfeld.de, www.eichsfeld.de

– Stadt Dingelstädt, Geschwister-Scholl-Straße 28, 37351 Dingelstädt, Tel. 036075-340, Fax 036075-62777, info@dingelstädt-eichsfeld.de, www.dingelstaedt.eu

– Info-Center Leinefelde, Zentraler Platz 1, Tel. 03605-200585, Fax 03605-200589, info-center@leinefelde.de, www.leinefelde-worbis.de

– Welterberegion Wartburg Hainich e.V., Am Schloß 2, 99947 Weberstedt, Tel. 036022-980836, Fax 036022-980837, info@hainichland-tourismus.de

– Tourist Information Mühlhausen, Ratsstraße 20, 99974 Mühlhausen, Tel. 03601-40477-0, Fax 03601-4047711, info@muehlhausen.de, www.muehlhausen.de

– Touristinformation Bad Langensalza, Bei der Marktkirche 11, 99947 Bad Langensalza, Tel.: 03603-834424, Fax 03603-834421, touristinfo@badlangensalza.de, www.badlangensalza.de

– Landratsamt Sömmerda, Bahnhofstraße 9, 99610 Sömmerda, Tel. 03634-3540, Fax: 03634-354394, poststelle@lra-soemmerda.de, www.landkreis-soemmerda.de

– Tourist-Information Sömmerda, Marktstraße 1-2, 99610 Sömmerda, Tel. 03634-350240, Fax 03634-350351, tourist-info@stadt.soemmerda.de, www.soemmerda.de

– Landratsamt Kyffhäuserkreis, Markt 8, 99706 Sondershausen, Tel. 03632-7410, Fax 03632-741135, pressestelle@kyffhaeuser.de, www.kyffhaeuser-tourismus.de

– Stadtmarketing Sondershausen GmbH, Markt 7, 99706 Sondershausen, Tel. 03632-622512, info@sondershausen.de, www.sondershausen.de

– Stadtverwaltung Artern, Markt 14, 06556 Artern, Tel. 03466-32550, Fax 03466-325550, info@artern.de, www.artern.de

– Touristinformation-Unstruttal, Schulstraße 5, 06571 Wiehe, Tel. 034672-69807, Fax 034672-69857, wiehe-tourist-info@web.de, www.stadt-wiehe.de

– Landratsamt Burgenlandkreis, Schönburger Straße 41, 06618 Naumburg, Tel. 03445-731306, Fax 03445-731105, wirtschafts-amt@blk.de, www.burgenlandkreis.de

– Geo-Naturpark Saale-Unstrut-Triasland e.V., Unter der Altenburg 1, 06642 Nebra, Tel. 034461-22086, Fax 034461-22026, info@naturpark-saale-unstrut.de, www.naturpark-saale-unstrut.de

– Freyburger Fremdenverkehrsverein e.V., Markt 2, 06632 Freyburg, Tel. 034464-27260, Fax 034464-27376, kontakt@freyburg.info, www.freyburg-tourismus.de

– Touristinformation Naumburg/Saale, Markt 6, 06618 Naumburg, Tel. 03445-273125, Fax 03445-273128, info@naumburg-stadt.de, www.naumburg-tourismus.de

– Saale-Unstrut-Tourismus e.V., Lindenring 34, 06618 Naumburg, Tel. 03445-233790, Fax 03445-233798, info@saale-unstrut-tourismus.de, saaleunstrut.com

– Tourist-Information An der Finne - im Haus des Gastes, Bürgergarten 1, 06647 Bad Bibra, Tel. 034465-70190, Fax: 034465-701914, info@vgem-finne.de, www.tourismus-finne.de

– Kurgesellschaft Heilbad Bad Sulza mbH, Kurpark 2, 99518 Bad Sulza, Tel. 036461-8210, info@bad-sulza.de, www.bad-sulza.de

– Thüringer Tourismus GmbH, Willy-Brandt-Platz 1, 99084 Erfurt, Tel. 0361-37420, Fax 0361-3742388, www.thueringen-entdecken.de, service@thueringen-tourismus.de

Auskünfte zum Nahverkehr erteilen:

– DB Regio AG, Region Südost, Verkehrsbetrieb Thüringen, Am Wasserturm 3, 99085 Erfurt, Tel. 0180-599663 (Kundendialog), vb.thueringen@deutschebahn.com, www.dbregio.de

– Erfurter Bahn GmbH (EIB), Am Rasenrain, 99086 Erfurt, Service-Telefon 0361-74207250, Fax 0361-7420727, info@erfurter-bahn.de

– Nahverkehrsservice Sachsen-Anhalt GmbH (NASA), Am Alten Theater 4 u. 6, 39104 Magdeburg, Tel. 0391-536310, Fax 0391-5363199, www.nasa.de, info@nasa.de

– EW Bus GmbH, Abbestraße 8, 37327 Leinefelde-Worbis, Tel. 03605-51520, Fax 03605-515222, www.eichsfeldwerke.de, bus@ew-netz.de

– REGIONALBUS-Gesellschaft Unstrut-Hainich und Kyffhäuserkreis mbH, Bonatstraße 50, 99974 Mühlhausen, Tel. 03601-801697, Fax: 03601-801699

– Verwaltungsgesellschaft (VWG) des Öffentlichen Personen-Nahverkehrs (ÖPNV) Sömmerda mbH, Am Unterwege 19, 99610 Sömmerda, Tel. 03634-3722000, Fax 03634-3722020, www.linienverkehr.de, vwg@linienverkehr.de

– Verkehrsgesellschaft Südharz mbH, Ritteröder Straße 11, 06333 Hettstedt, Tel. 03476-88920, Fax 03476 812145, www.vgs-suedharzlinie.de, info@vgs-suedharzlinie.de

– PVG Burgenlandkreis mbH, Selauer Straße 28, 06667 Weißenfels, Tel. 03443-460710, Fax 03443-460725, www.pvg-burgenlandkreis.de

Unstrut-Radweg, Etappe 1: Unstrutquelle–Mühlhausen (27 km)

Unstrutquelle - Kefferhausen (km 0,7) - Kerbscher Berg (2,2) - Dingelstädt (3,6) - Silberhausen (5,6) - Helmsdorf (7,6) - Zella (9,4) - Horsmar (12,6) - Dachrieden, HP (15,5) - LSG „Reisersches Tal“ - Reiser (18,9) - Ammern (21,5) - Mühlhausen (26,9)

- **Höhenunterschiede**: 35 m Anstiege, 225 m Abstiege, leichtes Profil
- **Markierungen:** Radpiktogramm mit blauem U. Der größtenteils parallel verlaufende Unstrut-Wanderweg ist mit grünem Strich auf weißen Grund markiert, außerdem blaues Loccum-Kreuz für Pilgerweg Loccum-Volkenroda
- **Wanderkarten:** Nr. 1, 3-5 (s. Aufstellung Wanderkarten)
- **Sehenswertes:** Unstrutquelle, Kerbscher Berg, Dingelstädt, Mühlhäuser Landgraben, Reisersches Tal, Mühlhausen
- **Bahnhöfe:** Silberhausen, Dachrieden, Ammern, Mühlhausen
- **Pannenhilfe:**
  - Fahrrad-Meyer 37351 Dingelstädt, Birkunger Str. 7, Tel. 036075-62403
  - Radkeller 37351 Dingelstädt, Heiligenstädter Straße, 7, Tel. 036075-62424
  - Fahrrad-Ebert, Karl-Marx-Str. 22, 99974 Mühlhausen, Tel. 03601-441665
  - Zweiradhaus Beyerhaus, Kilianistr. 16, 99974 Mühlhausen, Tel. 03601-812210
  - Marc’s Radladen, Johannisstr. 9, 99974 Mühlhausen, Tel. 03601-420345
  - Herold’s Radladen, Weinbergstr. 68, 99974 Mühlhausen, Tel. 03601-880055

Wissenswertes: Dingelstädt liegt in einer Talmulde der oberen Unstrut, umgeben von den allmählich ansteigenden Höhen des Düns, der Obereichsfeldischen Muschelkalkhochebene und der Hollau, in einer Höhe von 336 m NN. Der Name und das alte Ortszeichen, ein Richtbeil, erinnern an eine alte Thingstätte (Gerichtsstätte). Dingelstädt war der Ort, an dem Volksversammlungen des Gaues Eichsfeld stattfanden.
Dingelstädt weist einige Sehenswürdigkeiten auf. In der Mühlhäuser Straße befindet sich mit der „Großen Mühle“ das älteste Gebäude der Stadt. Sehr schön ist das säulengeschmückte Steinportal, das in seiner Art an die wuchtigen Patrizierhäuser erinnert. Von wo man aus auch Dingelstädt betrachtet, die Pfarrkirche „St. Gertrudis“ (14. Jh.) prägt das Stadtbild. Der Taufstein und eine Statue der hl. Gertrud entstammen noch dem alten Kirchenbau. Die Orgel mit 44 Registern zählt zu den größten im Obereichsfeld. Sehenswert ist auch das Rathaus, auf dessen Gelände von 1758 bis 1851 die alte Posthalterei stand.
s. auch www.dingelstaedt.eu

Routenbeschreibung: Der ***Unstrut-Radweg*** beginnt an der ***Unstrutquelle*** westlich von *Kefferhausen.* Nach der Besichtigung der Quelle strampeln wir nach ***Kefferhausen.***

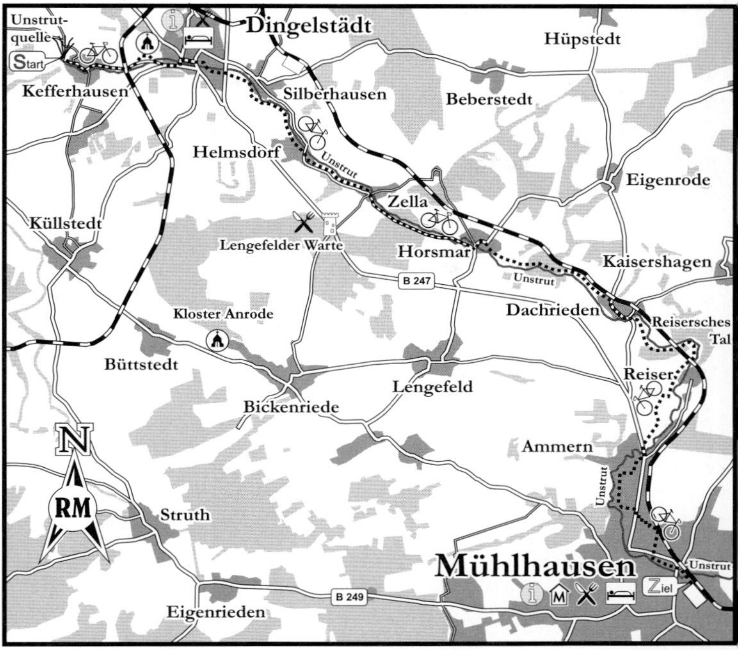

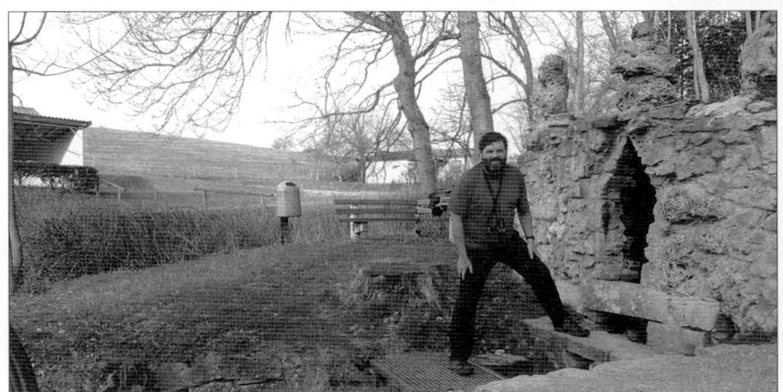

Der Autor an der Unstrutquelle westlich von Kefferhausen

Nahe der sehenswerten Kirche St. Johannes steht an einem Bildstock eine ca. 350 Jahre alte Linde, die zu den ältesten Bäumen des Eichsfeldes zählt. Diese Kreuzung zwischen Sommer- und Winterlinde weist mit 4,90 m einen stattlichen Stammumfang auf.
s. auch www.dingelstaedt.eu

Vor dem *Gasthaus „Zur Unstrut"* biegen wir links in die *Wahlstraße* ein. Wir überqueren wenig später die *Unstrutbrücke,* wobei wir uns rechts halten. Hinter einem *Spielplatz* verlassen wir den Ort durch die *Dingelstädter Straße*. Neben dem Ortsausgangsschild führt der Radweg links der Straße. Hinter einem *Bahnviadukt* erreichen wir ***Dingelstädt*** am ***Kerbschen Berg,*** einer der schönsten Wallfahrtsstätten des Eichsfeldes.

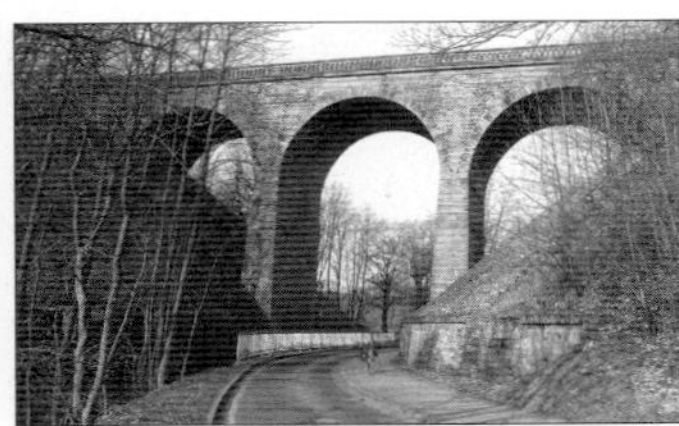

Bahnviadukt bei Kefferhausen

Der Hügel war in „grauer Vorzeit“ eine Kultstätte und Sitz der Herren von Kirchberg. 1864 errichteten hier Franziskanermönche ein Kloster und später eine Kirche. Um das Kloster herum führt ein Kreuzweg. Die Stationen ließ Pfarrer Cyriakus Frankenberg ab 1752 aus Sandstein erbauen. Die Kirche ist von einem alleeartigen Ring angepflanzter Linden umgeben.
s. auch www.kerbscher-berg.de

Dann geht es am *Riethpark* vorüber zur *„Aue“*, am linken Unstrutufer entlang. Anschließend biegen wir rechts in die *Von-Hagen-Straße* ein und überqueren die *Unstrutbrücke*. Dabei passieren wir die *St. Franziskus-Schule.*

Es handelt es sich dabei um eine katholische Schule für Kinder und Jugendliche mit Förderbedarf. Eines der vielen Projekte ist das Nachmittagscafe. Dienstags von 13 bis 14.30 Uhr haben auch Radfahrer die Gelegenheit, bei einer kleinen Pause Cafe und selbstgebackenen Kuchen zu genießen.
s. auch www.st-franziskusschule.de

Am *Friedhof* geht es links der Unstrut durch einen *Park*. Bei einem *Forellenhof* wechseln wir die Seite. Nach Überquerung der *Mühlhäuser Straße* radeln wir linksseitig durch den *„Plan“*. Dann schwenken wir rechts in die *Gartenstraße* ein, um dann *„Am Heidendolch“* links einzubiegen.

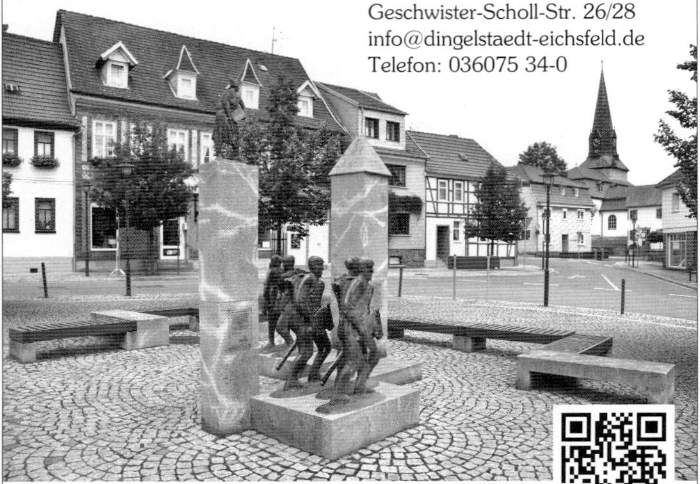

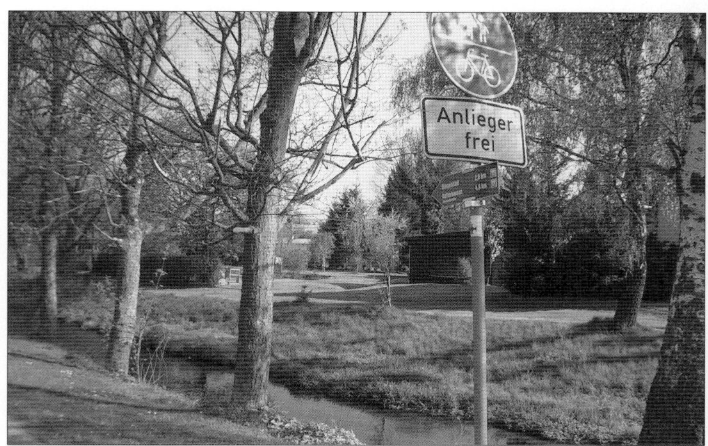

Unstrut bei Silberhausen

Nach 500 m zieht eine Skulptur unsere Aufmerksamkeit auf sich. Dabei handelt es sich um den ***Dingelstädter Steckenpferdreiter.***
Nach Unterquerung der *Umgehungsstraße* erreichen wir am *Bömelborn* die Ortslage von ***Silberhausen.***

Durch seine Lage im Unstruttal ist Silberhausen oft von schweren Überschwemmungen heimgesucht worden. In den Jahren 1756 bis 1764 wurde die Pfarrkirche „St. Cosmos und Damian" errichtet. Besonders sehenswert ist die barocke Innenausstattung aus dem Jahre 1763.
s. auch www.dingelstaedt.eu

Um den Ort zu verlassen, biegen wir rechts ab. An einem *Bildstock* halten wir uns links und strampeln bergan. Nach dieser kleinen Anstrengung erreichen wir die ***Ölberggrotte***, wo es sich auch gut rasten lässt. Anschließend lassen wir uns nach ***Helmsdorf*** hinunterrollen.

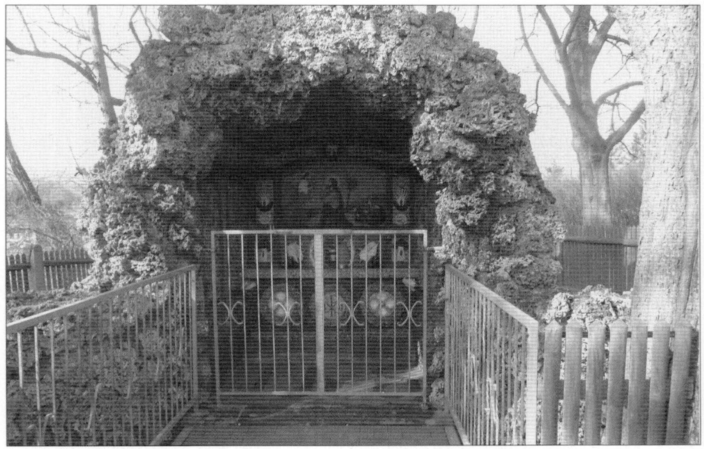

Ölberggrotte bei Helmsdorf

Allerdings sollte man dabei aufpassen, dass man nicht zu sehr in Schwung kommt und man noch rechtzeitig bremsen kann.

Helmsdorf ist einer der ältesten Orte des oberen Unstruttals. Sehenswert ist hier die 1933 erweiterte Dorfkirche „St. Peter und Paul" mit spätgotischem Taufstein und Barockaltar. Ein besinnliches Fleckchen ist auch die Helmsdorfer Grotte auf dem Ölberg.
s. auch www.dingelstaedt.eu

In die *Hauptstraße* biegen wir rechts ein und radeln dorfeinwärts. Hinter einer *Pension* überqueren wir bei der nächsten Brücke die Unstrut. Der Radweg führt nun links der Unstrut am ***Pfaffenborn*** mit *Rastplatz* vorüber nach ***Zella,*** das wir am *Sportplatz* erreichen und wo erneut die Unstrutseite gewechselt wird.

Auch hier lohnt sich ein Besuch der Dorfkirche in herrlicher Lage mit barockem Altar, Kanzel und hölzernem Taufstein von 1538.
s. auch www.gemeinde-anrode.de

In den Nachbarort Horsmar geht es nun auf der wenig befahrenen Landstraße weiter. Wenig später überqueren wir den ***Mühlhäuser Landgraben*** (s. auch RW 03).
In ***Horsmar*** passieren wir die Unstrutbrücke und nehmen den Anstieg zur *Beberstedter Straße* vor.

Das älteste, in seiner Gesamtheit erhaltene Gebäude des Ortes ist die Kirche „St. Pankratius". Außerdem prägen mehrere Fachwerkhäuser das Bild des Dorfes. Zahlreiche Vereine bestimmen das Leben des Ortes, der mit seinem Ortsteil Beyrode etwa 670 Einw. beherbergt.
s. auch www.horsmar.npage.de oder www.gemeinde-unstruttal.de

Am *Anger* vorüber, biegen wir in die bergab führende Chaussee in *Richtung Dachrieden* ein.
Wir erreichen ***Beyrode*** und bleiben auf der Chaussee, die nach ***Dachrieden*** führt. Am *DB-Haltepunk*t vorüber radeln wir dorfeinwärts.

Sehenswert ist die Kirche St. Nicolai mit sehr schönem Altar und herrlicher Deckenmalerei. Sie steht im Mittelpunkt des Ortes, am Dorfanger.
s. auch www.gemeinde-unstruttal.de

Ein Besuch lohnt sich auch im Atelier mit Cafe und Ferienwohnungen.
s. auch www.bisschenbunt.de

Vor dem *Ortsausgangsschild* in Richtung Mühlhausen schwenken wir links in einen Wirtschaftsweg ein. Bald erreichen wir am Waldanfang das Reisersche Tal (s. auch RW 04)

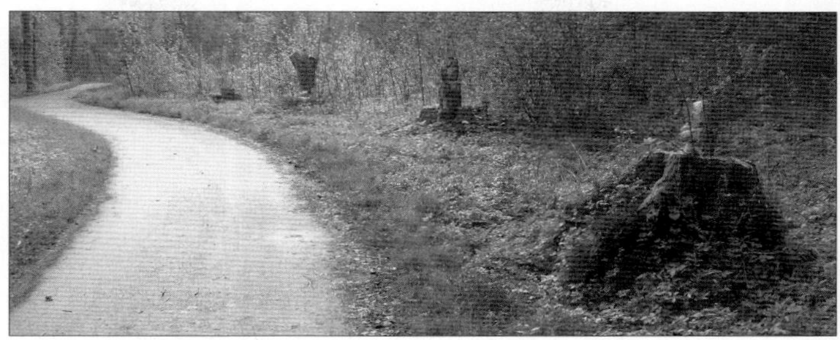

Skulpturen im Reiserschen Tal

An einigen Skulpturen vorüber und immer an der Unstrut entlang, unterqueren wir zwei *Eisenbahnviadukte* der Strecke Leinefelde - Gotha und nähern uns der Ortslage von ***Reiser***.

Das Ortsbild wird weitestgehend von Fachwerkhäusern geprägt. Naturfreunde reizen vor allem die Wasserläufe der Unstrut durch das Reisersche Tal und das Flachstal.
s. auch www.gemeinde-unstruttal.de

Wer keinen Abstecher in den Ort unternehmen möchte, lässt ihn links liegen und fährt durch die Feldflur nach ***Ammern***, dass am *Gewerbegebiet* erreicht wird.
Eine Ampel geleitet uns über die stark befahrene *B 247*.

Vor Ammern fließen die Ammer, die Luhne und der Sambach zur Unstrut. Das Wappentier ist ein Bär. Eine Bärenjagd brachte den Einwohnern den Spitznamen „Ammersche Bären“ ein.
s. auch www.gemeinde-unstruttal.de

Der Radweg führt nun für ca. 200 m an der *B 247* entlang, bevor wir rechts einbiegen und dorfeinwärts radeln. Nach Überqueren der *Unstrutbrücke* halten wir uns rechts und durchfahren die *Kirchhofstraße* und die *Schützentorstraße*. Dann geht es rechts durch die *Ruhrstraße*. Nachdem wir die *Schwabenstraße* und den *Sportplatz* hinter uns gelassen haben, fahren wir durch den *Papiermühlenweg*, der uns erneut zur *B 247* führt und den ziemlich nahtlosen Übergang von Ammern nach ***Mühlhausen*** vollzieht.
Nach Überquerung der *Ammerbrücke* und radeln wir rechts der Unstrut. An der *Neuapostolischen Kirche* vorüber geht es durch den *Stephansweg* zur *Ampelkreuzung* an der *B 247*. Durch die *Wagenstedter Brücke* gelangen wir zur *Gartenstraße*. Nach 150 m folgen wir einem schmalen Pfad parallel zum nahegelegenen *Bahnhof*.

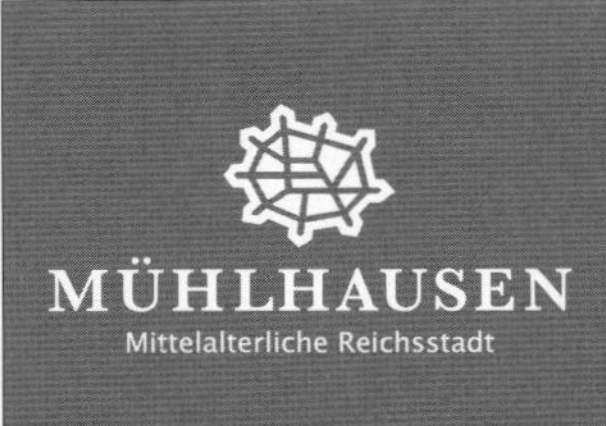

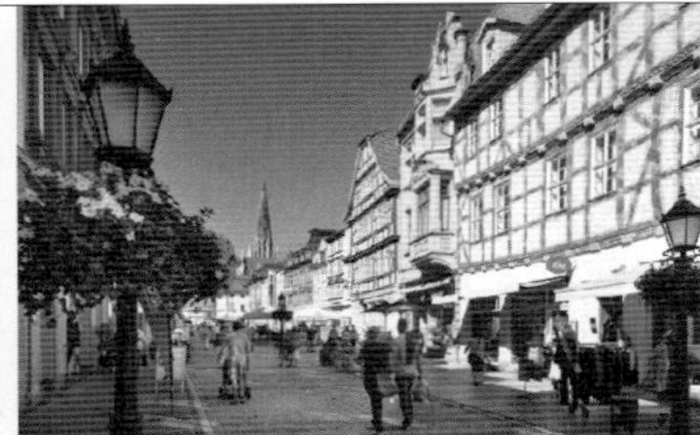

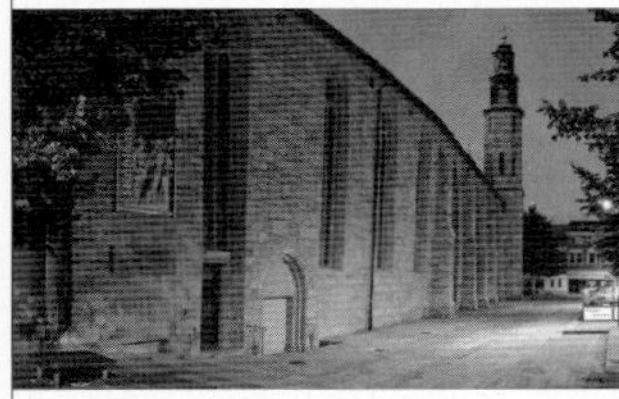

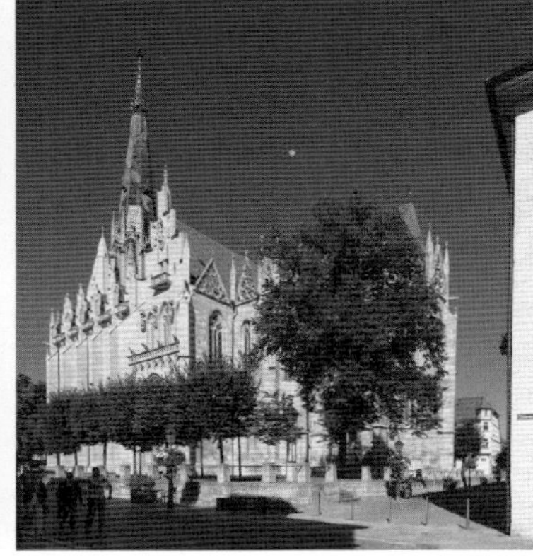

TOURIST INFORMATION

Ratsstraße 20
99974 Mühlhausen/Thür.
Tel.: +49 (0)3601 40477-0

www.muehlhausen.de

Museum, Theater, Bibliothek und Konzertraum - Geschichtsträchtige Kirchen auf neuen Wegen

Ein Besuch der liebevoll sanierten Innenstadt ist immer eine Zeitreise in die ehrwürdige Reichsstadtgeschichte Mühlhausens. Ihr mittelalterliches Stadtbild ist geprägt von elf Kirchen, einer noch nahezu vollständig erhaltenen Stadtmauer sowie Fachwerk- und Bürgerhäusern.

Als zweitgrößtes Flächendenkmal Thüringens beeindruckt Mühlhausen nicht nur mit den vielen historischen Bauwerken. Einzigartig sind die umgewidmeten Kirchen. Sie bieten Platz für Konzerte, Museen und Bibliothek. Auch der Theaterkunst und der kreativen Kinder- und Jugendarbeit bieten sie ein Zuhause.

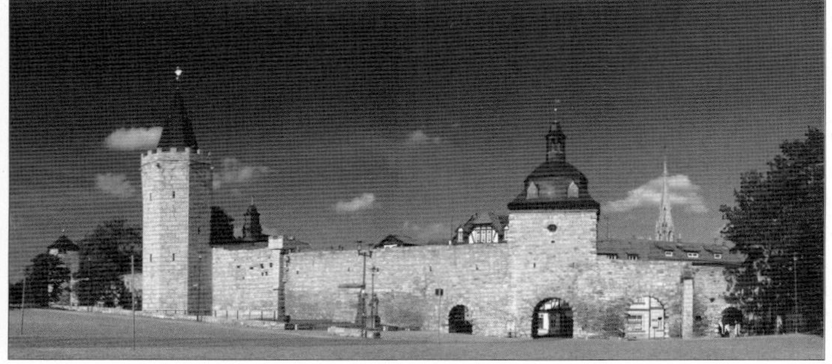

Die Kreisstadt Mühlhausen liegt an den Ufern der Unstrut, malerisch eingebettet zwischen dem Eichsfeld, dem Dün und dem Hainich. 35000 Einwohner sind in dieser geschichtsträchtigen Stadt zu Hause. Erwähnt wurde sie erstmals 967 in einer Urkunde Ottos II. Im Jahr 1256 zerstörten die Mühlhäuser die Pfalzburg. Bis zum Jahre 1802 genoss Mühlhausen den Status einer Freien Reichsstadt.
Während des Bauernkrieges 1524/25 befand sich in der Stadt das Hauptquartier des Reformators und Bauernführers Thomas Müntzer, der auch in Mühlhausen hingerichtet wurde. Auf die Ereignisse des Bauernkrieges verweist auch die Gedenkstätte „Deutscher Bauernkrieg" in der Kornmarktkirche. In Mühlhausen wirkte auch Johann Sebastian Bach. Geboren wurde hier der Ingenieur Röbling, der Konstrukteur der Drahtseil-Hängebrücke Brooklyn in New York. Ein weiterer Sohn der Stadt ist Friedrich August Stüler, ein bedeutender preußischer Baumeister. Er schuf u. a. das neue Museum in Berlin.
Auf Grund seiner 2700 m langen, gut erhaltenen Stadtmauer wird Mühlhausen auch gern als „Rothenburg Thüringens" bezeichnet. Der Wehrgang ist begehbar, der Wehrturm kann bestiegen werden. Neben zahlreichen profanen historischen Gebäuden sind 14 Kirchen und Kapellen bis heute erhalten geblieben. Nach Größe und architektonischem Wert sind besonders die dreitürmige Marienkirche sowie die Blasiikirche erwähnenswert.
Von den gut erhaltenen alten Bürgerhäusern ist besonders das 1310 urkundlich erwähnte Rathaus sehenswert. Im 1595/96 angebauten Südflügel des Gebäudes befindet sich das zu besichtigende Reichsstädtische Archiv mit Archivalien vom 12. Jahrhundert bis 1802.
Das Mühlhäuser Stadtmuseum vermittelt Einblicke in die Geschichte der Stadt und ihrer Umgebung von der Ur- und Frühgeschichte bis zur Gegenwart. Ein Besuch lohnt sich auch in der Stadtbibliothek, einer der ältesten öffentlichen Bibliotheken in Thüringen.
Seit 1877 wird jährlich im August die größte Stadtkirmes Thüringens gefeiert, wobei der traditionelle Kirmesumzug Tausende Besucher aus nah und fern anlockt.
s. auch www.muehlhausen.de

Interessantes im Umkreis von 20 km

Leinefelde (RT 04)

Die Stadt Leinefelde-Worbis liegt im Mittelpunkt des landschaftlich reizvollen Eichsfeldes, zwischen den Höhenzügen des Düns und Ohmgebirges, an den Quellen von Hahle, Leine, Ohne und Wipper.
Der Stadtteil Leinefelde ist Ausgangspunkt des beliebten Leine-Heide-Radweges, der bis in die Hansestadt Hamburg führt. In unmittelbarer Nähe der Leineringquelle steht das Geburtshaus und Denkmal von Prof. Dr. Johann Carl Fuhlrott, dem Entdecker des Neanderthalers.
Leinefelde wurde bereits Mitte des 18. Jahrhunderts durch seinen Handel mit Wolle, Fellen, Haaren und Senf bekannt. Heute ist die Stadt vor allem als dezentrales Projekt der EXPO 2000 und ihren beispielhaften Stadtumbau bekannt, der schon mit vielen hochrangigen Städtebaupreisen, u. a. mit dem „World Habitat Award 2007" gewürdigt wurde.

Rund um Leinefelde-Worbis befinden sich zahlreiche reizvolle Wander- und Ausflugsziele, wie z. B. die Burgen Scharfenstein und Bodenstein sowie das ehemalige Zisterzienserkloster Reifenstein.
s. auch www.leinefelde-worbis.de

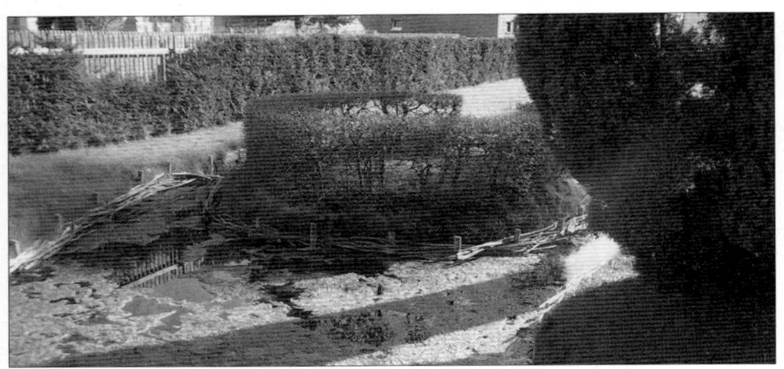

Leinequelle in Leinefelde

Burg Scharfenstein (RT 01)
Diese Burganlage liegt oberhalb des Dorfes Beuren auf einem Bergsporn am nördlichen Rand des Düns.
Während der aktuellen Bauarbeiten wurden eine alte Ringmauer sowie zwei Bergfried-Stümpfe gefunden. Diese Funde lassen darauf schließen, dass die Burg bereits im 12. Jahrhundert, also vor ihrer Ersterwähnung im Jahre 1209 bestanden haben muss.
Die Burg wurde mehrmals zerstört; 1219 durch den Thüringer Landgrafen, 1431 durch Blitzschlag und 1525 durch den Bauernkrieg. Ihr Wiederaufbau nach dem Bauernkrieg erfolgte bis 1532. Durch einen weiteren Blitzschlag wurde im Jahre 1909 die Vorburg zerstört.
Nach dem 2. Weltkrieg wurde die Burg bis 1957 auch als Sitz der Revierförsterei genutzt und anschließend als Wohnstätte. Von 1961 bis 1990 befand sich hier ein Betriebsferienlager.
Um die Burg vor einem weiteren Verfall zu retten, wurde sie im Jahre 2002 von der Stadt Leinefelde gekauft. Dank der Rekonstruktionsarbeiten ist sie wieder eine gepflegte und in Teilen nutzbare Burganlage.

Ziel der Stadt Leinefelde-Worbis ist es, die Burg zu einem Begegnungszentrum zu machen.
Die Burg liegt am Pilgerweg Loccum - Volkenroda und kann von Pilgern als Herberge genutzt werden. Auf der Burgterrasse lädt ein Café zum Verweilen ein.
s. auch www.burgscharfenstein-eichsfeld.de oder www.leinefelde-worbis.de

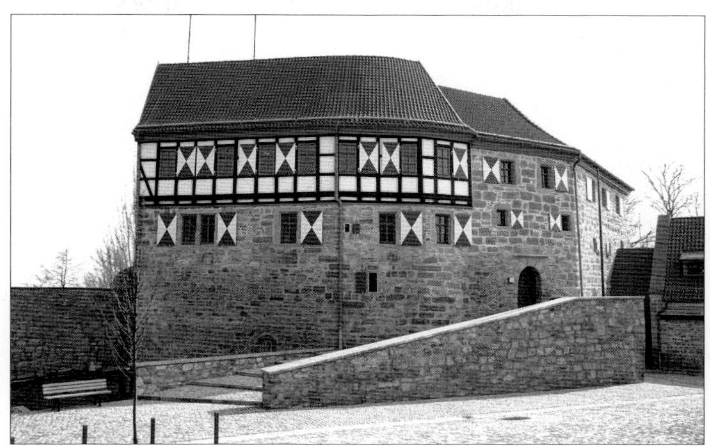

Burg Scharfenstein. Foto: H.J.Schicht

Wingerode (RT 04)

Das Eichsfelddorf wurde erstmals im Jahre 1146 in einer Urkunde Erzbischof I. von Mainz erwähnt.
Ein Besuch lohnt sich in der kath. Pfarrkirche Johannes der Täufer, die zwischen 1866 und 1869 erbaut wurde. Bemerkenswert ist der aus der Vorgängerkirche stammende Hochaltar (1718). Zahlreiche Besucher aus nah und fern besuchen jährlich die Ignatiuswallfahrt am Sonntag nach dem Namensfest des hl. Ignatius (31. Juli).
Wingerode liegt am Leine-Heide-Radweg.

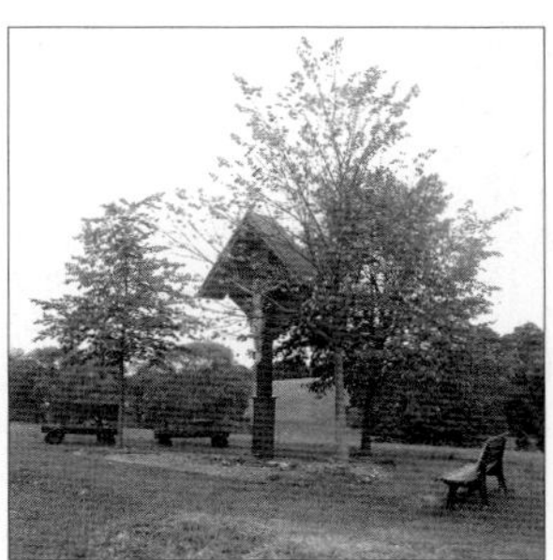

Bildstock bei Wingerode

Von hier führt der Wallfahrtsweg Papst Benedikt XVI. zur Wallfahrtskapelle St. Marien in Etzelsbach. Hier hielt der damalige Papst am 23. September 2011 im Rahmen seines Deutschlandbesuches eine Marienandacht ab.
Im Nachbarort Bodenrode (RT 04) wurde die Kirche „St. Laurentius" zur Radfahrerkirche geweiht.
s. auch www.vg-leinetal.de oder wallfahrtskapelle-etzelsbach.de oder www.kepplersecke.de

Sollstedt bei Menteroda (RT 07)
Der etwa 150 Einwohner zählende Ort wurde erstmals 1269 urkundlich erwähnt. Davon zeugt die Schenkungsurkunde des Erzbischofs Christian von Mainz an das Kloster Volkenroda. Das Dorf weist zahlreiche Thüringer Fachwerkbauten auf und ist als Ausgangspunkt für Wanderungen am Mühlhäuser Landgraben gut geeignet.
s. auch www.menteroda.de

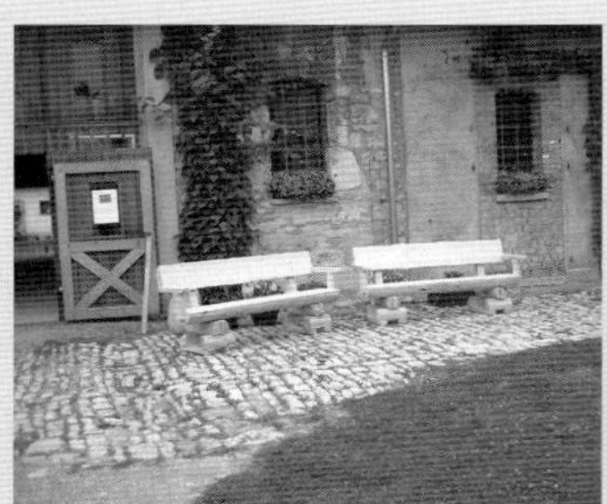

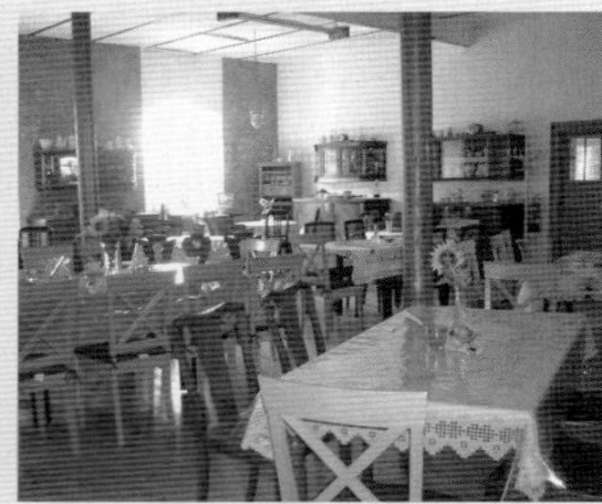

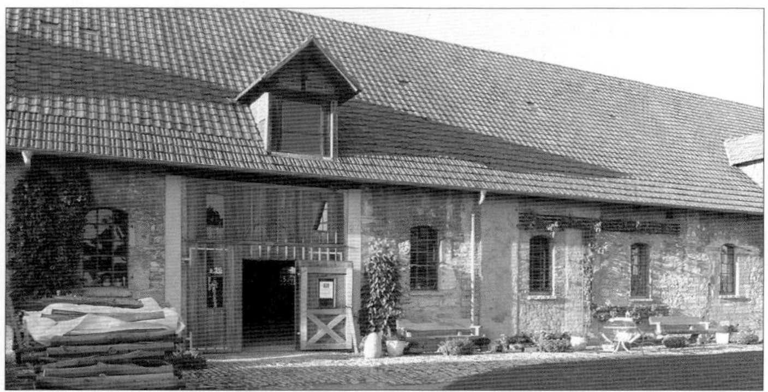

„Der alte Kuhstall" in Sollstedt

Etappe 1a: Auf dem Leine-Unstrut-Verbindungsweg zur Unstrutquelle (17 km)

Heilbad Heiligenstadt, Bf. - KGA „Kupfermühle (3,7) - Geisleden (7) - Heuthen (11,3) - Bildstock an der Bachlinde - Wasserscheide Weser-Leine-Elbe-Unstrut (12,9) - Werdigeshäuser Kirche (13,7) - Kefferhausen, Unstrutquelle (17,2)

- **Höhenunterschiede:** 300 m Anstiege, 150 m Abstiege, gute Kondition erforderlich !
- **Markierungen:** Piktogramm Verbindungsspange Radfernweg Unstrut-Leine, blaues Loccum-Kreuz (Pilgerweg Loccum-Volkenroda)
- **Wanderkarten:** Nr. 1, 3-4 (s. Aufstellung Wanderkarten)
- **Sehenswertes:** Heilbad Heiligenstadt, Geisleden, Heuthen, Werdigeshäuser Kirche, Unstrutquelle
- **Pannenhilfe:**
  – Maschinen-König, Wilhelmstr. 4, 37308 Heilbad Heiligenstadt, Tel.: 03606-55370
  – Wolfram Bode, Stubenstraße 17, 37308 Heilbad Heiligenstadt, Tel.: 03606-60041
  – Fahrradgeschäft Dare Devil Store, Aegidienstraße, 37308 Heilbad Heiligenstadt, Tel.: 03606-508188

Wissenswertes: Die eichsfeldische Kreisstadt Heilbad Heiligenstadt liegt am Zusammenfluss von Leine und Geislede. Sie ist umgeben von Höhen des Ibergs und des Düns. Dies veranlasste den bekannten Dichter Theodor Storm, der von 1856 bis 1864 als Kreisrichter hier wirkte, zu dem Ausspruch: *„Die Berge gucken überall in die Stadt; es muß sich im Sommer hier angenehm im Freien und winters recht heimelig in den Stuben leben lassen...“.*

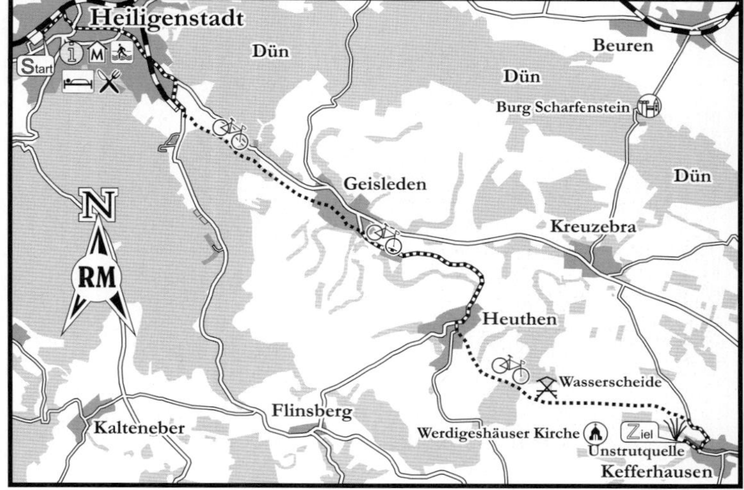

Heiligenstadt wurde erstmals 973 urkundlich erwähnt. Im Jahre 1227 wurde vom Erzbischof Siegfried II. das Stadtrecht verliehen. Die Stadt erhielt eine stattliche Mauer und drei größere Tore und dadurch im Verteidigungssystem des Eichsfeldes eine zentrale Rolle. Durch ihre Lage am Schnittpunkt bedeutender Straßenverbindungen erlebte sie bald einen gewaltigen Aufschwung. Im Jahre 1540 wurde der Sitz des Oberamtmannes vom Rusteberg hierher verlegt, und die gut befestigte Stadt wurde Hauptstadt des Eichsfeldes. Mit der Errichtung des Jesuitenkollegs im Jahre 1575 wurde Heiligenstadt ein bedeutender Schulstandort. Die drei gotischen Kirchen (St. Martin, St. Marien, St. Ägidien) und zahlreiche Profanbauten prägen das Panorama der Stadt. Heiligenstadt liegt an der Deutschen Märchenstraße. Inzwischen hat sich die Stadt auch einen Namen als Kurort von Herz- und Kreislauferkrankungen sowie Erkrankungen des Bewegungsapparates gemacht. Nicht nur bei Kurgästen ist die Eichsfeldtherme im VITAL-Park beliebt. Dort befindet sich auch ein Märchenpark.

s. auch www.heilbad-heiligenstadt.de

Routenbeschreibung: Wir starten in ***Heilbad Heiligenstadt*** am *Bahnhof* und radeln nach links durch die *Bahnhofstraße* stadteinwärts. Beim *Lebensmittelmarkt* an der *Sperberwiese* biegen wir rechts ein. Dann geht es bergan durch die *Fronmühlengasse* und die *Sperbergasse.*

Zwischen beiden Gassen befindet sich eine *Informationstafel.*

An dieser Stelle stand das Haus, in dem Heinrich Heine am 28. Juni 1825 von Superintendent Grimm getauft wurde.

Am *Friedensplatz* steht das *Mainzer Schloss*, in dem das *Landratsamt* des Eichsfeldkreises untergebracht ist. Hinter dem *Literaturmuseum „Theodor Storm“* überqueren wir mit Hilfe des Fußgängerüberweges die Straße und fahren durch die *Fußgängerzone (Wilhelmstraße).* An der *Ampelkreuzung* **(starker Verkehr)** halten wir uns geradeaus. In der *Dingelstädter Straße* finden wir linksseitig einen Radweg. Am ehem. *Ostbahnhof* und an einem weiteren *Lebensmittelmarkt* vorüber radeln wir stadtauswärts. An der Straßengabelung schwenken wir rechts in die Chaussee in Richtung Flinsberg ein.

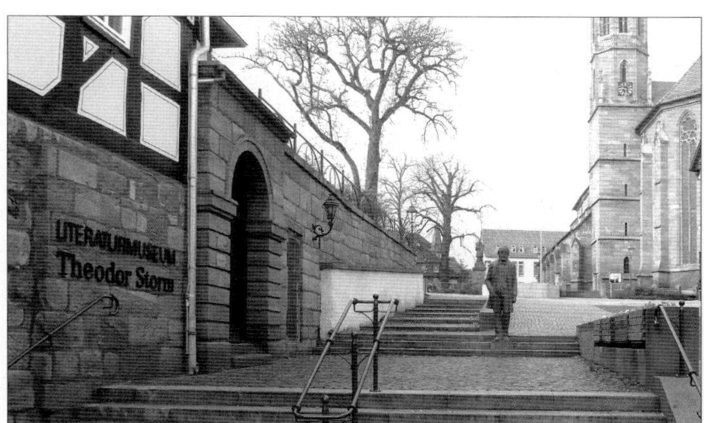

Literaturmuseum Theodor Storm in Heilbad Heiligenstadt

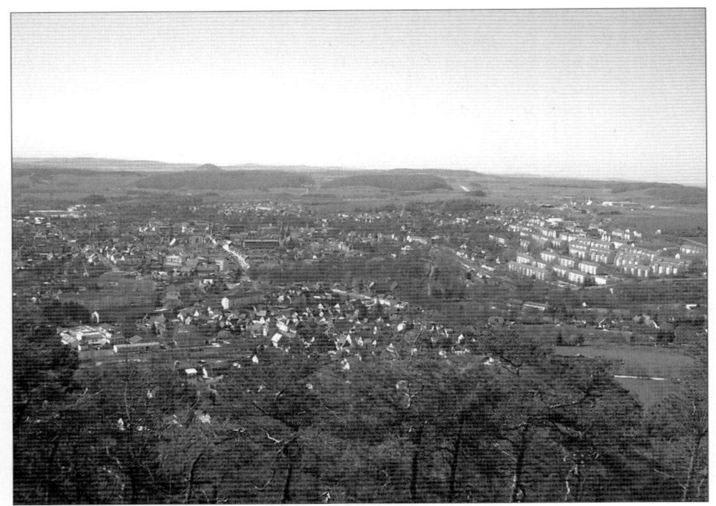

Blick auf Heilbad Heiligenstadt vom Dünkreuz

20 m hinter dem *Ortsausgangschild* Richtung Flinsberg geht es links zur ***Kleingartenanlage „Kupfermühle"***, vor deren Eingang wir uns rechts halten. Am Ende der Kleingartenanlage geht es auf einem Forstweg weiter (Wanderwegweiser).
Wir passieren eine *wasserwirtschaftliche Anlage* und eine *Tennisanlage* und erreichen ***Geisleden,*** wo wir rechts in die *Klingelstraße* einbiegen.

Geisleden wird im Jahre 1022 erstmals urkundlich erwähnt. Von der Mitte des 16. Jh. an gehörte der Ort zum Amt Rusteberg. Geisleden ist eine Hochburg des Motocross in Thüringen. Ein Besuch lohnt sich in der Heimatstube, wo zahlreiche altertümliche Möbel und Gegenstände zu bestaunen sind.
s. auch www.vg-leinetal.de

Dann folgen wir der *Heuthener Straße*. Am *Landsberg* trennen wir uns vom Pilgerweg Loccum-Volkenroda und nutzen einen kombinierten Fuß- und Radweg rechts der Straße. Wir passieren das *Gewerbegebiet* von Geisleden. An der Zufahrt zu einem *Möbelhaus* müssen wir uns nun die Straße mit den Autofahrern bis Heuthen teilen.
In ***Heuthen*** durchfahren wir die *Kastanienallee* und folgen der Straße in Richtung Wachstedt. Beim FFW-Gebäude stoßen wir wieder auf den *Pilgerweg Loccum–Volkenroda.* Wir halten uns links. Der Weg führt nun bergan. Wir passieren einen Rastplatz am ***Bildstock an der Bachlinde***, wo wir eine gute Sicht auf den Ort Heuthen haben.

Das Bild des Ortes prägen schöne Fachwerkhäuser und reich verzierte alte Haustüren. Besonders anziehend machen das Dorf verschiedene Bildstöcke an den Ortseingängen, im Dorfkern und in der Kirchhofsmauer. Der Dorfanger wurde nach historischem Vorbild neu gestaltet. Beeindruckend ist auch die Innenarchitektur der Kirche „St. Nikolaus" mit reicher Stuckornamentik. Der

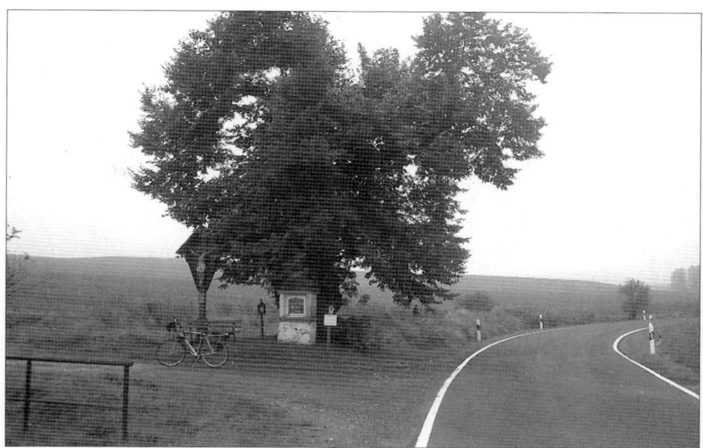

Rastplatz am Bildstock an der Bachlinde

prächtige Hauptaltar, die beiden Nebenaltäre und die meisterhaft geschnitzten Gestühlwangen zählen zum schönsten Eichsfelder Barock.
s. auch www.vg-leinetal.de oder www.heuthen.de

Nach einem knappen Kilometer Aufstieg erreichen wir die ***Wasserscheide Weser/Leine-Elbe/Unstrut.***
Anschließend führt der noch unbefestigte Feldweg bergab zum ***Werdigeshäuser Grund****,* von wo ein Abstecher zur ***Werdigeshäuser Kirche*** möglich ist (s. auch RW 01).
Nach deren Besichtigung nutzen wir den Wirtschaftsweg, der nach 2,3 km in die *Chaussee Kreuzebra-Kefferhausen* mündet. Wir schwenken rechts ein und fahren bergab auf ***Kefferhausen*** zu. Dort folgen wir der Beschilderung zur ***Unstrutquelle.***

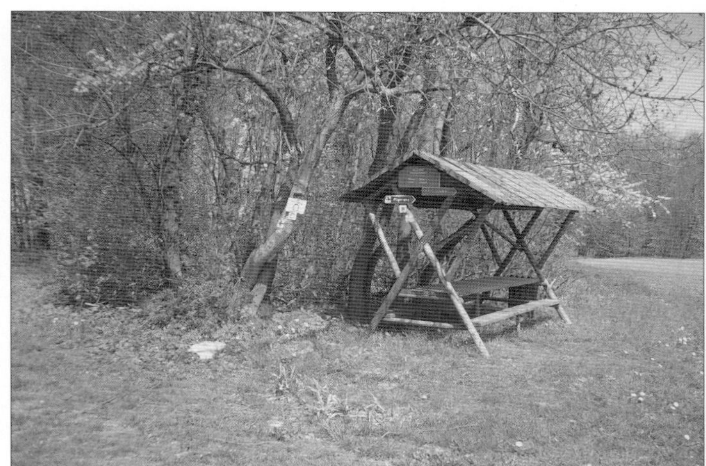

Rastplatz an der Wasserscheide Weser-Leine-Elbe-Unstrut

Unstrut-Radweg Etappe 2: Mühlhausen - Bad Langensalza (24 km)

Mühlhausen - Görmar (km 3,7) - Bollstedt (6,4) - Altengottern (13,3) - Thamsbrück (18,8) - Bad Langensalza (23,6)

- **Höhenunterschiede:** nicht erwähnenswert
- **Markierungen:** Radpiktogramm mit blauem U, stellenweise grüner Strich für parallel verlaufenden Unstrut-Wanderweg
- **Wanderkarten:** Radwanderkarte Nr. 1, Wanderkarten Nr. 1, 3, 5 (s. Aufstellung Wanderkarten)
- **Sehenswertes:** Mühlhausen, Kirche in Görmar, Altengottern. Thamsbrück, Bad Langensalza
- **Bahnhöfe:** Mühlhausen, Seebach, Großengottern, Schönstedt, Bad Langensalza
- **Pannenhilfe:**
  – Fahrradhändler Roland Ludwig, Erfurter Str. 13,
  99947 Bad Langensalza, 03603-842644

Wissenswertes: Bad Langensalza liegt an der Salza, die in einer Talaue in die Unstrut mündet.
Weithin sichtbar sind die Türme der Stadt. Das sind der Turm des ehemaligen Augustinerklosters, der Rathausturm und der Turm der Marktkirche „St. Bonifatii“. Der im 13. Jahrhundert begonnene und 1594 vollendete sakrale Bau wird von einem der höchsten Türme Thüringens gekrönt. Hinter der Marktkirche befinden sich die Nationalparkverwaltung und die Touristinformation.
Das Stadtwappen zeigt symbolisch drei Stadtmauertürme als Zeichen für eine wehrhafte Stadt. Insgesamt 16 Wehrtürme und das „Klagetor“ der alten Stadtmauer umschließen einen aus dem 14. bis 18. Jahrhundert stammenden Stadtkern. Um 12 Uhr und um 18 Uhr schauen Besucher und Einwohner zum Hauptportal des Rathauses empor, wenn das Glockenspiel mit seinen umlaufenden Figuren erklingt. Ein Besuch lohnt sich auch im Stadtmuseum im Augustinerkloster sowie im 2014 eingerichteten Apothekenmuseum im „Haus Rosenthal“.
Noch heute sind Spuren der 1866 entbrannten Schlacht zwischen Preußen und Hannoveranern zu erkennen. Von dieser blutigen Auseinandersetzung künden 21 Denkmale in und um Bad Langensalza, die in einem Stadtrundgang erwandert werden können.
Die Entdeckung einer schwefelhaltigen Quelle führte 1811 dazu, dass sich Langensalza zu einem beliebten Aufenthaltsort zur Heilung von Haut- und Bewegungskrankheiten entwickelte und seit 1956 den Zusatz „Bad“ im Namen trägt. Darauf verweist ein Gedenkstein im Kurpark, in dem sich auch das im Rokoko-Stil errichtete Friederikenschlösschen befindet.
Bereits seit 1812 feiern die Langensalzaer ihr Brunnenfest. Seit 2005 trägt Bad Langensalza den Namen: Schwefel-Sole-Heilbad.
Lohnenswert ist auch ein Besuch im Rosengarten und im Japanischen Garten. Seit Juni 2002 darf sich Bad Langensalza zusätzlich mit dem Prädikat „Rosenstadt“ schmücken.
s. auch www.badlangensalza.de

Routenbeschreibung: Um unseren Weg von ***Mühlhausen*** fortzusetzen, unterqueren wir die *Bahnunterführung*. Über die Straße *„Zum Flarchen“* wird der nahtlose Übergang zum Stadtteil ***Görmar*** vollzogen (geringer Autoverkehr).

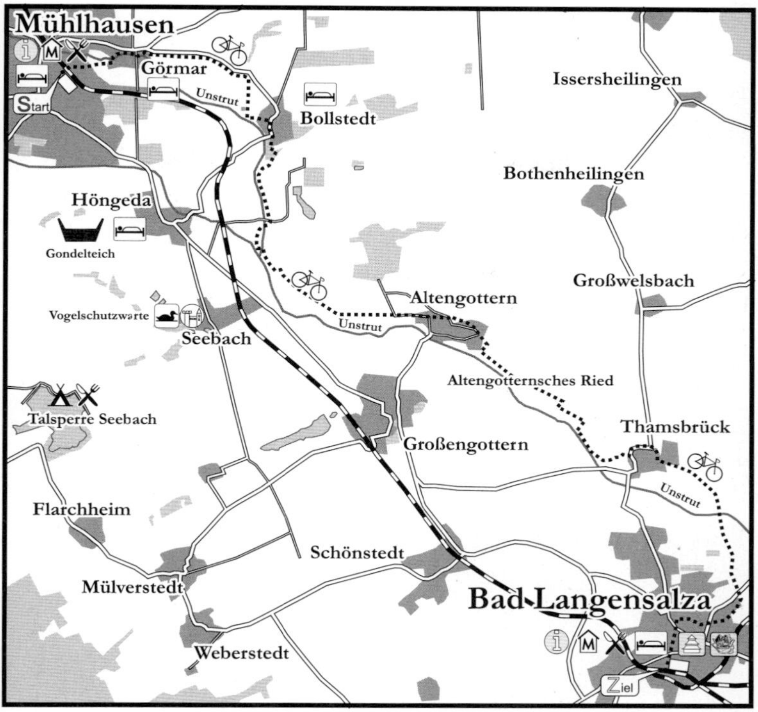

Mühlhausen
Start
Görmar
Unstrut
Bollstedt
Issersheilingen
Bothenheilingen
Höngeda
Gondelteich
Großwelsbach
Altengottern
Vogelschutzwarte
Unstrut
Seebach
Altengotternsches Ried
Talsperre Seebach
Thamsbrück
Großengottern
Unstrut
Flarchheim
Schönstedt
Mülverstedt
Bad Langensalza
Weberstedt
Ziel

Görmar wurde erstmals im Jahre 897 urkundlich erwähnt. Es ist aber davon auszugehen, dass der Ort viel älter ist und zu den ältesten des heutigen Unstrut-Hainich-Kreises gehört. Erste Ansiedlungen sollen bereits im 4. Jh. bestanden haben. Die Gemarkung von „Germera“ soll damals vom Meißnergebiet bis nach Sachsenburg an der Thüringer Pforte (s. Etappe 4) gereicht haben. Mit dem Aufstieg der benachbarten Stadt Mühlhausen im 11. Jh. ging die überregionale Bedeutung Görmars zurück.

Charakteristisch für den Stadtteil von Mühlhausen (ca. 1000 Einw.) sind die vielen Fachwerkhäuser mit ihren Toreinfahrten. Ein Wahrzeichen des Ortes ist die weithin sichtbare Kirche „St. Martin“ mit herrlichem Fachwerk.

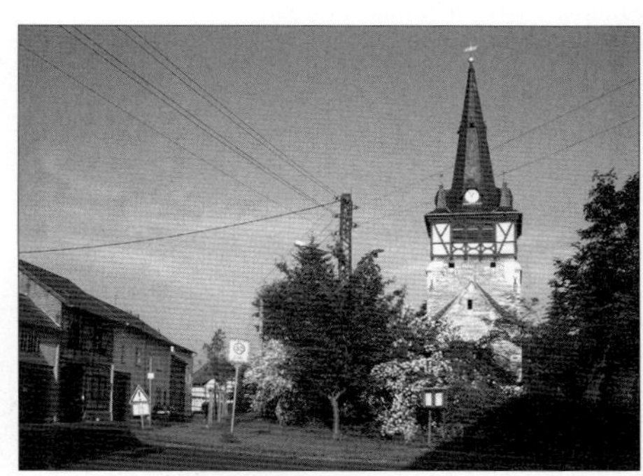

Fachwerkkirche in Görmar

Inzwischen hat sich Görmar zu einem Drehkreuz für Rad- und Wanderwege gemausert. So führen neben dem Unstrut-Radweg auch der Unstrut-Werra-Radweg, der Unstrut-Wanderweg sowie der Pilgerweg Loccum-Volkenroda durch Görmar.

s. auch www.muehlhausen.de oder www.pension-erika-muehlhausen.de

Bei der *Pension Erika* biegen wir in die *„Alte Pfarre“* links ein. An der *Stegmühle* geht es rechts durch die *Bergstraße* und über den *Hufstieg*.

Dabei haben wir einen herrlichen Blick auf die Unstrut.

Dann schwenken wir rechts in die Straße ein, passieren die schöne *Fachwerkkirche „St. Martin“* und erreichen in der *„Siedlung“* den straßenbegleitenden Radweg in Richtung Bollstedt.
Nach 2,3 km biegen wir an einer Disco rechts auf den *Bahndamm* der ehem. Bahnstrecke Mühlhausen–Hohenebra ein. Am einstigen *HP Bollstedt* folgen wir der *Notterstraße* dorfeinwärts.

In ***Bollstedt*** geht es durch die *Höngedaer Straße* an der *Kirche* und an *zwei Pensionen* vorüber.

Vor Bollstedt fließt die Notter in die Unstrut. Gut wandern lässt es sich im Bollstedter Wäldchen, wo auch das unter Naturschutz stehende Andonisröschen vorkommt.
s. auch www.weinbergen.de

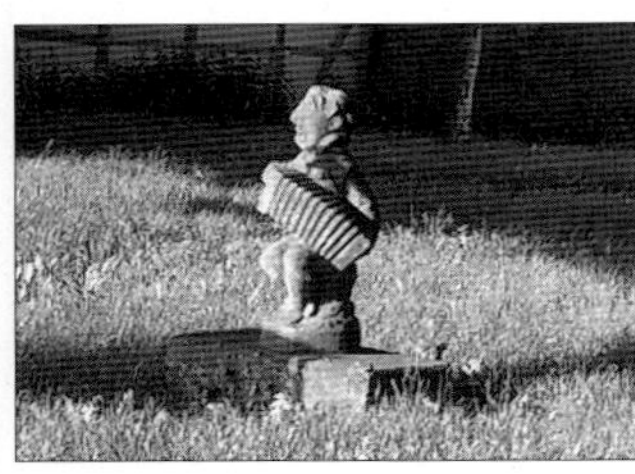

Dorfplatz Bollstedt

Am Ende des Ortes gabeln sich zwei Wirtschaftswege. Wir biegen rechts ab und überqueren nach 1,6 km die Straße, die von Höngeda zur Ziegelei führt.
An einer *Agrargenossenschaft* erreichen wir ***Altengottern.***

Das Ortsbild wird geprägt durch die Kirchen St. Trinitatis und St. Wigberti. Das Schloss des einstigen Freiherrn Marschall von Altengottern wird heute als Spezialkinderheim genutzt.
Im Wäldchen bei Altengottern befindet sich auch der Geschützte Landschaftsbestandteil „Quellsumpf“. Ursprünglich als Park angelegt stehen dort vorwiegend

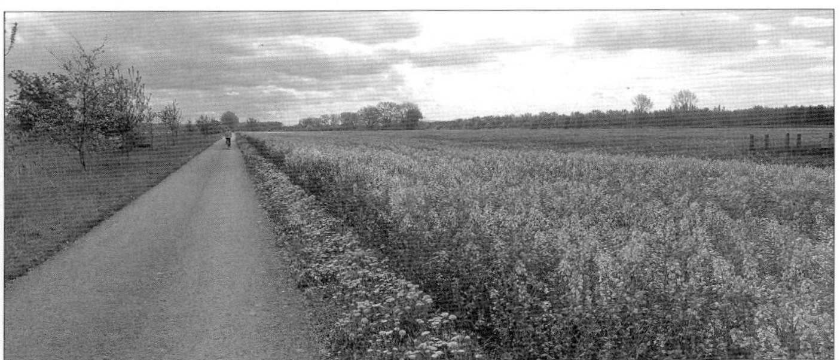

Radweg zwischen Altengottern und Thamsbrück

standorttypische Baumarten wie Esche, Birke, Grauerle, Fichten und Schwarzkiefern. Auch die Orchidee des Jahres 1991, das Große Zweiblatt ist hier „zu Hause".
s. auch www.vg-unstrut-hainich.de

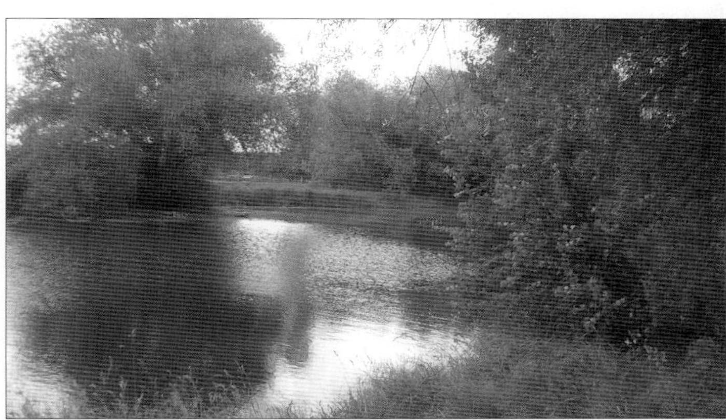

Altengotternsches Ried

Wir radeln dorfeinwärts. *„Am Graben"* halten wir uns geradeaus und am *Sportplatz* biegen wir rechts ab, nachdem wir einen *Bach* überquert haben. Am *Friedhof* nutzen wir einen landwirtschaftlichen Weg, um den Ort zu verlassen.
Wir passieren das ***Altengotternsche Ried*** und gelangen über den *Unstrutdamm* nach ***Thamsbrück.***

Die Kleinstadt ist ein Stadtteil von Bad Langensalza. Von der einstigen Burg ist der fast quadratische Nikolausturm noch gut erhalten.
Jährlich am ersten Juliwochenende ist Thamsbrück Gastgeber des mittelalterlichen Ablassfestes. Es hat seinen Ursprung im ostfriesischen Feldzug des Herzogs

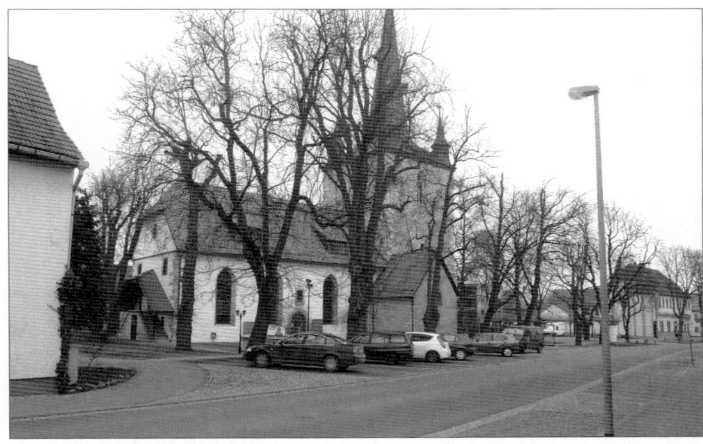

Zentrum mit Kirche in Thamsbrück

Albrecht im Jahre 1500, an dem Thamsbrücker Bürger teilnahmen. Sehenswert ist auch die Pfarrkirche St. Georg.
s. auch www.badlangensalza.de und www.thamsbrueck.de

Hinter dem grünen Ortseingangsschild gabeln sich die Wege. Rechterhand ist ein Abstecher in die Stadt möglich. Wir halten uns links und passieren in der *Großwelsbacher Straße* ein *Eiscafe.* An der *Schule* biegen wir links in den *Merxleber Weg* ein, den allerdings auch viele Autofahrer als Rennpiste zu schätzen wissen. Den Merxleber Weg verlassen wir nach 800 m, um rechts abzubiegen. Wir überqueren die neue *Unstrutbrücke.* Nach 300 m haben

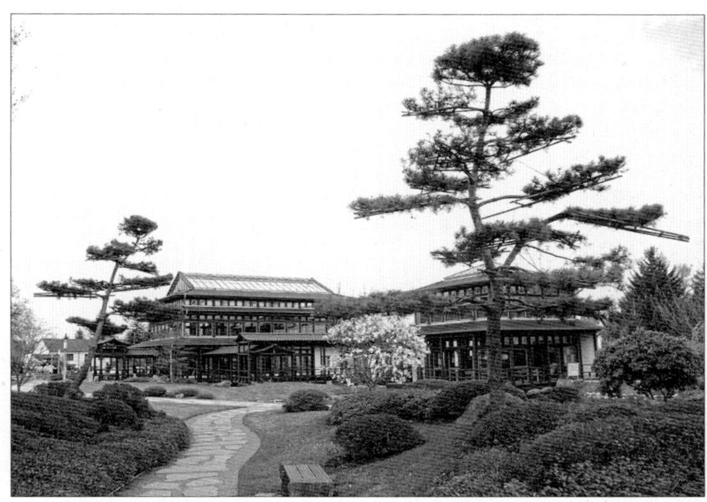

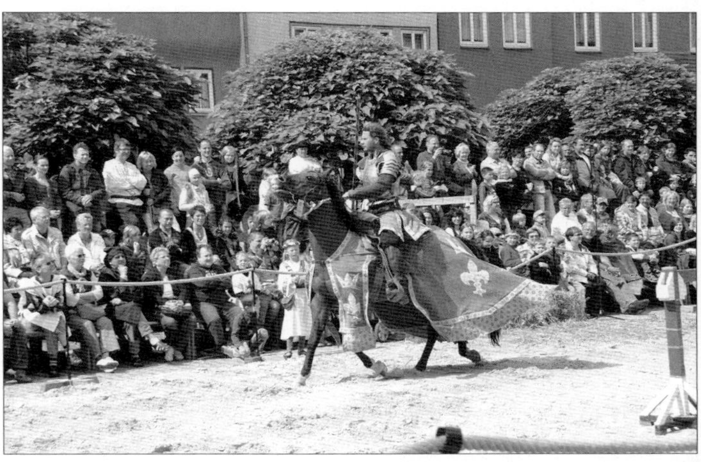

Bad Langensalza – Stadt der Gärten. Alljährlich im August findet eines der schönsten Mittelalterstadtfeste Deutschlands statt.
Fotos: Harald Rockstuhl

wir die Wahl, ob wir auf dem Unstrut-Radweg bleiben oder einen lohnenswerten Abstecher in die Stadt ***Bad Langensalza*** unternehmen und diese Etappe dort ausklingen lassen.
Dazu verlassen wir den Unstrut-Radweg und biegen rechts in den nach Bad Langensalza führenden *Verbindungsweg* ein.

Hier beginnt zugleich der Radweg Gelbe Route, der durch den Nationalpark Hainich nach Creuzburg führt.

Am *Langen Rasen* schwenken wir rechts ein und folgen einer *Plattenstraße. Am Katzenstieg* biegen wir links in die langgezogene *Böhmenstraße* ein. Dabei wird der *Botanische Garten* passiert. Über die *Neustädter Straße* und die *Jüdengasse* gelangen wir in die sehenswerte Altstadt von ***Bad Langensalza***, wobei die Marktkirche immer mehr ins Blickfeld rückt.
An der *Nationalparkverwaltung* und der benachbarten *Tourist-Information* ist das Zentrum der Kurstadt erreicht.

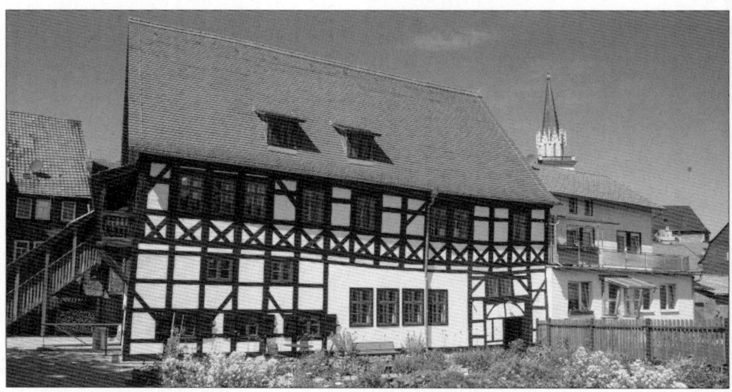

Apothekenmuseum in Bad Langensalza. Foto: Harald Rockstuhl

Interessantes im Umkreis von 20 km

Hütscheroda (RT 16)

Hütscheroda wurde erstmals im Jahre 1239 im Urkundenbuch des Klosters Frauensee erwähnt.

Das Herrenhaus wurde 1991 saniert und umgestaltet zum Tagungshotel mit Restaurant. Im Garten des Objektes sind Skulpturen zu sehen. In der Region finden regelmäßig Bildhauer-Symposien statt, deren Ergebnisse in Hütscheroda am Großen (11 km) oder am Kleinen Skulpturenwanderweg (3,5 km) zu bestaunen sind. Aus diesem Grund wird der Ort auch „Kunstdorf" genannt.

Hütscheroda liegt am ca. 130 km langen Hainichlandweg und ist Ausgangspunkt verschiedener Rundwanderwege. Auf dem 7 km langen Wildkatzenpfad erreicht man auf halber Strecke den 20 m hohen Aussichtsturm „Hainichblick". Daneben gibt es einen kleinen barrierearmen Rundwanderweg, den 1,5 km langen Wildkatzenschleichpfad mit Balanciersteg und Kletterparcours.

Neben der Kunst erhielt das Dörfchen mit der Wildkatze ein zweites Standbein. Im März 2012 wurde das Wildkatzendorf eröffnet. Neben den Wildkatzenpfaden gehören zu diesem Ensemble die Schauanlage „Wildkatzenlichtung" mit vier Wildkatzen und einem naturnahen Spiel- und Grillplatz sowie die Wildkatzenscheune mit einer multimedialen Ausstellung.

Hier kann man sich mit dem „Rettungsnetz für die Wildkatze", einem der größten Naturschutzprojekte Europas, vertraut machen. Außerdem erfährt man alles über das Leben und die Bedrohung dieser scheuen Tiere.

Im Wildkatzendorf Hütscheroda befindet sich zudem das BUND Wildkatzenbüro.

s. auch www.wildkatzendorf.de oder www.hoerselberg-hainich.de

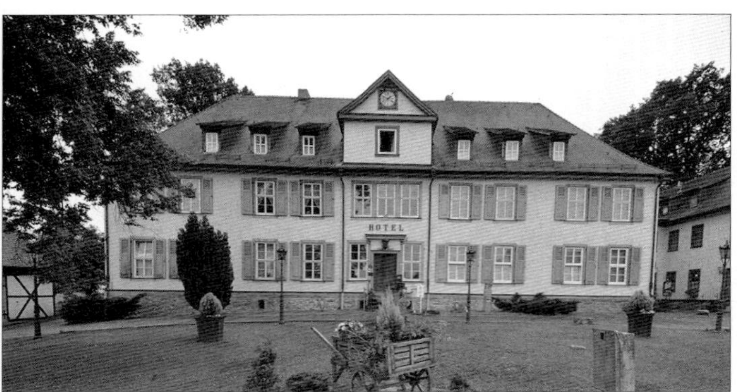

Hotel „Zum Herrenhaus" in Hütscheroda

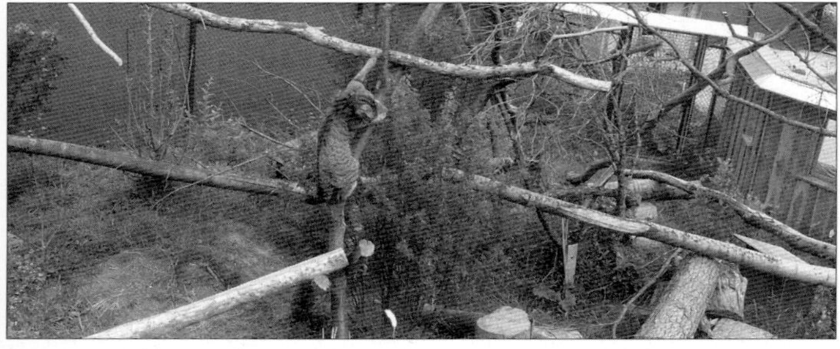

Wildkatzenlichtung

Seebach (RT 10)

Erbaut um 1227 befindet sich in der historischen Wasserburg die älteste staatliche Vogelschutzwarte Deutschlands. Die erfolgreichen Arbeiten zum Vogelschutz des Dr. h. c. Sittich Hans Freiherr von Berlepsch (1857–1933), im Volksmund auch „Vogelbaron" genannt, führten am 1. April 1908 zur Anerkennung als „Staatliche Versuchs- und Musterstation für Vogelschutz" – der ersten dieser Art. Zu besichtigen sind neben Vogel-, Eier-, Eulen- auch eine Vogelschädelausstellung. Viel Wissenswertes vermitteln die ehrenamtlichen Gästeführer bei ca. zweistündigen Führungen in der Zeit von Mai bis Oktober an Samstagen, Sonn- und Feiertagen um 14.00 Uhr ohne Voranmeldung.
s. auch www.vogelschutzwarte.de oder www.weinbergen.de

Weitere interessante Radwege

Gelbe Route (RT 08, 14-16)

Der 38 km lange Radweg verbindet den Unstrut-Radweg mit dem Werratal-Radweg. Der Weg führt von Bad Langensalza über den Nationalpark Hainich mit seinem Baumkronenpfad (s. auch SW 03) in die Kleinstadt Creuzburg an der Werra.

Die wichtigsten Stationen sind:
Bad Langensalza - Thiemsburg mit Baumkronenpfad - Craula - Craulaer Kreuz - Otterbühl - Langes Tal - Mallinde - Berka v. d. H. - Berteroda - Neukirchen - Uetteroda - Creuzburg/Werra

Rote Route (RT 08, 11)

Sie verbindet die Stadt Mühlhausen mit dem Nationalpark Hainich und trifft am Otterbühl auf die Gelbe Route und lässt sich dadurch gut mit ihr kombinieren. Bis Langula verläuft der Radweg parallel zum Unstrut-Werra-Radweg.

Die wichtigsten Stationen sind:
Mühlhausen - Oberdorla - Langula - Kammerforst - Zollgarten - Eiserne Hand - Otterbühl (Verknüpfung mit Gelber Route möglich).

Unstrut-Radweg, Etappe 3: Bad Langensalza – Sömmerda (45 km)

Bad Langensalza - Nägelstedt (km 5,6) - NSG „Unstruttal“ - Großvargula (11) - Wanderhütte „Unstrutaue“ - Herbsleben (15,5) - Gebesee (23,6) - Ringleben (25) - Haßleben (28,7) - Werningshausen (32,9) - Wundersleben (36,9) - Schallenburg (41,6) - Sömmerda (44,6)

- **Höhenunterschiede:** nicht erwähnenswert, nur ein Anstieg von Großvargula zur Wanderhütte „Unstrutaue“
- **Markierungen:** Radpiktrogramm mit blauem U, grüner Strich auf weißem Grund bis Herbsleben für Unstrut-Wanderweg
- **Wanderkarten:** Radwanderkarte Nr. 2, Wanderkarte Nr. 1, 6 (s. Aufstellung Wanderkarten)
- **Sehenswertes:** Bad Langensalza, Nägelstedt, NSG „Unstruttal“, Großvargula, Herbsleben
- **Bahnhöfe:** Bad Langensalza, Gräfentonna, Döllstädt, Dachwig, Ringleben-Gebesee, Straußfurt, Sömmerda
- **Pannenhilfe:**
  – Kloster Sankt Wigberti, Pfarrgasse 108, 99634 Werningshausen, Tel. 036376-50226
  – Biker-Dom, Thälmannstr. 73, 99610 Sömmerda, Tel. 03634-693990
  – RADLOFF GmbH, Am Oberweg 27, 99610 Sömmerda, Tel. 03634-601414
  – Hoffmann und Kühn Radcenter GbR, Mühlstr. 4c, 99610 Sömmerda, Tel. 03634-39020
  – Zweiradhaus Vollrath, Mainzer Str. 8, 99610 Sömmerda, Tel. 03634-609994

Wissenswertes: Sömmerda, die Kreisstadt des gleichnamigen Landkreises, wurde erstmals im Jahre 876 (Urkunden Ludwigs des Deutschen) erwähnt. Darin wurden dem Kloster Fulda Zehntrechte bestätigt.

Die Angliederung an das Königreich Preußen im Jahre 1802 führte zu einem wirtschaftlichen Aufschwung und zu einer verkehrstechnischen Erschließung. Ein Meilenstein für diese Entwicklung war 1816 die Einrichtung eines Eisenwarengeschäftes durch Nicolaus von Dreyse und Friedrich Kronbiegel. Dreyse war es auch, der in den 20er Jahren des 19. Jh. das Zündnadelgewehr erfand. 1840 entstand in Sömmerda eine Gewehrfabrik. Im 20. Jh. war Sömmerda bekannt für Feinmechanik, Bürotechnik und Elektronik. Über die Entwicklung des heutigen Industriestandortes, die Nicolaus von Dreyse mit der Erfindung des Zündnadelgewehres maßgeblich beeinflusste, informiert das Dreysemuseum.

Gut erhalten ist die mittelalterliche Stadtbefestigung, aus der das 1395 errichtete Erfurter Tor herausragt. Einer der sechs erhaltenen Wehrtürme wird für volkskundliche Ausstellungen genutzt. Ein Kleinod ist auch das Renaissance-Rathaus (1529–1539) mit steilem Satteldach und zwei Türmchen. Sehenswert sind auch die beiden Kirchen St. Bonifatius (1567) und St. Petri (1703).

Sömmerda eignet sich hervorragend als Ausgangspunkt für Radtouren. Auf dem Marktplatz startet jährlich am dritten Augustwochenende die Tour de Frömmschdt.

s. auch www.soemmerda.de

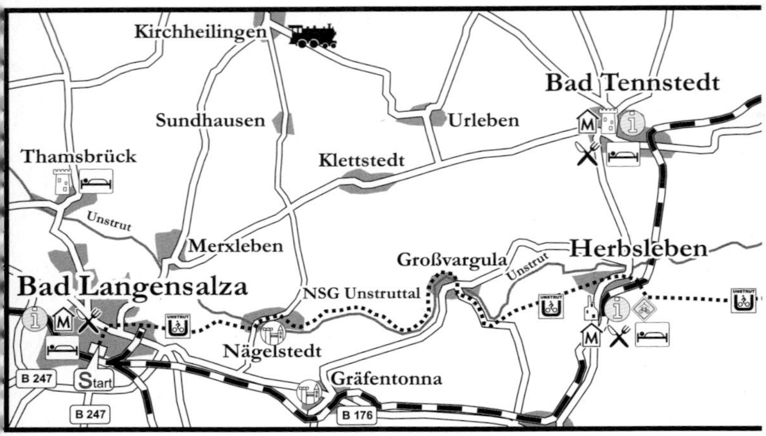

Routenbeschreibung: Nach Besichtigung der Altstadt von ***Bad Langensalza*** kehren wir zur *Tourist-Information* und zur *Nationalparkverwaltung* zurück und orientieren uns am Radwanderwegweiser in Richtung Gebesee.

Anmerkung:
Wer ***Bad Langensalza*** schon gut kennt und deshalb keinen Abstecher unternehmen möchte, bleibt demzufolge auf dem geradeaus führenden *Unstrut-Radweg.* Auf unserem Weg nach Merxleben säumen einige *Denkmale der Schlacht bei Langensalza im Jahre 1866* den Weg.
Kurz vor der *Heylmühle* erreichen wir die stark befahrene *B 84,* die wir vorsichtig überqueren. Wer den Ort ***Merxleben*** besichtigen möchte, kann linksabbiegend über die B 84 auf ihn zufahren.

1866 war der Kirchberg von Merxleben ein Schauplatz der Schlacht bei Langensalza, wo sich Truppen Preußens und Hannovers gegenüber standen. Hier ging die Mehrzahl der hannoverschen Geschütze in Stellung. Trotz aller Anfangserfolge der zahlenmäßig überlegenen Hannoveraner siegten letztlich die Preußen, wodurch das Ende des Königreichs Hannover besiegelt wurde. Zahlreiche Gedenksteine markieren das historische Schlachtfeld.
Erfreulichere Berühmtheit erlangte Merxleben mit der Entdeckung der Schwefelquellen durch den Langensalzaer Stadtchirurgen Lehmann im Jahre 1811. Bereits 1812 wurde das Badehäuschen errichtet, dem Langensalza seinen Kurstatus zu verdanken hat.
s. auch www.badlangensalza.de

Nun können wir uns anhand des Radwegweisers in Richtung Nägelstedt auf der alten Bahnlinie orientieren. Wenig später ist ein Abstecher zu den *Schwefelquellen* lohnenswert. Bei der nächsten Weggabelung mit Wanderwegweisern halten wir uns geradeaus. Auch hier wird ein Abstecher in die Kurstadt Bad Langensalza angeboten. Nach 600 m folgt eine Wegkreuzung mit Wanderwegweisern.

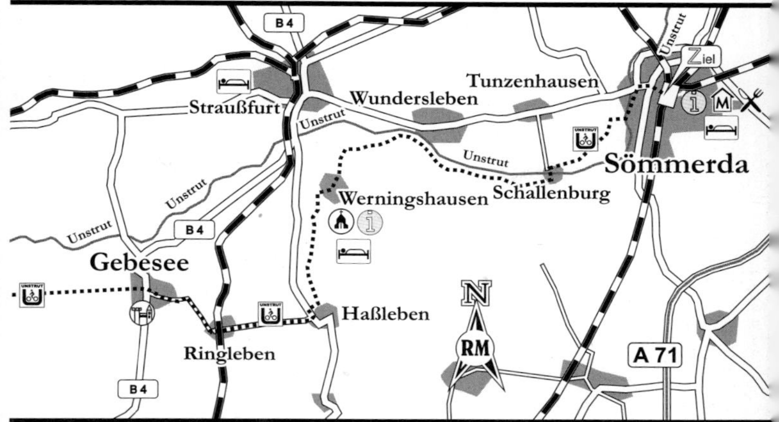

Wir biegen links ab und nutzen einen befestigten Wirtschaftsweg *(Am Riedsgraben).*

Um von ***Bad Langensalza*** aus wieder auf den *Unstrut-Radweg* zu gelangen, radeln wir durch die *Kurpromenad*e an der *Stadtmauer* entlang. Am *Klagetor* zeigt ein Wegweiser rechts abbiegend in Richtung Unstruttal. Bei der Straße *„Vor dem Klagetor"* erreichen wir den *Rosengarten* mit *Rosenmuseum.*

Diese Anlage zeigt, dass sich die Stadt Bad Langensalza seit 2002 mit Fug und Recht „Rosenstadt" nennen darf.

Nun biegen wir in die *Felsenkellerstraße* ein. Wir passieren die *Rehaklinik,* bevor wir die stark befahrene *Tennstedter Straße (B 84/176)* queren.

Achtung! Hier ist es auf jeden Fall zweckmäßig, vor Überqueren der Bundesstraße abzusteigen. Um sicher zu gehen, sollte ein Umweg bis zur nächsten Ampel eingelegt werden.

Nach 200 m biegen wir links ein und nutzen einen befestigten Wirtschaftsweg, bis wir wieder auf den *Unstrut-Radweg* treffen. Wir fahren in Richtung ***Nägelstedt,*** das wir beim *Sportplatz* erreichen.

Im Jahre 1222 kaufte der Deutsche Orden hier ein Gut. Romantisch an der Unstrut gelegen, lädt es zum Verweilen für Wanderer und Radfahrer ein.
Ein weiteres interessantes Gebäude ist der Schieferhof am Anger. Dieses auch Steinhaus genannte Gebäude ist ein Denkmal der Renaissance. Erbaut wurde es 1565 durch den Ordenskomtur Hans von Görmar. Von der Hauptstraße aus sieht man auch heute noch die halbhohe Verteidigungsmauer, die durch zwei Reihen Schießscharten „garniert" wurde. Diese lieferten einst ein wichtiges Argument gegen vermeintliche und tatsächliche Angreifer. Da Nägelstedt in ein Oberdorf und ein Unterdorf unterteilt ist, verfügt es mit der St. Georg (13. Jh.) und der St. Michael (1543) auch über zwei Kirchen. Der Komtur schenkte 1568 dem Dorf

auch zwei Brunnenhäuschen, wobei das im Oberdorf noch gut erhalten ist. Der Komturhof kann besichtigt werden.
Die Lohmühle wurde bereits 1255 urkundlich erwähnt. Seit 1985 bemüht sich die neue Eigentümerfamilie Zimmermann gemeinsam mit dem Mühlenverein um den Erhalt dieses Kleinods.
s. auch www.badlangensalza.de

Wir nutzen wir linksabbiegend die Straße, um dorfeinwärts zu radeln. Anschließend passieren wir den *Schieferhof* und durchfahren die *Lange Straße*. Dann folgen wir dem Wegweiser in Richtung Unstruttal. Wenig später lädt der *Unstrutgrill* zur Rast ein.

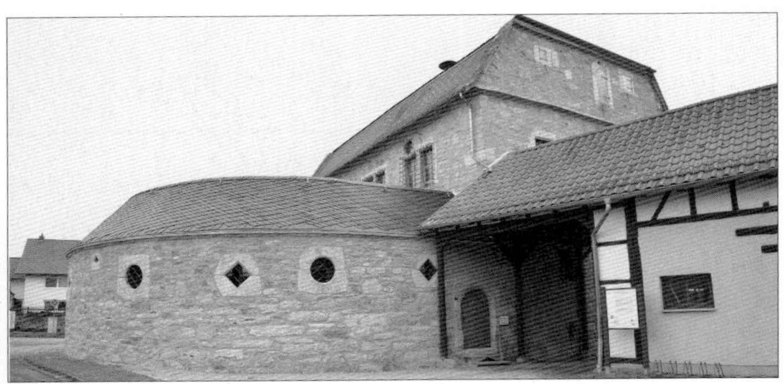

Komturhof, auch Schieferhof Nägelstedt. Foto: Harald Rockstuhl

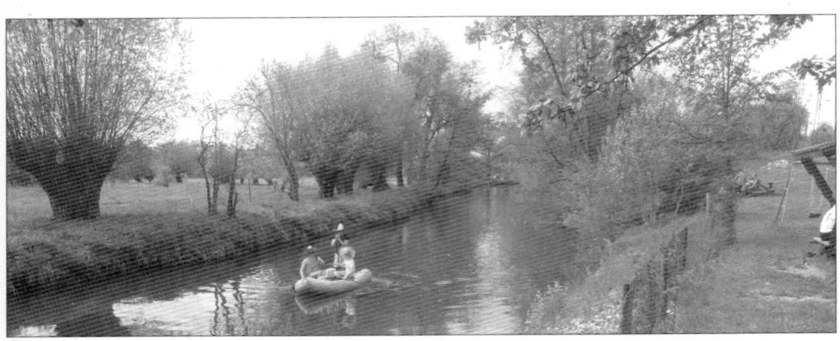

Wasserwandern mit Rastmöglichkeit am „Unstrutgrill" bei Nägelstedt

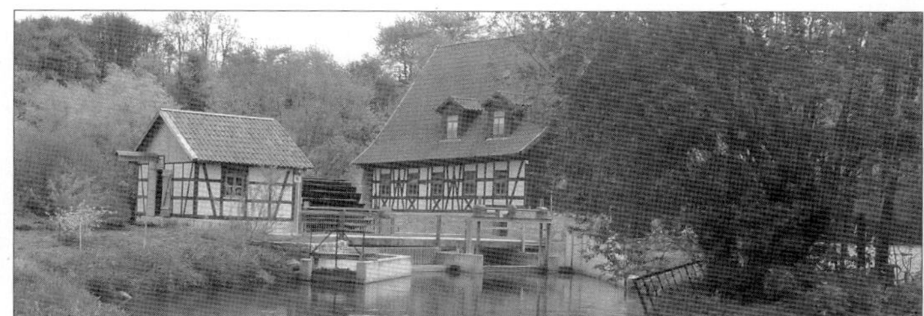

Die Lohmühle unweit des Rastplatzes Unstrutgrill bei Nägelstedt

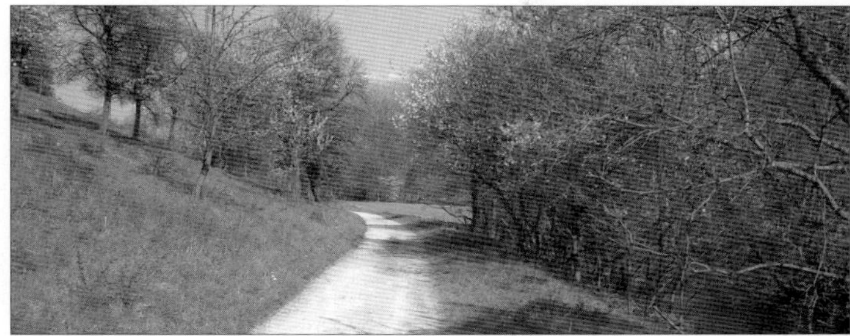

Das Unstruttal zwischen Nägelstedt und Großvargula

Auf unserem weiteren Weg sehen wir rechterhand die *Lohmühle* (s. auch RW 05). Der Weg führt nun durch das herrliche Unstruttal, durch das ***NSG „Unstruttal zwischen Nägelstedt und Großvargula***“, so die offizielle Bezeichnung (s. auch RW 05). Am *Weinberg* vorüber erreichen wir ***Großvargula***.

Die 1434 errichtete Kirche weist eine interessante Renaissance-Kanzel auf. Am Standort der einstigen Burg Vargula befindet sich heute ein Seniorenheim.
Wenn auch die Saale-Unstrut-Region als nördlichstes Weinanbaugebiet Europas gilt, so wächst auch in der Gemarkung Großvargulas dieser edle Rebensaft. Dem aufmerksamen Radfahrer oder Wanderer, der aus Richtung Nägelstedt kommt, bleiben die Weinberge nicht verborgen.
s. auch www.grossvargula.de

Nach der Besichtigung des Dorfes verlassen wir dieses über den *Sportplatz,* passieren die *Holzquelle* und folgen der *Straße* in Richtung Herbsleben. Am Ortsausgangsschild steht zwar Döllstädt, der kombinierte Wirtschafts- und Radweg führt aber linkerhand an der ***Wanderhütte „Unstrutaue“*** vorüber nach ***Herbsleben***, das wir am *Sportplatz* erreichen.

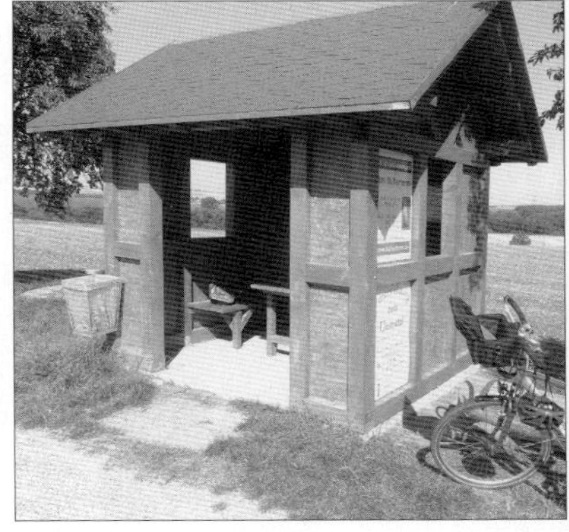

Wanderhütte „Unstrutaue“

Ein Wahrzeichen des Ortes ist die Ruine der im Jahre 1144 errichteten Burg. Zwischen 1554 und 1600 erfolgte der Umbau zu einem Schloss, welches 1958 leider abgerissen wurde.
Seit 2000 finden auf diesem Gelände umfangreiche Freilegungsarbeiten statt.

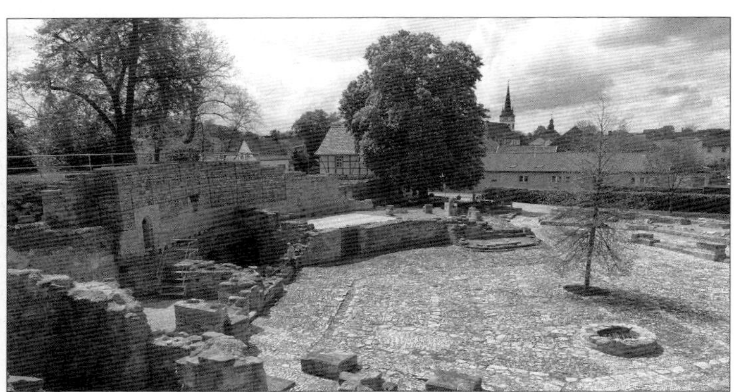

Schlossruine in Herbsleben

Inzwischen sind große Teile des historischen Mauerwerkes aus dem 13. bis 17. Jh. sowie Keller, Verliese und die freigelegte Schlossbrücke wieder zu besichtigen.
Die Gemeinde und der Verein Schlossruine setzen sich mit vereinten Kräften dafür ein, die Reste des Kleinodes zu erhalten. Für sein Engagement erhielt der Verein Schlossruine Herbsleben im Juni 2004 den Thüringer Denkmalschutzpreis. Im Juni 2005 fanden erstmals Theateraufführungen in den altehrwürdigen Gemäuern statt.

Herbsleben verfügt auch über ein Heimatmuseum. Im Obergeschoss kann sich der Besucher ein Bild über die Geschichte und das Brauchtum machen. Das frühere Leben in dieser ländlichen Region wird eindrucksvoll im Erdgeschoss dargestellt.
Herbsleben ist eines der ältesten Spargelanbaugebiete Thüringens. Der jährlich im Mai stattfindende Herbslebener Spargelmarkt ist ein Höhepunkt in der Region und zieht Tausende Besucher aus nah und fern an.
Ein Kleinod sind auch die Herbslebener Teiche. 1991 wurden die Teiche in das System der europäischen Vogelschutzgebiete integriert. Nicht weniger als 97 Brutvogelarten besiedeln das Teichgebiet. Eine ausgesprochene Rarität ist dabei die Rohrdommel, deren dumpfe Rufe alljährlich aus dem Schilfbestand erhallen.
Die Kirche „St. Trinitatis“ wurde zur Radfahrerkirche geweiht.
www.gemeinde-herbsleben.de oder www.spargel-herbsleben.de

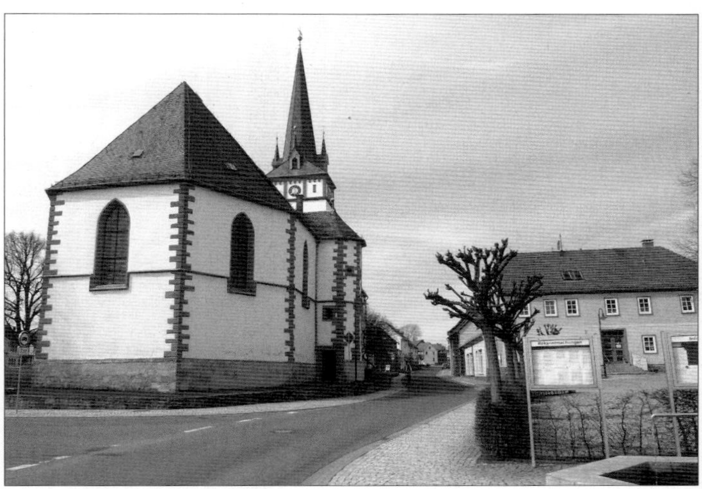

Zentrum mit Kirche in Herbsleben

Nun radeln wir dorfeinwärts. Durch die *Hauptstraße* geht es an der *Radwegekirche „St. Trinitatis“*, am schmucken *Rathaus* und der *Schlossruine* vorüber. Nachdem wir die *Tennstedter Straße* gequert haben, nutzen wir die *Gebeseerstraße.* Am Ende des Ortes schwenken wir in einen Wirtschaftsweg ein.
Der scheinbar nicht enden wollende Weg führt uns in die Kleinstadt ***Gebesee*** mit seinem ***Schloss.***

Das Stadtrecht erhielt Gebesee 1638 durch den sächsischen Kurfürst Johann Georg. Im Jahre 1740 wurde aus einem ehemals befestigten Landsitz das Schloss errichtet.
Das Schloss wird dank der Initiative des Erdbeerhofes Gebesee schrittweise saniert. Inzwischen nimmt die SchlossPension Gäste mit und ohne Fahrrad auf. Das Schloss ist umgeben von einem großen gepflegten Park.
s. auch www.schloss-gebesee.com oder www.erdbeerhof-gebesee.de
Sehenswert ist auch die im Jahre 731 erbaute Katharinenkirche, die bis 1752 Bonifatiuskirche hieß. Am Turm und am Kirchenschiff sind noch Reste romanischer Fenster und Türen vorhanden. An der Laurentius-Kirche (10. Jh.) finden wir jetzt noch einen gotischen Bogen am Turm und am Kirchenschiff. Von historischem Wert ist auch der Flügelschrein.
s. auch www.gebesee.de

An der *Ampelkreuzung* überqueren wir die **stark befahrene** *B 4,* halten uns links, passieren das Schloss und befinden uns nun zugleich auf dem *Gera-Radweg (Ringlebener Straße)*. Wir passieren den *Friedhof* und schwenken an der Gera-Brücke rechts in den *Damm* ein, über den wir ins benachbarte ***Ringleben*** gelangen.

Ein Blickfang des Dorfes, das an der Nahtstelle zwischen Unstrut und Gera liegt, ist die St. Bartholomäus Kirche.
s. auch www.vg-gera-aue.de

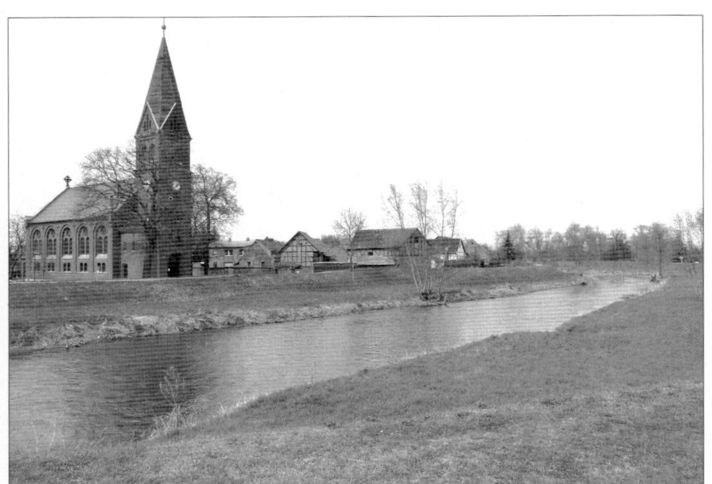

Kirche von Ringleben

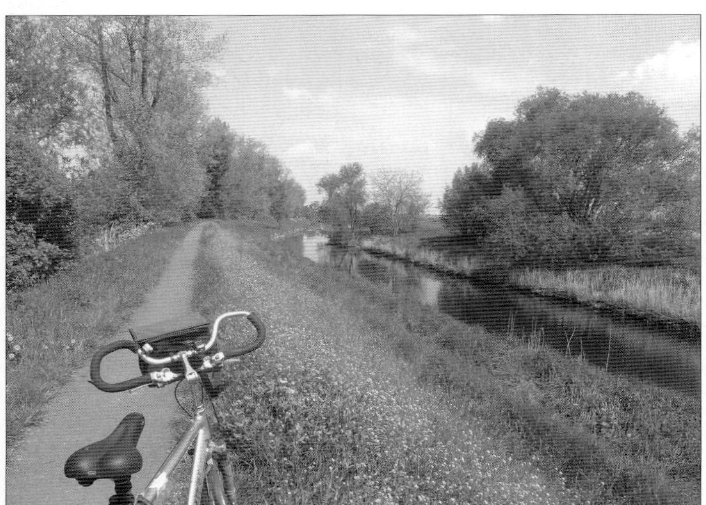

Geradamm bei Ringleben

Wir überqueren linksabbiegend die *Gerabrücke,* wobei wir nun den *Gera-Radweg* verlassen. Nun folgen wir der *Haßleber Straße.*

Ein Radwanderwegweiser zeigt, dass es bis Sömmerda noch 14 km sind.

Wir überqueren den *Bahnübergang* der Strecke Erfurt - Nordhausen und gelangen über die wenig befahrene Landstraße nach ***Haßleben.***

In Haßleben befinden sich einige denkmalgeschützte Häuser. Dazu zählen der Töpfermarkt mit Pfarrhaus, der „Ratskeller", die Schule und das Wohnhaus Nr. 26. Unter Schutz wurden ebenfalls Gebäude „Am Sandwurf 237", „Am Plänchen 235", in der Kirchgasse (Nr. 240-242) sowie in der Backhausgasse (88, 153-161) gestellt. Das Gleiche gilt für die Scheunenzeile in der Lindenstraße.
Zu Haßleben gehört auch das NSG „Haßlebener Ried", ein Feuchtgebietkomplex in der Gera-Unstrut-Niederung, ein in einer Auslaugungssenke entstandenes Kalkflachmoor.
s. auch www.vg-straussfurt.de

Wir folgen der *Bahnhofstraße*, um an der *Kreuzung* in die *Vehraer Straße* einzubiegen. Vor dem *Ortsausgangsschild* folgen wir rechtsabbiegend einem Wirtschaftsweg. Nun durchfahren wir einen der schönsten Abschnitte auf dieser Strecke. Unser Weg führt zunächst an der *Schmalen Gera* entlang und dann durch das ***NSG „Haßlebener Ried".*** Wegen des Status als NSG ist er nur ein Meter breit.

Über die *Lindenstraße* (Kopfsteinpflaster) gelangen wir nach ***Werningshausen.***

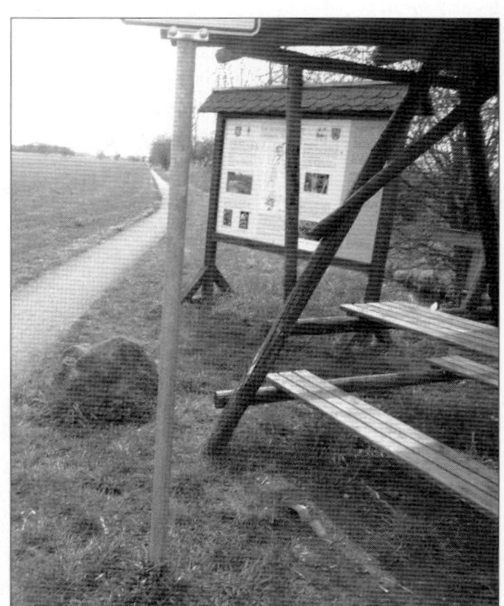

Rastplatz am Haßlebener Ried

Werningshausen liegt an der Gramme, einem Nebenfluss der Unstrut.
Ein Besuch lohnt sich im Heimatmuseum. Ein weiteres Kleinod ist die Cuxmühle, ein technisches Denkmal, das idyllisch an der „Schmalen Gera" liegt. Sie wurde 1840 als Mahl, Öl -und Graupenmühle erbaut. Das Mahlwerk ist heute noch gut erhalten.
s. auch www.vg-straussfurt.de

Überregional bekannt wurde Werningshausen durch das Kloster St. Wigberti. Es ist benediktinischer Ausrichtung. Dieses Kloster hebt sich von ähnlichen Einrichtungen ab, denn hier sind drei verschiedene Konfessionen gleichberechtigt zu Hause. So beten, leben und arbeiten ev.-luth., röm.-kath. und orthodoxe Mönche nach der Regel des hl. Benedikt.
Die Anfänge gehen in das Jahr 1967 zurück, als junge Männer die Jesusbrüderschaft gründeten. 1973 kamen sie nach Werningshausen. Schritt für Schritt renovierten sie die Kirche, das Pfarrhaus und 20 weitere Kirchen. Sehenswert sind insbesondere die Marienkapelle, die St. Wigberti-Kirche sowie die schöne Klosteranlage mit dem idyllischen Kirchpark.

Besichtigungen sind montags bis samstags zwischen 15 und 17 Uhr sowie nach Voranmeldung möglich. Direkt am Lutherweg und am Unstrut-Radweg gelegen, bietet das Kloster auch Übernachtungsmöglichkeiten für Pilger und Gäste.
s. auch www.wigberti.de

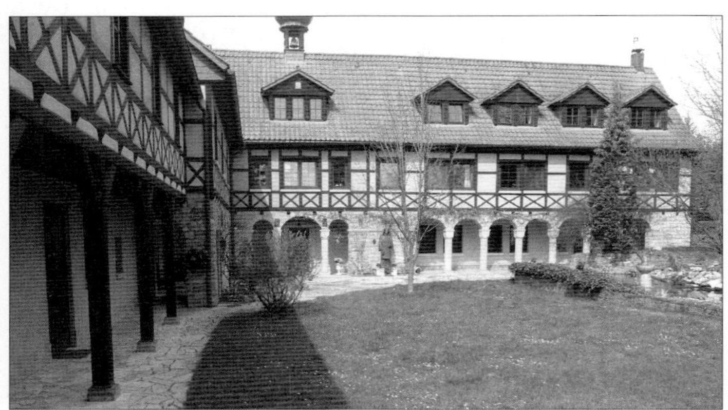

Werningshausen, Kloster St.Wigbert

Nach Besichtigung des *Klosters „St .Wigberti"* verlassen wir den Ort über den Weg, der sich von der Schmalen Gera wieder zur Unstrut wendet. Über den Damm geht es zur Brücke von ***Wundersleben.***

Der Ort wird geprägt durch die herrliche Auenlandschaft der Unstrut. Sehenswert ist die Kirche St. Bonifatius.
s. auch www.vg-straussfurt.de

Links der Unstrut führt der Weg nun weiter ins benachbarte ***Schallenburg***, wo wir die Unstrut erneut in Richtung Tunzenhausen überqueren.

Schallenburg liegt auch am Mühlen-Wanderweg. Leider existiert von der Wassermühle, die einst vier Gänge hatte, nur noch eine Ruine am Mühlgraben. Ein Besuch lohnt sich in der Dorfkirche.
Schallenburg hat sich zu einem bedeutenden Radwegekreuz gemausert. Hier kreuzen sich der Laura-Radweg und der Radweg nach Erfurt entlang der Erfurter Seen.
s. auch schallenburg.jimdo.com oder www.soemmerda.de

Nach ca. 300 m schwenken wir rechts in den *Deichrettungsweg* ein, über den wir bis Sömmerda durchstrampeln können.
Wir erreichen ***Sömmerda*** am *Unstrutwehr*. Dort überqueren wir die *Riedtorbrücke* und schwenken vor der Wildwasserstrecke des *Kanu-Clubs* links auf den Dammweg ein.

Um ins Zentrum zu gelangen, radeln wir an der überdachten *Fußgängerbrücke* durch den *Stadtpark* bis zur alten überdachten *Holzbrücke.*
Rechterhand ist die *Dreysemühle* zu sehen und nach wenigen Metern sind wir im Zentrum der Kreisstadt.

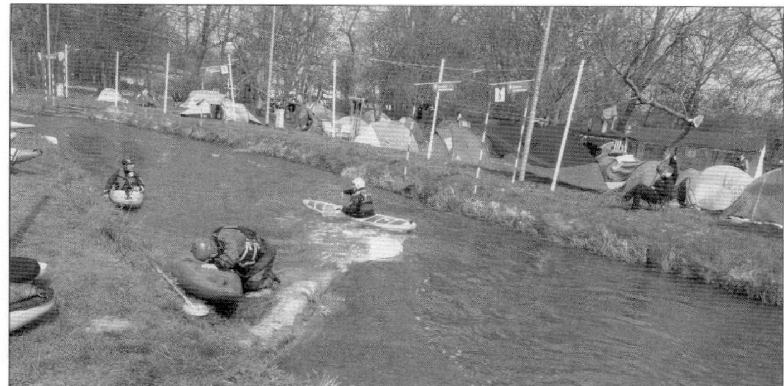

Sömmerda, Wildwasserkanal

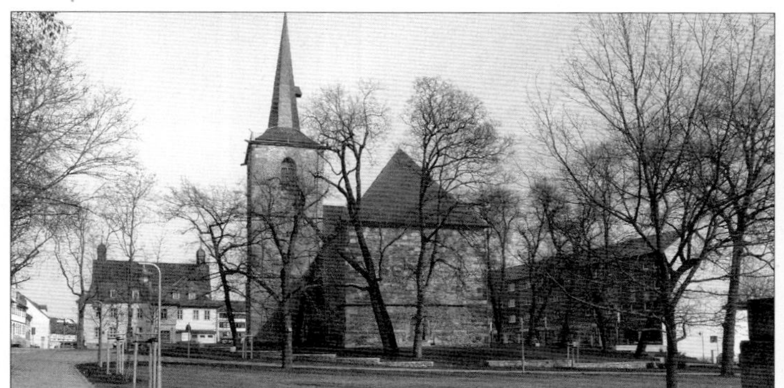

Sömmerda, Stadtansicht

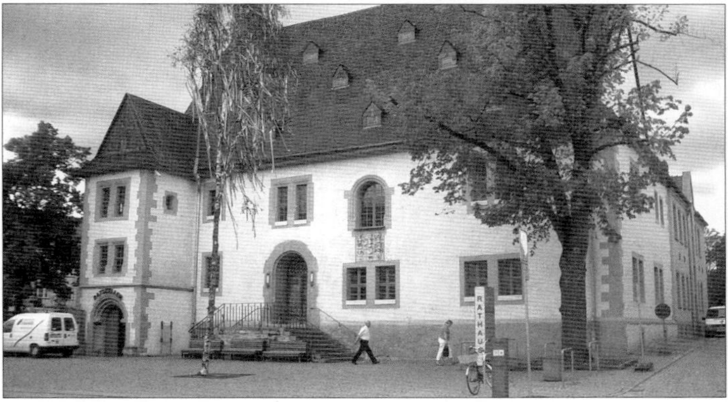

Sömmerda, Rathaus

Interessantes im Umkreis von 20 km

Kirchheilingen (RT 13, 18)

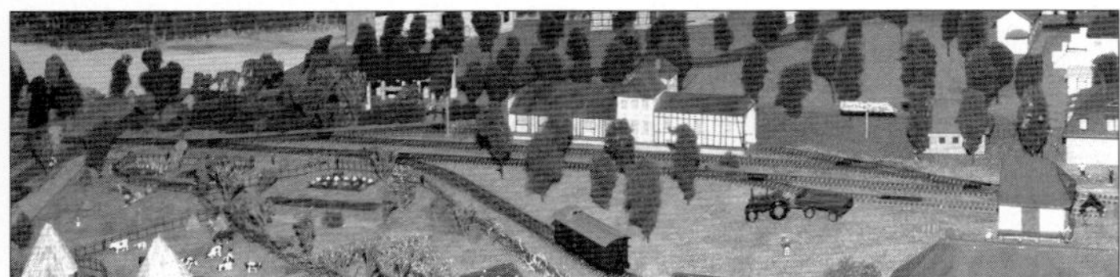

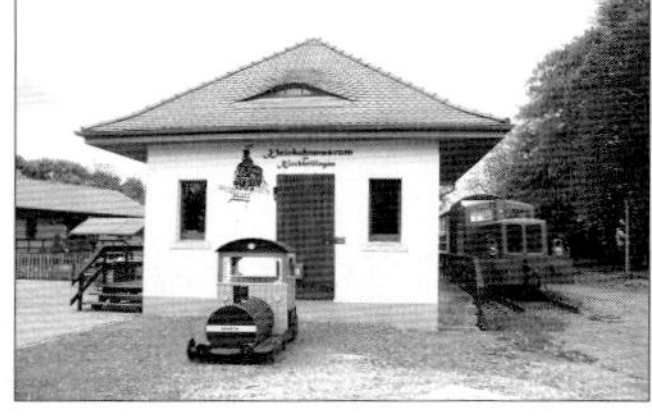

Der ca. 900 Einwohner zählende Ort weist einige interessante Fotomotive auf. Dazu gehören das „Torwärterhaus“ des Schierbrandtschen Rittergutes sowie einige Gebäude in der Hauptstraße.

Der Torbogen des Rittergutes stammt aus dem Jahre 1608. Ebenfalls in der Hauptstraße befindet sich das 1993 eingerichtete Heimatmuseum.

„Großer Bahnhof“ war in Kirchheilingen, als im April 2009 das Kleinbahnmuseum eröffnet wurde. In dieser Ausstellung kann man die Geschichte der Kleinbahn verfolgen, die einst über 27,5 km von Langensalza bis Haussömmern schnaufte. Auf dieser Strecke verläuft nun der Kneipp- und Kleinbahnradweg K².

In der warmen Jahreszeit lockt auch das Freibad viele Besucher an.

s. auch www.kirchheilingen.com oder www.knackwurstprofi.de

Bad Tennstedt (RT 17-18)

Bad Tennstedt ist eine der ältesten Städte Thüringens mit gut erhaltener Stadtbefestigung aus dem 15. Jh. (Osthöfer Tor, Pulverturm, Fronveste, Ketzerturm). Die Kleinstadt verfügt über drei sehenswerte Kirchen. Über einen interessanten Rundweg können 17 markante Punkte der Stadt erwandert werden.
Im einstigen Amtshaus war von 1794 bis 1796 Friedrich von Hardenberg im sächsischen Verwaltungsdienst beschäftigt. Bekannt war er auch als Novalis, der Dichter. Zur Erinnerung trägt die Schule den Namen Novalis. Außerdem erinnert ein Gedenkstein an der Allee zum Tannenwäldchen an den Dichter.
Johann Wolfgang von Goethe kurte 1816 in der damals noch jungen Kurstadt. Die 1811 entdeckte Schwefelquelle verhalf der Stadt zu einem Aufschwung. Seit 1925 hat sie den Status eines Heilbades. 1993 wurde eine Rehabilitations-Klinik neu eröffnet.
Das Zahnbürstendenkmal am Markt erinnert an Christoph von Hellwig (* 15. Juli 1663 in Kölleda; † 27. Mai 1721 in Erfurt). Als Stadtphysicus von Tennstedt erfand er um 1700 die Zahnbürste
s. auch www. badtennstedt.de

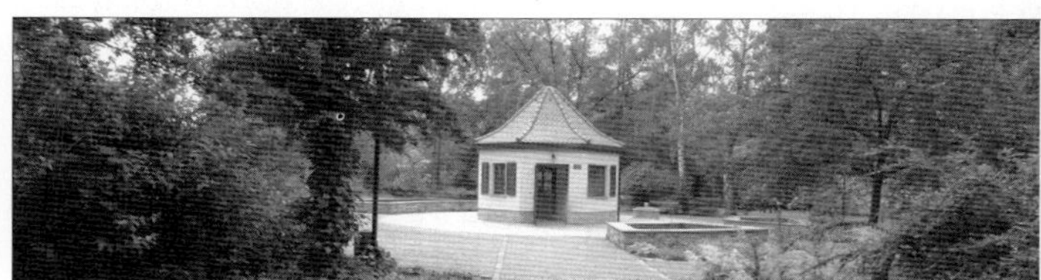

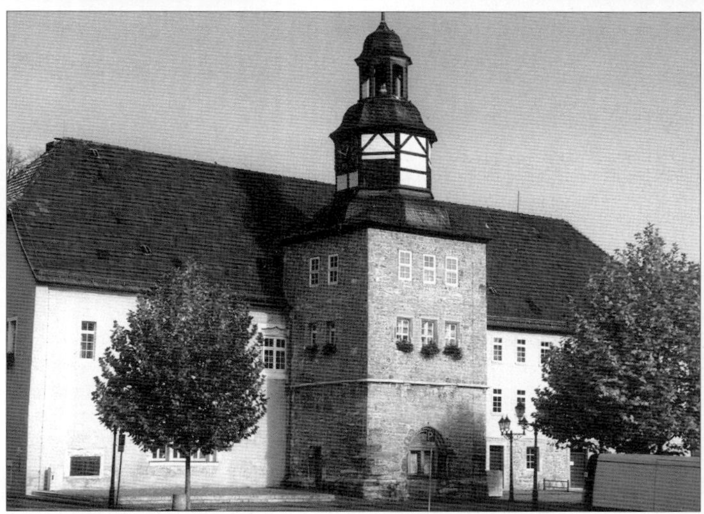

Kurpark, Rathaus und Osthöfer Tor in Bad Tennstedt

Straußfurt mit Hochwasserrückhaltebecken (RT 22)

Sehenswert ist die St. Petri-Kirche und Marienkapelle.
Im Flächennaturdenkmal „Am Hölzchen“ wachsen nicht nur solch interessante Bäume wie z. B. Ahorn, Esche oder Stieleiche. Hier tummeln sich auch solche Vogelarten wie Kuckuck, verschiedene Meisenarten, Pirol, Hänfling, Kleiber oder Rot- und Schwarzmilan.
Der Bau des Rückhaltebeckens Straußfurt erfolgte zur Begradigung des Laufes der Unstrut. Dadurch entstand der wasserführende Altarm. Zahlreiche

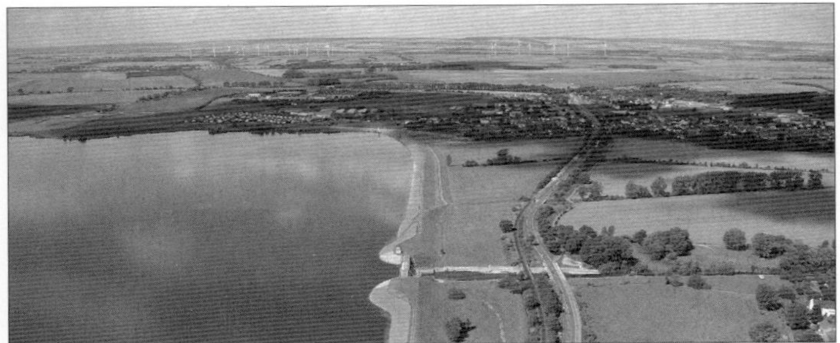

Speicher Straußfurt. Foto: Harald Rockstuhl

Kleinlebewesen bevölkern nun dieses naturbelassene Biotop. Die alten Korbweiden mit ihren Aushöhlungen werden gern von Höhlenbrütern wie dem Specht als Nistplätze genutzt. Die herrliche Auenlandschaft und die Uferzonen dienen Graureiher, Schwänen, Haubentauchern, Möwen, Stock- und Tafelenten und vereinzelt Kormoranen als Nist- und Brutplätze.
s. auch www.straussfurt.de

Weitere interessante Radwege

Kneipp- und Kleinbahnradweg (K²) (RT 13, 17, 18)

Der Radweg verläuft vorwiegend auf der ehemaligen Kleinbahnstrecke Bad Langensalza - Haussömmern. Die 33 km lange Strecke führt über folgende Orte: Bad Langensalza - Thamsbrück - Großwelsbach - Kleinwelsbach - Kirchheilingen - Tottleben - Wassertretbecken - Bad Tennstedt - Herbsleben.
So lässt er sich gut mit dem Unstrut-Radweg verknüpfen.
s. auch www.regionalmanagement-uh.de

Gera-Radweg (RT 19)

Dieser Radweg verbindet den Thüringer Wald mit der Gera-Unstrutmündung im Thüringer Becken. Die wichtigsten Stationen:
Schmücke/Rennsteig - Elgersburg - Geraberg - Angelroda - Plaue - Arnstadt - Ichtershausen - Schloss Molsdorf - Möbisburg - Erfurt-Bischleben - Erfurt-Hochheim - Erfurt - Erfurt-Gispersleben - Kühnhausen - Elxleben - Walschleben - Ringleben
s. auch www.gera-radweg.de

Radweg Erfurter Seen (RT 24, 28, 31)

Dieser Radweg beginnt in Schallenburg an der Unstrut. Er führt über Alperstedt, Stotternheim und die Sulzer Siedlung in die thüringische Landeshauptstadt Erfurt. Dabei werden einige Seen des aufstrebenden Naherholungsgebietes „Erfurter Seen" passiert. In Stotternheim bietet sich ein Abstecher zum legendären Lutherstein an.
s. auch www.erfurter-seen.de

Laura-Radweg (RT 24, 27-28, 32)

Der Laura-Radweg verbindet den Unstrut-Radweg in Schallenburg mit dem Ilmtal-Radweg und dem Radweg Thüringer Städtekette in Weimar. Große Teile führen über den Bahndamm der ehemaligen Laura-Schmalspurbahn.
Die wichtigsten Stationen:
Schallenburg - Alperstedt - Großrudestedt - Schloßvippach - Dielsdorf - Markvippach, Wasserschloss - Vippachedelhausen - Neumark - Berlstedt - Schwerstedt - Buttelstedt - Daasdorf - Leutenthal - Sachsenhausen - Wohlsborn - Siedlung Schöndorf - Schöndorf-Waldstadt - Weimar
s. auch www.lauraradweg.de

Unstrut-Radweg, Etappe 4: Sömmerda - Artern (35 km)

Sömmerda - Leubingen (km 5,5) - Griefstedt (9,7) - Büchel (12,5) - Etzleben (15,1) - Gorsleben (16,9) - Sachsenburg, Brücke (19,1) - Bf. Heldrungen (21,5) - Heldrungen (23,2) - Bretleben (27,5) - Reinsdorf b. Artern (30,8) - Schönfeld, Holzbrücke (33,9) - Artern (35,4)

- **Höhenunterschiede:** nicht erwähnenswert
- **Fahrtdauer**: 4 h
- **Markierungen:** Radpiktrogramm mit blauem U
- **Wanderkarten:** Radwanderkarte Nr. 3, Wanderkarten Nr. 1, 7, 9, 10 (s. Aufstellung Wanderkarten)
- **Sehenswertes:** Sömmerda, Leubingen (Grabhügel, Heimatstube), Gorsleben, Sachsenburg, Heldrungen (Wasserburg), Artern
- **Bahnhöfe:** Sömmerda, Leubingen, Griefstedt, Etzleben, Heldrungen, Bretleben, Reinsdorf, Artern
- **Pannenhilfe:**
  – Radscheune 06577 Heldrungen, Jens Bergmann, Tel. 0174-3273608
  – Radhaus Grosche 06556 Artern, Leipziger Str. 2, Tel. 03466-742831

Wissenswertes: Artern, zwischen 1952 und 1994 Kreisstadt, befindet sich an der nördlichen Schleife der Unstrut zwischen der fruchtbaren Goldenen Aue und der ebenso fruchtbaren Diamantenen Aue.
Schon in vorgeschichtlicher Zeit wurden die ersten Salzvorkommen entdeckt. Mit der systematischen Nutzung der Salzvorkommen wurde aber erst 1722 begonnen. Durch das Wirken des Bergrates Johann Gottfried Borlach (1686-1768) wurde Artern zu einer der großen Salinestädte des mitteldeutschen Raumes. Ihm wurde auch der durch und um Artern führende, etwa 10 km lange Borlach-Wanderweg gewidmet (s. auch RW 10).
Der Dichter Friedrich Freiherr von Hardenberg mit dem Pseudonym Novalis (1772-1801) war 1799 als Salinenassessor hier tätig. 1963 wurde in Artern die Saline geschlossen. Der idyllisch gelegene Salinepark ist ein gern besuchtes Naherholungszentrum. Das NSG Solgraben gilt als eine bedeutende Binnensalzstelle in Mitteleuropa. Es verfügt über eine einmalige Salzflora und -fauna und ist mit nur 100 m Länge zugleich Deutschlands kleinstes Naturschutzgebiet seiner Art.
Im 17. Jh. lebte hier der Urgroßvater von J. W. von Goethe. Eine Gedenktafel erinnert an die Wohnstätte von Hans Christian Göthe, der hier als Hufschmied und Stadtrat wirkte.
Sehenswert sind die Marienkirche und das Rathaus aus dem Jahre 1906 mit der Rolandsfigur, die mit Bismarckkopf versehen ist. Beliebter Ausflugsort ist Jüngkens Aussicht, ein Aussichtsturm im sechs Hektar großen Waldpark Weinberg. Natürlich wird auch in Artern gefeiert. Zahlreiche Gäste aus nah und fern locken u.a. das Brunnenfest im August und der Zwiebelmarkt im Oktober an.
s. *auch www.artern.de*

Routenbeschreibung: Nach der Stadtbesichtigung verlassen wir ***Sömmerda.*** An der *Dreysemühle* treffen wir wieder auf den *Unstrut-Radweg, auf den Radweg „Tour de Frömmschdt" sowie auf den „Weg in die Steinzeit"*. Wir radeln rechts der *Unstrut* auf dem *Damm.* Nach gut 5 km „Rennpiste" erreichen wir bei der *Unstrutbrücke* den Ortsrand von ***Leubingen.***

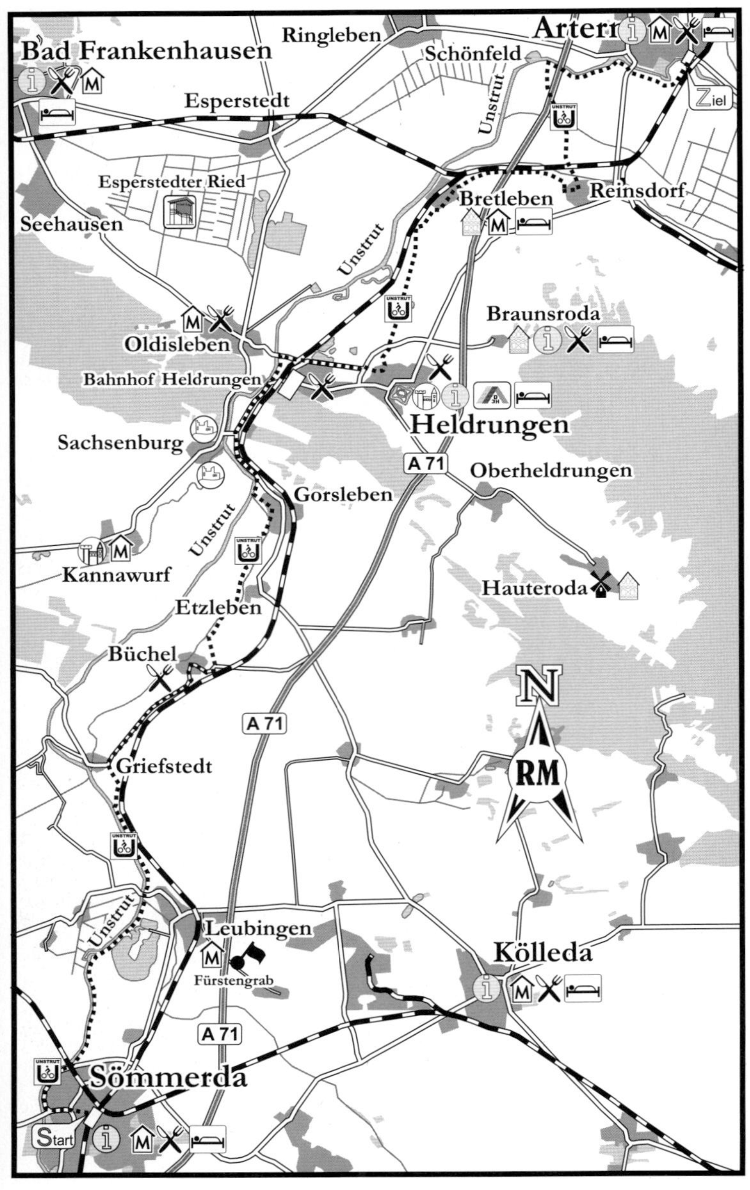

Der am 1. Juni 1994 gegründete Verein Leubinger Heimatfreunde e.V. engagierte sich für die Wiedereröffnung der Heimatstube. Am 15. Juni 1995 öffnete diese sehenswerte Einrichtung im alten Pfarrhaus wieder.
In der Nähe von Leubingen befindet sich ein Bronzezeitlicher Grabhügel. Hier wurden vor etwa 4000 Jahren über 210 Kubikmeter Steine und rund 3060 Kubikmeter Erde bewegt, um einen verstorbenen Fürsten einen Grabhügel zu errichten. Dieser „Leubinger Hügel" ist somit eines der wichtigsten Beispiele für die so genannte Aunjetitzer Kultur (ca. 2300 bis 1500 v. u. Z.). Im Museum für Ur- und Frühgeschichte zu Weimar wird eine Grabrekonstruktion gezeigt.
Nicht nur bei den Leubingern beliebt ist die Kiesgrube als Badesee (FKK erlaubt).
s. auch www.leubingen.de oder www.soemmerda.de

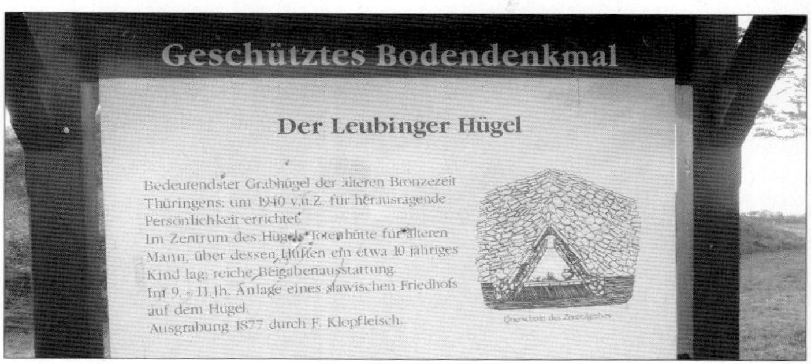

Leubinger Hügel

Nach Überquerung einer weiteren *Unstrutbrücke* radeln wir rechts der Unstrut auf dem *Damm* weiter. Hinter einem *Rastplatz* verlassen wir rechtsabbiegend den Unstrutdamm (bergan) und auch den *„Weg in die Steinzeit"*. Nun geht es parallel zu den *Bahnschienen* der Strecke Erfurt - Magdeburg. Kurz vor dem ***HP Griefstedt*** schwenken wir links in die Chaussee ein, über die wir in den gleichnamigen Ort gelangen.

Die 1939 abgebrannte Kirche wurde 1950 wieder aufgebaut. Das aus dem 16. Jh. stammende Kruzifix steht unter Denkmalschutz.
Auch Griefstedt liegt an der Bahnstrecke Erfurt - Magdeburg, am Unstrut-Radweg und ist Station der Tour de Frömmschdt.
s. auch blaues-band.de/unstrut oder www.vg-kindelbrueck.de

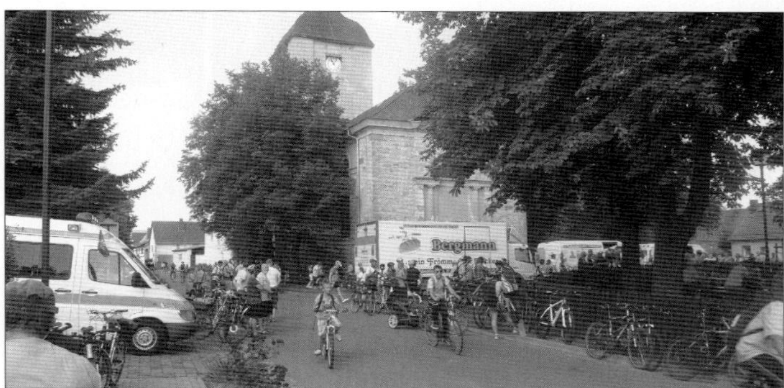

Tour de Frömmschdt in Büchel

Wir bleiben auf der Landstraße in Richtung Kölleda und biegen vor dem *Bahnübergang* links in die wenig befahrene Landstraße nach ***Büchel*** ein.

Büchel liegt an der Lossa, einem Nebenfluss der Unstrut.
Nachdem 1833 die St. Ulrich-Kirche abbrannte, wurde das Gotteshaus neu errichtet und vier Jahre später im klassizistischen Stil fertiggestellt.
Büchel ist ein Rastort bei der jährlich stattfindenden Tour de Frömmschdt.
s. auch www.buechelonline.de oder www.vg-kindelbrueck.de

Wir passieren die *Kirche* und strampeln am *Sportplatz* vorüber. Anschließend überqueren wir die *Lossa* und radeln rechts auf einem Asphaltweg parallel zu ihr nach ***Etzleben.***

Etzleben liegt im Thüringer Becken und an der Lossa, die ein paar Kilometer nördlich bei Gorsleben in die Unstrut mündet. Sehenswert ist die Dorfkirche „St. Laurentius".
1881 wurde Etzleben an das Eisenbahnnetz der Strecke Erfurt - Sangerhausen angeschlossen. Dadurch eignet es sich gut als Ausgangspunkt für Radtouren auf dem Unstrut-Radweg.
s. auch www.vgem-schmuecke.de

Der Unstrut-Radweg führt über die *Lossabrück*e ins benachbarte ***Gorsleben***, dass wir nach ca. 1,5 km erreichen. Um in den interessanten Ort zu gelangen, sollte entsprechend des Radwanderwegweisers rechts abgebogen werden.

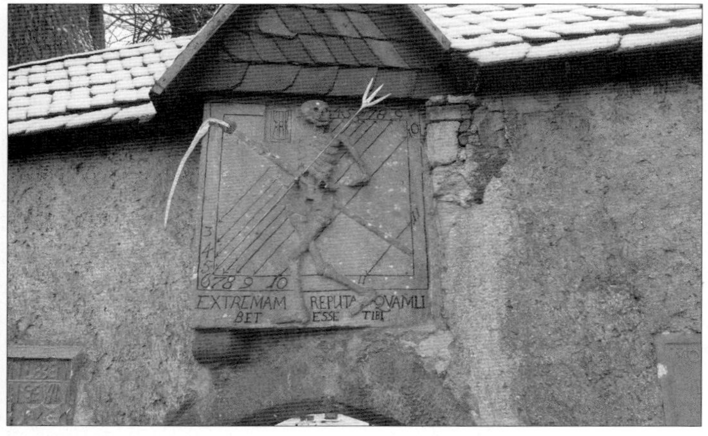

Sensentod von Gorsleben

Gorsleben liegt südlich der Thüringer Pforte am Schnittpunkt von Hainleite und Schmücke.
Einen Besuch wert ist die dem hl. Bonifatius geweihte spätgotische Kirche. Sehenswert ist besonders der reich geschnitzte gotische Altarschrein. Gepflegte Fachwerkhäuser und mehrere Rittergüter (einst sieben) machen den Ort zu einem „Hingucker". Ein steinernes Relief über der Kirchhofstür (Sonnenuhr) stellt den Sensentod von Gorsleben 1696 dar. Aus dem Jahre 1620 stammt ein bemerkenswerter Renaissancefachwerkbau, der Schieferhof.

Auf dem oberen Dorfplatz befindet sich das Geburtshaus des Kirchenkantors und des Gründers des Leipziger Thomanerchores Sethius Calvitius.
Gut entspannen lässt es sich am sagenumwobenen Artra-Brunnen. Eine Tafel informiert über die Sage vom Schicksal des aus ärmlichen Verhältnissen stammenden Mädchen Artra und des Grafen Georg von Beichlingen (s. auch RW 06).
s. auch www.gemeinde-gorsleben.de und www.vgem-schmuecke.de

Auf den *Unstrut-Radweg* zurückgekehrt, radeln wir an der *Lossamündung* vorüber und durchstoßen die *Thüringer Pforte*. Dabei rücken die beiden Sachsenburgen ins Blickfeld. Wir unterqueren die imposante, *zwölfbogige Brücke* von ***Sachsenburg.***

Namensgeber für den Ort war die Obere Sachsenburg.
Am östlichsten Teil der Hainleite, über dem Durchbruch der Unstrut, erheben sich die Ruinen der Sachsenburgen. Erbaut wurden sie um 1300 auf einer spätbronzezeitlichen Wallburg und späteren merowingischen Burganlage zum Schutze gegen die Sachsen, denen sie auch den Namen entlehnten. Die Burgen sicherten im Mittelalter die Handelsstraße an dieser strategisch bedeutenden Stelle.
Die Obere Burg ist nach Westen, Süden und Osten durch einen in Fels gehauenen Ringgraben mit vorgelagertem Wall umgeben. Außerdem stehen noch Reste des Bergfriedes und Wohngebäude mit schönen spätgotischen Fenstern. Die Burganlage ist immer zugänglich. An der wahrscheinlich aus dem 11. Jh. stammenden Unterburg, auch Hakenburg genannt, werden umfangreiche Sanierungsarbeiten vorgenommen. Dies betrifft hauptsächlich den Turm, der noch erhalten ist. Die Anlage ist durch eine Mantelmauer umgeben, die im Nordosten und Nordwesten mittels eines Wallgrabens eingefasst ist.
Zwischen beiden Burganlagen befinden sich die Reste der 1278 erwähnten Burgkapelle, in der noch bis 1830 Andachten stattfanden.
Der Verein „Sachsenburger Ritterschaft e. V." engagiert sich liebevoll für den Erhalt diese Kleinodes an der Porta Thuringica (Thüringer Pforte).
s. auch www.sachsenburgverein.de oder www. vgem-schmuecke.de

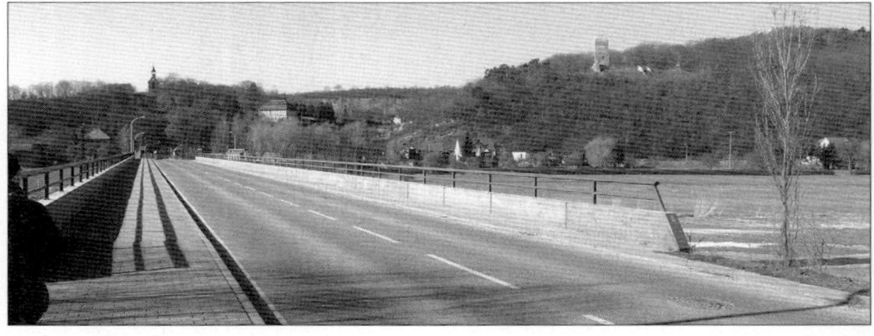

Sachsenburg

Anschließend radeln wir zur nächsten Weggabelung, an der es links nach *Oldisleben* geht. Wir halten uns rechts, überqueren die Umgehungsstraße und erreichen ***Heldrungen*** am *Naturschwimmbad* wo es sich gut rasten lässt.

Die Kleinstadt Heldrungen liegt südöstlich der Diamantenen Aue zwischen den Muschelkalkhöhenzügen der Schmücke und der Hohen Schrecke. Die Geschichte des Ortes wird durch seine Wasserburg geprägt, deren Anfänge in das Jahr 1217 zurückgehen. 1512 wurde die Burg zu einer starken Festung ausgebaut (Wasserburg), in der Thomas Müntzer nach der Niederlage des Bauernheeres bei Frankenhausen 1525 gefangen gehalten und gefoltert wurde.

Die Wasserburg wird nun als Jugendherberge genutzt. Nach Voranmeldung werden Führungen angeboten. Im Südflügel der Burg wurde ein Cafe eingerichtet. Hier kann auch mittelalterlich getafelt werden.
Das sehenswerte Rathaus wurde 1900-1902 im Neo-Renaissancestil errichtet. Das Stadtwappen ist ein doppelschwänziger goldener Löwe mit blauem Hintergrund. Ein Schrägbalken mit rot-silbernem Schachbrettmuster erstreckt sich von der oberen linken Ecke zur unteren rechten Rundung.
Ein weiteres Wahrzeichen der Stadt Heldrungen ist die Zwiebel. Es vergeht kein Weimarer oder Arterner Zwiebelmarkt ohne Zwiebelzöpfe aus Heldrungen. Sehenswert sind auch die nach der Zerstörung im Dreißigjährigen Krieg wieder aufgebaute barocke St. Wigberti-Kirche und die Golgathakapelle.
Heldrungen eignet sich hervorragend als Ausgangspunkt für Radtouren auf dem immer beliebter werdenden Unstrut-Radweg sowie für Wanderungen in die Schmücke und Hohe Schrecke.
s. auch www.stadt-heldrungen.de und www.heldrungen.jugendherberge.de

An einem *Trafohäuschen* folgen wir linksabbiegend dem *Radwanderwegweiser.*

Wer in das Zentrum der Zwiebelstadt mit seiner Wasserburg möchte, sollte geradeaus fahren und anschließend zurückkehren.

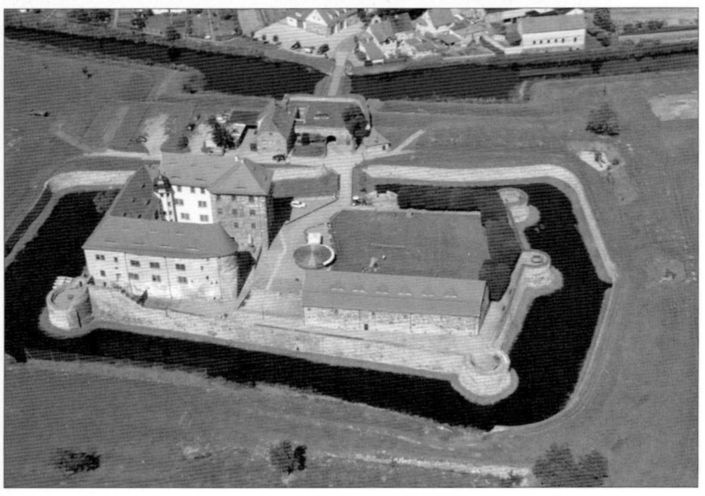

Heldrungen, Wasserburg mit Jugendherberge. Foto: Harald Rockstuhl

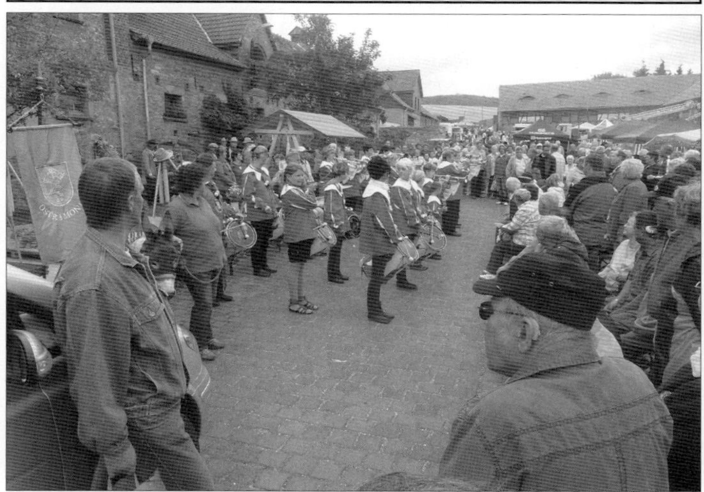

Bauernmarkt im Gutshaus von Bismarck in Braunsroda

Am grünen Ortseingangsschild von ***Bretleben*** lädt eine *überdachte Sitzgruppe* zur Rast ein, wo wir uns von den Anstrengungen des Aufstiegs erholen können. Wir radeln dorfeinwärts.

Weithin sichtbar ist die in den Jahren 1894-97 errichtete Kirche St. Johannis.
Mit Ehrich‘s Hof verfügt Bretleben über ein Heimatmuseum mit Pension und Gaststätte. Für Wasserwanderer ist einen Bootsanlegestelle vorhanden. Größere Gruppen sollten sich aber vorher anmelden.
Bei einer Besichtigung der Museumsanlage sollte man viel Zeit mitbringen. Mehr als 3500 Gegenstände aus dem 17. bis zum 20. Jh. wurden über Jahrzehnte zusammengetragen und dem Museum zur Verfügung gestellt. Dabei handelt es sich um uralte Bauernmöbel und Gegenstände des täglichen Lebens sowie verschiedene Gerätschaften aus der Landwirtschaft, z. B. Eggen. Glanzstück der Sammlung ist eine Apotheke aus dem 18. Jh. Musikliebhaber erfreuen sich an einigen Musikinstrumenten, auf denen heute noch gespielt werden kann. Interessant für Technikinteressierte und Bastler ist ein Mähdrescher der Marke „Eigenbau“ mit

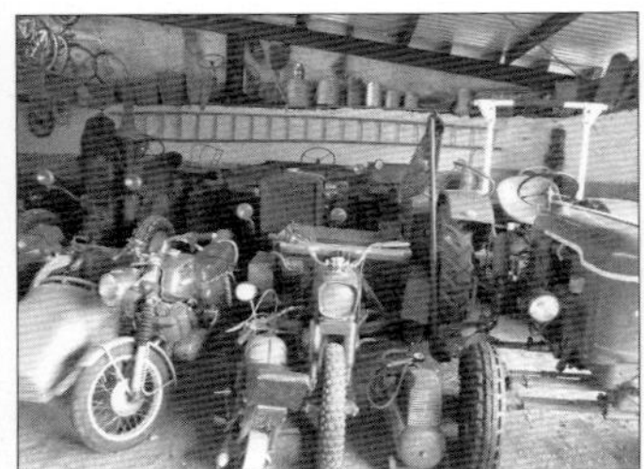

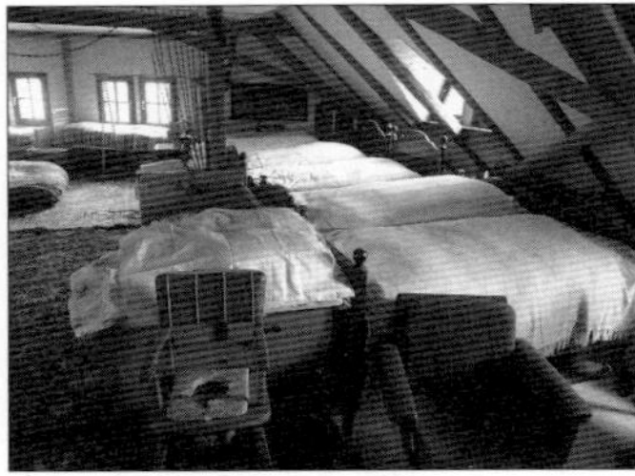

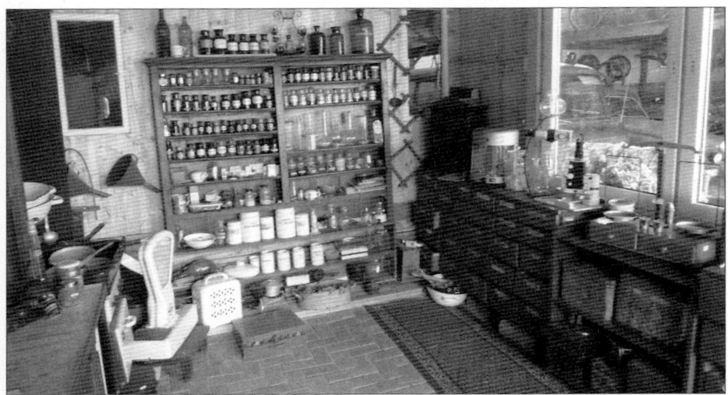

Museum Ehrich's Hof Bretleben

Moskwitschmotor, Trabbisitz und Ofenrohr. Dies zeugt auch vom Einfallsreichtum der Leute in Zeiten, als das Material oft knapp war.
Ein Aussichtsturm ermöglicht einen Blick über die Gemeinde zum Kyffhäusergebirge. Außerdem lohnt sich ein Spaziergang durch den hauseigenen Garten mit 65 Baumarten.
s. auch www.bretleben.de/ehrichs-hof

Dann geht es rechts durch die *Hauptstraße* und die *Kirchstraße* bergan. In der *Schönfelder Straße* ist ein Abstecher zu *Ehrich's Hof* lohnenswert. Am Ende des Ortes lassen wir uns durch eine *Kirschplantage* bergab rollen. An einem weiteren *Rastplatz* geht es dann rechts der *Bahnschienen* weiter, bis wir ***Reinsdorf*** mit dem Zusatz *„bei Artern"* an einer weiteren *Sitzgruppe* am grünen Ortseingangsschild erreichen. Vorher wird die A 71 unterquert.

Die erste urkundliche Erwähnung des Ortes erfolgte im Jahre 786 (Hersfelder Güterverzeichnis). Der Turm der Kirche St. Peter und Paul stammt noch aus dem Mittelalter. Hingegen ist der Kirchenbau neueren Datums.
s. auch www. vgmzartern.de

[Weitere Informationen über Braunsroda s. RW 09]

Nun radeln wir zum *Friedhof,* wo es rechts bergan geht. Durch die *Hauptstraße* gelangen wir zum *Dorfanger*, wo links eingebogen und dem *Schönfelder Weg* gefolgt wird. Am *Flutkanal Reinsdorf* besteht eine weitere Möglichkeit zur Rast.
Wir überqueren den *Flutgraben* und erreichen nach wenigen Minuten die hölzerne Unstrutbrücke von ***Schönfeld.***

Sehenswert ist die Kirche St. Kilian. Zu einem Wahrzeichen und beliebten Fotomotiv hat sich inzwischen die weithin sichtbare Unstrutbrücke gemausert. Am 2. Juni 2005 wurde mit einer Sternfahrt aus allen Himmelsrichtungen die neue Fußgänger- und Radlerbrücke über die Unstrut eingeweiht. Sie erhielt den Namen „Schönfeld-Brücke-Unstrut-Ried“. Gern genutzt wird hier die Bootsanlegestelle für Kanuten. Erholsam ist es auch am Schönfelder See, ein gepflegtes Anglerparadies.
s. auch www.artern.de.

Um nach Artern zu gelangen bleiben wir allerdings rechts der *Unstrut* auf dem *Dammweg*. Ein Zwischenstopp lohnt sich beim ***Aratorasee*** (s. auch RW 10). Wenig später erreichen wir Artern, wo unsere heutige Etappe endet. Leider führt der *Unstrut-Radweg* an der

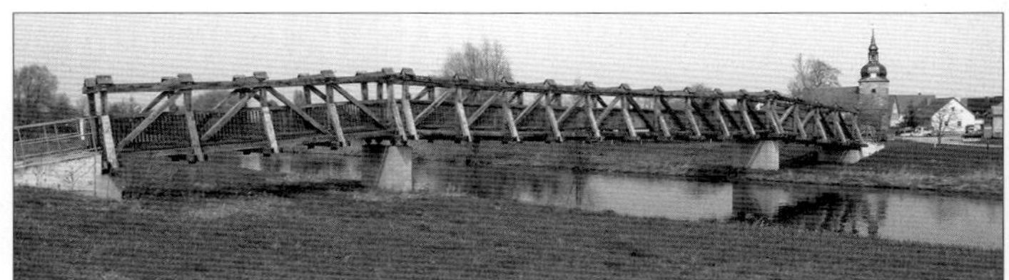

Schönfeld, Unstrutbrücke

Kernstadt vorbei, sodass ein Abstecher erforderlich ist, um alle Sehenswürdigkeiten „mitzunehmen“.

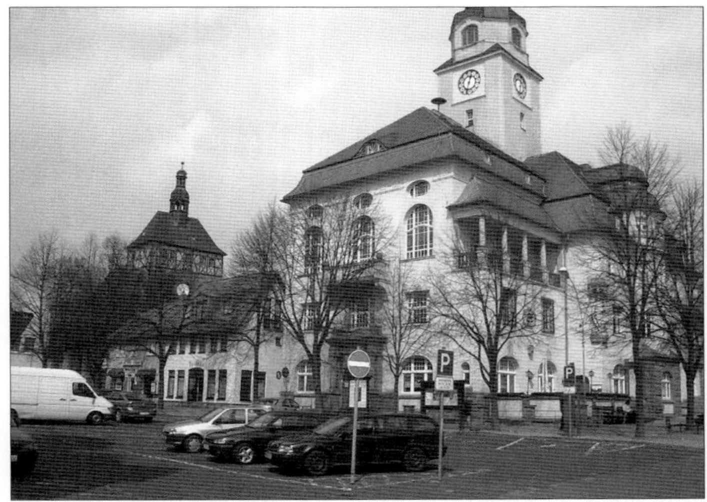

Artern, Rathaus

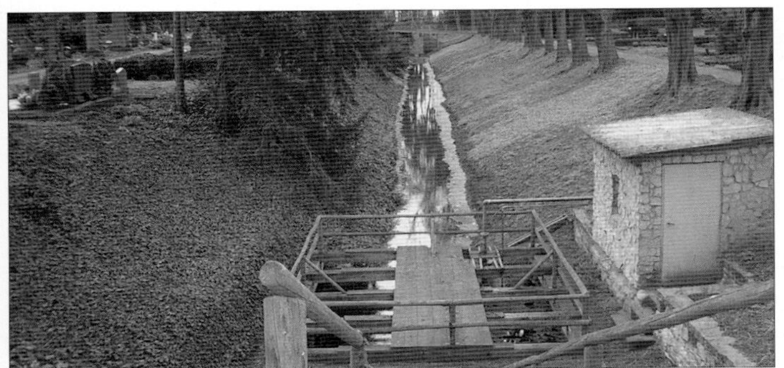

Solequelle Artern

Interessantes im Umkreis von 20 km

Kyffhäuser-Denkmal

Eine der größten und stärksten Burganlagen im Mittelalter war die Reichsburg Kyffhausen. Mit einer Länge von 608 m und einer Breite von 60 m erstreckte sie sich auf dem leicht zu verteidigenden Bergsporn des Kyffhäuserburgberges. Wahrscheinlich wurde sie unter der Herrschaft Heinrich IV. in der 2. Hälfte des 11. Jh. erbaut. Ihre urkundliche Ersterwähnung geht allerdings auch auf ihre Zerstörung 1118 zurück. Während dieser kriegerischen Auseinandersetzung von König Heinrich V. mit den sächsisch-thüringischen Feudalherren unter Führung Lothars von Supplinburg wurde die Anlage belagert, erobert und schließlich zerstört.
Der Wiederaufbau der Burg wurde hauptsächlich durch Kaiser Friedrich 1. Barbarossa (1152-1190) vorangetrieben. Nach ihrer fast hundertjährigen Blütezeit im 12. und 13. Jh. verfiel sie nach mehrmaligem Besitzerwechsel. So sprach man bereits im 15. Jh. vom „wüsten Schloß Kyffhußen“. Bis zum 16. Jh. wurde sie vollends zur Ruine.

Das Kyffhäuser-Denkmal wurde zwischen 1890 und 1896 zu Ehren Kaiser Wilhelms I. errichtet.
Aufschluss über die wechselhafte Geschichte der Anlage gibt das Burgmuseum, dessen Besuch sich lohnt. Auf dem Gelände befindet sich zugleich der mit 176 m tiefste Burgbrunnen Europas, der aus der Zeit Barbarossas stammt.
s. auch www.kyffhaeuser-tourismus.de

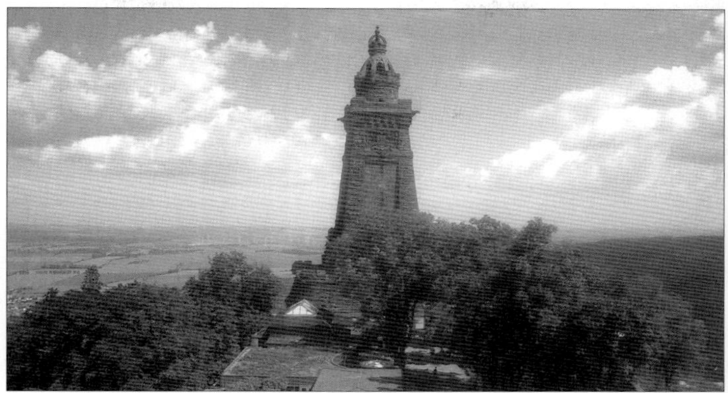

Blick vom Barbarossaturm zum Kyffhäuserdenkmal

Oldisleben (RT 36, 38, 41)

Die Kirche St. Johannis weist noch Reste des ehemaliges Benediktinerklosters auf. Zu den Sehenswürdigkeiten gehört auch die Mühle mit Mühlenpark. Hier am Mühlenwehr entstand im Jahre 1840 das bekannte Volkslied „Das Wandern ist des Müllers Lust" von Carl Friedrich Zöllner.
Die ehemalige Zuckerfabrik (1872 errichtet) wurde zu einem interessanten Technischen Denkmal umgestaltet. Sie soll als lebendiges Industriedenkmal weiter ausgebaut und vervollständigt werden. Erstaunlicherweise wurde sie bis zu ihrem Ende im Jahre 1990 mit sechs Dampfmaschinen angetrieben. Führungen sind nach telefonischer Anmeldung möglich.
s. auch www.vgem-schmuecke.de und www.suedzucker.de

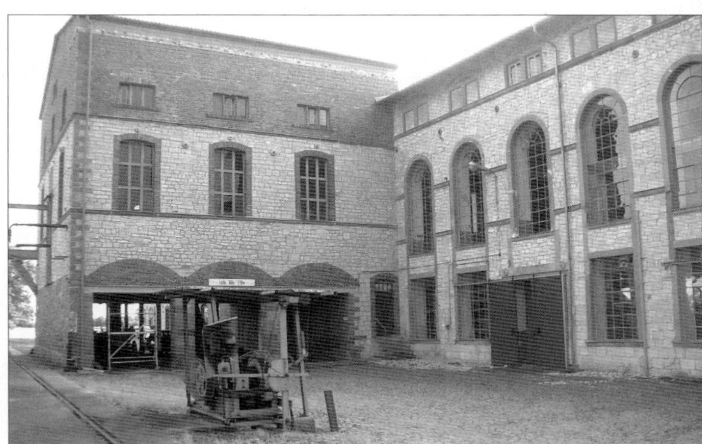

Oldisleben, Technisches Denkmal Zuckerfabrik

Kannawurf (RT 25, 35)

Sehenswert ist die alte Peter- und Paul-Kirche. Ihr unterstanden zwölf Klöster und Kirchen der Umgebung.

Das 1563/64 errichtete Renaissanceschloss drohte zu verfallen. 1991 begann der Wiederaufbau unter der Leitung der Denkmalpflege Erfurt. Seit 1993 engagiert sich der Heimat- und Interessenverein Kannawurf für den Wiederaufbau des Schlosses und seine spätere sinnvolle Nutzung (traditionelle Feste auf dem Schlossgelände).

Das Heimatmuseum auf dem Schlossgelände zeigt landwirtschaftliche Geräte, Gegenstände der Hauswirtschaft und des Handwerks. So sieht man auf einer Ausstellungsfläche von 600 Quadratmetern, mit welchen primitiven Geräten in „grauer Vorzeit“ gekocht, gebacken und gewaschen wurde. Vom Klassenzimmer über Großelterns Schlafstube bis zur Räucherkammer wurde alles originalgetreu eingerichtet.

Kannawurf ist auch eine Hochburg des Karnevals.

s. auch info@schloss-kannawurf.com oder www.vg-kindelbrueck.de

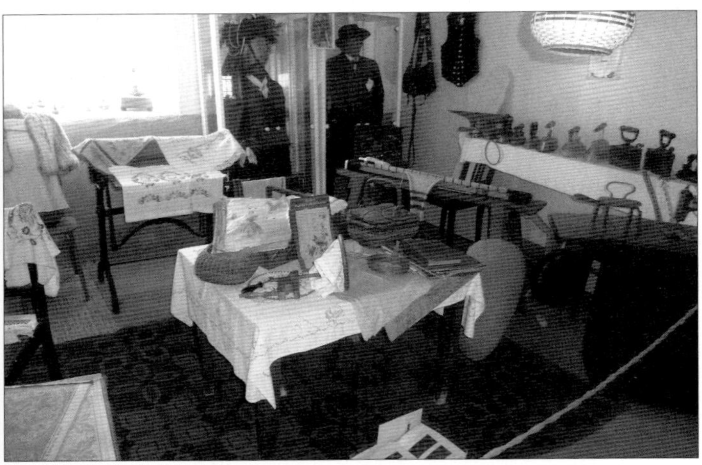

Museum im Schloss Kannawurf

Kindelbrück (RT 25, 29, 35)

Kindelbrück erhielt bereits im Jahre 1291 das Stadtrecht. An der imposanten Stadtmauer (16. Jh.) werden seit 1994 Sanierungsarbeiten vorgenommen.

Am Rathausturm zeigt sich täglich um 11 Uhr und um 23 Uhr der Sensenmann.

Um die Kleinstadt hat sich seit 1893 ein Obstanbaugebiet entwickelt. Auf einer ca. 10 Quadratkilometer großen Fläche werden hauptsächlich Äpfel, Pflaumen, Kirschen und Erdbeeren angebaut.

s. auch www.vg-kindelbrueck.de

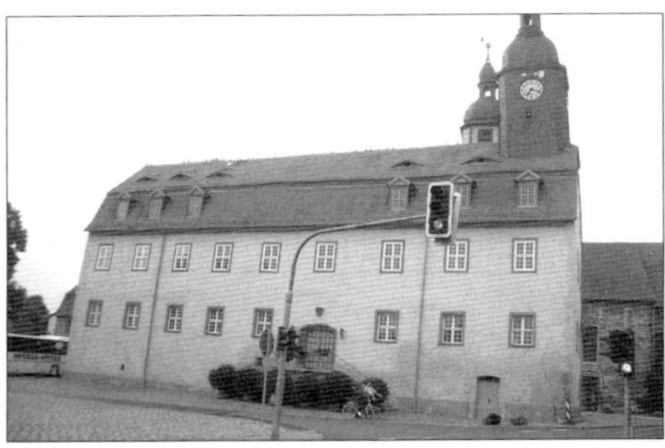

Kindelbrück, Rathaus mit Sensenmann

Bilzingsleben mit Steinrinne (RT 25, 29, 35, 36)

Die Kirche aus dem 15. Jh. wurde im 19. Jh. erweitert und grundhaft umgestaltet. Am Hohenborn, einem idyllischen Plätzchen auf dem Leidenberg, ist eine Quelle. Wenn es in dem Spruch an der Quelle auch heißt „Wer hiervon trinkt, bleibt immer in Bilzingsleben“, hat sich der Autor erlaubt, den Spruch zu modifizieren: „Wer hiervon trinkt, kommt immer wieder gern nach Bilzingsleben“.
s. auch www.bilzingsleben.de und www.vg-kindelbrueck.de
In der Gemarkung von Bilzingsleben wurden unter den Travertinen der Steinrinne die ersten Fossilreste der Urmenschen entdeckt. Bei den Ausgrabungen wurden 28 Schädelstücke, ein Unterkiefer und acht Zähne gefunden. Sie gehörten einem ca. 400.000 Jahre alten „Homo erectus“, der aus Afrika stammte, aber auch in Nordthüringen verbreitet war. Am Ufer eines kleinen, flachen Sees hatten Urmenschen einen Lagerplatz errichtet. Sie ernährten sich von der Jagd auf das Großwild der damaligen Zeit, besonders Elefanten und Nashörner.
So wurde im Jahre 1974 eine Forschungsstelle gegründet, die inzwischen von der Universität Jena betrieben wird. Am 2. Mai 2009 wurde eine neue Ausstellungshalle übergeben. Sie informiert über die Forschungsergebnisse. Besichtigungen sind von April bis Oktober dienstags bis sonntags von 10 bis 16 Uhr möglich. Von November bis März werden Führungen auf Vorbestellung angeboten.
s. auch www.bilzingsleben.de und www.steinrinne-bilzingsleben.com

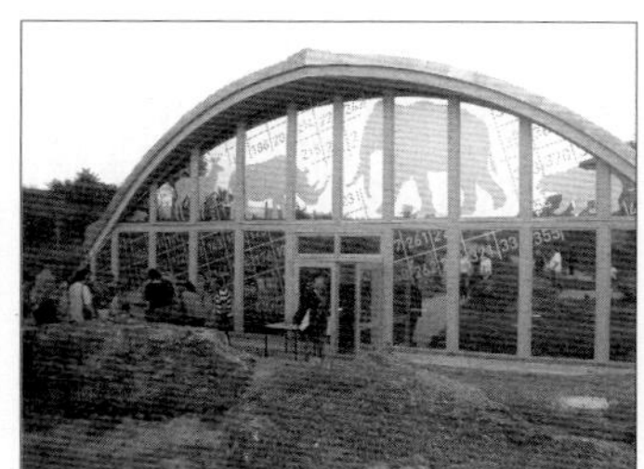

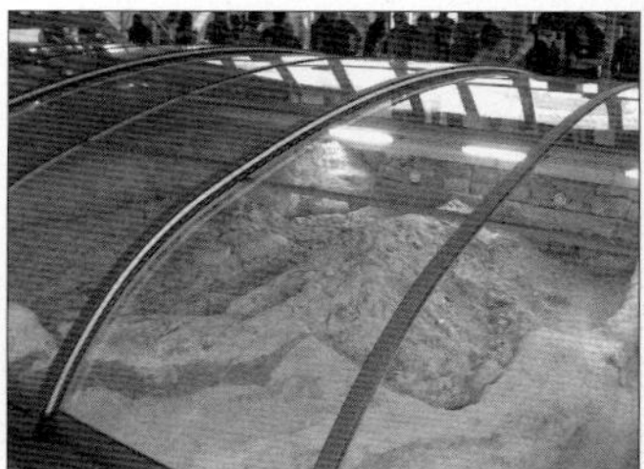

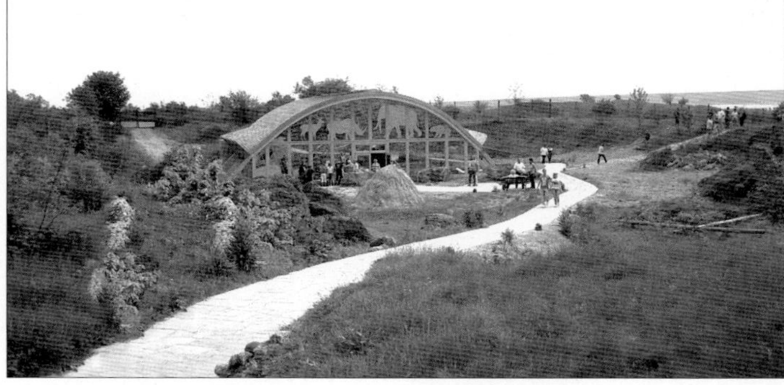

Ausstellungshalle der Steinrinne bei Bilzingsleben

Frömmstedt (RT 25, 29)

Frömmstedt ist Endpunkt der „Tour de Frömmschdt". Die Radfahrerkirche „St. Johannes" mit weithin sichtbarem Turm, wird auch für Konzerte, Ausstellungen

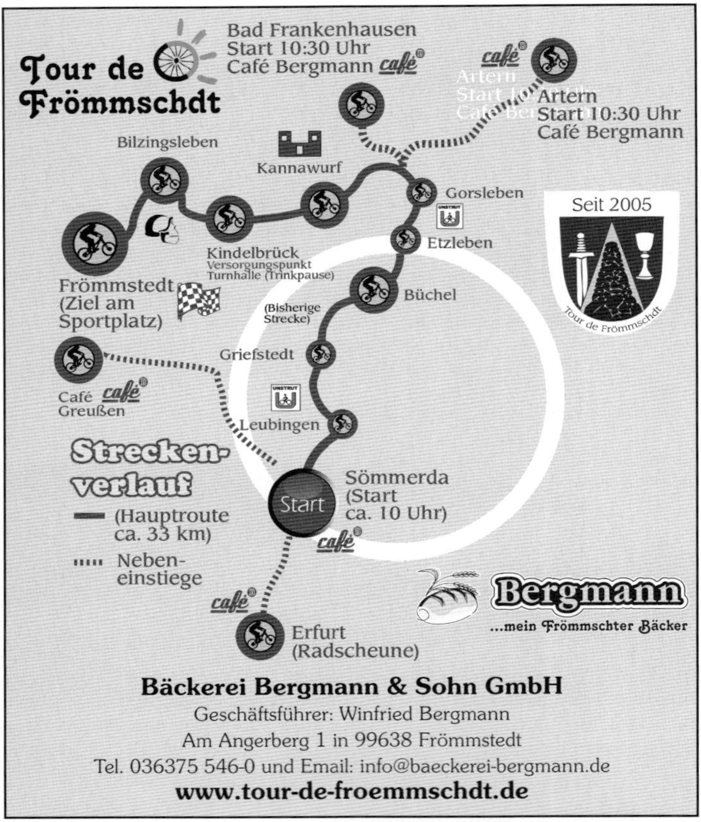

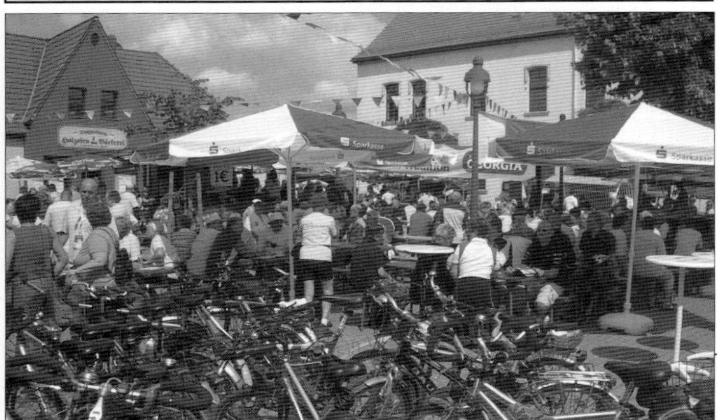

Ankunft bei der Tour de Frömmschdt

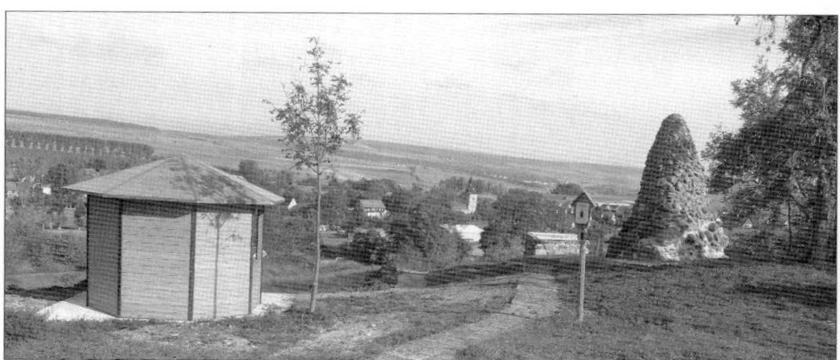

Findlingspyramide bei Frömmstedt

und das Kleinkunstfestival „Grenzgänger“ genutzt. Die offene Kirche ist in den Monaten Mai bis Oktober täglich bis 20 Uhr geöffnet.
Die Findlingspyramide auf dem Angerberg wurde 1912 mit 200 von Schülern gesammelten Steinen errichtet. Von diesem Plätzchen bieten sich Aussichten zu den Höhenzügen der Hainleite.
s. auch www.vg-kindelbrueck.de, www.froemmstedt. und *www.baeckerei-*

Kölleda (RT 30, 40)

Die Kleinstadt, zwischen der Finne und dem Thüringer Becken gelegen, war von 1824 bis 1952 Kreisstadt des Kreises Eckardtsberga. Geprägt wurde der Ort von einem traditionell großen Arznei- und Gewürzkräuteranbau, insbesondere der Pfefferminze. Deshalb wird Kölleda auch die Pfefferminzstadt genannt und hat Anschluss an die Bahnstrecke der Pfefferminzbahn Sömmerda - Großheringen.
Sehenswert ist der Marktplatz mit Brunnen und Schutzpatron „St. Wippertus“.
Das 1153 errichtete Backleber Tor beherbergt eine Dauerausstellung des Förderkreises für Heimatgeschichte Kölleda e.V. „Gegen das Vergessen“. In dieser mehr als 400 Fotos umfassenden Exposition lässt der Förderkreis die Geschichte des einstigen Fliegerhorstes und Luftzeugamtes Kölleda wieder aufleben. Die chronologisch abgefasste Dokumentation beginnt mit dem Beschluss zur Errichtung des Luftzeugamtes und führt weiter über die Bauphase, den Einzug der Truppen am 01. Dezember 1936, bis hin zu den schweren Luftangriffen im Jahr 1944 und der Demontage in den Jahren 1946/47.
s. auch www.koelleda.de oder www.luftzeugamt-koelleda.de

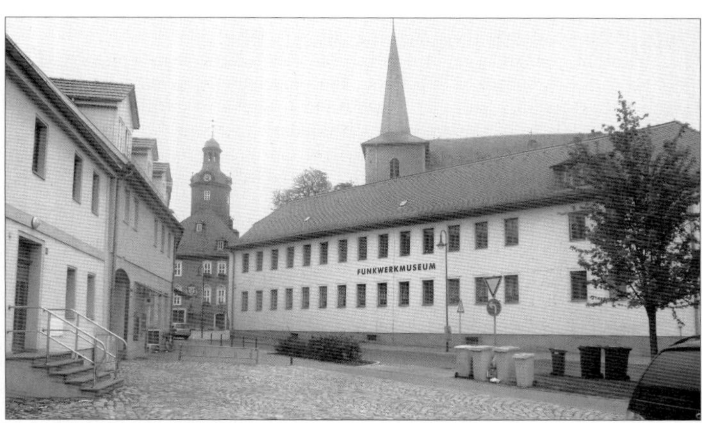

Funkwerkmuseum Kölleda

Buttstädt (RT 30)

Buttstädt hat seit 1392 Stadtrecht. Die teilweise vorhandene Stadtmauer, das Brückentor und das Rastenberger Tor prägen den mittelalterlichen Stadtkern. 42 Einzelobjekte stehen unter Denkmalschutz.
Sehenswert sind das Rathaus und die spätgotische Kirche St. Michaelis. Eingebunden in dieses Ensemble ist der Michaelisbrunnen aus dem Jahre 1597 mit St. Michael, dem Schutzpatron der Kleinstadt.
Der Campo Santo ist ein besonderer Friedhof. Er wurde im 16. Jh. angelegt und besteht u. a. aus 160 Grabsteinen des Barock, des Rokoko und des Klassizismus. Alljährlich findet hier am ersten Juliwochenende der traditionelle Pferdemarkt statt.
s. auch www.vg-buttstaedt.de

Weitere interessante Radwege

Tour de Frömmschdt (RT 25, 29, 35)

Diese familienfreundliche Radtour durch den Nordteil des Landkreises Sömmerda wurde auf Initiative des heimatverbundenen und radsportbegeisterten Bäckermeisters Winfried Bergmann aus Frömmstedt ins Leben gerufen und erstmals im Jahre 2005 ausgetragen. In Anlehnung an die Tour de France wurde die inzwischen über die Kreisgrenzen hinaus beliebte Radtour mundartlich „Tour de Frömmschdt" genannt. Die jährlich am dritten Samstag im August ausgetragene Radtour führt vom Marktplatz der Kreisstadt Sömmerda auf dem Unstrut-Radweg über Leubingen, Griefstedt und Büchel nach Etzleben. Von dort geht es über Kannawurf, Kindelbrück zur Steinrinne bei Bilzingsleben. Im benachbarten Frömmstedt klingt die Tour bei einem gemütlichen Beisammensein aus. Während der Tour werden solche Sehenswürdigkeiten wie das Schloss Kannawurf, die Kleinstadt Kindelbrück, das Naturdenkmal „Gründelsloch", die Steinrinne bei Bilzingsleben und die Radfahrerkirche in Frömmstedt besucht. Für die Rückfahrt gibt es neben der gleichen Strecke verschiedene Varianten.
s. auch www.tour-de-froemmschdt.de

Weg in die Steinzeit (RT 25, 29)

Der Radweg verbindet Sömmerda mit der Steinrinne bei Bilzingsleben. Diese Tour kann gut mit dem Unstrut-Radweg und der Tour de Frömmschdt kombiniert werden. Von Sömmerda verläuft der Radweg über Leubingen, Griefstedt, Riethgen und Kindelbrück.
s. auch www.tourismusverbund-soemmerda.de/freizeit/radwege.php

Finnebahn-Radweg (SW 05, RT 30, 37, 49)

Die Finnebahn schnaufte von 1914 bis 1947 von Laucha nach Kölleda und bis 1973 noch zwischen Laucha und Lossa. Die einzelnen Stationen waren zu ihren Glanzzeiten: Laucha - Golzen - Bad Bibra - Saubach - Billroda - Lossa - Rothenberga - Bachra - Ostramondra - Großmonra-Burgwenden - Battgendorf - Kölleda. Zwischen Kölleda und Lossa wird der Bahndamm nun als Radweg genutzt.
s. auch www.landkreis-soemmerda.de

Kyffhäuser-Radweg (RT 42, 44)

Klein aber fein ist der Kyffhäuser-Radweg. Bei diesem 36 km langen Radweg wird Deutschlands kleinstes Mittelgebirge umrundet. Dabei werden solche interessanten Orte wie die Kurstadt Bad Frankenhausen, die Barbarossahöhle, der Stausee Kelbra sowie die Königspfalz in Tilleda passiert.
Der Weg lässt sich gut mit dem URW und dem Unstrut-Werra-Radweg kombinieren (Streckenbeschreibung unter RT 42).
www.kyffhaeuserradweg.info

Unstrut-Radweg, Etappe 5: Artern – Nebra (Unstrut) (32 km)

Artern - Ritteburg, Schleuse (km 3,9) - Schönewerda (7,8) - Bottendorf, Kupferhütte (11,7) - Roßleben (14,3) - Egelseebrücke (17,1) - Abstecher Wiehe, Modellbahnmuseum - Egelseebrücke - Wendelstein (20,9) - Memleben (24) - Kleinwangen (28,3) - Nebra (Unstrut) (32,1)

- **Höhenunterschiede:** nicht erwähnenswert, einen Aufstieg gibt es lediglich von der Chaussee Memleben - Wendelstein zur Burg Wendelstein, 4 km Umweg mit Besuch der Modellbahn Wiehe
- **Markierungen:** Radpiktrogramm mit blauem U
- **Wanderkarten:** Radwanderkarte Nr. 3, Wanderkarten Nr. 1, 9, 10 (s. Aufstellung Wanderkarten)
- **Sehenswertes:** Artern, Schleuse bei Ritteburg, Schönewerda, Bottendorf, Roßleben, Modellbahn Wiehe, Burg Wendelstein, Memleben, Arche Nebra in Wangen, Nebra
- **Bahnhöfe:** Artern, Wangen, Nebra
- **Pannenhilfe:**
  – Knut Schonert, 06571 Roßleben, Thomas-Müntzer-Str. 37, Tel. 034672-81670
  – Pedalo Fahrradhaus 06571 Wiehe, Leopold-von-Ranke-Str. 56, Tel. 034672-93824 oder 0172-6413696
  – Strehle GmbH, Breite Platte 35, 06642 Nebra, Tel. 034461-22505
  – Pöhler Zweirad-und Motorentechnik GmbH, August Bebelstr. 6, 06642 Nebra, Tel. 034461-22626

Wissenswertes: Nebra liegt an der Unstrut und im Geo-Naturpark Saale Unstrut-Triasland, dessen Sitz sich ebenfalls in der Kleinstadt befindet.
s. auch www. naturpark-saale-unstrut.de
Die Anfänge von Burg und Stadt Nebra gehen bis in das Jahr 876 zurück. Bereits zu Zeiten der Karolinger lag hier an der Unstrut nahe dem alten „Heerweg", einem Abzweig der Kupferstraße, ein mehrmals bezeugter Königshof. Zu dessen Schutz wurde eine Burg errichtet.
Im Schutze dieser Anlage ließen sich Handwerker und Bauern nieder. Sie legten den Grundstein für den Ort Nebra. Wohl noch im 13. Jahrhundert wählten die Bewohner einen anderen Platz für ihre Stadt, der günstiger lag und vor allem vor Unstrut-Hochwasser geschützt war. So siedelte man hoch über der Unstrut, wo die heutige Stadt liegt. An dieser Stelle befindet sich heute die Burgruine.
Ein Besuch lohnt sich im Heimatmuseum. In Nebra geboren wurde Hedwig Courths-Mahler, die als „Königin der Liebesromane" bekannt wurde. An ihrem Geburtshaus befindet sich eine Gedenktafel.
Mit dem Fund der 3.600 Jahre alten „Himmelsscheibe von Nebra" rückte die Stadt in das Blickfeld einer interessierten Weltöffentlichkeit.
s. auch www.nebra.net

Routenbeschreibung: In ***Artern*** schwenken wir rechts in den Radweg neben der *B 86* ein. Nachdem wir diese stark befahrene Straße überquert haben, führt der Radweg parallel der Bahnschienen entlang. Nach Unterquerung der Bahnbrücke sind wir nach einigen „Strampelminuten" an der ***Schleuse*** von ***Ritteburg.***

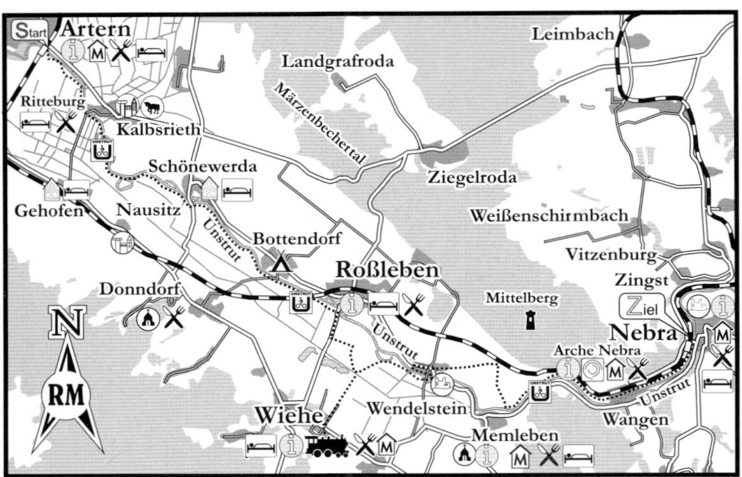

Wir bleiben rechts der *Unstrut* und erreichen nach ca. 1 km die *Unstrutbrücke*, über die man linksabbiegend in den Ort ***Ritteburg*** gelangen würde.
Wer keinen Abstecher unternehmen möchte, bleibt auf dem Radweg direkt an der *Unstrut* bis ***Schönewerda***.

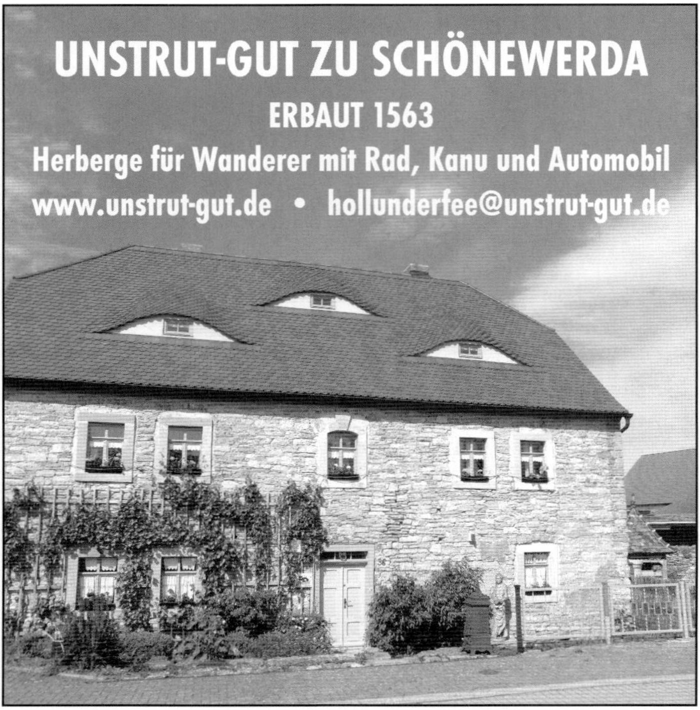

Um in den Ort zu gelangen, muss die *Unstrutbrücke* überquert werden. Dabei wird auch der ***Hof „Unstrut-Gut“*** passiert.

In diesem stattlichen Gebäude bestehen Übernachtungsmöglichkeiten für Wanderer, Radfahrer und Kanuten.

s. auch www.unstrut-gut.de

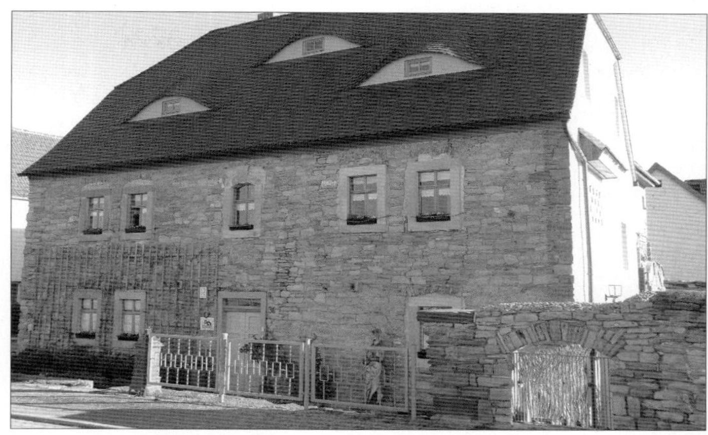

Unstrut-Gut Schönewerda. Foto Lutz Einax

In den Wintermonaten ist der Dorfteich von Schönewerda Treffpunkt von Schlittschuhläufern, sofern die Temperaturen es zulassen. Schönewerda eignet sich gut als Ausgangspunkt für Wanderungen zum Bottendorfer Hügel (s. RW 12) oder ins Märzenbechertal (s. RW 11).

s. auch www.stadt-rossleben.de

Neben dem Ortseingangsschild führt der Radweg auf dem *Unstrutdamm* entlang nach Bottendorf, das wir an der ***Kupferhütte*** erreichen.

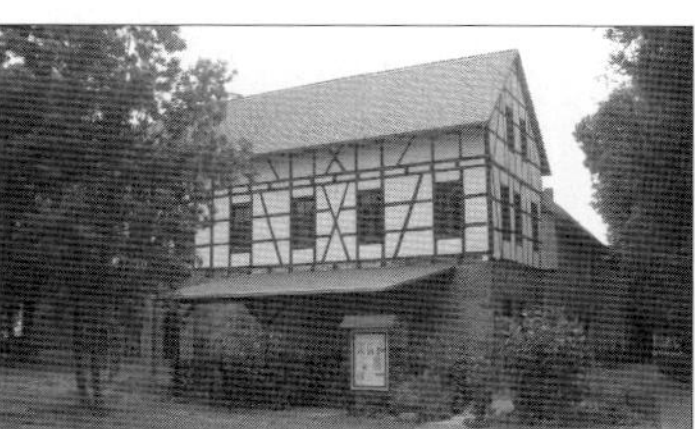

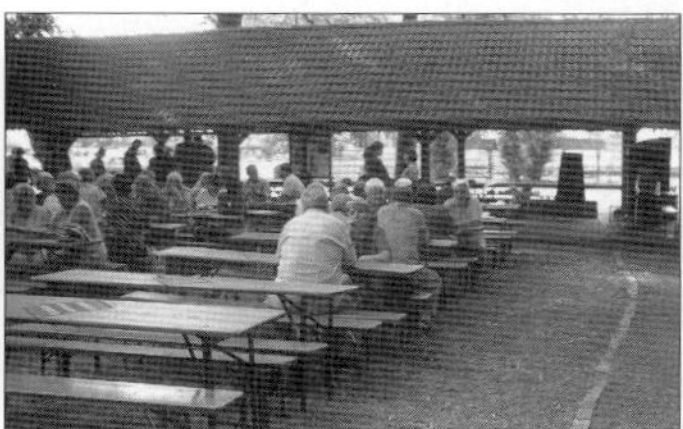

Kupferhütte Bottendorf

Bottendorf liegt idyllisch zwischen der Unstrut und den Bottendorfer Höhen. Berühmtheit erlangte der Ort auch durch die hier im Jahre 1939 geborgenen Funde eines Männer- und mehrerer Kinderskelette aus der Mittelsteinzeit. Dabei handelt es sich um die ältesten Bestattungsgräber im mittleren Deutschland. Bottendorf ist eine Hochburg des Vereinslebens und des Karnevals.

Bereits im Jahre 1669 wurde an der Unstrut eine Kupferhütte in Betrieb genommen. Der Bergbau erlangte Anfang des 18. Jh. seine Blütezeit, kam aber bereits 1782 zum Erliegen. Heute ist das Gelände der Kupferhütte ein weit über die Grenzen Bottendorfs bekanntes Erholungszentrum mit Campingmöglichkeit. Seit 1996 engagiert sich der Förderverein Kupferhütte Bottendorf auf diesem geschichtsträchtigen Gelände und hat ein Kleinod für den sanften ländlichen Tourismus geschaffen. Er befasst sich mit der Erhaltung des Brauchtums. Zum Areal der unmittelbar am Unstrut-Radweg gelegenen Kupferhütte gehören die Bottendorfer Mühle mit Zeltplatz unter schattenspendenden Bäumen, eine Ferienwohnung, zwei Gruppenschlafräume sowie ein parkähnlicher Garten mit Waidstein. Für Wasserwanderer wurde eine Bootstreppe angelegt.
s. auch www.bottendorfer-muehle.kyff.de und www.stadt-rossleben.de

Über den *Unstrutdamm* gelangen wir rechtsseitig nach ***Roßleben.*** Dabei unterfahren wir die Bahnbrücke der stillgelegten Strecke Artern–Nebra.

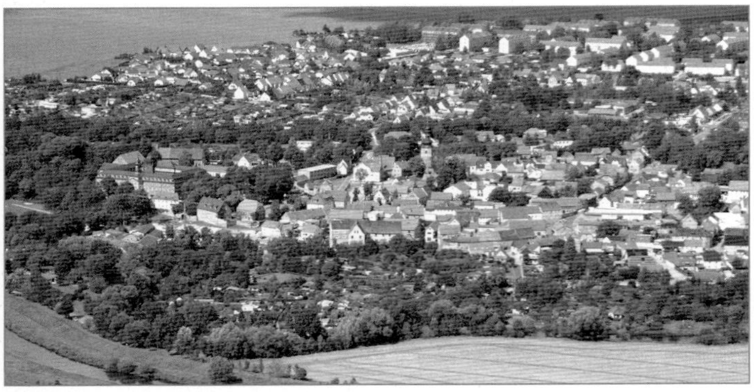

Roßleben. Foto von Harald Rockstuhl aus dem „Unstrut-Luftbildatlas“

Die Stadt Roßleben mit ihren ca. 5000 Einwohnern liegt im östlichsten Zipfel des Kyffhäuserkreises.
In Roßleben gründeten 1140 Ludwig von Wippra und seine Frau Mathilde ein dem hl. Petrus geweihtes Kloster für Augustinermönche und später für Zisterzienserinnen. Im Jahr 1554 wurde es in eine Knabenschule umgewandelt. Nach einem Großbrand 1686, der das gesamte Kloster zerstörte, errichtete man bis 1742 einen Schulneubau im barocken Stil mit einer großen Parkanlage. Heute befindet sich hier Deutschlands ältestes überkonfessionelles Internatsgymnasium für Mädchen und Jungen. Etwa 90 Schüler leben im Internat und ca. 270 pendeln täglich zur Klosterschule. Aufgrund eines umfangreichen Nachmittagsangebotes und eines eigenen Fahrservices verzeichnet man stetig steigende Schülerzahlen aus verschiedenen Landkreisen Thüringens und Sachsen-Anhalts.

www.stadt-rossleben.de und www.klosterschule.de

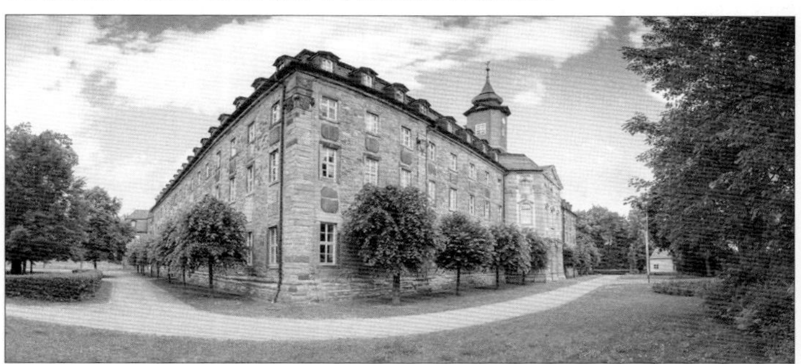

Klosterschule Roßleben. Foto: Thomas Hirsch

Am *Ortsausgangsschild* Richtung Wiehe führt der Radweg links der Straße entlang.
Am Ried schwenken wir links ein und befinden uns zugleich auf dem *GeoPfad Unstrut-Hohe Schrecke*. Nach 1,5 km erreichen wir die ***Egelseebrücke*** mit *überdachter Sitzgruppe*, an der wir die Wahl haben, ob wir rechts einen Abstecher zur ***Modellbahn Wiehe*** und zur *Radwegekirche „St. Ursula"* unternehmen oder links in Richtung Wendelstein weiter fahren.

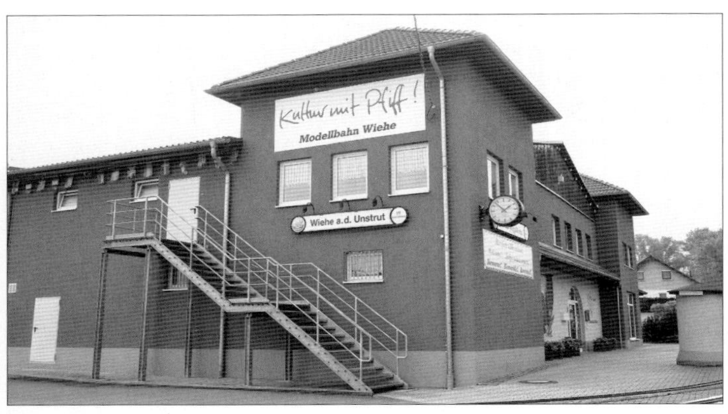

Modellbahnausstellung in Wiehe. Sammlung Modellbahn Wiehe

Die Kleinstadt Wiehe liegt zwischen der Unstrutniederung im Norden und den Höhenzügen der Hohen Schrecke und der Finne im Süden.
In Wiehe ist der bedeutende Historiker Leopold von Ranke (1795-1886) geboren. Deshalb trägt die Stadt auch seinen Namen. Der Mitbegründer der Quellenkritik in der Geschichtsforschung schrieb zahlreiche Werke zur europäischen Staaten- und Kirchengeschichte. Ein Denkmal im Stadtzentrum und der 1998 eingerichtete Ranke-Wanderweg sind ihm gewidmet (s. auch RW 14). Sehenswert sind auch die St. Bartolomäus-Kirche und die Kirche St. Ursula, die am 29. März 2009 zur ersten Radfahrerkirche am Unstrut-Radweg eingeweiht wurde.
s. auch www.stadt-wiehe.de

Kultur mit Pfiff bietet die Modellbahn Wiehe. Sie ist als einzigartiger Schauplatz von Kunst, Kultur, Geschichte und Sehenswürdigkeiten bekannt.
Täglich herrscht in der Anlage ein reges Treiben. Auf 12.000 Quadratmeter zeigt diese mit gigantischen und einmaligen Modellbahnanlagen in allen Spurweiten -

teilweise so groß wie Fußballfelder - alles was das Eisenbahnerherz höher schlagen lässt. Liebevoll gestaltete Landschaften faszinieren mit ländertypischen Bauten, originalgetreuen Bahnhöfen sowie bekannten Städten und Sehenswürdigkeiten aus aller Welt die großen und kleinen Besucher.
Aber nicht nur Modellbahn-Fans kommen hier auf ihre Kosten. Auf einer kleinen Weltreise kann man u.a. die Ausgrabungsstätte der „Terrakotta-Armee" des ersten chinesischen Kaisers im Maßstab 1:2,5 und „Das Geheimnis der Osterinsel" mit den sagenumwobenen MOAI-Figuren erkunden. Zu bestaunen sind außerdem die einzigartige Ausstellung „Geldreise – Weltreise" und die Darstellung der Geschichte der Ureinwohner Amerika's mit mehr als 5000 Zinnfiguren sowie eine lebensgroße zauberhafte Alaska-Landschaft.
Die komplett barrierefreie Ausstellung befindet sich in temperierten Hallen. Sie ist somit bei Regen- und bei Sonnenwetter ein Ausflugstipp für die ganze Familie. Für das leibliche Wohl der Gäste sorgt ein integrierter Gastronomiebereich.
s. auch www.modellbahn-wiehe.de

Nach der Besichtigung der Anlage am Stadtrand von ***Wiehe*** kehren wir zur ***Egelseebrücke*** zurück und setzen unsere Tour in Richtung Wendelstein fort, dass sich auf sachsen-anhaltinischem Gebiet befindet und dessen Burg sich vor uns erhebt. Unterhalb der Burg überqueren wir die Unstrut und folgen der Chaussee in Richtung ***Wendelstein*** mit seiner ***Burg.***

1502 wird die Burg zu einer Festung ausgebaut und nach 1623 nochmals erweitert. 1640, im Dreißigjährigen Krieg, wurde die Anlage durch schwedische Truppen zerstört. Erhalten sind noch Reste aus verschiedenen Bauepochen, so auch die Schlosskapelle.
Von dieser Stelle hat man eine hervorragende Sicht auf die Schleuse im Tal. Der Blick erhebt sich über Memleben zum Triastor sowie zu den Höhenzügen der Hohen Schrecke.
s. auch www.saale-unstrut-tourismus.de

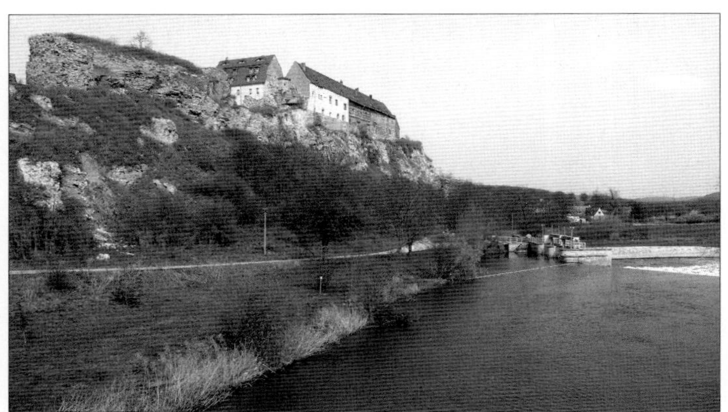

Burgruine Wendelstein

Nach dem Besuch der ***Burganlage*** geht es über die *Theodor-Körner-Straße* weiter, bevor wir diese nach etwa 400 m rechts abbiegend verlassen. Der Radweg folgt nun einer alten Straße nach Memleben. Kurz vor dem leider stillgelegten Abschnitt der *Unstrutbahn* zwischen Artern und Nebra radeln wir rechtsabbiegend in Richtung Unstrut. Über die *Heubrücke gelangen* wir in den geschichtsträchtigen Ort ***Memleben***.

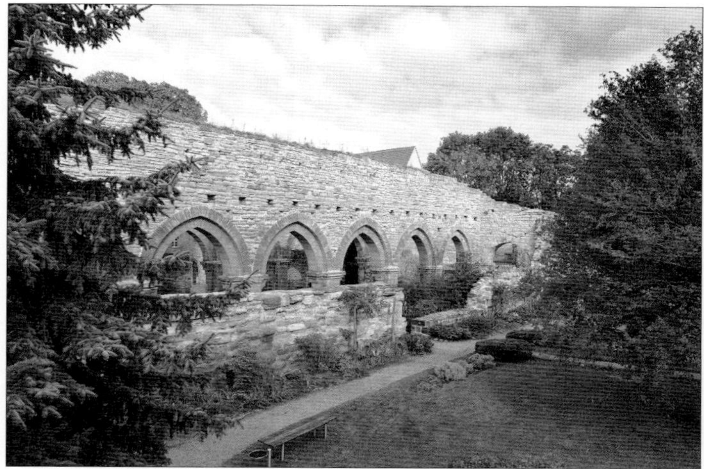

Kloster Memleben. Foto Andreas Stedtler

Memleben ist Pfalz- und Sterbeort König Heinrichs I. und Kaiser Ottos des Großen. Das ehemalige Benediktinerkloster in Memleben wurde durch Otto II. gegründet, um nach dem Tod seines Vaters für dessen Seelenheil Sorge zu tragen. Überreste der Kaiserpfalz sind bisher nicht gefunden worden. Deshalb ist der genaue Standort wissenschaftlich nicht eindeutig geklärt. Es wird vermutet, dass das von Kaiser Otto II. errichtete Kloster und die Pfalz zeitgleich bestanden haben. Nachgewiesen ist, dass sich zwischen 936 und 994 mehrere ottonische Herrscher in Memleben aufhielten.

Wie archäologische Grabungen ergeben haben, war die Klosterkirche aus dem 10. Jahrhundert 82 m lang und 39,5 m breit. Die Ruine einer zweiten Kirche aus dem 13. Jahrhundert vermittelt noch heute das hohe Niveau der damaligen Baukunst. Der Geheimtipp ist hier die sehr gut erhaltene spätromanische Krypta.

Mehrere interessante Dauerausstellungen im gut sanierten Klausurbereich geben Einblick in die Geschichte. Im Klosterladen werden verschiedene Erzeugnisse aus der Region angeboten.

s. auch www.kloster-memleben.de

Mit dem Erlebnistierpark weist Memleben eine weitere Attraktion auf. Auf einer Fläche von ca. 35000 Quadratmetern bietet er über 25 Attraktionen und 4 Shows, je nach Wetterlage überdacht oder unter freiem Himmel. In dieser familienfreundlichen Einrichtung können Tiere und Natur hautnah erlebt werden.

Im „Reich der Tiger“ sind gefährliche Raubtiere zu bestaunen. Unterhaltungsshows mit Tieren begeistern Jung und Alt. Spannende Tierpräsentationen zeigen die große Artenvielfalt.

Der Erlebnistierpark lädt aber nicht nur zum Besichtigen und Staunen ein. Man kann sich auch aktiv betätigen. Dazu laden die Loopingbahn „Das verrückte Ei“ und die Riesenschaukel „Butterfly“ ein.

s. auch www.erlebnistierpark.de

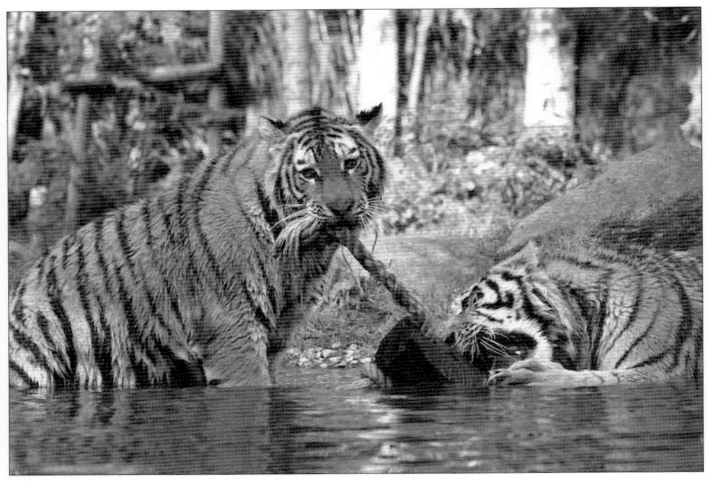

Sibirische Tiger, Foto Erlebnistierpark Memleben

[Weitere Informationen über Wohlmirstedt siehe RW16]

Hinter dem Klostergelände führt ein kombinierter *Fuß/Radweg* zur *Heubrücke* zurück. Links der *Unstrut* lässt es sich gut in Richtung Wangen strampeln. Nach 1,7 km lädt ein *Rastplatz* unter einem schattigen *Lindenbaum* zum Pausieren ein.

Die Sandsteinfelsen des NSG „Steinklöbe“, auf dessen Areal sich auch die Fundstelle der Himmelscheibe von Nebra befindet, rücken immer mehr ins Blickfeld.

In ***Wangen*** führt der Weg links der *Unstrut* am *Haltepunkt der Burgenlandbahn* weiter.

Wangen (Unstrut)

Wangen liegt beiderseits der Unstrut an der Straße von Memleben nach Nebra inmitten des NSG „Steinklöbe“. Es setzt sich aus den Ortsteilen Großwangen und Kleinwangen zusammen, die durch die Unstrut getrennt sind.
Wangen war ein Standort der Kaliindustrie. Sehenswert sind die Kirchen in beiden Ortsteilen. Seit 2009 ist Wangen ein Haltepunkt der in die Kreisstadt

Naumburg führenden Burgenlandbahn. Somit eignet es sich hervorragend als Ausgangpunkt für Radtouren auf dem Unstrut-Radweg oder auf dem nach Halle führenden Himmelsscheibenradweg sowie auf dem Radweg Salzstraße.
s. auch www.vgem-unstruttal.de

Himmelsscheibe von Nebra

Seinen Bekanntheitsgrad hat der Ort sehr erhöht, nachdem auf dem nahe gelegenen Mittelberg die Himmelsscheibe von Nebra gefunden wurde.
Die Himmelsscheibe, eine Bronzescheibe mit Goldapplikationen, die offensichtlich einen Sternenhimmel darstellen. Seit ihrer Sicherstellung im Jahr 2002 haben umfangreiche Forschungen gezeigt, dass eine vielschichtige astronomische Deutung hinter dem vermeintlich einfachen Bild steckt. Die Himmelsscheibe ist 3600 Jahre alt und damit die weltweit älteste bisher bekannte konkrete Himmelsdarstellung.
In der Nähe des Fundortes wurde am 20. Juni 2007 das multimediale Besucherzentrum Arche Nebra eröffnet. Die Arche Nebra trägt der großen kulturgeschichtlichen Bedeutung der Himmelsscheibe Rechnung. In einem Zusammenspiel von wissenschaftlichen Informationen und lebendigen Inszenierungen verbindet sie Archäologie und Astronomie.

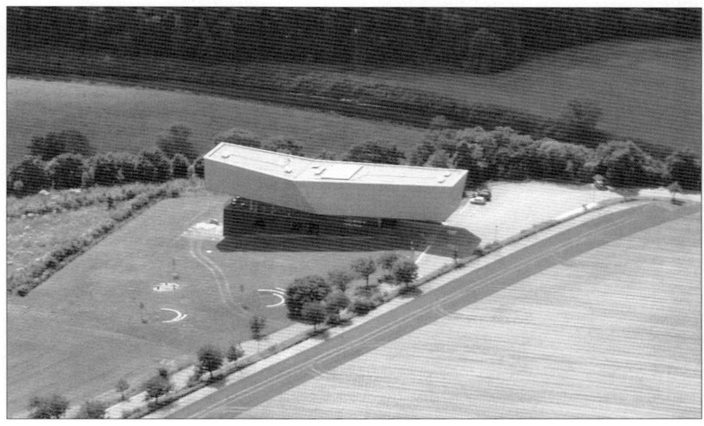

Arche Nebra.
Foto von Harald Rockstuhl aus dem „Unstrut-Luftbildatlas“

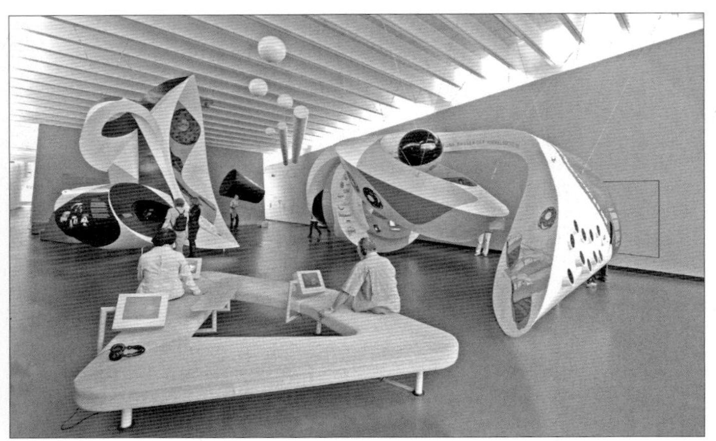

Blick in die Dauerpräsentation, Arche Nebra, Foto: A. Stedtler

In der Dauerpräsentation der Arche Nebra wird u. a. die Geschichte der Raubgräber, die 1999 die Himmelsscheibe auf dem Mittelberg fanden und der anschließenden Odyssee des Fundes bis zu seiner Sicherstellung erzählt. Dieser archäologische Jahrhundertfund hat das Bild von unseren Vorfahren revolutioniert. Ein Besuch lohnt sich im Planetarium. In der 22-minütigen Show wird die astronomische Deutung der Himmelsscheibe erklärt.
Auf dem Mittelberg lädt unweit der Fundstelle ein Aussichtsturm zum Schauen ein. Der Blick reicht bei klarer Sicht bis zum Brocken. Der 30 m hohe Turm ist um 10 Grad geneigt und gestaltet wie der Zeiger einer überdimensionalen Sonnenuhr. Ein senkrechter Schnitt teilt das Bauwerk und markiert die Sichtachse zum König der Harzer Berge: Hier ging die Sonne zur Sommersonnenwende unter und hier ließ sich die Himmelsscheibe einnorden und als Sonnenkalender benutzen. Umschlossen ist das ganze Terrain von einer teilrekonstruierten eisenzeitlichen Ringwallanlage.
Das Besucherzentrum zeigt ergänzend zur Geschichte der Himmelsscheibe regelmäßig Sonderpräsentationen zu Archäologie, Astronomie, Natur u.a. und bietet Vorträge, Thementage und Aktionen für Familien an. Das Veranstaltungsprogramm ist immer aktuell auf der untenstehenden Website zu finden.
Die originale Himmelsscheibe von Nebra ist allerdings im Landesmuseum für Vorgeschichte in Halle/Saale zu sehen. Wer gut per Rad ist, kann den eigens dafür eingerichteten 73 km langen Radweg von Nebra über den Mittelberg nach Halle abstrampeln (s. unter Radtouren).
www.himmelsscheibe-erleben.de

Wer zur ***Arche Nebra*** in Kleinwangen und zum Fundort der Himmelsscheibe auf dem Mittelberg möchte, muss links abbiegend einen Abstecher über den *Himmelsscheibenradweg* vornehmen. Der *Unstrut-Radweg* führt links der *Unstrut* und rechts der *Eisenbahntrasse* in die ehemalige Kreisstadt Nebra, über der die *Burgruine* thront.
In ***Nebra*** angekommen, radeln wir rechts über die *Unstrutbrücke* mit den Löwenplastiken aus hiesigem Sandstein stadteinwärts.

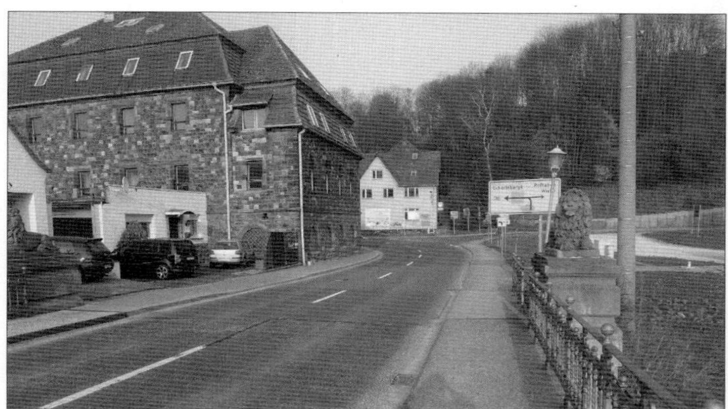

Nebra, Unstrutbrücke

Interessantes im Umkreis von 20 km

Sangerhausen (RT 44)

Die Berg-und Rosenstadt liegt an der Straße der Romanik.
Das 1903 gegründete Europa-Rosarium ist mit 8300 Rosensorten und- arten die größte Rosensammlung der Welt. 300 seltene Baum- und Straucharten sind im 15 ha großen Rosengarten zu bestaunen.
Ein weiteres Wahrzeichen der Kreisstadt ist das Spengler-Museum. Auf ca. 500 Quadratmetern Ausstellungsfläche werden rund 2000 Funde, Werkzeuge, Antiquitäten, Modelle und Schriftstücke aus Natur und Geschichte gezeigt. Größte Attraktion ist ein vom Tischlermeister und Altertumsforscher Gustav Adolf Spengler 1930 bis 1932 ausgegrabenes Mammutskelett.
Sangerhausen hätte auch den Titel „Stadt der Kirchen“ verdient. Sehenswert sind auch die Kirchen: St. Marien, St. Jacobi, Herz-Jesu, St. Ullrich. Weitere Fotomotive sind das Rathaus am Marktplatz sowie das Alte und das Neue Schloss. Sangerhausen eignet sich auch gut als Einstieg in den ca. 400 km langen Radweg „Harz-Rundweg“.
s. auch www. sangerhausen-tourist.de oder www. europa-rosarium.de oder www. spenglermuseum.de

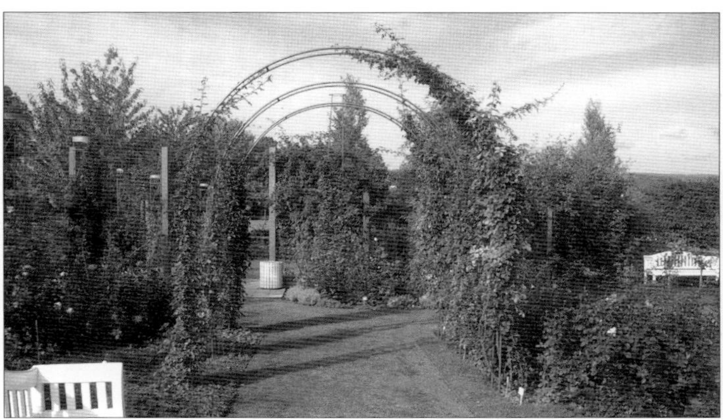

Europa-Rosarium Sangerhausen

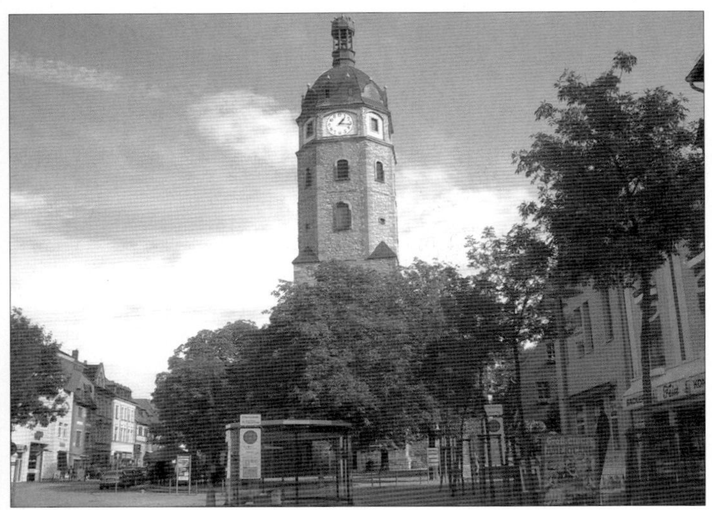

Jakobikirche in Sangerhausen

Allstedt (RT 44)

Die am Rande der Goldenen Aue gelegene Kleinstadt wurde erstmals im Jahre 777 im UB des Klosters Hersfeld erwähnt. 935 wird Allstedt Königshof. Die Urkunde wurde von Heinrich I. unterschrieben. Zu Zeiten Otto I. wurde Allstedt Kaiserpfalz.

Im Jahre 1316 gelangte Allstedt in den Besitz der Mansfelder Grafen und 1363 zur Pfalzgrafschaft Sachsen. 1524 hielt Thomas Müntzer hier eine vielbeachtete Rede, die „Fürstenpredigt“.

Auch heute noch ist die imposante Burg- und Schlossanlage das weithin sichtbare

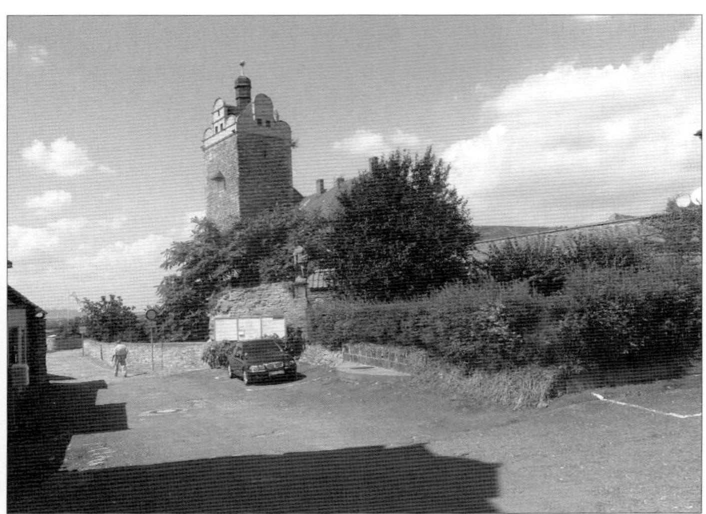

Burg und Schloss Allstedt

Merkmal der Stadt. In den 1970er und 1980er Jahren wurde die Anlage umfassend restauriert und ein Museum eingerichtet. Heute finden vor dieser historischen Kulisse zahlreiche Kulturveranstaltungen und natürlich auch Ritterspiele statt.
Gern besucht wird das reizvoll gelegene Freibad mit Gondelteich unterhalb des Schlossberges. Auch Wanderer finden im ausgedehnten Stadtwald sowie im Borntal und Rohnetal ausreichend Möglichkeiten.

s. auch www.allstedt.de oder www.schloss-allstedt.de

Querfurt (RT 51)

Die Geschichte der Stadt ist eng mit der gleichnamigen Burg verbunden. Sie diente im Mittelalter als Fluchtburg. Im 10. Jh. war sie Stammsitz der Edlen Herren von Querfurt.
1004 erfolgte die Gründung des Chorherrenstiftes. Anfang des 12. Jh. wurde der runde Bergfried „Dicker Heinrich" errichtet. In den folgenden Jahrhunderten wurden die Burgkirche, der Marterturm, der Pariser Turm und die äußere Ringmauer erbaut.
Während des Dreißigjährigen Krieges kam die Burg Querfurt nach zweijähriger Belagerung unter schwedische Besatzung. Danach kamen die Herzöge von Sachsen-Weißenfels, die von den Kursachsen und 1815 von den Preußen abgelöst wurden.
Seit 1952 wird das Korn- und Rüsthaus als Burgmuseum genutzt.
Auf dem riesigen Gelände der Burg werden interessante Veranstaltungen geboten. Beim alljährlich am dritten Juniwochenende stattfindenden Burgfest werden Ritterkämpfe ausgetragen. Gaukler und Sänger lassen die zahlreichen Besucher das Leben auf der mittelalterliche Burg nachvollziehen.
Weitere Sehenswürdigkeiten sind der historische Friedhof, der Marktplatz, das Karmeliterkloster, das Kloster Marienzell, die Geistkirche sowie die Altstadt mit ihren vielen Bürgerhäusern.
s. auch www.querfurt.de oder www-burg-querfurt.de

Weitere interessante Radwege

Himmelsscheibenradweg (RT 51)

Der Himmelsscheibenradweg verbindet den Unstrut-Radweg in Wangen mit dem Saale-Radweg in Halle. Von Wangen erfolgt ein steiler Anstieg am Besucherzentrum Arche Nebra vorüber zum Fundort der Himmelsscheibe auf dem Mittelberg. So werden etwa 100 m Höhenmeter vom Unstruttal bis zu den Höhen des Ziegelrodaer Forst zurückgelegt.
Über Querfurt und Röblingen am See gelangt man nach Seeburg am Süßen See. Von dort geht es parallel zum Harz-Saale-Radweg bis nach Halle/Saale. Am Landesmuseum für Vorgeschichte endet der Weg.
Der Himmelsscheibenradweg ist Bestandteil der Tourismusroute „Himmelswege". So wird in Querfurt eine Verbindung zum Dolmenradweg hergestellt. Dieser verbindet den Himmelsscheibenradweg mit dem Sonnenobservatorium in Goseck und führt danach wieder auf den Saale-Radweg.
s. auch www.himmelswege.de oder www.saale-unstrut-tourismus.de

Unstrut-Radweg, Etappe 6: Nebra (Unstrut) - Naumburg (Saale) (37 km)

Nebra - Altenburgfelsen - Reinsdorf/S-A (km 3,3) - Karsdorf (7,8) - Burgscheidungen (11,8) - Geol. Aufschluss Glockenseck - Dorndorf (16,3) - Laucha (Unstrut) (18,3) - Weischütz (20,2) - Mühle Zeddenbach (24,3) - Freyburg an der Unstrut (26,1) - Großjena (29,2) - Max-Klinger-Weinberg - Steinernes Bilderbuch - Naumburg, Blütengrund/Saalemündung, Nordseite (31) - Naumburg, Hennebrücke (32,3) - Blütengrund, Südseite (34,3) - Naumburg (Saale), Hbf (37,1)

- **Höhenunterschiede:** nicht erwähnenswert
- **Markierungen:** Radpiktrogramm mit blauem U
- **Wanderkarten:** Radwanderkarte Nr. 4-5, Wanderkarten Nr. 1, 11 (s. Aufstellung Wanderkarten)
- **Sehenswertes:** Nebra, Kirche in Reinsdorf, Laucha mit Glockengießermuseum, Freyburg mit Neuenburg, Steinerner Bilderbogen, Blütengrund, Naumburg
- **Bahnhöfe:** Nebra, Reinsdorf, Karsdorf, Kirchscheidungen, Laucha, Balgstädt, Freyburg, Kleinjena, Roßbach, Naumburg
- **Pannenhilfe:**
  – Kanu- und Fahrradstation 06638 Karsdorf, Mühlplatz 8, Tel. 034461-24388
  – Fahrradhandel und Service Sperlich, 06636 Burgscheidungen, Kastanienallee 58 b, Tel. 034462-60097
  – Outtour Aktivreisen, Zur Unstrut 55, 03636 Kirchscheidungen, Tel. 0163-2020511
  – Pro Radsport M. Ludwig, 03636 Laucha, Ahornstraße 2, Tel.: 034462-699507
  – Fahrrad Fiedelak, 06632 Freyburg, Bahnhofstr. 4, Tel. 034464-7080
  – Fahrradhandel und Service Sperlich, 06618 Kleinjena, Birkenweg 8, Tel. 03445-200511
  – Fahrradstation im Naumburger Blütengrund, Tel. 03445-202051
  – Radhaus Steinmeyer, 06618 Naumburg, Bahnhofstr. 46, Tel. 03445/203119
  – Bike-Dom, 06618 Naumburg, Marienstr. 1, Tel. 03445-205906
  – 06618 Naumburg, Am Hauptbahnhof, Nähe Gleis 1, Tel. 03445-40386

Wissenswertes: Naumburg an der Saale (ca. 35000 Einw.) liegt im Zentrum der Burgen-und Weinregion „Saale-Unstrut". Die Kreisstadt des Burgenlandkreises wurde erstmals im Jahre 1028 erwähnt und kann somit auf eine fast 1000-jährige Geschichte zurückblicken. Naumburg liegt an der Weinstraße Saale-Unstrut und der Straße der Romanik. Der geschlossene mittelalterliche Stadtkern mit seinen farbenprächtigen Häusern lädt zum

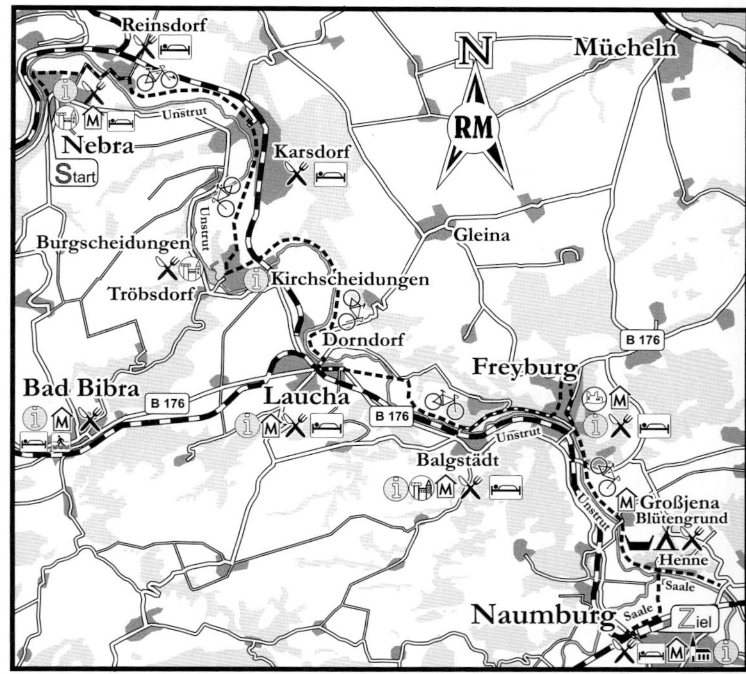

Bummeln und Verweilen ein. Kunstliebhaber kommen bei der Vielzahl von Kunstwerken mit Weltgeltung auf ihre Kosten.
Ein Wahrzeichen der Stadt ist der viertürmige Dom „St. Peter & Paul". Dieses spätromanisch-frühgotische Kunstwerk beherrscht schon von weitem das Bild der Stadt. Das Bauwerk wurde im 11. Jh. begonnen, jedoch erst 200 Jahre später fertiggestellt. Im Westchor dieses Sakralbaus befinden sich zwölf lebensgroße Stifterfiguren, unter ihnen Uta und Ekkehard. Im Domschatzgewölbe können mittelalterliche Kunstwerke besichtigt werden.
Das Bürgerhaus Hohe Lilie beherbergt das Stadtmuseum. In diesem ältesten Gebäude der Stadt ist das romanische Mauerwerk aus der Mitte des 13. Jh. bis in das zweite Obergeschoss im Original erhalten. Ein Besuch lohnt sich auch im Nietzsche-Haus.
Lohnenswert ist auch eine Bootsfahrt auf den Flüssen Unstrut und Saale. Natürlich wird in Naumburg auch gefeiert. Am bekanntesten ist das Hussiten-Kirschfest. Der Naumburger Taubenmarkt gilt als der größte seiner Art unter freien Himmel in Deutschland. Nicht nur bei Weinkennern beliebt sind die Weinfeste wie z. B. die Saale-Weinmeile.
Naumburg liegt am Saale-Radweg, am Feengrotten-Kyffhäuser-Weg und eignet sich auch hervorragend als Ausgangspunkt für Touren auf dem Unstrut-Radweg.
s. auch www.stadt-naumburg.de

Routenbeschreibung: Durch die *Bahnhofstraße* von ***Nebra*** geht es bergan, bevor wir links *„Am Unterbrunnen"* bergab radeln und uns wieder der *Unstrut* zuwenden. An der *Uferpromenade* informiert eine Tafel über den *Bienengarten Nebra.* Hier befindet sich der Sitz der *Verwaltung des Geo-Naturparks-Unstrut-Triasland.*

Nach ca. 500 m sollten wir das **Rad** ausnahmsweise einmal **schieben**. Denn nun geht es unterhalb der ***Altenburgfelsen*** steil bergan (s. auch SW 06). Bei der nächsten Weggabelung schwenken wir links ein und fahren auf eine *überdachte Sitzgruppe* zu.

Dabei rückt linkerhand das Schloss Vitzenburg ins Blickfeld (s. auch SW 06).

Dann radeln wir auf ***Reinsdorf/Sachsen-Anhalt*** zu, dessen Kirche uns bereits aus der Ferne zur Besichtigung einlädt. Vorher überqueren wir die Unstrut.

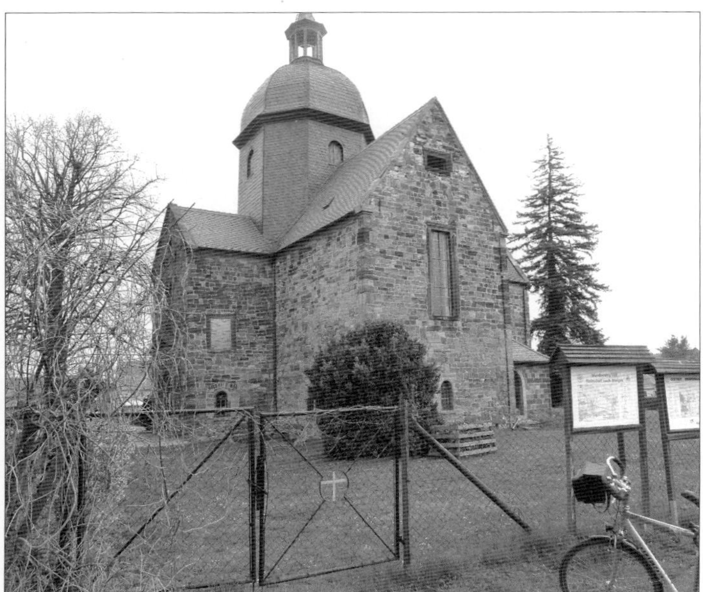

Kirche Reinsdorf/Sachsen-Anhalt

Die weithin sichtbare Dorfkirche ist das Wahrzeichen des Ortes. Ihr Vorgängerbau, das 1112 entstandene Benediktinerkloster, wurde nach der Reformation aufgelöst. Auf dessen Ruinen wurde nach dem Dreißigjährigen Krieg die Pfarrkirche neu gestaltet. Um 1740 wurde sie im barocken Stil restauriert.
Das ehemalige Pfarrhaus, direkt am Unstrut-Radweg gelegen, beherbergt inzwischen ein Weingut mit Straußwirtschaft. Hier erhält man auch den Schlüssel für die Besichtigung der Kirche.
Gut promenieren lässt es sich durch die Lindenallee. Die gut sichtbaren Weinberge werden vom NSG „Reinsdorfer Elstloch" umgeben.
Reinsdorf verfügt über einen Haltepunkt der Burgenlandbahn.
s. auch www.nebra.net oder www.weingut-bobbe.de

Durch eine **leicht zu übersehene** schmale Gasse fahren wir in den Ort, wo wir das *ehem. Pfarrhaus* passieren, wo sich nun das Weingut mit Straußwirtschaft befindet.

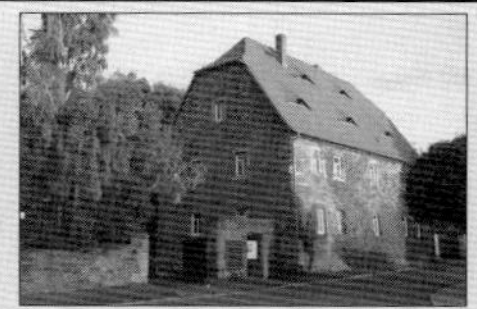

Der Radweg führt uns durch Wiesen und Weiden, bevor wir kurz vor ***Karsdorf*** ein schattiges *Rastplätzchen* erreichen und die *ICE-Neubaustrecke* Nürnberg - Berlin unterqueren.

Die Lage an der Unstrut und an der Unstrutfurt, die nur wenige Meter von der jetzigen Karsdorfer Brücke bestand, machte Karsdorf einst zu einer Drehscheibe des Kupferhandels.
Die spätgotische Kirche erhielt ihre heutige Gestalt nach dem Umbau 1701 und im 19. Jh.
Seit 1927 ist Karsdorf ein wichtiger Standort der Zementproduktion.
s. auch www.karsdorf.de

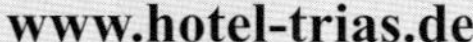

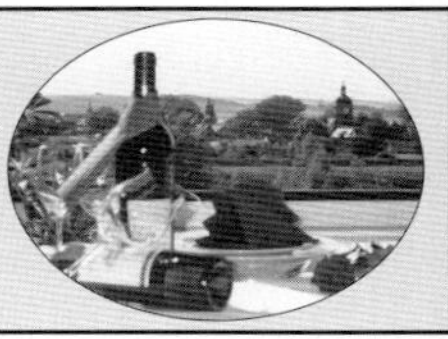

Am Ortseingang biegen wir rechts ab.
Der Weg schlängelt sich durch den Ort, den wir auf der Landstraße in Richtung Burgscheidungen verlassen. Am *Ortseingang* von ***Burgscheidungen*** radeln wir dorfeinwärts. Durch die *Kastanienallee* nehmen wir den sanften Aufstieg über die *Schloßbergstraße* zum ***Schloss Burgscheidungen*** vor, wo sich zugleich die *Gemeindeverwaltung* befindet. Dort biegen wir links ein und sind nun außerdem auf dem *Goethe-Radweg* und dem *Kyffhäuser-Feengrotten-Weg*.

Wahrzeichen des Ortes Burgscheidungen ist das Schloss, das weithin sichtbar über der Unstrut thront. Der Burgberg war schon 3000 Jahre v. u. Z. besiedelt.

Während der Völkerwanderung war hier eine Residenz der Thüringer. Burgscheidungen gilt als ein Ort, wo das Reich der Thüringer im Jahre 531 in der Schlacht gegen die Franken unterging. Allerdings konnte bis heute der genaue Ort dieser Schlacht noch nicht nachgewiesen werden.
Von April bis Oktober werden jedes Wochenende und an Feiertagen Führungen angeboten. Beginn ist 14 Uhr ohne Voranmeldung. Während dieser Zeit ist auch das Cafe geöffnet. Außerdem werden Konzerte und andere interessante Veranstaltungen geboten.
Burgscheidungen verfügt über eine Radfahrerkirche.
s. auch www.schloss-burgscheidungen.de

Beim Verlassen des Ortes radeln wir auf die Schienen der Burgenlandbahn zu. Dabei rückt der *Viadukt* als Fotomotiv ins Blickfeld. Wir passieren die *Unterführung*.
Bald erreichen wir den ***Geologischen Aufschluss Glockenseck***, eine Felsformation, und geraten wieder auf Tuchfühlung zur *Unstrut*.

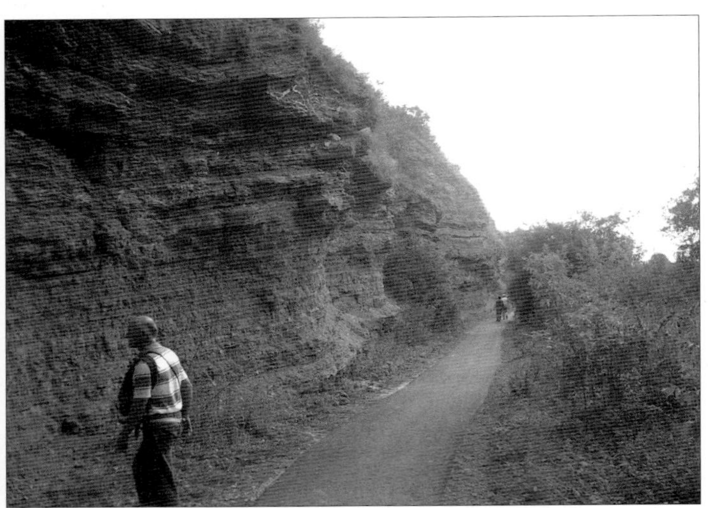

Geologischer Aufschluss Glockenseck

Mit ***Boy's Gutsauschank*** bietet sich nach 700 m eine Einkehrmöglichkeit. Wenig später erreichen wir ***Dorndorf.***

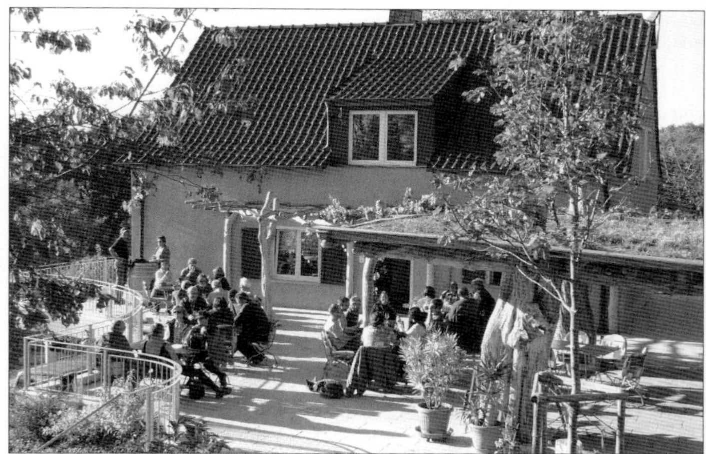

Boy's Gutauschank. Foto: Wolfgang Boy

Sehenswert ist in Dorndorf die kleine Dorfkirche aus dem 18. Jh. Aus romanischer Zeit ist der quadratische Ostturm. Zwei der Glocken stammen aus der Lauchaer Glockengießerei. Bemerkenswert sind die Deckenbemalung, die doppelgeschossige hölzerne Empore und der Kanzelaltar von 1732 im Inneren der Kirche.
Oberhalb von Dorndorf befindet sich der Fliegerhorst (s. auch RW 21). Von 1932 bis 1954 war der Fliegerhorst Dorndorf ein bekannter Segelflugort in Deutschland. Aus der 1937 geschaffenen Reichssegelflugschule wurde nach dem 2. Weltkrieg die zentrale Segelflugschule der GST. Der Flugbetrieb wurde 1990 wieder aufgenommen. Seit 1992 locken die Lauchaer Flugtage wieder viele Gäste aus nah und fern an.
Auch in Dorndorf befindet sich eine offene Kirche. Dorndorf ist Weinanbaugebiet.
s. auch www.stadt-laucha.de

Am Ortsausgang von Dorndorf nutzen wir einen befestigten *„LPG-Weg"*, der zu einem *Rastplatz* neben einer *Weide* führt. Anschließend schwenken wir rechts in den Radweg unterhalb der Flutbrücke ein und erreichen kurz vor dem Schleusenkanal die Straße nach Laucha Vom Ortseingangsschild von ***Laucha*** fahren wir ins Zentrum der Kleinstadt.

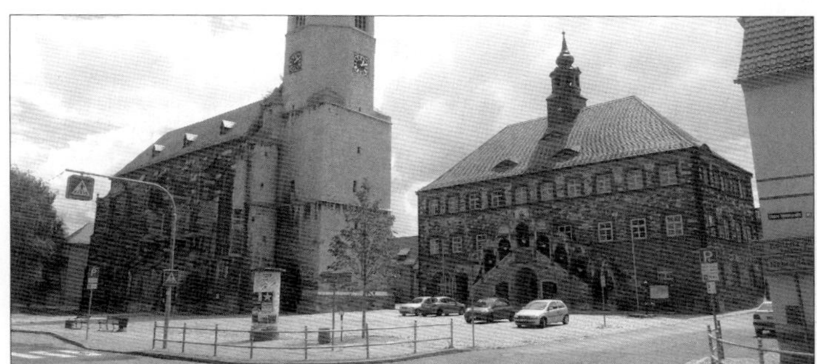

Laucha, Stadtansicht

Laucha (Unstrut) ist Glocken-, Wein- und Luftsportstadt. Ein Wahrzeichen ist deshalb das Glockenmuseum. 1732 wurde unter Glockengießermeister Ulrich die Glockengießerei gegründet. Der Betrieb endete 1911.
Gut erhalten ist die 1112 m lange Stadtmauer mit ihren vielen Toren, die den alten Stadtkern umspannt. Ein Besuch lohnt sich auch in der St.-Marienkirche. Dabei handelt es sich um einen einheitlichen, spätgotischen Bau aus dem 15. Jh. Ein Fotomotiv ist auch das 1543 errichtete Rathaus mit der später angebrachten doppelläufigen, überdachten Treppe.
s. auch www.stadt-laucha.de

Nach Querung der *B 176* passieren wir den *Markt* mit *Rathaus* und Marienkirche, um den Ort beim *Glockenmuseum* zu verlassen.
Auf dem Weg nach Weischütz treffen wir auf den ***Weinlehrpfad Saale-Unstrut***.

Er führt nach Freyburg. 26 Tafeln informieren über den Anbau von Wein und Sekt und machen noch mehr Appetit auf diese geistigen Getränke.
s. auch www.weinbauverband-saale-unstrut.de

Den Nachbarort ***Weischütz*** erreichen wir an einem idyllisch gelegenen *Rastplatz* am Ortseingang.

Sehenswert in diesem Winzerdorf ist die Pfarrkirche. Ihr quadratischer Chorturm läasst auf romanischen Baustil schließen. Er weist gekuppelte Schallöffnungen auf, in denen sich Glocken der Lauchaer Glockengießerei Ulrich befinden. 1804 wurde das Kirchenschiff erneuert, während die Innenausstattung von 1820 stammt.
s. auch www.freyburg-info.de

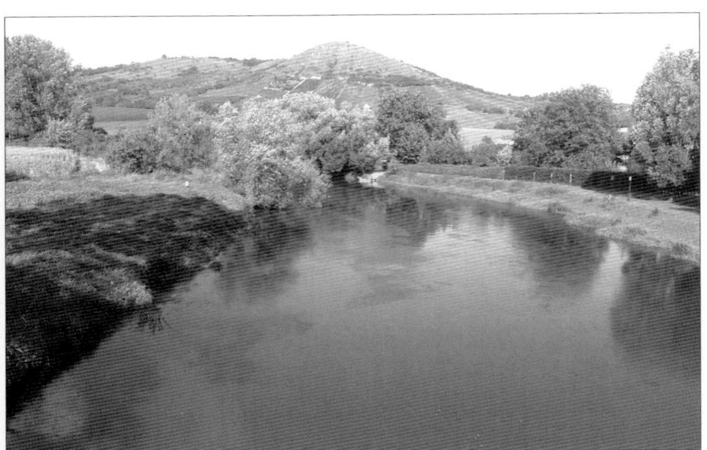

Weischütz, Blick von der Unstrutbrücke

Am *Ortsausgangschild* in Richtung Zscheiplitz besteht die Möglichkeit zur Rast. Wir biegen rechts ab. Der Weg führt durch Obstplantagen.

Beim Verlassen des Waldes erhebt sich links vor uns auf dem Berg die Klosterschule Zscheiplitz. Neben den Weinbergen soweit das Auge reicht, rückt auf unserem weiteren Weg auch die Neuenburg ins Blickfeld.

Bei der nächsten Weggabelung (Wanderwegweiser Kyffhäuser-Feengrotten-Weg) fahren wir rechts der *Straße Zscheiplitz - Freyburg.*

Von dieser Stelle lohnt sich auch ein Abstecher ins nahegelegene Zscheiplitz (s. auch RW 21).

Nach 100 m können wir rechts auf das Gelände der ***Mühle Zeddenbach*** einbiegen.

Die Mühle Zeddenbach ist eine der letzten noch arbeitenden Wassermühlen an der Unstrut. Hier wird nachweislich seit 1200 Jahren Mehl gemahlen. Bei einer Führung durch die mehr als 120 Jahre alten Mühlengebäude kommen nicht nur Freunde alter Technik auf ihre Kosten.

Im Umkreis von 40 km beliefert die Mühle dreißig kleinere Bäckereien und Privatkunden mit kalt gemahlenem Mehl ohne chemische Zusätze. Die reichhaltige Produktpalette wird im Mühlenladen angeboten. Natürlich darf auch der Saale-Unstrut-Wein nicht fehlen.

Direkt auf der Unstrutbrücke lädt das hauseigene Mühlenrestaurant, die Feiße zur Rast ein.

s. auch www.muehle-zeddenbach.de

Unser Weg führt linksabbiegend zwischen der Unstrut und der Burgenlandbahn hindurch.

Dabei tut sich ein Blick zu den Weinbergen und zur Neuenburg auf.

Wir passieren eine *Kleingartenanlage* und erreichen ***Freyburg*** an der *Schleuse.*

Freyburg an der Unstrut, die Jahn-, Wein- und Sektstadt, mit der Neuenburg als Wahrzeichen, ist zweifellos die „Perle des Unstruttales“. Unübersehbar thront die größte Burg der Landgrafen von Thüringen über der Stadt. Die Schwesterburg der Wartburg diente wichtigen Persönlichkeiten als zeitweiliger Aufenthaltsort. Zu ihnen gehörten Kaiser Friedrich Barbarossa, die Heilige Elisabeth und der Dichter Heinrich von Veldeke.

Um 1090 vom Thüringer Grafen Ludwig dem Springer errichtet, war sie am Ende ihres Ausbaus um 1230 etwa dreieinhalbmal so groß wie die inzwischen berühmtere Wartburg. Ein architektonisches Kleinod ist die romanische Doppelkapelle. Weithin sichtbar ragt der „Dicker Wilhelm“ genannte Bergfried aus der schönsten Burg von Sachsen-Anhalt heraus.

Heute befinden sich in der Neuenburg ein attraktives modernes Museum mit Ausstellungen zur hochmittelalterlichen Blütezeit, das Weinmuseum und Räumlichkeiten für wechselnde Sonderausstellungen. Ein Aufenthalt in der „Kinderkemenate“ versetzt junge Besucher in längst vergangene Zeiten.

s. auch www.schloss-neuenburg.de

Geschichte auf Schritt und Tritt begegnet den Einwohnern und Gästen in der malerischen Altstadt. Freyburg (Unstrut) liegt an der Straße der Romanik.

Sehenswert ist die Stadtkirche St. Marien, errichtet um 1225 als spätromanische dreischiffige Basilika. Vom ursprünglichen Baustil sind der Vierungsturm mit Querschiff und Chorquadrat sowie die doppeltürmige Westfront mit der Vorhalle erhalten. An deren Rückwand befindet sich das romanische Stufenportal. Maria, die Schutzpatronin der Kirche, hat ihren Platz im Türbogenfeld. Zur Innenausstattung gehören ein Marienaltar (um 1500) sowie ein Taufstein aus dem Jahre 1592.

Stadtgeschichte hat auch Friedrich Ludwig Jahn geschrieben. Er lebte und arbeitete von 1825 bis 1828 und von 1836 bis zu seinem Tode im Jahre 1852 in der Stadt. Sein Wohnhaus am Schlossberg beherbergt heute das Friedrich-Ludwig-Jahn-Museum. Eine Dauerausstellung erzählt vom bewegten Leben des „Turnvaters“. Das erste Jahn-Museum in der Schützenstraße wurde zur

Jahn-Ehrenhalle umgewidmet und ist inzwischen ein beliebter Veranstaltungsort für Feste, Tagungen und Vereine. Wer auf den Spuren Jahns wandelt, sollte nicht versäumen, einen Blick in die Jahn-Turnhalle zu werfen. Die Halle wurde durch die Deutsche Turnerschaft errichtet und war ein Geschenk dieser an die Stadt Freyburg. Zu ihrer Einweihung im Jahre 1894 kamen 3000 Turner.
Dass die Stadt Freyburg das Erbe Friedrich-Ludwig-Jahns hochhält, zeigt das seit 1901 stattfindende Jahn-Turnfest. Es gilt als Deutschlands größtes Freiluftgerätturnfest mit ca. 800 Aktiven aller Altersklassen.. Das alljährlich am vorletzten Augustwochenende durchgeführte Ereignis lockt viele Turnfreunde aus nah und fern an.
s. auch www.jahn-museum.de
Freyburg hat sich zum Zentrum des Weinanbaus der Saale-Unstrut-Region entwickelt. Das Bild der Stadt wird von den Trockenmauer-Terrassen der Weinberge mitgeprägt. Folgt man dem Weinlehrpfad vom Schützenplatz hinauf zur Neuenburg, schlängelt man sich an den Schlifter-Weinberg, einem terrassierten Schauweinberg entlang. Das 1990 von der Stadt Freyburg (Unstrut) erworbene Kleinod beherbergt einen Prominentenweinberg, auf dem Weinmajestäten und bedeutende Gäste der Stadt eine Rebe setzen dürfen. Oben angekommen, belohnen herrliche Ausblicke den Wanderer.
Maßgeblichen Anteil an der Entwicklung der Stadt zum größten Weinproduzent der neuen Bundesländer haben die fast 400 Weinbauern der Winzervereinigung Freyburg, die jährlich über drei Millionen Flaschen bester Qualitätsweine produzieren. In der Weingalerie kann der edle Tropfen verkostet werden.
s. auch www.winzervereinigung-freyburg.de
Ebenfalls lohnenswert ist ein Besuch im „Herzoglichen Weinberg", einem Schauweinberg mit seinem barocken Weinberghäuschen. Bei Führungen und Fachseminaren oder bei Verkostungen und kulturellen Veranstaltungen erhält der Besucher interessante Informationen zur Geschichte des Weinanbaus und zur Arbeit der Winzer der Region.
Die Stadt Freyburg verfügt darüber hinaus über eine mehr als 150-jährige Tradition in der Herstellung von Sekt. Die Rotkäppchen-Sektkellerei hat sich inzwischen zum Marktführer dieses prickelnden Getränkes in Deutschland

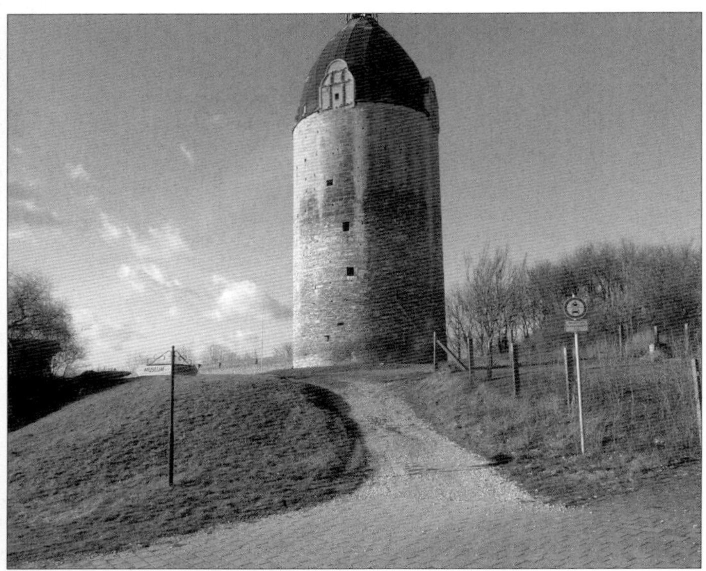

Neuenburg - Bergfried

etabliert. Eine Führung durch die historischen Kelleranlagen bietet wissenswerte Fakten und allerlei Geschichten rund um den Rotkäppchen-Sekt.
Weitere Informationen: s. auch www.freyburg-info.de oder www.freyburg-tourismus.de

Wir überqueren linkerhand die *Unstrutbrücke* und halten uns danach rechts, um durch die *Mühlstraße* zu radeln.

Dort befindet sich eine Wasserkraftanlage mit fischschonendem Rechen.

Dabei wird der ***Herzogliche Weinberg*** passiert. Am nächsten Abzweig verlassen wir die Straße, um rechts in einen Bitumenweg einzubiegen.
Unter einer *Brücke* hindurch geht es nach ***Großjena.***

Auch Großjena ist ein Zentrum des Weinbaus. Die Hauptkirche in der Mitte des Ortes wurde von 1893 bis 1895 im neoromanischen Stil erbaut.
Auf dem Weg zum Blütengrund fällt dem aufmerksamen Beobachter das Steinerne Bilderbuch mit seiner Länge von 150 m auf. Das 1722 errichtete Steinrelief zeigt 12 lebensgroße Darstellungen biblischer und weinbaugeschichtlicher Motive.
Ein Besuch lohnt sich im auch im Museum des Max-Klinger-Weinbergs, der 1903 errichtet wurde.
s. auch www.stadt-naumburg.de

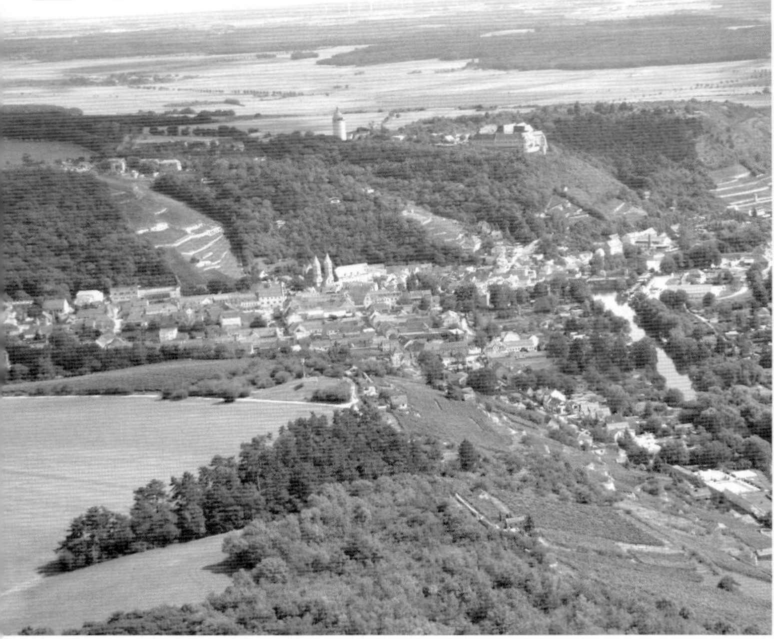

Freyburg. Fotos von Harald Rockstuhl aus dem „Unstrut-Luftbildatlas“

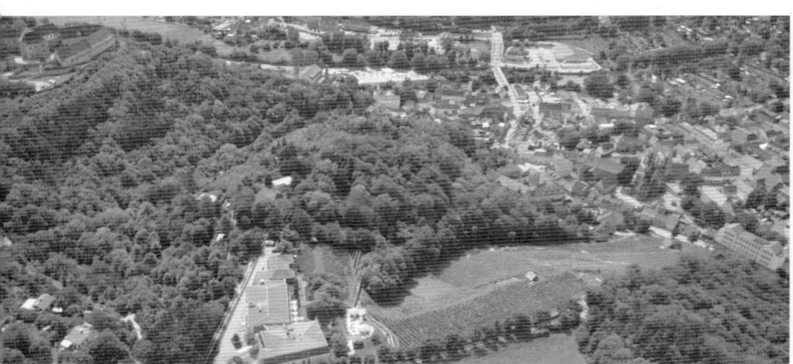

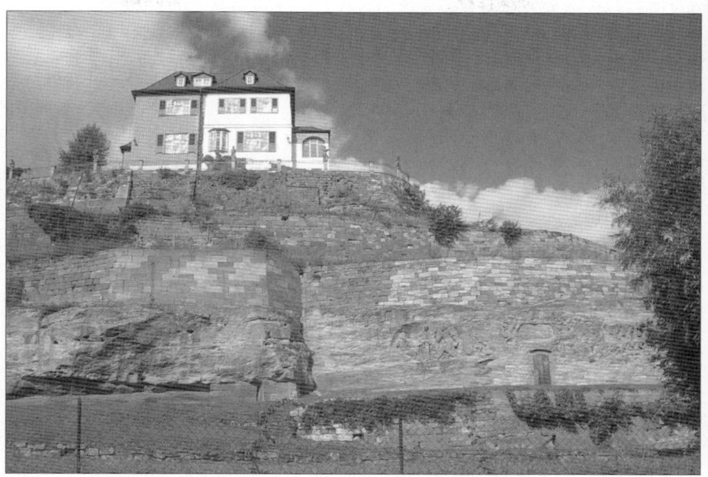

Steinernes Bilderbuch

Am *Spielplatz* halten wir uns rechts. Nach 400 m gabeln sich erneut die Wege. Wir halten uns geradeaus, passieren den ***Max-Klinger-Weinberg*** und das ***Steinerne Bilderbuch*** und gelangen zum ***Blütengrund***, wo die **Unstrut** in die **Saale** mündet.

Bereits hier besteht die Möglichkeit, mit Hilfe der Fähre die Seite zu wechseln, um den Weg in die sehenswerte Naumburger Altstadt oder zum Bahnhof vorzunehmen oder auf dem Saale-Radweg in Richtung Weißenfels oder Bad Kösen zu radeln.

Der *Unstrut-Radweg* führt an *Kleingärten* und *Streuobstwiesen* vorüber zur *Hennebrücke* in ***Naumburg.***

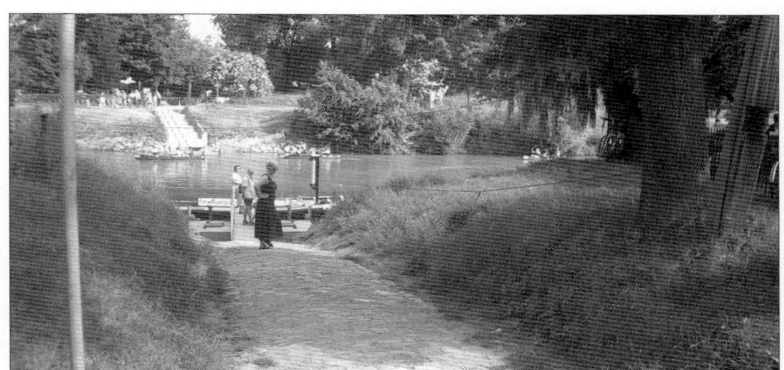

Blütengrund

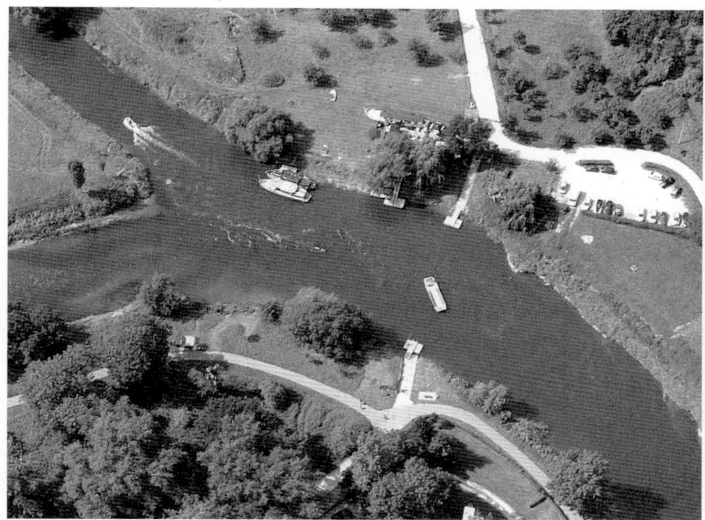

Blütengrund. Foto: Harald Rockstuhl aus dem „Unstrut-Luftbildatlas“

Über die Hennebrücke wird die *Saale* überquert. Auf der gegenüberliegenden Seite „steigen“ wir in den *Saale-Radweg* ein und radeln saaleaufwärts in Richtung Bad Kösen. Nach ca. 2 km erreichen wir den ***Blütengrund*** auf der *Südseite* (Fähre). Ein Wegweiser zeigt, dass es bis zum Bahnhof noch 3 km sind. Wir folgen einer Pflasterstraße. Bei der nach ca. 500 m folgenden Weggabelung halten wir uns links. Nach 200 m biegen wir vor dem Zaun der *Agrar- und Absatzgenossenschaft e. G.* rechts ab. Die nächste Weggabelung folgt nach 600 m. Hier schwenken wir links in die Straße ein, die wir bereits nach 200 m rechts abbiegend verlassen. Bereits nach 10 m

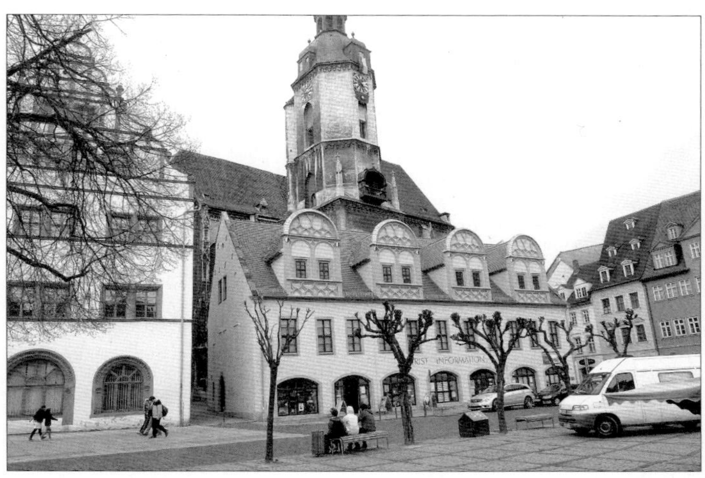

Naumburg, Marktplatz

geht es links durch einen *Tunnel*, wo das **Fahrrad geschoben** werden sollte. Anschließend folgen wir rechts abbiegend dem Wanderwegweiser zum Bahnhof. Der Weg führt nun durch die *Saalestraße* an *Garagen* vorüber. Bei der nach 300 m folgenden Weggabelung biegen wir rechts in die *Bahnhofstraße* ein und gelangen zum *Bahnhof*.

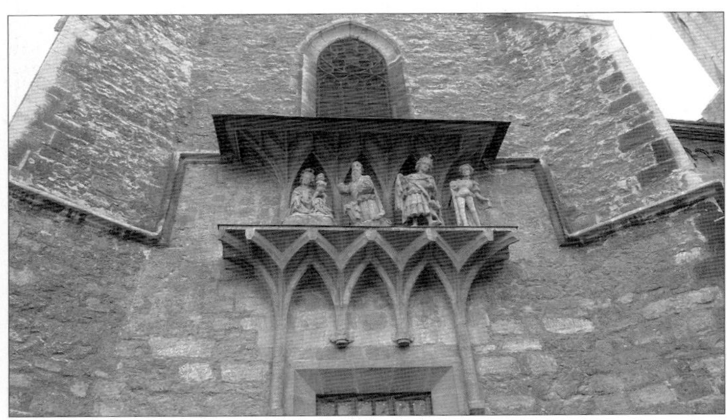

Naumburg, Stifterfiguren am Dom

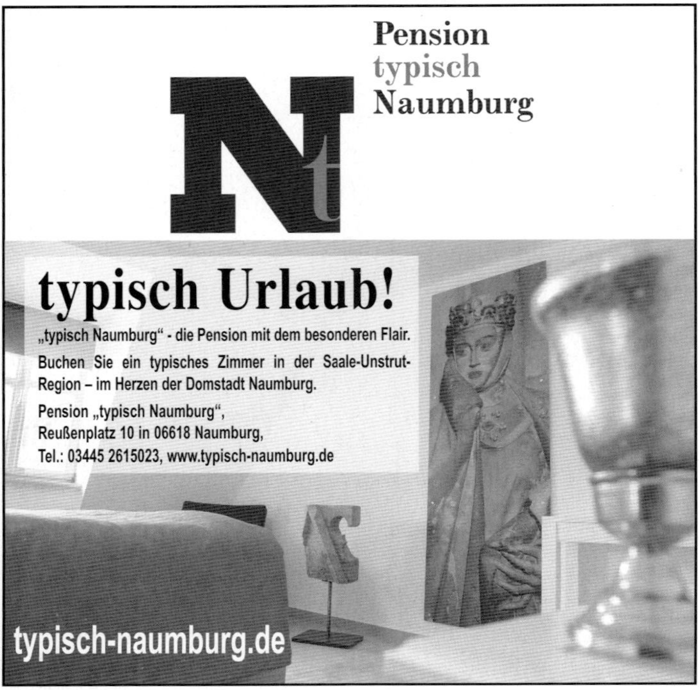

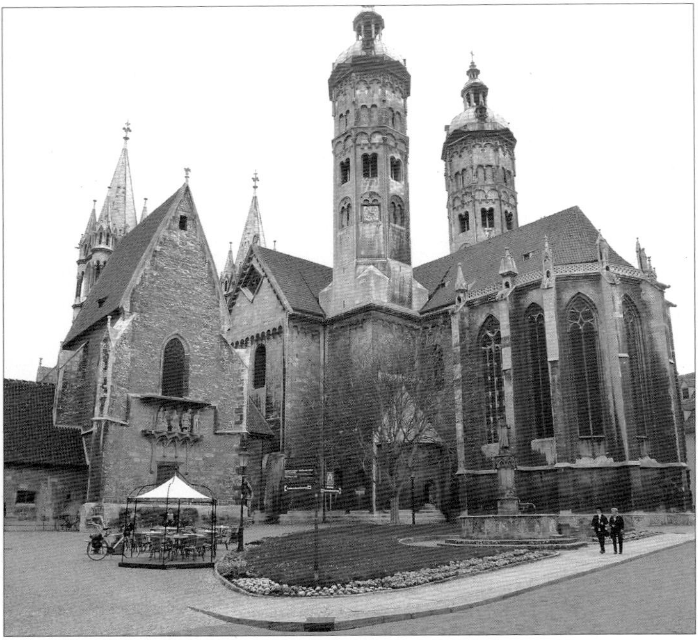

Naumburg, Dom

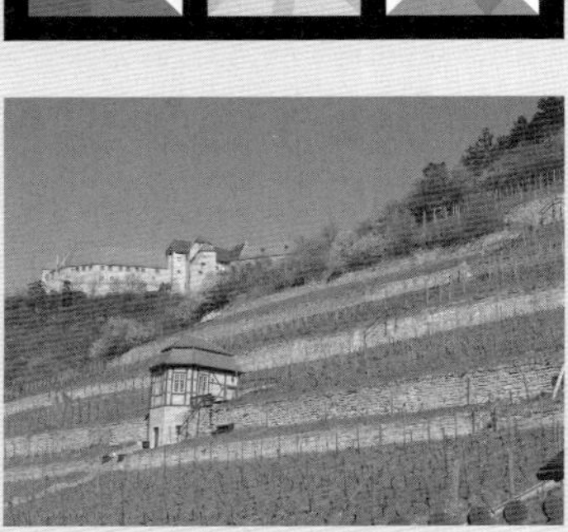

Interessantes im Umkreis von 20 km

Kirchscheidungen

Kirchscheidungen liegt an der Weinstraße Saale-Unstrut zwischen Nebra und Freyburg. Der Weinbau hat den Ort mitgeprägt. Davon zeugen einige Weingüter mit Straußenwirtschaften. Außerdem werden die Geschichte und das Ortsbild durch einige Rittergüter bestimmt. Das Rittergut am Lohberg beherbergt eine Heimatstube. Hier kann der ehemalige Kerker besucht werden.
Sehenswert ist auch die Dorfkirche „St. Johannes" mit ihrem romanischen Kern, die 1893 und 1968 restauriert wurde.
Kirchscheidungen liegt nicht am Unstrut-Radweg. Eine Verbindung für Wanderer und Reiter besteht über einen alten Treidelpfad, der links der Unstrut nach Tröbsdorf führt. Von dort gelangt man über die Unstrutbrücke nach Burgscheidungen (s. Etappe 6).
Eine wichtige Anlaufstelle für Wasserwanderer, Radler und sonstige Erholungssuchende ist die Kanustation Outtour.
s. auch www.blaues-band.de oder www.outtour.de

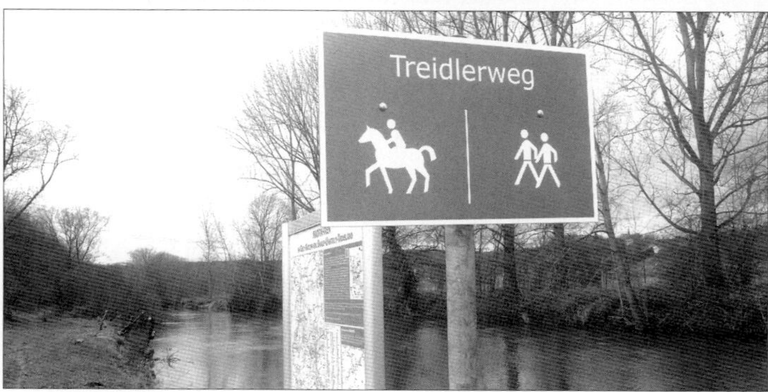

Treidlerweg von Kirchscheidungen nach Tröbsdorf

Bad Bibra (RT 54, 59)

Wahrscheinlich wurde der Name von Bad Bibra dem Biberbach entlehnt. Im 10. Jh. befand sich hier eine Reichsburg, die von Hermann Billung in ein Kloster umgewandelt wurde. Um 1100 erfolgte die Umwandlung in einen Chorherrenstift. Der gotische Westturm wurde 1402 angebaut. Aus dem Vorgängerbau entstand von 1868 bis 1871 die heutige Stiftskirche. Bibra erhielt 1124 das Marktrecht und wurde im 17. Jh. Badeort. Einen großen Anteil daran hatten die Herzöge von Sachsen-Weißenfels. Sie sorgten für solche heilsamen Quellen wie den Gesundbrunnen. Auch der noch erhaltene Badehausstein zeugt von ihrem Wirken.
Weit über die Stadtgrenzen beliebt ist das Erlebnisfreibad Balison.
s. auch www.bad-bibra.de oder www.tourismus-finne.de

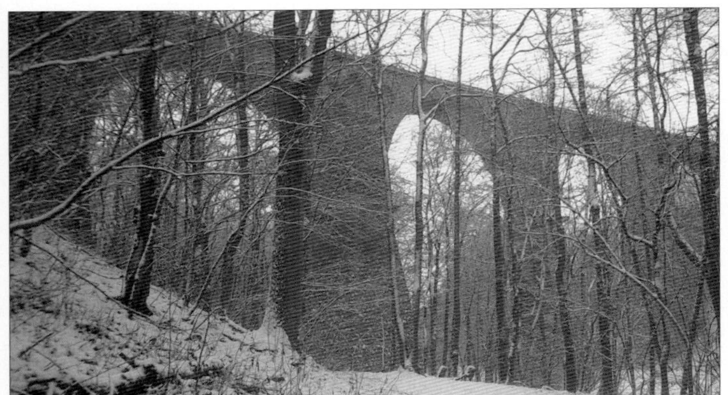

Schnecktalbrücke der ehem. Finnebahn

Eckartsberga (RT 59)

Die Geschichte der Kleinstadt am Fuße der Finne ist eng mit der Eckartsburg verbunden, die über der Stadt thront. Erbaut wurde sie 998 von Markgraf Ekkehard I. von Meißen. Sie war neben der Wartburg, der Creuzburg, der Runneburg und der Neuenburg eine der fünf Thüringer Landgrafenburgen.
Der Ort erhielt 1288 Stadtrecht und vom 13. bis zum 16. Jh. auch Markt- und Münzrecht sowie eigene Gerichtsbarkeit.
Aber nicht nur die Geschichte des Ortes ist interessant. Er weist einen hohen Freizeitwert auf. Unweit der Burg laden ein Irrgarten, eine Minigolfanlage, eine Sommerrodelbahn, ein Miniatur-Burgenland, ein Bungee-Trampolin sowie ein DinoWeltWäldchen zum Besuch ein. Im Turm der Burg ist eine Ausstellung zu besichtigen.
s. auch www.eckartsberga.de oder oder www.tourismus-finne.de

Bad Sulza (RT 56, 59)

Die Kur- und Weinstadt an der Ilm liegt im nördlichsten Qualitätsweinanbaugebiet Deutschlands Saale-Unstrut. Sie gehört zum Bäderdreieck Bad Bibra - Bad Kösen - Bad Sulza. Die Landschaft wird gern als „Toskana des Ostens“ bezeichnet.
Die Entwicklung der Stadt wurde geprägt durch die Salzherstellung, deren Wurzeln bis ins 15./16. Jh. zurückreichen. Bei einem Besuch des Saline- und Heimatmuseums erfährt man bei einer Führung Näheres über die wechselhafte Geschichte der Salzgewinnung und der Kur.
Seit dem Jahr 1195 wird in und um Bad Sulza Weinanbau schriftlich nachgewiesen. Inzwischen ist der Wein aus Bad Sulza weit über die Region bekannt. Seit 1993 wird immer am 3. Wochenende im August das Thüringer Weinfest gefeiert und die Thüringer Weinprinzessin gekrönt.
Gut verweilen lässt es sich im denkmalgeschützten Kurpark mit seinem Inhalatorium, in dem sich nun die Tourist-Information befindet. In der Trinkhalle kann die Bad Sulzaer Sole verkostet werden.
Bad Sulza eignet sich gut als Ausgangs- oder Endpunkt für Radtouren. Neben dem Ilmtal-Radweg führt auch die Saale-Unstrut-Elster-Radacht in die Badestadt. Nicht weit entfernt ist der Saale-Radweg. In Bad Sulza endet auch der von Halle/Saale kommende 87 km lange Goethe-Radweg.
s. auch www.bad-sulza.de

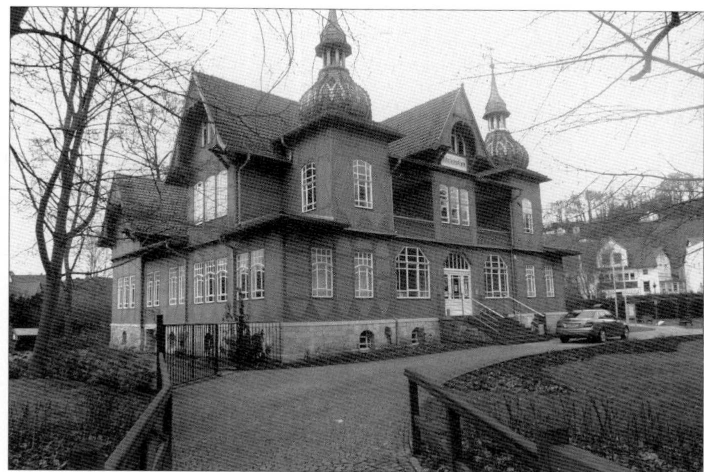

Bad Sulza, Inhalatorium mit Tourist-Information

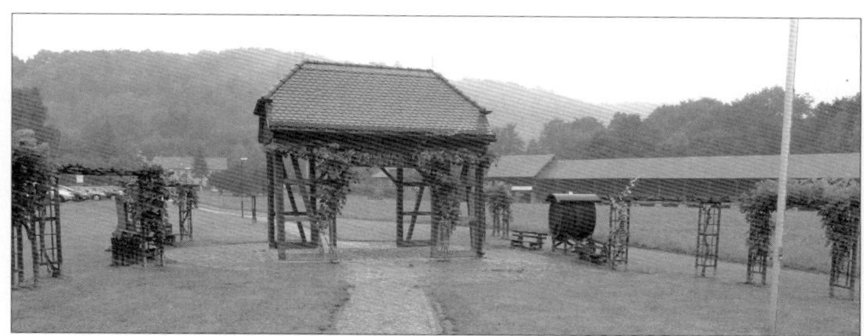

Bad Sulza, Thüringer Weintor

Auerstedt (RT 59)

Die Gemeinde ist ein Ortsteil von Bad Sulza. Bekannt wurde der Ort durch die Doppelschlacht bei Jena und Auerstedt im Jahre 1806, in der die preußischen Truppen und ihre Verbündeten eine verheerende Niederlage gegen Napoleons Armee erlitten. Damit wurde zumindest für acht Jahre die Herrschaft Napoleons über Europa zementiert. Von diesem Ereignis zeugen heute noch die Gedenktafel aus Sandstein am Gutsgebäude und die drei Linden auf einer Anhöhe (ursprünglich vier Linden). Auf verschiedenen Wander- und Radwegen kann man die Spuren dieser Schlacht bis Jena verfolgen.

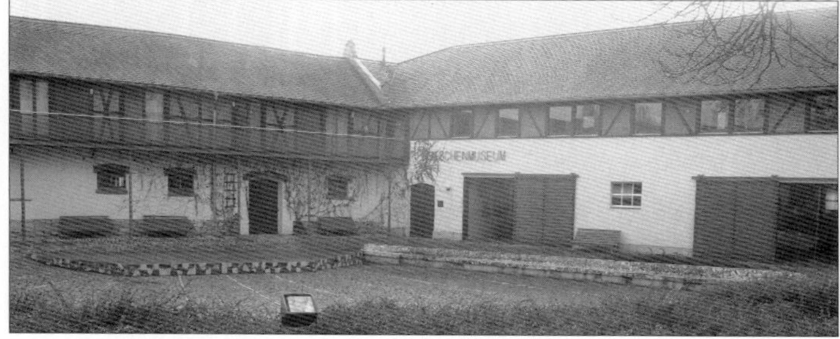

Museumswelt Schloss Auerstedt

Ein weiteres Wahrzeichen des Ortes ist der 1998 errichtete „Auerworldpalast“. Dabei handelt es sich um ein aus örtlichen Weidenruten geflochtenes, stabiles Rundbauwerk mit 25 m Durchmesser. Das jährlich im Juli stattfindende Auerworld-Festival zieht mehr als 2000 junge und junggebliebene Besucher an.
Lohnenswert ist auch ein Besuch im Schloss Auerstedt. Es beherbergt die Auerstedter Museumswelt. Im Kutschenmuseum wird u. a. die Sammlung der Herzogin Anna Amalia gezeigt. Das Museum für historisch-landwirtschaftliches Gerät bietet eine Ausstellung traditioneller-ländlicher Gewerke. Im Traditionsmuseum kann sich der Besucher umfassend zur Doppelschlacht bei Jena und Auerstedt informieren.
s. auch www.bad-sulza.de oder www.auerword-festival.de oder www.auerworld.de

Eberstedt mit historischer Mühle (RT 56)

Das über 1100 Jahre alte Eberstedt ist eines der schönsten Dörfer an der Ilm. Die ev. Dorfkirche St. Margarete ist eine Chorturmkirche. Der Kirchturm wurde 1588 errichtet. Als Radfahrerkirche auf dem Ilmtal-Radweg ist sie frei zugänglich. Auf dem benachbarten Rastplatz kann der Besucher die begehbare Sonnenuhr testen. Dabei kann er selbst den Zeiger spielen, denn durch den Einfall der Sonne wirft sein Körper einen Schatten.
Wahrzeichen des Ortes ist jedoch das „schwimmende Hüttendorf“ neben der Historischen Mühle. Bereits im späten Mittelalter befand sich auf dem Grundstück eine Mühle. Das Gebäude der heutigen Ölmühle stammt aus dem Jahre 1906. Die alte Mühle blieb während der Sanierung in Ihrer Anlage erhalten. Unter Nutzung des alten Wasserrades im Erdgeschoss entstand auf Basis der historischen Technik eine Anlage zur Herstellung von hochwertigem Senföl.
Im Obergeschoss werden im Mühlenladen hauseigene Produkte und regionale Natur- und Mühlenprodukte verkauft. Eine Etage höher wurde das Restaurant „Mühlenschänke“ eingerichtet.
Auf dem Terrain befinden sich außerdem ein Landhotel und einige Ferienwohnungen. Gut übernachten lässt es sich auch auf dem Schwimm-Steg mit sechs angekoppelten Hütten.
Neben dem schwimmenden Hüttendorf gehören zur Erlebnisinsel u. a. ein Caravanstellplatz, ein großer Spielplatz, ein Ziegenkindergarten sowie ein Biergarten.
s. auch www.oelmuehle-eberstedt.de oder www.bad-sulza.de

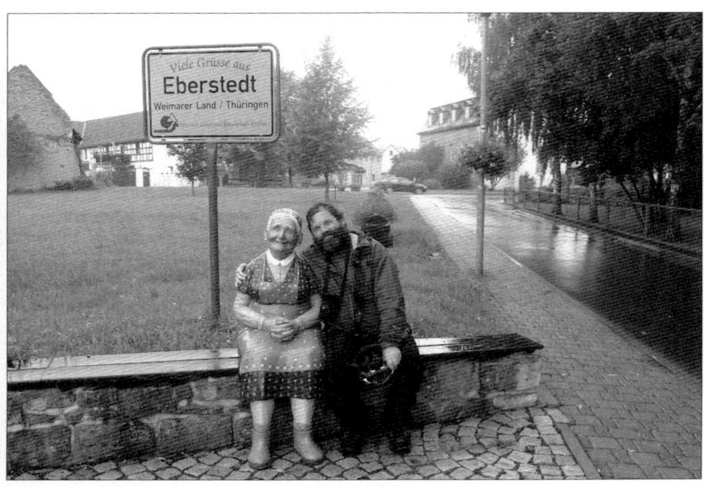

Gastfreundliche Eberstedterin

Goseck mit Schloss und Sonnenobservatorium (RT 53, 55)

Goseck liegt am nördlichen Steilhang der Saale. Die Geschichte des Ortes ist eng mit dem Schloss verbunden. Ab 1041 wurde die Pfalzgrafenburg in ein Benediktinerkloster umgewandelt. Das Kloster wurde 1540 aufgehoben. Nach dem 2. Weltkrieg wurde das Anwesen als Schule und Jugendherberge genutzt.
Seit 1997 gehört Schloss Goseck zur Stiftung Schlösser, Burgen und Gärten des Landes Sachsen-Anhalt. Damit begannen umfangreiche Sanierungsarbeiten. Der Verein Schloss Goseck e.V. hat 1998 das „Europäische Musik- und Kulturzentrum Schloss Goseck" gegründet. Die gern besuchten Gosecker Schlosskonzerte widmen sich überwiegend alter Musik.
Im Schloss Goseck befindet sich auch das Informationszentrum zum Sonnenobservatorium, eine Ausstellung über die Entdeckung, die Ausgrabung sowie die Deutung der jungsteinzeitlichen Anlage. Das Informationszentrum ist in den Monaten April bis Oktober täglich (außer montags) von 10 bis 17 Uhr zu besichtigen. Von November bis März wird nach Vereinbarung geöffnet.
Das Sonnenobservatorium wurde in den 90er Jahren des 20. Jh. durch Luftbildaufnahmen entdeckt und seit 2003 freigelegt. Diese jungsteinzeitliche Kreisgrabenanlage wurde ca. 4800 v. u. Z. erbaut und diente als Versammlungs-, Handels-, Kult- und Gerichtsplatz. Sie ist somit das älteste Sonnenobservatorium Europas. Die Anlage wurde im Originalmaßstab rekonstruiert und im Dezember 2005 fertiggestellt. Sie ist offen und jederzeit zu besichtigen. Führungen werden sonntags ab 14.30 Uhr sowie nach Vereinbarung angeboten.
s. auch www.sonnenobservatorium-goseck.info oder www.schloss-goseck.de oder www.goseck.de

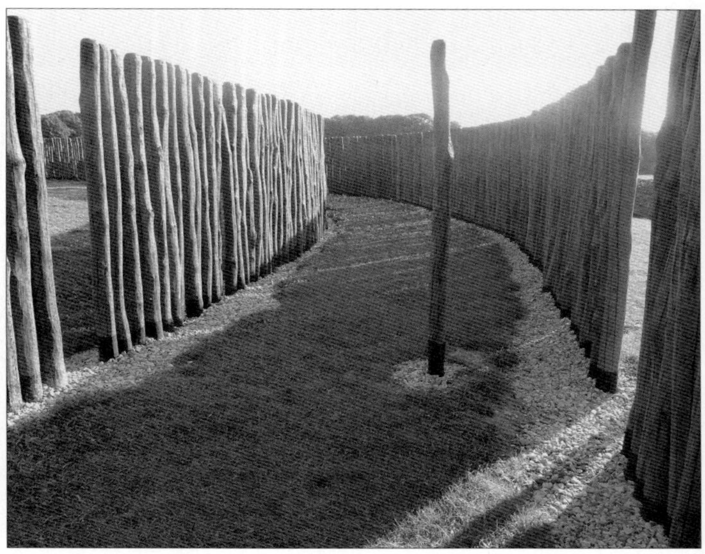

Goseck, Sonnenobservatorium

Langeneichstädt mit Eichstädter Warte (RT 52)

Langeneichstädt wurde 778 im Hersfelder Zehntverzeichnis zum ersten Mal urkundlich erwähnt. Wahrzeichen des Ortes ist die 1483 errichtete Eichstädter Warte. Sie ragt am Rande der Querfurter Platte ca. 1,5 km nördlich der Ortslage Langeneichstädts weithin ins Land hinaus. Der mittelalterliche Wachturm hat einen Umfang von 23 m am Fuße. Seine Höhe beträgt 15,70 m bis zur Spitze. Der Zugang an der Südseite ist 7,50 m hoch. Unmittelbar neben der Eichstädter Warte befinden sich das Steinkammergrab und eine Menhirstele mit dem Abbild einer „Dolmengöttin". Diese wurde bei Feldarbeiten im Frühjahr 1987 angepflügt. Bei den folgenden Ausgrabungen wurde eine jungsteinzeitliche Grabanlage (2.300-2.900 v. u. Z.) aus Sandstein- und Muschelkalkplatten von 5,30 m Länge, 1,90 m Breite und 1,70 m Höhe freigelegt. Besichtigungen und Führungen sind am Tag des offenen Denkmals und nach Voranmeldung beim Warteverein möglich. Weithin sichtbar ist die Bockwindmühle. Die Inneneinrichtung ist vollständig erhalten und am Deutschen Mühlentag sowie am Tag des offenen Denkmals zu besichtigen

s. auch www.gemeinde-langeneichstaedt.de oder www.muecheln.de

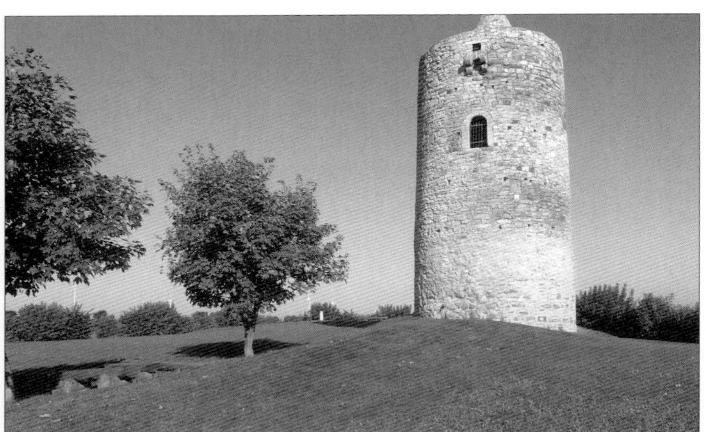

Eichstädter Warte mit Dolmengöttin

Geiseltalsee (RT 52-53)

Der Geiseltalsee liegt im südlichen Teil von Sachsen-Anhalt, sozusagen im „Städtefünfeck" Querfurt, Bad Lauchstädt, Merseburg, Naumburg und Freyburg. Alle genannten Orte liegen nur ca. 15 bis 20 km entfernt.

Die Geschichte der Geiseltalregion ist eng mit der Kohleförderung verbunden (1698 bis 1993). Der Beginn der Flutung im Jahre 2003 war Startschuss für die Entstehung des größten künstlich angelegten See's in Deutschland. Mit seiner beeindruckenden landschaftlichen Umgebung zieht er viele Besucher an. Wer auf dem gut ausgeschilderten Radweg den See umrundet, kann auf abwechslungsreichen 27 km den Wandel vom Bergbau- zum Erholungsgebiet intensiv verfolgen. Dabei kommt man auch über den Weinberg, wo auf einer Fläche von 3,1 ha qualitativ hochwertiger Wein angebaut wird. Der 70 m über der Wasseroberfläche gelegene Weinberg ist der höchste Punkt des Rundweges. Es gibt keine Stelle, von der man den gesamten See einsehen kann.

Hier verlief einst die Alte Heerstraße. Für Pilger auf dem ebenfalls hier verlaufenden Jakobusweg wurde eine Europäische Begegnungsstätte der Kulturen am Weinberg errichtet. Diese besteht aus Original Steinen von Kirchen aus den 16 überbaggerten Dörfern, die dem intensiven Braunkohleabbau im Geiseltal weichen mussten.

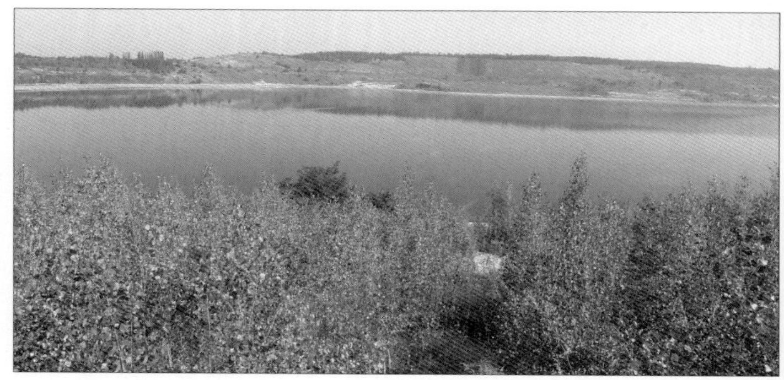

Geiseltalsee und Geiseltalexpress

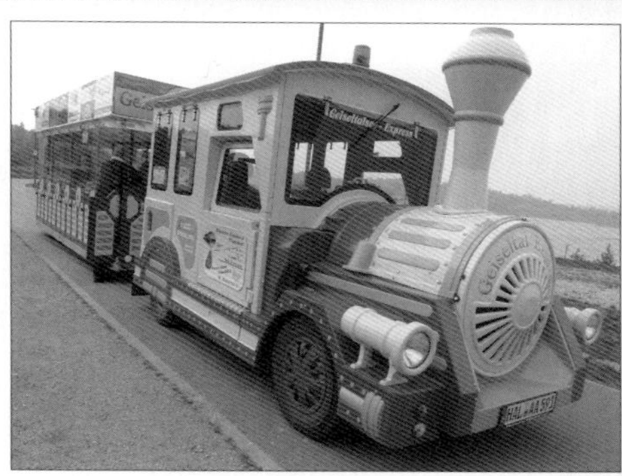

Wer es weniger sportlich mag, kann mit dem „Geiseltal-Express“ oder mit Kleinbussen den See umrunden und dabei interessante Dinge erfahren.
s. auch www.geiseltalsee.de, www.weinbau-am-geiseltalsee.de und www.geiseltalsee-ifv.de

Mücheln (Geiseltalsee) (RT 52-53)

Mücheln ist die älteste Stadt am Geiseltalsee. Die erste urkundliche Erwähnung im Hersfelder Zehntverzeichnis erfolgte zwischen 891 und 899 als Muchilidi. Markgraf Friedrich der Strenge verlieh Mücheln 1350 das Stadtrecht. Mit den damit verbundenen Privilegien erfolgte ein wirtschaftlicher Aufschwung. Diese Zeit war aber auch durch herbe Rückschläge geprägt, wie Kriege, Stadtbrände und Epidemien. Im Dreißigjährigen Krieg wurde beispielsweise die gesamte Stadt niedergebrannt.

Das zwischen 1996 und 2000 umfassend sanierte und unter Denkmalschutz stehende Altstadtensemble zeigt Spuren der Vergangenheit. Restauriert wurde auch der wiederentdeckte alte Marktbrunnen. Der Markt wurde im Zuge der Restaurierung terrassenförmig gestaltet und ist somit ideal für die vielen Zuschauer, welche die zahlreichen Festlichkeiten in Mücheln besuchen. Besondere Höhepunkte sind dabei das Stadt- und St. Jakobusfest jährlich am ersten Juli-Wochenende sowie der traditionelle Kartoffelmarkt am 3. Oktober.

Das Marktensemble wird durch das 1571 im Spätrenaissance-Stil errichtete Rathaus geprägt. Im Rahmen einer Stadtführung können die restaurierten Gewölbekeller besichtigt werden, in denen einst Bier gebraut, aber auch Straffällige gefangen gehalten und gefoltert wurden.

Läuft man vom Marktplatz durch den Fußgängertunnel in Richtung See eröffnet sich ein herrlicher Panoramablick auf den Geiseltalsee und seinen Hafen.

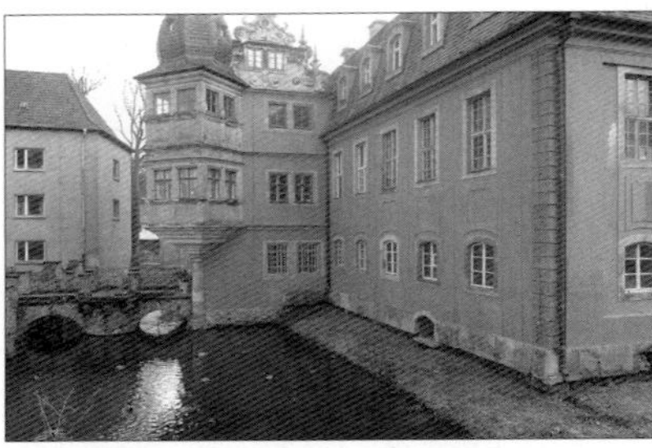

Aber nicht nur die Kernstadt ist interessant. Bei einem Bummel im Stadtteil St. Micheln lohnt sich ein Besuch der Geiselquelle mit Kneipp-Einrichtung und des Naturschutzgebietes. Im idyllischen Stadtteil St. Ulrich laden das Wasserschloss, der Barockgarten sowie der Landschaftspark zum Verweilen ein.
s. auch www.muecheln.de

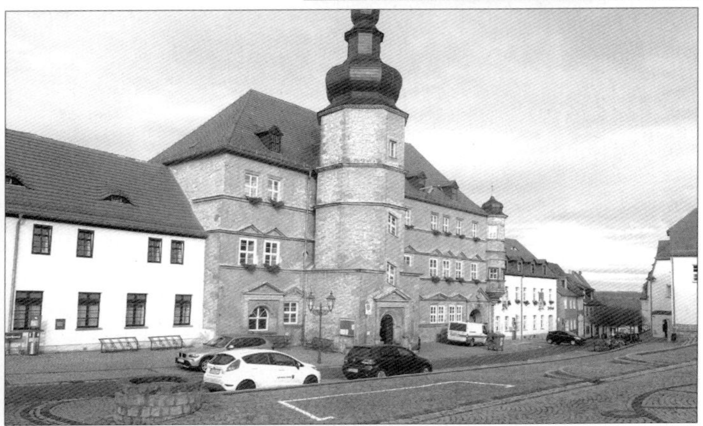

Mücheln, Wasserschloss (oben) und Rathaus

Braunsbedra mit Pfännerhall (RT 52-53)

Nahezu 300 Jahre wurde die Stadt Braunsbedra, neben der Stadt Mücheln, vor allem durch den Bergbau im Geiseltal geprägt. Nun entwickelt sich das Geiseltal schrittweise zu einem touristischen Kleinod für Gäste aus Nah und Fern.

Neben dem größten künstlich geflutetem See Deutschlands sind es die zahlreich gefundenen und weltweite Bedeutung besitzenden Fossilien, die das Geiseltal interessant machen.

Vor allem diesem Thema widmet sich der Förderverein Zentralwerkstatt Pfännerhall e.V..

Die Mitglieder des Vereins sind mit der Vision angetreten, die ehemalige Zentralwerkstatt der Brikettfabrik Braunsbedra schrittweise zu einem Besucher- und Informationszentrum, dem Tor zum Geiseltal, zu entwickeln.

In der Dauerausstellung „Fundort Pfännerhall“ können zwei Vertreter der spektakulärsten Fossilienfunde, die im Geiseltal gemacht wurden, bestaunt werden. Bereits 1933 wurde das Geiseltaler Urpferdchen gefunden, dessen Replik zum Bestand der Ausstellung gehört. Das beeindruckendste Exponat der Ausstellung ist jedoch die lebensechte Nachbildung des Eurasischen Altelefanten. Dieser lieferte auch das Vorbild für das Kunstprojekt des halleschen Künstlers Moritz Götze, den roten Elefanten, welcher zum Symbol für die Pfännerhall geworden ist. Mit einer Höhe von 6 Metern steht er direkt vor der Pfännerhall und weist

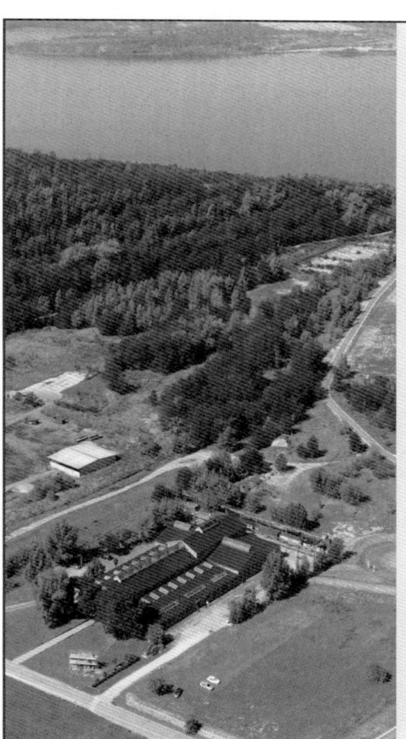

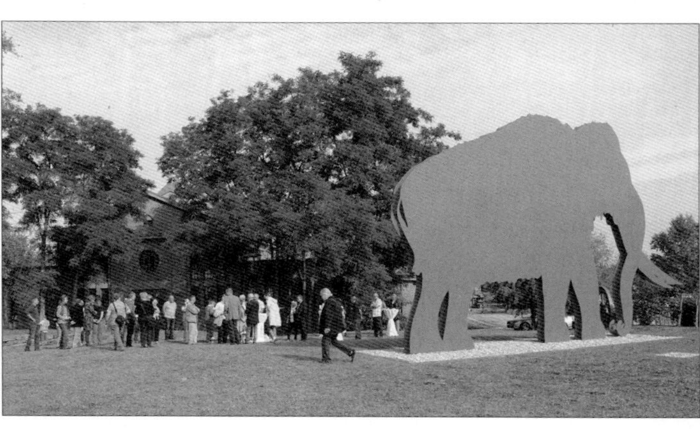

Besucherzentrum Pfännerhall. Foto Kathrin Butter

Autofahrern, die Braunsbedra passieren, den Weg. Auch wer lieber mit dem Rad unterwegs ist kann ihn sehen, denn den führt der Sole-Kohle-Geschichte-Radweg direkt zur Pfännerhall.
Außer der Dauerausstellung „Fundort Pfännerhall" findet man dort auch eine Ausstellung der Glück-Auf-Tour, welche eine Kurzinformation zum Bergbau in Mitteldeutschland liefert. Darüber hinaus gibt es in den Räumen der Pfännerhall regelmäßig weitere Sonderausstellungen und Kulturveranstaltungen.
Das Café Pfännerhall sorgt für das leibliche Wohl und verwöhnt seine Gäste mit Kuchen, Snacks, Kaffeespezialitäten und einer kleinen regionalen Speisekarte.
Weitere Informationen finden sie im Internet auf folgenden Seiten:
www.pfaennerhall.de oder www.besucherzentrum-pfaennerhall.de und www.pfaennerhall-cafe.de

Weitere interessante Radwege

Saale-Unstrut-Elster-Radacht (SUE) (RT 59-60)

Die Saale-Unstrut-Elster-Radacht verbindet die Flüsse Saale, Unstrut und Elster per Rad. Außerdem gibt es Vernetzungen zum Ilmtal-Radweg, zum Rippach-Radwanderweg, zum Goethe-Radweg sowie zum Himmelsscheibenradweg.
Die Westroute ist 83 km und die Ostroute ca. 100 km lang. In den Radtouren 64 und 65 werden beide Routen beschrieben.
s. auch www.saaleunstrut.com

Dolmenradweg (RT 52-53)

Der Radweg gehört neben dem Himmelsscheibenradweg zum Netzwerk der Himmelswege in Sachsen-Anhalt. Ab Querfurt besteht eine Anbindung an den Himmelsscheibenradweg, ab Goseck an den Saale-Radweg sowie an die Saale-Unstrut-Elster-Radacht. Außerdem hat man in Mücheln eine Anbindung an den von Halle/Saale nach Bad Sulza führenden Goethe-Radweg.
Wichtige Abschnitte des 52 km langen Weges sind:
Querfurt - Langeneichstädt - Geiseltalsee - Braunsbedra - Roßbach - Pettstädt - Goseck
s. auch www.saaleunstrut.com

Ilmtal-Radweg (RT 56, 59)

Einer der beliebtesten Radwege Thüringens ist der Ilmtal-Radweg. Er ist der bisher einzige Thüringer Radfernweg, der vom Allgemeinen Deutschen Fahrrad-Club als ADFC-Qualitätsradroute mit vier Sternen ausgezeichnet wurde.
Der Radweg erstreckt sich über 120 km von Allzunah im Thüringer Wald bis zur Saale-Mündung bei Kaatzschen-Weichau.
Seine wichtigsten Stationen sind:
Allzunah - Stützerbach - Ilmenau - Stadtilm - Kranichfeld - Bad Berka - Weimar - Bad Sulza - Großheringen
s. auch www.ilmtal-radweg.de

Goethe-Radweg

Der Goethe-Radweg verbindet den Saale-Radweg von Hohenweiden bei Halle. mit dem Ilmtal-Radweg bei Bad Sulza. Die Streckenlänge beträgt ca. 90 km.
Die wichtigsten Stationen sind:
Hohenweiden - Bad Lauchstädt - Geiseltalsee - Mücheln/Geiselquelle - Albersroda - Gleina - Müncheroda - Weischütz - Laucha - Burgscheidungen - Bad Bibra - Eckartsberga - Auerstedt - Bad Sulza
s. auch www.saaleunstrut.com

Der Unstrut-Werra-Radweg

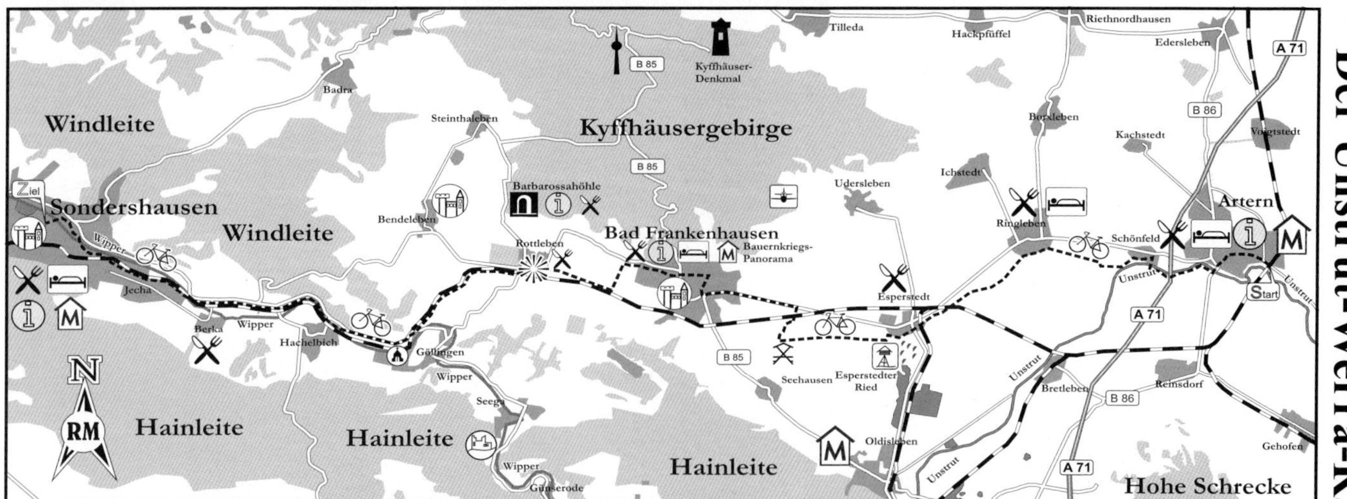

Der Unstrut-Werra-Radweg verbindet die beiden Flüsse und die dazugehörigen Radwege miteinander. Ein Teil verläuft auch entlang der Wipper, einem Nebenfluss der Unstrut. Die Länge des Weges beträgt ab Artern knapp 120 km. Ausgeschildert ist der Weg von Schönfeld bei Artern bis zum Werratal-Radweg zwischen Treffurt und Heldra. Sein Logo ist ein Fahrrad, das oben mit dem Schriftzug Unstrut und unten mit dem Schriftzug Werra versehen ist. Ein großer Teil der Strecke verläuft auf ehemaligen Bahntrassen. Deshalb sind die Anstiege zumeist moderat. So sieht man einmal mehr, dass die sinnvollste Nutzung einer stillgelegten Eisenbahnstrecke die Schaffung eines Bahntrassen-Radweges ist. Real existierende Bahnhöfe bestehen auf dieser Strecke allerdings nur in Artern, in Sondershausen, in Hohenebra sowie in Mühlhausen. Schwieriger gestaltet sich die An- und Abreise an und von der Werra. Dort befinden sich die nächsten Bahnstationen in Eschwege (ca. 20 km), in Hörschel (ca. 25 km) oder in Eisenach (ca. 30 km).

s. auch www.unstrut-werra.de oder www.blaues-band.de

Abschnitt 1: Artern - Sondershausen 40 km

ART, Bf. - Schönfeld (km 2,9) - Schönfelder See (3,7) - Ringleben, Kirche (6,8) - Rastplatz Solgraben - Esperstedt (10,3) - Esperstedter Ried/Vogelbeobachtungsturm (13,5) - Rastplatz Abzw. Seehausen (14,7) - Thomas-Müntzer-Siedlung, Bushaltestelle (15,9) - Bad Frankenhausen, Anger (19,1) - Kleine Wipper/Gelbe Brücke (20,6) - Teichmühle (21,5) - ehem. Bf. Rottleben (24,5) - AP bei Rottleben (25,3) - Abzw. Barbarossahöhle-Bendeleben - ehem. HP Göllingen (27,7) - Rastplatz Wippertunnel (27,9) - ehem. HP Hachelbich (30,3) - ehem. HP Berka/Wipper (33,8) - ehem. HP SDH-Jecha (37,2) - **Sondershausen (40)**
Bemerkung: *von ART bis Schönfeld auf URW, von Schönfeld bis SDH auf Unstrut-Werra-Radweg*

Kurze Streckenbeschreibung:

Wir starten in ***Artern.*** Von dort folgen wir dem *Unstrut-Radweg* bis zur *Unstrutbrücke* in ***Schönfeld*** (s. Etappe 4). Dort beginnt die Beschilderung des *Unstrut-Werra-Radweges*, wobei wir uns an dieser Stelle vom Unstrut-Radweg trennen.
Nun geht es am *Flutgraben* entlang und am ***Schönfelder See*** vorüber nach ***Ringleben.***

Dabei gerät das Kyffhäusergebirge immer mehr ins Blickfeld. Aus diesem mit 60 Quadratkilometern kleinsten Mittelgebirge Deutschlands ragen das Bauernkriegspanorama, das Kyffhäuser-Denkmal sowie der Fernsehturm heraus.

Von Ringleben *(Kirche)* geht es neben auf dem *Solgraben* weiter, um nach ***Esperstedt*** zu gelangen.

Esperstedt liegt in der fruchtbaren Diamantenen Aue und wurde erstmals laut Güterverzeichnis des Klosters Hersfeld im Jahre 786 erwähnt. Die Kirche weist noch Reste aus der romanischen Bauzeit auf.
s. auch www.bad-frankenhausen. de
Zur Gemarkung Esperstedts gehört das Esperstedter Ried, in Bezug auf Fläche und Artenreichtum die bedeutendste Binnensalzstelle Thüringens. Besonders in der Nähe des Solgrabens bewirkt der Salzgehalt des Wassers das Auftreten von salzliebenden Pflanzenarten. Derzeit sind 35 Salzpflanzenarten anzutreffen. Nachgewiesen wurde hier die Kleinblütige Schwarzwurzel, die deutschlandweit nur in zwei weiteren Fundorten in Sachsen-Anhalt vorkommt. Außerdem hat hier der Dickblättrige Gänsefuß seinen einzigen bekannten Fundort in Thüringen.
Auch seltene Vogelarten wissen das Esperstedter Ried zu schätzen. Naturfreunde und Vogelliebhaber können von einem Aussichtsturm die Vogelwelt beobachten. Eine Dauerausstellung zu diesem seltenen Lebensraum kann im Regionalmuseum Bad Frankenhausen besucht werden.
s. auch www.geopark-kyffhaeuser.com

Anschließend führt der Weg wieder neben dem *Flutgraben* durch das ***Esperstedter Ried***. Dabei wird auch der ***Vogelbeobachtungsturm*** passiert.

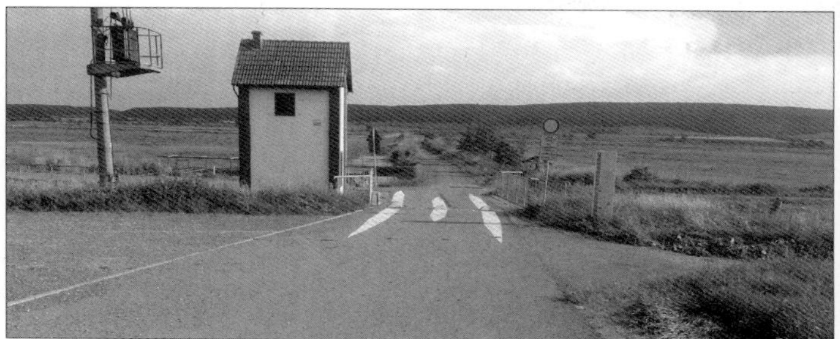

Esperstedter Ried

An einer *überdachten Sitzgruppe* gabeln sich die Wege.

Links führt ein Radweg nach Seehausen. Dahinter zeigt sich der Höhenzug der Hainleite.

Wir schwenken rechts ein, um nach Überquerung des Solgrabens zur *Landstraße Bad Frankenhausen - Esperstedt* zu radeln. An der *Bushaltestelle* der ***Thomas-Müntzer-Siedlung*** halten wir uns links und fahren straßenbegleitend auf ***Bad Frankenhausen*** zu.

Auf dem Weißen Berg (heute Schlachtberg) fand am 15. Mai 1525 die letzte, entscheidende Schlacht des Bauernkrieges statt. Dabei erlitten die Bauern, Bergleute, Salzsiedler, auch Frankenhäuser Bürger in ihrem gerechten Kampf gegen die Feudalherren eine verheerende Niederlage. Ihr Führer Thomas Müntzer wurde durch den Grafen von Mansfeld gefangen genommen, gefoltert und schließlich in Mühlhausen hingerichtet.
An dieser historischen Stelle entstand 1975 das Panorama Museum als Gedenkstätte. Dazu wurde durch Prof. Werner Tübke das Rundbild mit einer Höhe von 14 Metern Höhe und einem Umfang von 123 Metern geschaffen. In zwölfjähriger Filigranarbeit entstand ein komplexes, realistisches Sinnbild der damaligen Epoche der „Frühbürgerliche Revolution in Deutschland". Ausgeführt in Öl auf Leinwand wurde es ein imposantes Kunstwerk mit über 3000 Einzelfiguren. Somit zählt es zu den größten und figurenreichsten Gemälden der neueren Kunstgeschichte.
Außerdem beherbergt das Museum eine umfangreiche Sammlung an zeitgenössischer Kunst, wobei die meisten Arbeiten durch Kauf erworben wurden. Geboten werden auch wechselnde Ausstellungen und Konzerte. Im Jahre 2011 erfolgte die Auszeichnung mit dem „Europäischen Kulturerbe-Siegel".
s. auch www.panorama-museum.de
Die Entwicklung der Kleinstadt wurde durch die Salzproduktion geprägt, die Anfang des 19. Jh vorangetrieben wurde. Der Frankenhäuser Arzt Dr. A. W. G. Manniske richtete 1818 die ersten Solbadekabinette ein, was zu einer weiteren Entwicklung zum Kurort beitrug. Nach der Errichtung des Kindersanatoriums am Weinberg 1927 erhielt die Stadt die Bezeichnung Bad Frankenhausen. Auch heute werden in den inzwischen modernisierten Anlagen die Kinderkuren weitergeführt.

Zunehmend besucht werden die Mutter-Kind-Kuren. Mit dem Botanischen Garten, dem Waldpark „Hoheneck“, dem Stadtpark und dem Kurpark prägen vier attraktive Parkanlagen das Bild der Stadt.
Große Antrengungen werden unterommen, damit die Oberkirche mit ihrem schiefsten Turm Deutschlands nicht weiter aus dem Lot gerät.
Das Kreisheimatmuseum im ehemaligen Schloss beherbergt Ausstellungen über die Natur und Geschichte der Kyffhäuserregion.
Badespaß pur bietet die Sole-Wellness-Oase in der Kyffhäuser-Therme.
s. auch www.bad-frankenhausen.de

Am *Busbahnhof* vorüber erreichen wir durch den *Solepark* das Zentrum der Kurstadt mit seinem *Anger*, wo sich zugleich die *Tourist-Information* befindet.
Wir verlassen Bad Frankenhausen parallel der Landstraße Richtung Rottleben entlang der ***Kleinen Wipper.***
Am *Wegekreuz* ***Gelbe Brücke*** bleiben wir geradeaus.

Hier befindet sich ein Mountainbike-Platz.

An der nächsten Weggabelung wendet sich der Radweg linkerhand von der Landstraße ab und führt zur ***Teichmühle***. Nach weiteren 3 km erreichen wir den ***ehemaligen Bahnhof Rottleben*** und wenig später einen *Aussichtspunkt* mit Blick auf die Gemeinde.

Wer von hier direkt zur Barbarossahöhle möchte, bleibt geradeaus und gelangt am Wegekreuz Dreiangel vorüber zu diesem Kleinod. Außerdem besteht die Möglichkeit, von der Ortslage Rottleben einen lohnenswerten Besuch der Höhle zu unternehmen.

Rottleben mit Barbarossahöhle

Einfach sagenhaft! Die 15.000 m² große Barbarossahöhle bei Rottleben ist eine von weltweit nur zwei existierenden Schauhöhlen im Anhydritgestein und damit eine absolute geologische Rarität.
Sie wurde am 20. Dezember 1865 zufällig von Bergleuten bei der Suche nach Kupferschiefer entdeckt und bereits zwei Wochen später für Besucher freigegeben.
Riesige, weitgespannte Hohlräume und interessante Gesteinsstrukturen wie Alabaster und Schlangengips faszinieren die Besucher ebenso wie die zahlreichen kristallklaren, blaugrün schimmernden Seen mit ihren eindrucksvollen Deckenspiegelungen.
Spektakulär und weltweit einzigartig: Von den Decken und Wänden wachsen skurril gebogene Gipslappen herab, die an zum Trocknen aufgehängte Felle oder Häute

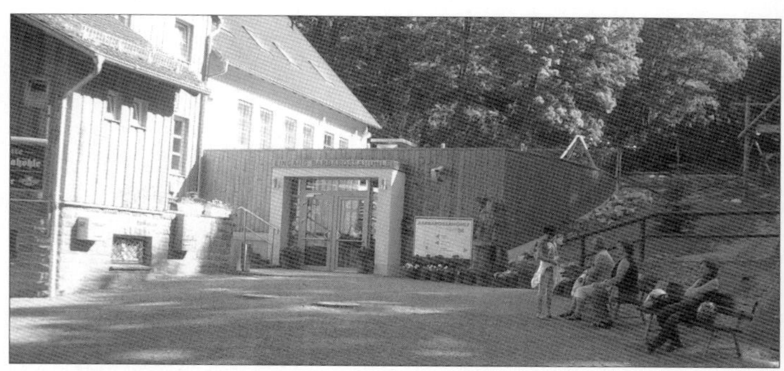

Barbarossahöhle

erinnern. Und so ganz nebenbei ist immer der Hauch der Geschichte zu spüren: Stauferkaiser Friedrich I. Barbarossa ist nämlich der Sage nach nicht gestorben, sondern in einem unterirdischen Schloss im Kyffhäuser verzaubert. Hier schläft er an einem Tisch von Marmorstein, durch den im Laufe der Jahrhunderte sein roter Bart gewachsen sein soll.
Neben dem Naturerlebnis des Höhlenbesuches gibt es auch vielfältige Kulturerlebnisse. Der weit gespannte „Tanzsaal" bietet eine atemberaubende Atmosphäre für Konzerte, Theateraufführungen, Lesungen und Hochzeiten.
s. auch www.barbarossahoehle.de oder www.kyffhaeuser-land.de

Am *ersten Wippertunnel* wird eine weitere Radwegverbindung zur Barbarossamühle und zum Barockdorf Bendeleben angeboten.

Göllingen wurde erstmals im Jahre 765 im Zehntverzeichnis des Klosters Hersfeld erwähnt. Das um 1000 gegründete Kloster erhielt 1005 eine Schenkungsurkunde des Thüringer Grafen Günther von Käfernburg, die in der kaiserlichen Pfalz Wallhausen in Anwesenheit Godehards von Hildesheim in Erwartung Kaiser Heinrich II. abgefasst wurde.
Durch weitere Stiftungen vermehrt, besaß das Kloster reiche Güter und Einkünfte in zahlreichen Orten.
Der noch erhaltene Teil der Klosterkirche der Benediktiner zeigt ein einzigartiges Zusammenspiel romanisch-byzantinisch-maurischer Baukunst. Das Westwerk der Klosterkirche wurde im 13. Jh. umgebaut.
Etwa zeitgleich wurde mit der „Kleinen Wipper" bei Göllingen ein künstlicher Wasserlauf für die Salzstadt Frankenhausen geschaffen.
Bauernkrieg und Reformation schadeten der weiteren Entwicklung des Klosters kaum. Allerdings kam mit dem Ende des Dreißigjährigen Krieges und der damit verbundenen Säkularisierung das Ende der Nutzung als Klosteranlage. Die Domäne fiel an Hessen-Kassel und wurde 1818 an das Fürstentum Schwarzburg-Rudolstadt übertragen.
Gut erhalten von der spätromanischen Klosterkirche ist der prächtige, achteckige Kirchturm. In dessen Erdgeschoss befindet eine 8,20 m x 8,20 m große Krypta, eines der kunstgeschichtlich bedeutsamen Baudenkmale des Kyffhäuserkreises.
Seit 1991 engagiert sich der Verein „Gesellschaft der Freunde der Klosterruine St. Wigbert Göllingen e. V." für den Denkmalschutz und zur Belebung von Kultur und Begegnung. Besonderes Augenmerk gilt dabei, die Begegnung junger Menschen aus Europa zu fördern.
Die Klosterkirche wird auch durch die Stiftung Thüringer Schlösser und Gärten schrittweise saniert.
Gern besucht werden Konzerte und das alljährliche Klosterturmfest zum Tag des offenen Denkmals.
In der Internationalen Jugendbegegnungsstätte bestehen Übernachtungsmöglichkeiten.
s. auch www.kloster-goellingen.de oder www.kyffhaeuserland.de

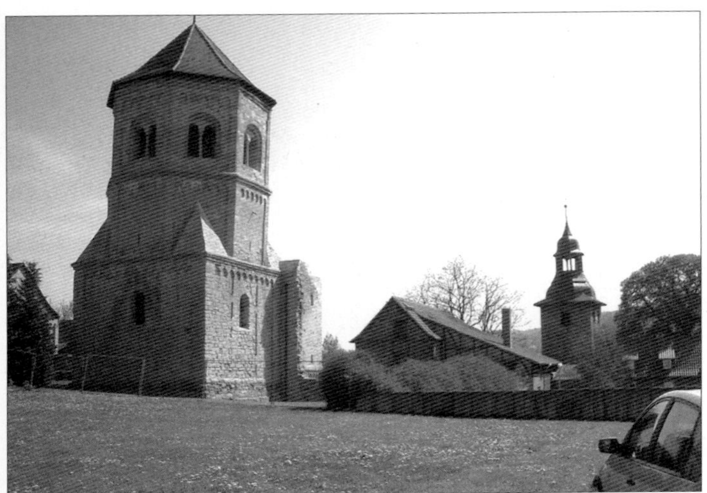

Kloster St. Wigbert Göllingen

Hinter dem ***ehem. Bf. Göllingen*** lädt am *zweiten Wippertunnel* ein *Rastplatz* zur Pause ein. Rasten lässt es sich aber auch am ***ehem. Bf. Hachelbich***. In den Sondershäuser Stadtteilen ***Berka/Wipper*** und ***Jecha*** werden weitere ehemalige Bahnhöfe der einstigen Kyffhäuserbahn passiert.
Im **Schlosspark** von ***Sondershausen*** endet die erste Etappe des Unstrut-Werra-Radweges. Von hier sind es nur wenige Meter bis ins Zentrum der Kreisstadt. Lohnenswert ist auch ein Abstecher zum Besucherbergwerk „Glückauf".
s. auch www.erlebnisbergwerk.com.

Die idyllisch zwischen Hainleite und Windleite gelegene Kreisstadt Sondershausen (ca. 23.000 Einwohner) erhielt um 1300 Stadtrecht. Sie entwickelte sich zu einer fürstlichen Residenz.
Noch heute thront das Residenzschloss im Zentrum der Stadt. Die unregelmäßige Vierflügelanlage vereint Baustile von der Renaissance bis zum Historismus. Im Schloss befinden sich u. a. ein Restaurant und das mit fünf Ausstellungsbereichen sehr interessante Schlossmuseum. Die Goldene Kutsche, eine Prunkkarosse aus dem frühen 18. Jh., ist mit den sechs lebensgroßen Pferdemodellen das imposanteste Ausstellungsstück.
Dem Wirken von Persönlichkeiten, wie Johann Simon Hermstedt, Max Bruch, Max Reger und Franz Liszt ist es auch zu verdanken, dass Sondershausen weltweit einen Ruf als „Musikstadt" erlangte. Die Musiktradition wird mit dem „Loh-Orchester", welches 1637 aus der fürstlichen Hofkapelle hervorging, seit Jahrhunderten bewahrt. Das Sinfonieorchester spielt in historischen Räumen, wie dem Blauen Saal, dem Achteckhaus und dem Haus der Kunst. Auch bei den überregional beliebten Thüringer Schlossfestspielen Sondershausen kommt es alljährlich beim Sommer-Open Air im Schlosshof zum Einsatz.
Steigt man die Schlosstreppe hinab, gelangt man auf den Marktplatz mit historischen Gebäuden, wie der „Alten Wache" - Sitz der Touristinformation Sonderhausen - und auf kurzen Wegen in die Fußgängerzone und in den 40 ha großen Schlosspark.
s. auch www.sondershausen.de

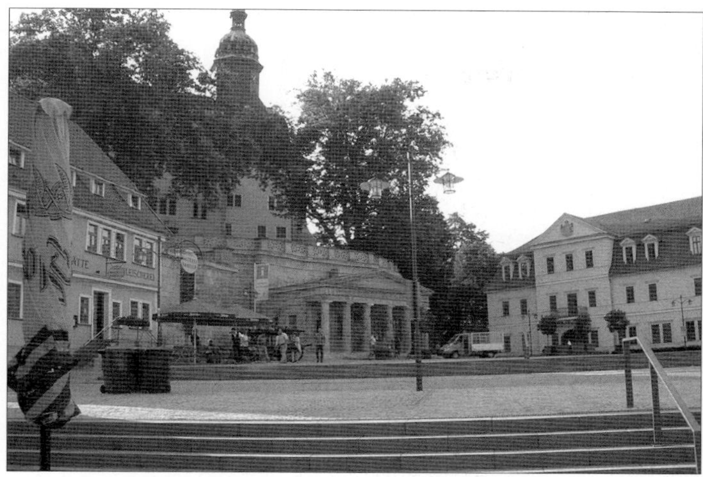

Sondershausen, Alte Wache - Sitz Touristinformation, im Hintergrund das Schloss

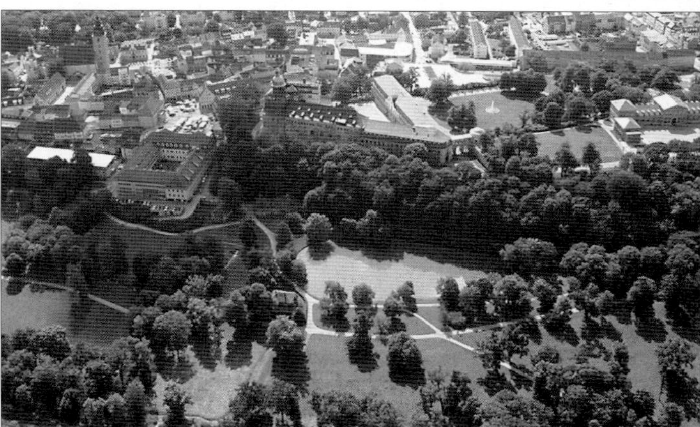

Sondershausen aus der Luft. Quelle Stadtverwaltung Sondershausen

Abschnitt 2: Sondershausen - Mühlhausen 43 km

Sondershausen, Zentrum - SDH-Bebra - Oberspier (km 6,6) - **Bf. Hohenebra-Ort (9,7)** - Thalebra, Teich (10,7) - Gundersleben (13,4) - Ebeleben (18,4) - Rockensußra (21,5) - Mehrstedt (24,1) - Schlotheim (28,1) - Österkörner (31,1) - Bergmühle - Körner, ehem. HP (32,3) - Rastplatz Grenzbank (33,5) - Abzw. Furthmühle (35,1) - Grabe (35,6) - Rastplatz Heimatverein Grabe (37) - unterhalb Grabsche Berge - Abzw. Bollstedt (38,1) - Görmar (41,1) - **Mühlhausen, Bf. (42,6)**

Bemerkung: *komplett auf Unstrut-Werra-Radweg, vom Abzw. Bollstedt auch auf URW*

Kurze Streckenbeschreibung:

Sondershausen wird durch den ***Ortsteil Bebra*** mit seinem *Naturbad Bebraer Teiche* verlassen. Anschließend geht es straßenbegleitend neben der *B 4* weiter bis in den Stadtteil ***Oberspier***.

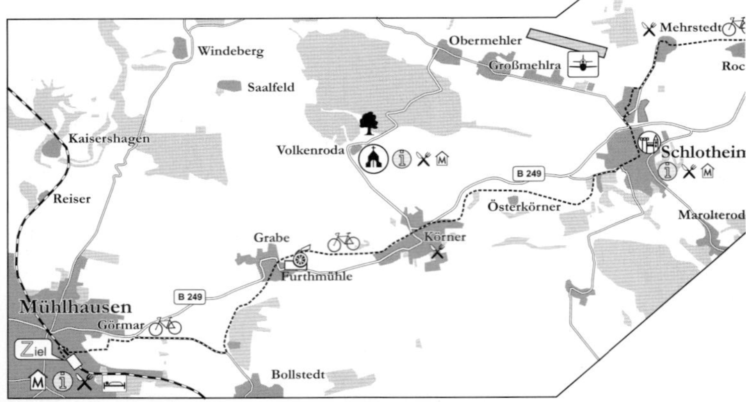

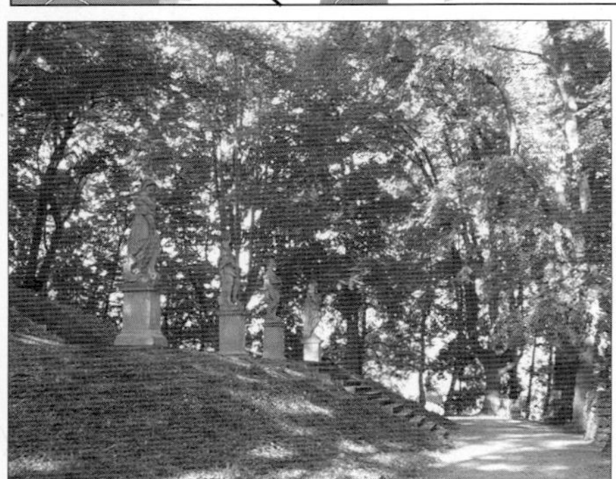

Von hier ist eine Abstecher zum Freizeit & Erholungspark Possen möglich. Der 200 Höhenmeter umfassende Anstieg durch die Kastanienallee erfordert Kondition.

Schlosspark Ebeleben

Vor dessen *Ortsschild* wird die **starkbefahrene Straße** gequert und wir erreichen den Nachbarort ***Hohenebra*** mit seinem *Haltepunkt* der Eisenbahnstrecke Nordhausen - Erfurt.

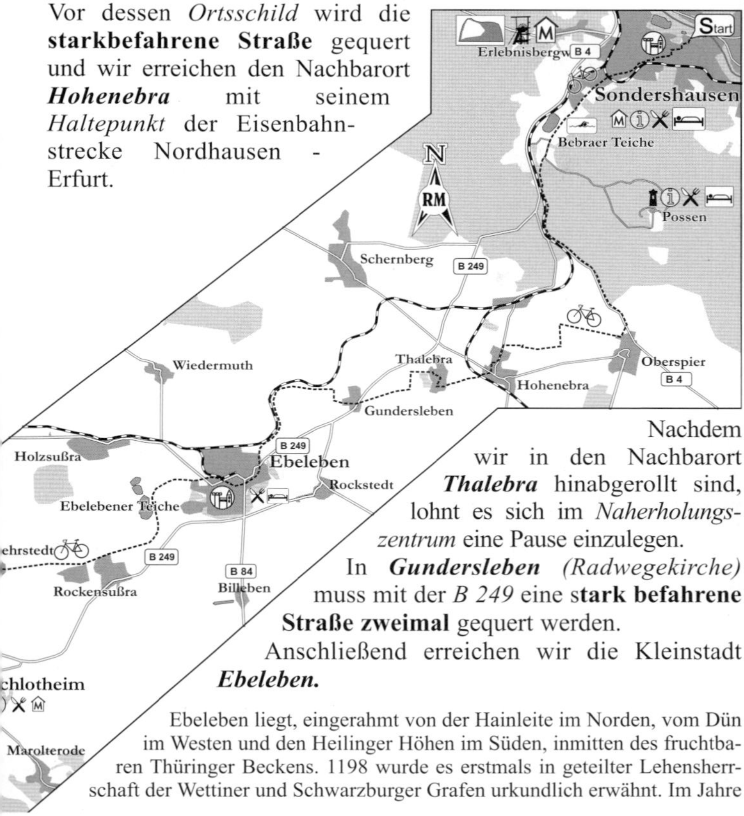

Nachdem wir in den Nachbarort ***Thalebra*** hinabgerollt sind, lohnt es sich im *Naherholungszentrum* eine Pause einzulegen.

In ***Gundersleben*** *(Radwegekirche)* muss mit der *B 249* eine **stark befahrene Straße zweimal** gequert werden.

Anschließend erreichen wir die Kleinstadt ***Ebeleben.***

Ebeleben liegt, eingerahmt von der Hainleite im Norden, vom Dün im Westen und den Heilinger Höhen im Süden, inmitten des fruchtbaren Thüringer Beckens. 1198 wurde es erstmals in geteilter Lehensherrschaft der Wettiner und Schwarzburger Grafen urkundlich erwähnt. Im Jahre

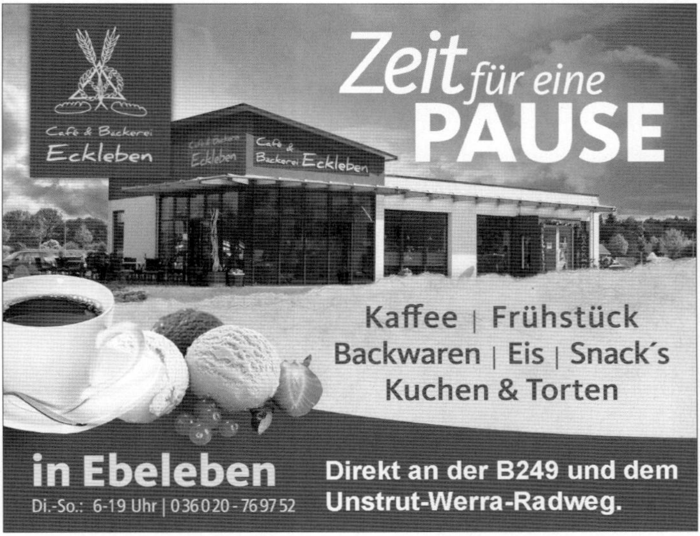

1277 erfolgte die Gründung des Zisterzienserinnenklosters im jetzigen Stadtteil Marksußra durch Albert von Ebeleben. Sein Einfluss erstreckte sich damals über etwa 30 der umliegenden Orte.
Durch US-amerikanische Bomben wurde das Schloss 1945 zerstört. Ein Verein unternimmt große Anstrengungen, um dieses Kleinod wieder zu beleben. Neben dem attraktiven Schlosspark (3,5 ha) verfügt Ebeleben über ein modernes Freibad. Im Juli findet hier jährlich das Schlossparkfest statt.
Für Spaziergänger lohnt sich ein Besuch der idyllisch gelegenen Ebelebener Teiche.
Im Mai 2008 öffnete in Ebeleben auf Initiative des Pfarrers Otto Thonhofer das erste Eselmuseum Thüringens. Die Zahl der Exponate beträgt 80 bis 100. Inzwischen können es aber auch mehr sein. Besichtigungen sind nach vorheriger Anmeldung möglich.
s. auch www.ebeleben-stadt.de oder www.schlosspark-ebeleben oder www.ebeleben-stadt.de/sehenswertes/eselmuseum.html

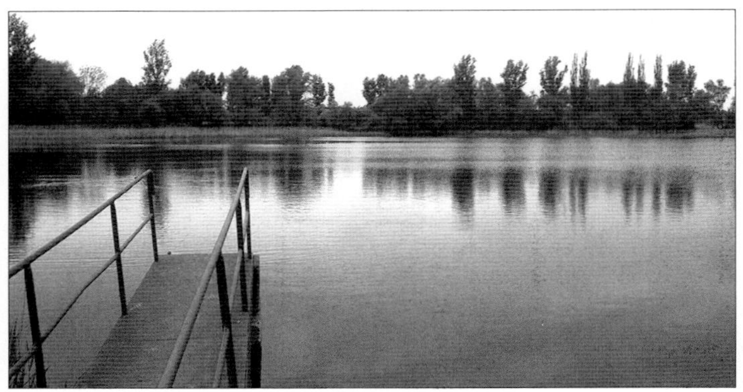

Ebelebener Teiche

Wir verlassen den Ort, nachdem wir die *Straße Ebeleben - Keula* gequert haben. Auf der *ehemaligen Bahnstrecke* Hohenebra - Ebeleben - Mühlhausen radeln wir über ***Rockensußra*** nach ***Mehrstedt***. Kurz vor ***Schlotheim*** unterqueren wir die *B 249*. In der Seilerstadt können wir allerdings nicht auf der Bahntrasse bleiben und werden durch die Stadt geführt.

Wahrscheinlich bestand auf dem Platz des Schlotheimer Schlosses in ottonischer Zeit eine Burg. Die heutige Umgebung des 1777 entstandenen Schlosses lässt noch Burggräben erkennen, die das Burggelände vom umgebenden Plateau abtrennen. Von der mittelalterlichen Burg sind noch Tonnenkeller des 13. Jh. vorhanden.
Im 19. Jh. begann mit der Ansiedlung des Seilerhandwerks die Industrialisierung Schlotheims. Hergestellt wurden zunächst Möbelgurte, Ankerleinen und Zugstränge, was der Stadt den Beinamen „Seilerstadt“ verschaffte, deren Wahrzeichen auch heute noch das Seilermännchen ist. Das Bild der Stadt prägen enge Straßen und Gassen sowie einige gut erhaltene Fachwerkhäuser. Zu den Sehenswürdigkeiten zählen die ev. Kirche (11. Jh.), das 1285 entstandene Kloster, das Laubsche Haus (1567) und das Löwenhaus (1626). Die 1851 geschaffene „Linkes Mühle“ wird als Museum für das Seilerhandwerk genutzt.
s. auch www.vg-schlotheim.de oder www.seilermuseum.schlotheim.info

Anschließend führt der Weg parallel zur B 249 wieder auf der ehemaligen Bahntrasse. Dabei werden die *ehem. Bahnhöfe* der Orte

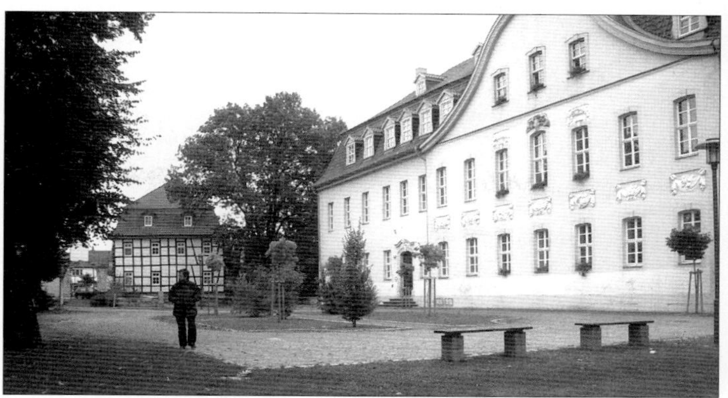

Barockschloss Schlotheim

Österkörner und ***Körner*** passiert. Kurz vor ***Grabe*** lädt die ***Grenzbank*** zur Rast ein. Wenig später wird ein Abstecher zur ***Furthmühle*** angeboten.

Grabe wurde erstmals im Jahre 997 urkundlich erwähnt, als Kaiser Otto III. beide Teile Grabes dem Stift St. Viktor in Mainz schenkte. Die Entwicklung des Ortes wurde durch das nah liegende Kloster Volkenroda beeinflusst. Der Ort hat zwei Kirchen. Dies ist darauf zurückzuführen, dass das heutige Grabe 1964 aus den Orten Groß-Grabe und Klein-Grabe zusammengeschlossen wurde. Seit 1970 ist die hl. Dreifaltigkeitskirche Ruine.
s. auch www.weinbergen.de
In Grabe befindet sich auch die Furthmühle. Erstmals urkundlich erwähnt wurde die Furthmühle 1139 im Mühlhäuser Stadtarchiv. Damals schenkte die sächsische Herzogin Gertrud diese Mühle dem Mönchsorden der Zisterzienser in Volkenroda. Vor Jahrhunderten wurde sie als Umspannstation auf dem Handelsweg von der Wartburg zum Kloster genutzt. Handelsleute tauschten hier ihre ermüdeten Lasttiere um.
Der Verfall dieses schönen Hofes begann 1960, nachdem der letzte Müller die Mühle verlassen hatte. Von 1991 bis 1997 erfolgte der Wiederaufbau dieses Kleinodes. Inzwischen wird das liebevoll sanierte Objekt als Landhotel und Restaurant genutzt.
s. auch www.landhotel-furthmuehle.de

Auf dem Weg von Grabe nach Bollstedt lädt der ***Rastplatz vom Heimatverein Grabe*** zum Entspannen ein. Der Weg führt nun unterhalb des ***NSG Grabsche Berge***. Kurz vor ***Bollstedt*** gabeln sich an einer *Disco* die Wege. Wir halten uns rechts, wobei uns nun über ***Görmar*** bis zum Tagesziel ***Mühlhausen*** wieder der *Unstrut-Radweg* begleitet (Entgegengesetzte Beschreibung s. Etappe 2).

Abschnitt 3: Mühlhausen - Treffurt 33 km

Mühlhausen, Bf. - Schwanenteich (km 2,5) - Popperöder Quelle (3,4) - Weidensee (5,5) - Oberdorla (7,9) - Langula (10,1) - Sängerdenkmal - Alter Bf./Grenzhaus Heyerode (17,3) - Diedorf, ehem. Bf. (21,9) - Wendehausen, ehem. Bf. (25,3) - ehem. HP Normannstein (28,3) - Grabstätte Emilie Schwarz - Feldmühle (30,8) - Abzw. Heldra - Treffurt (33)

Bemerkung: *von MHL bis Abzw. Heldra auf Unstrut-Werra-Radweg, vom Abzw. Heldra bis Treffurt auf Werratal-Radweg*

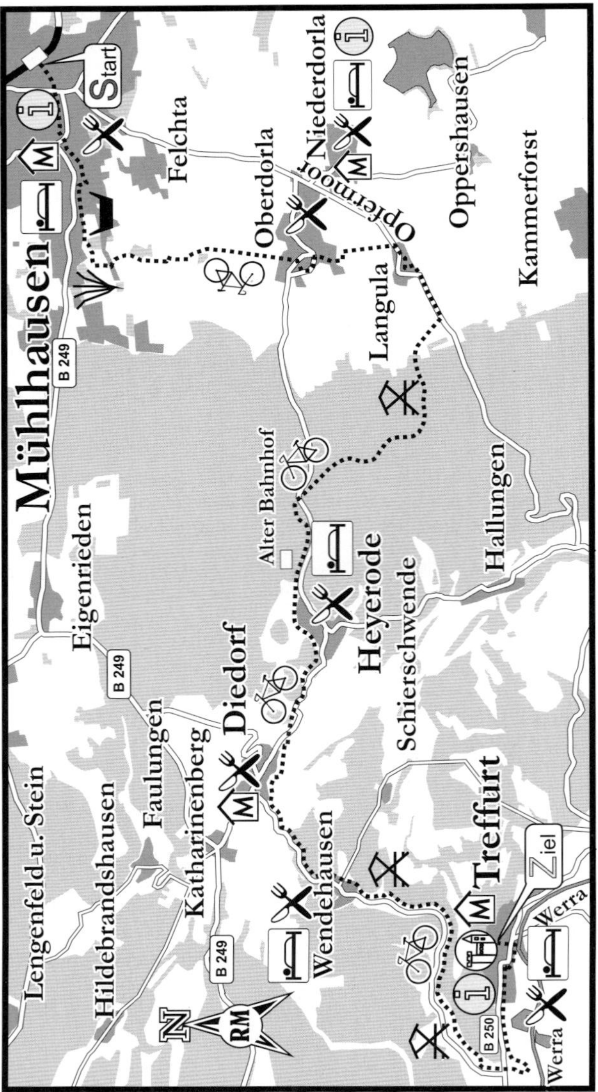

Kurze Streckenbeschreibung:

Am ***Bahnhof Mühlhausen*** folgen wir dem Radwanderwegweiser des Unstrut-Werra-Radweges. Die Entfernung bis ins Werratal ist mit 32 km angegeben. Nachdem wir die *B 247* mit Hilfe einer *Fußgängerampel* gequert haben, kommen wir durch den *Lindenbühl.*

Hier bietet sich die Möglichkeit, einen Abstecher in die herrliche Altstadt zu unternehmen.

Die Stadt wird durch die *Schwanenteichallee* verlassen. Da passieren wir das Naherholungsgebiet am ***Schwanenteich*** (s. auch SW 01). An der ***Popperöder Quelle*** vorüber erreichen wir den Rand des *Mühlhäuser Stadtwaldes.*
Der Schotterweg führt am *Jacobsbrunnen* zum ***Gut Weidensee***. Über einen Wirtschaftsweg gelangen wir nach ***Oberdorla*** und dann straßenbegleitend nach ***Langula.***

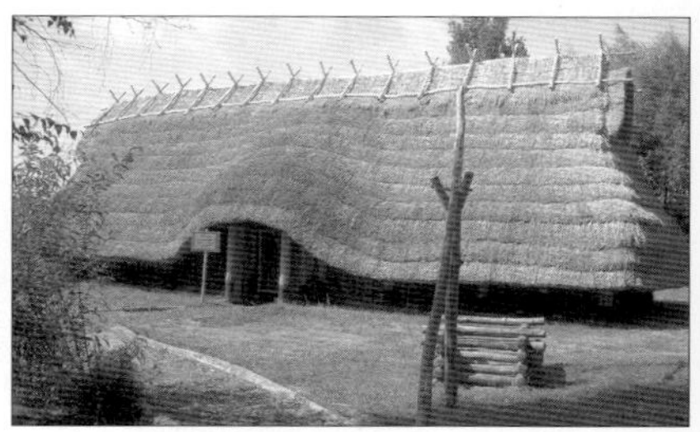

Das Langhaus auf dem Gelände des Opfermoors Vogtei

Von Oberdorla lohnt sich ein kleiner Umweg von 4 km hin und zurück nach Niederdorla. Mitte des 20. Jahrhunderts stieß man beim Torfabbau auf frühgeschichtliche Spuren, die sich als Opfergaben an eine germanische Kultstätte erwiesen. Dieses Seeheiligtum legt Zeugnis über die heidnische Glaubenswelt seit dem 6. Jahrhundert v. u. Z. über 1000 Jahre hinweg bis zum Einsetzen der Christianisierung ab. Ebenfalls am Seeufer zu besichtigen sind Nachbauten einer Siedlung der „Alten Germanen". Im Ausstellungszentrum werden Funde aus dem Opfermoor dokumentiert. Zum Komplex gehört ebenfalls die 1991 gepflanzte Linde, die den geographischen Mittelpunkt des wiedervereinigten Deutschlands symbolisieren soll.
s. auch www.opfermoor.de oder www.vg-vogtei.de

Von dort radeln wir zum *Sängerdenkmal*, dass sich am *Ortsausgang Richtung Nazza* befindet. Wenig später wird die **stark befahrene** *Chaussee Langula - Nazza* gequert. Der geschotterte Weg führt allmählich bergan durch das *Langulaer Tal*. Damit befinden wir uns stellenweise auf der *Bahntrasse der ehemaligen „Vogteier Bimmelbahn"*.
Mit dem ***Alten Bahnhof*** in ***Heyerode*** ist ein wichtiges Zwischenziel erreicht, was mit einigen Höhenmetern verbunden ist.

In diesem nicht nur bei Wanderern und Radfahrern beliebten Landgasthof „Alter Bahnhof" lässt es sich gut speisen und übernachten. Ein Kinderbauernhof und der Abenteuerspielplatz laden auch Familien zum Verweilen ein. Seit 1998 befindet sich das Objekt in Trägerschaft des Vereins Mühlhäuser Werkstätten für Behinderte. Im benachbarten Kurhaus sind Tagungsräume und zwei mit fünf Sternen zertifizierte Ferienwohnungen des Landgasthofes eingerichtet.
s. auch www.landgasthof-hainich.de

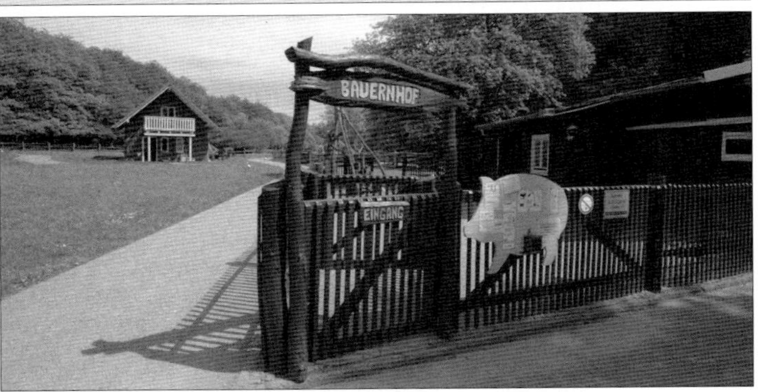

Wanderer sind immer willkommen. Der Landgasthof ist im Sommer täglich von 11 bis 20 Uhr geöffnet. Von November – März ist Montags Ruhetag. Das Objekt wird von den „Mühlhäuser Werkstätten für Behinderte e.V." geführt.
Fotos Sammlung Mühlhäuser Werkstätten e.V. und Harald Rockstuhl

Das Grenzhaus wurde einst von den Herren von Ebeleben als Jagdhaus errichtet. Heute wohnt hier der Revierförster, und der Maler Karl-Heinz Vogeley hat hinter den historischen Mauern sein Atelier. Ein Besuch seiner Bilderausstellung ist empfehlenswert. Das Grenzhaus, ein aus Bruchstein und Fachwerk bestehendes Gebäude unter Denkmalschutz, ist gut erhalten, und die örtliche Zufahrtsstraße führt durch einen Tordurchgang.
Idyllisch am Fuße des Hainichs, umgeben von herrlichen Buchenwäldern, liegt Heyerode, im Jahre 1356 erstmals urkundlich erwähnt. Der Ort lädt mit seinem gepflegten Dorfanger, schmucken Fachwerk- und alten Bauernhäusern, zwei Kirchen sowie Bildstöcken zu einem Rundgang und zum Verweilen ein.
s. auch www.lg-suedeichsfeld.de

Wir bleiben auf der ehemaligen Bahntrasse.

Auf dem weiteren Weg nach Diedorf kann man ständig über den idyllisch gelegenen Ort Heyerode und auf die ihn umgebenden Berge und Wälder blicken.

Bald haben wir den ***Bahneinschnitt,*** einen Punkt der Geologischen Route des Naturpark-Eichsfeld-Hainich-Werratal, durchfahren. Am

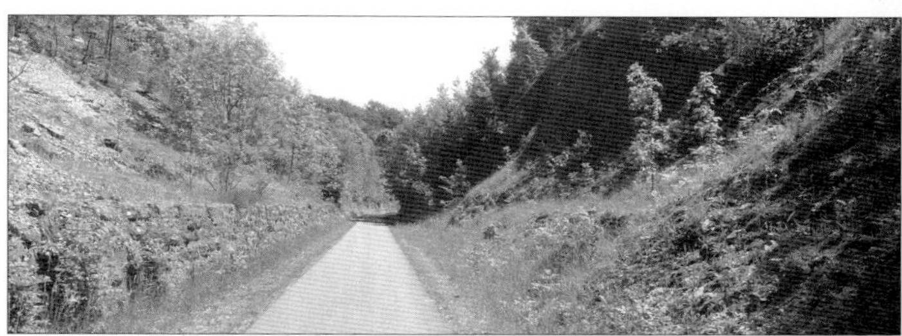

Bahneinschnitt zwischen Heyerode und Diedorf

Ende des Bahndamms wird die **stark befahrene** *Straße Heyerode-Diedorf* gequert.

Diedorf liegt in einem von den Ausläufern des Hainichs umgebenen Tal. Erstmals urkundlich erwähnt wurde es 876. Der sehenswerte Dorfanger mit seinen alten Linden diente als Versammlungsort. Ein wertvolles Kunstdenkmal ist das heilige Grab in der katholischen Pfarrkirche „St. Alban“. Auf dem Gemeindefriedhof ist ein aus dem Jahre 1850 stammendes, aus einem Sandsteinblock gemeißeltes Steinkreuz zu sehen.
Diedorf hat ein Strumpfmuseum. Die Öffnungszeiten können über die Landgemeinde Südeichsfeld erfragt werden.
www.lg-suedeichsfeld.de

Nachdem wir den ***ehem. Bf. Diedorf*** passiert haben, verlassen wir den wir den Ort an einem *Bildstock* unweit der Straße Richtung Wendehausen. Nun folgt ein wildromantischer Abschnitt durch den Wald nach ***Wendehausen.***

Wendehausen liegt eingebettet in einem Talkessel, umgeben von herrlichen Laub- und Nadelwäldern. Erstmals urkundlich erwähnt wird der Ort mit seinen etwas über 900 Einw. im Jahre 1333. Besonders erwähnenswert sind die 1720 erbaute Bonifatiuskirche sowie der Bonifatiusbrunnen. Laut Legende geht dessen Entstehung auf ein Wunder während einer großen Dürre zurück.
s. www.lg-suedeichsfeld.de

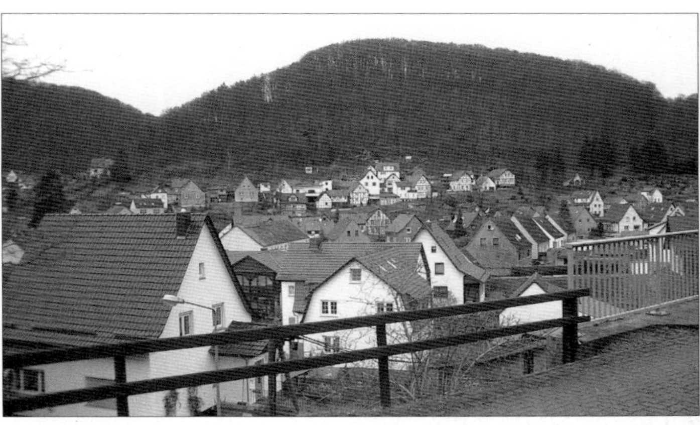

Wendehausen

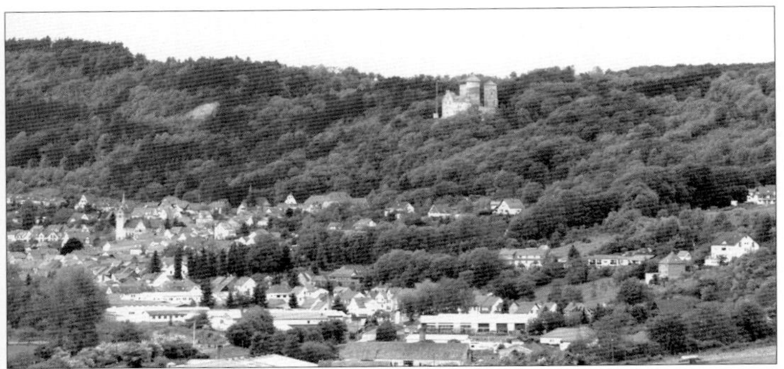

Treffurt. Foto: Harald Rockstuhl

Über den ehem. ***Haltepunkt Normannstein*** führt der Weg zur ***Feldmühle***, hinter der die **stark befahrenene B 250** gequert wird. Wenig später treffen wir auf den *Werratal-Radweg,* wo zugleich der Unstrut-Werra-Radweg endet.
Um nach ***Treffurt*** zu gelangen, schwenken wir links ein. Auf dem Weg in die Fachwerkstadt sehen wir über uns die *Burg Normannstein* thronen.

Die Stadt Treffurt (ca. 3000 Einw.) wurde erstmals laut UB der Erfurter Stifter erwähnt. Sie liegt malerisch zwischen dem Abhang des Berges Adolfsburg und der Werra. Seinen Namen erhielt der Ort „Trifurte" von den drei Werrafurten der Burg Normannstein. Zwischen 1336 und 1802 stand die Stadt unter gemeinsamer Verwaltung von Hessen, Thüringen und Mainz. 1815 kam es zu Preußen. Sehenswert ist die ev. Pfarrkirche „St. Bonifatius". Gut erhalten ist der romanische Teil der Kreuzbasilika. Sie wurde gotisch vollendet und im 19. und 20. Jh. erneuert. 1609 wurde das viergeschossige Renaissance-Rathaus erbaut. Dieses und weitere gut erhaltene Fachwerkhäuser sorgten dafür, dass Treffurt 1997 an den Thüringer Abschnitt der Deutschen Fachwerkstraße angeschlossen wurde. Stellvertretend seien hier genannt das Ohrfeigenhaus, die alte Pfarrei und der Falkenstein, ein ehemaliges Gefängnis.
Die Burg Normannstein wird seit 1996 umfassend saniert. Auf einem der beiden Vierecktürme wurde eine Aussichtsplattform installiert. Sie beherbergt eine Dauerausstellung mit dem Thema „Werraburgen über Werrafurten".
s. auch www.treffurt.de

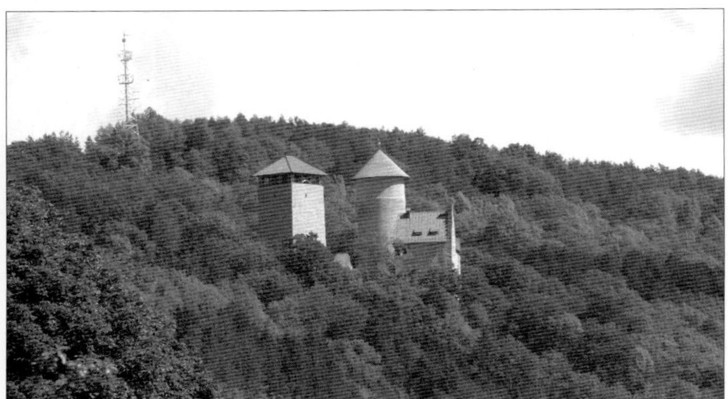

Burg Normannstein

RW 01: Rund um die Unstrutquelle (11 km)

Kefferhausen, Unstrutquelle - Mehlbeerallee (km 3,2) - Hörner (4,8) - Pilgerweg - Wasserscheide Weser/Leine-Elbe/Unstrut (7) - Werdigeshäuser Kirche (7,8) - Unstrutquelle (10,7)

- **Höhenunterschiede:** 200 m, nicht für Radtour geeignet!
- **Gehzeit:** 3 h
- **Markierungen:** blaues Dreieck (Harz-Eichsfeld-Thüringer Wald-Weg), blaues Loccum-Kreuz (Pilgerweg Loccum-Volkenroda), grünes Quadrat, gelbes Quadrat
- **Parkmöglichkeiten:** Parkplatz vor der Unstrutquelle
- **Wanderkarten:** Nr. 1, 3-5 (s. Aufstellung Wanderkarten)
- **Sehenswertes:** Unstrutquelle, Mehlbeerallee, Werdigeshäuser Kirche

Routenbeschreibung: Wir starten am *Wanderparkplatz* vor der ***Unstrutquelle***. Am *Ortsausgangschild* von ***Kefferhausen*** folgen wir *ohne Markierung* einem Feldweg und unterqueren *Telegrafenleitungen*. Nach 1,7 km lädt an einem *Kreuz* eine *Sitzgruppe* zur Rast ein.

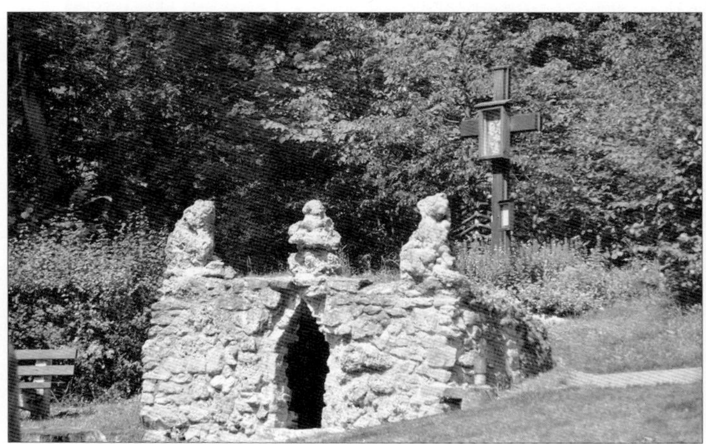

Unstrutquelle bei Kefferhausen. Foto: Harald Rockstuhl

Dabei haben wir rückwärtsgewandt einen Blick zum Dün.

Wir gehen geradeaus weiter. Bei der nach weiteren 300 m folgenden Weggabelung bleiben wir ebenfalls geradeaus. Dabei rückt in nordwestlicher Richtung die Werdigeshäuser Kirche ins Blickfeld, die wir auf dem Rückweg besuchen. Nach einem knappen Kilometer erreichen wir die ***Mehlbeerallee,*** womit wir uns nun zugleich auf dem *HET-Weg* (Markierung *blaues Dreieck*) befinden.

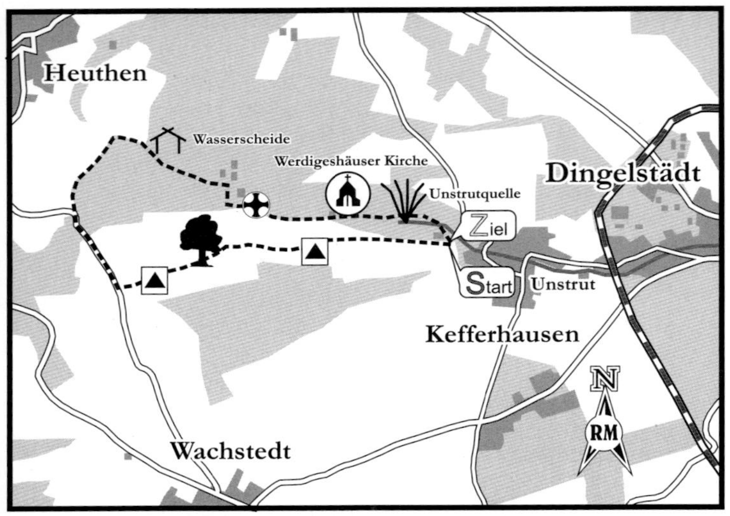

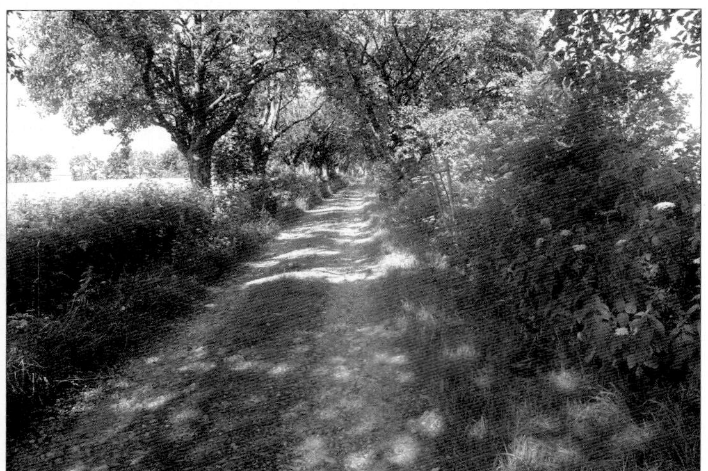

Schwedische Mehlbeerallee

Wer diese Tour in den Wonnemonaten Mai oder Juni durchführt, kann mit der Schwedischen Mehlbeerallee ein einzigartiges Naturdenkmal bestaunen. Zu dieser Zeit entfaltet diese Allee eine weiße Blütenpracht.
Die Baumgruppe wurde 1910 angelegt. Auf beiden Seiten wurden 100 Exemplare dieser in Deutschland selten anzutreffenden Baumart gepflanzt. Im Herbst bieten die Früchte der Mehlbeere eine reichhaltige Nahrung für Wacholderdrosseln und andere Vogelarten.

Wir halten uns geradeaus und durchwandern die Mehlbeerallee. Nach 700 m erreichen wir die wenig befahrene *Chaussee Wachstedt - Heuthen* (Wanderwegweiser), in die wir rechts einbiegen. Diese verlassen wir nach ca. 600 m, indem wir rechterhand einen *Graben*

überqueren und dann am Rande des ***„Die Hörner“*** genannten Waldstückes entlang wandern.
Nachdem wir diesen Abschnitt „auf die Hörner genommen“ haben, schwenken wir nach wenigen Minuten rechts in den *Pilgerweg Loccum-Volkenroda* ein. Der außerdem mit einem *grünem* und einem *gelben Quadrat* markierte Weg führt bergan. Oben angekommen, gabeln sich die Wege. Wir bleiben geradeaus und verlassen wenig später den Wald an einer *überdachten Sitzgruppe*.
Nach 400 m erreichen wir die ***Wasserscheide Weser/Leine - Elbe/Unstrut*** wo es sich auch gut rasten lässt.
Der Pilgerweg führt zum *Werdigeshäuser Grund*, den wir nach ca. 800 m erreichen. Im dazugehörigen *Bauernhof* kann der Schlüssel für die ***Werdigeshäuser Kapelle*** ausgeliehen werden.

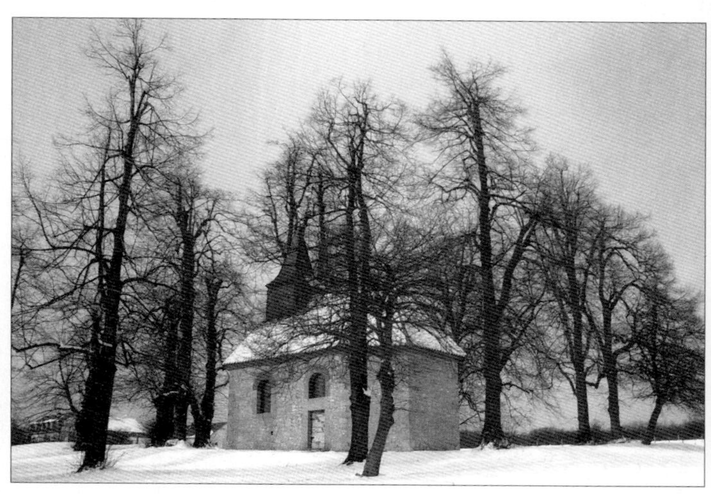

Werdigeshäuser Kirche im Winter

Dieses kleine Gotteshaus wurde Mitte des 18. Jahrhunderts auf den Grundmauern der alten St.-Cyriakus-Kirche des einstigen Dorfes Werdigeshausen errichtet. Der Ort, dessen Anfänge im 8. oder 9. Jh. lagen, wurde Ende des 15. Jh. wüst.
Durch das Engagement der Pfarrei St. Johannes der Täufer in Kefferhausen und der Gemeinde wurde dieses Kleinod 1999/2000 umfassend saniert.
Inzwischen ist die Werdigeshäuser Kirche ein auch über die Grenzen des Eichsfeldes bekannter Wallfahrtsort.

Nun wandern wir an Sträuchern vorüber geradeaus weiter. Nach ca. 500 m biegen wir bei der nächsten Wegkreuzung links ab. Nun sind es etwa noch 2 km bis zum Ziel, der ***Unstrutquelle.***

RW 02: Von Dingelstädt zum Kloster Anrode (17 km)

Dingelstädt - Schwarzes Kreuz (km 0,9) - Melmbaum (2,5) - Schutzhütte Hollau (3,9) - Schnepperweg - Drei Eichen (5,8) - Kloster Anrode (7,1) - Bickenriede (8) - Eisberg - Rodelandhütte (11,4) - Wolkramshäuser Mühle (13) - Mertelgraben - Pfingstgraben - Dingelstädt (17)

- **Höhenunterschiede:** 295 m, mittleres Profil, nicht für Radtour geeignet
- **Gehzeit:** 5 h
- **Markierungen:** gelber Querbalken, rotes Dreieck (Hollau-Wanderweg), grünes Loccum-Zisterzienserkreuz (Pilgerpfad Nordwest-Thüringen), gelbes Dreieck, stellenweise ohne
- **Parkmöglichkeiten:** beim Sportplatz
- **Wanderkarten:** Nr. 3-5 (s. Aufstellung. Wanderkarten)
- **Sehenswertes:** Dingelstädt, Rastplätze Melmbaum und Drei Eichen, Kloster Anrode, Bickenriede

Wissenswertes: Das ehemalige Zisterzienserinnenkloster Anrode wurde im Jahre 1260 durch Heinrich Kämmerer aus Mühlhausen gegründet. Besetzt wurde es mit Klosterfrauen aus dem ehemaligen Kloster Breitenbich, die in Mühlhausen Zuflucht fanden.
Während des Bauernkrieges wurde das Kloster zerstört. Nach der Niederlage der Bauern bei Frankenhausen kehrten die Klosterfrauen zurück. Im Dreißigjährigen Krieg wurde das Kloster erneut geplündert und gebrandschatzt und 1670 wieder aufgebaut. Die Aufhebung des Klosters erfolgte 1810 durch König Jerome von Westfalen.
Von April bis Oktober findet jeden zweiten Samstag im Monat ein Tier- und Bauernmarkt statt.
www.kloster-anrode.de

Routenbeschreibung: Wir starten in ***Dingelstädt*** am Sportplatz. Nach Überquerung der *Wachstedter Straße* wandern wir links am *Schützenhaus* vorüber.
An der nächsten Wegkreuzung setzt die Markierung mit dem *gelben Querbalken* ein. Wir halten uns geradeaus und wandern zwischen einer Weide und einem Feld leicht bergan. An der nächsten Weggabelung geht es ebenfalls geradeaus zwischen einem Feld und Bäumen.
Nach weiteren 200 m erreichen wir das ***Schwarze Kreuz.***

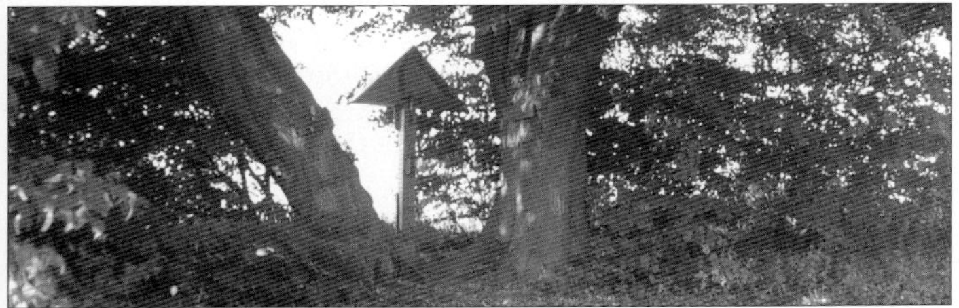

Schwarzes Kreuz bei Dingelstädt

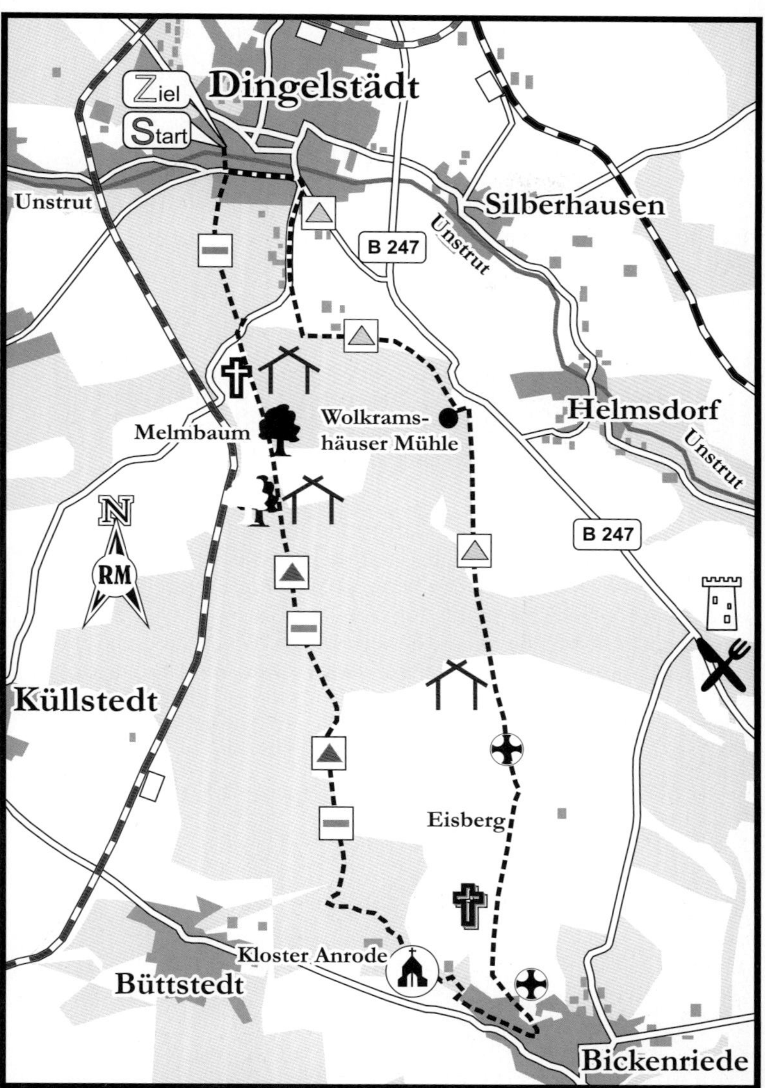

Unter den zwei Linden lässt es sich gut rasten.

Nun laufen wir geradeaus (bergan). Nach ca. 350 m gabeln sich die Wege (Wanderwegweiser). Wir schwenken links ein und wandern in Richtung *Küllstedter Chaussee*, die wir bereits nach 50 m erreichen. Dieser folgen wir rechts abbiegend in Richtung Küllstedt. Nach ca. 100 m biegen wir links in den befestigten *Melmweg* ein. Über diesen gelangen wir zum ca. 800 m entfernten ***Melmbaum***, wo es sich ebenfalls gut rasten lässt.

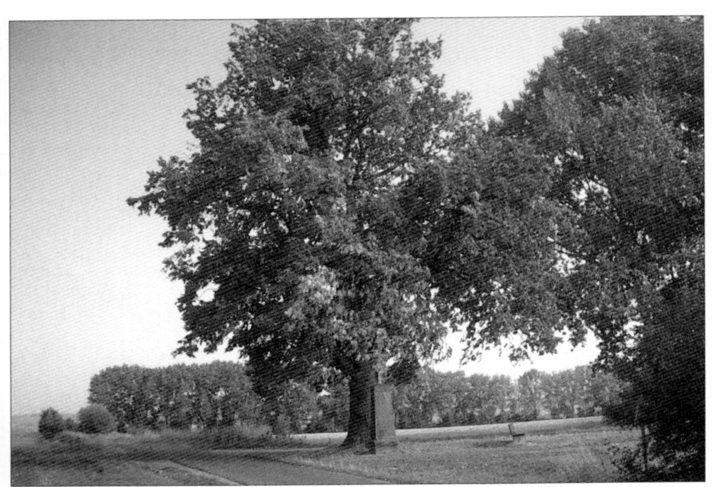

Melmbaum bei Dingelstädt

Dann geht es geradeaus weiter, bis wir die ***Schutzhütte Hollau*** erreichen. Wir durchqueren den Wald, wobei wir nach etwa 500 m an eine Wegekreuzung kommen. Ein Wanderwegweiser zeigt zu den Drei Eichen. Dabei überqueren wir den Hollau-Wanderweg und folgen dem geradeaus führenden *Schnepperweg* zum Waldausgang.

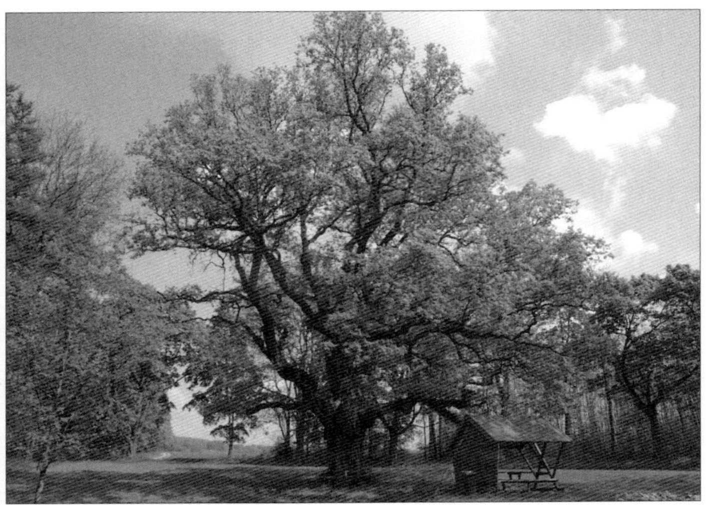

Drei Eichen-Rastplatz in der Hollau

Hier reicht der Ausblick bis zur Stadt Mühlhausen, zu einigen Orten des Unstruttals und zum Hainich.

Immer am Waldrand entlang, erreichen wir die ***Drei Eichen***, ein weiteres *Naturdenkmal,* wo es sich gut rasten lässt.

Nun geht es geradeaus über den *Hollauweg* weiter, bevor wir nach etwa 400 m entsprechend eines Wanderwegweisers links abbiegen, um an den *Klosterteichen* vorbei zum ***Kloster Anrode*** zu gelangen.

Die Anröder Teiche wurden zur Fischzucht und als Wasserreserve zum Antrieb der Mühle des Klosters genutzt.

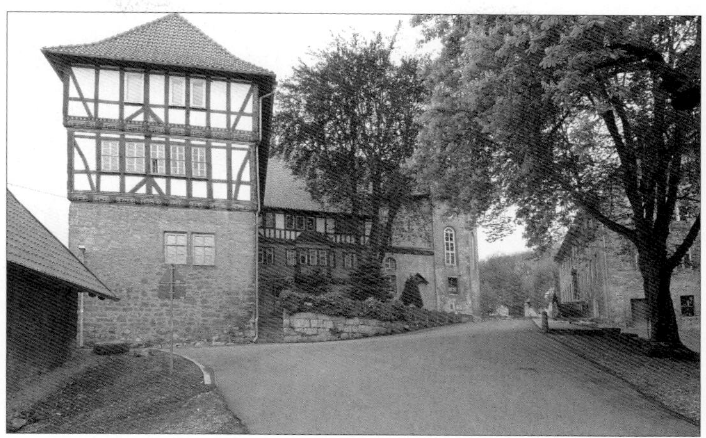

Kloster Anrode

Nach Besichtigung der Anlage orientieren wir uns nach der Markierung mit dem *grünen Loccum-Zisterzienserkreuz* zur Marienkapelle. Nach einem knappen Kilometer haben wir am *Weinberg* den Ort ***Bickenriede*** erreicht.

Der sehenswerte Dorfanger ist auch heute noch Schauplatz der beliebten Kirchweihfeier. In der Südmauer des Angers ist ein alter Neidkopf eingefasst, der wahrscheinlich aus vorchristlicher Zeit stammt. Die Gemeindeschenke ist mit einer Rolandsfigur verziert. Sehenswert sind auch die in der Kirche befindlichen stilvollen Barockaltäre sowie einige Häuser in der Hauptstraße. Zu Bickenriede gehört auch das Kloster Anrode.
s. auch www.gemeinde-anrode.de

Am *Kapellenweg* biegen wir links ein und gehen den *Stationen* entlang bis zur ***Marienkapelle.*** Nun folgen wir der Markierung mit dem *gelben Dreieck* über den *Kirschweg* in Richtung Lengefelder Warte. Nach etwa 1,5 Kilometer haben wir den sagenumwobenen ***Eisberg*** (391 m NN) erreicht, wo sich eine hervorragende Fernsicht bietet.

Im Süden reicht der Blick sogar zum Inselsberg. Im Südwesten ragt der „Dom“ von Effelder empor. Außerdem sind die Stadt Mühlhausen und einige Unstrutdörfer zu sehen.
Dem Eisberg wurde die Sage „Die Schatzgräber auf dem Eisberg“ gewidmet.

Nach einem guten Kilometer sind wir wieder am Waldrand der *Hollau* angekommen. Die ***Rodelandhütte*** lädt zur Rast ein. Eine Wegespinne zeigt verschiedene Richtungen an. Wir gehen geradeaus, wobei keiner der Wegweiser in Richtung Dingelstädt zeigt. **Auf keinen Fall dürfen wir uns in Richtung Lengefelder Warte orientieren.**

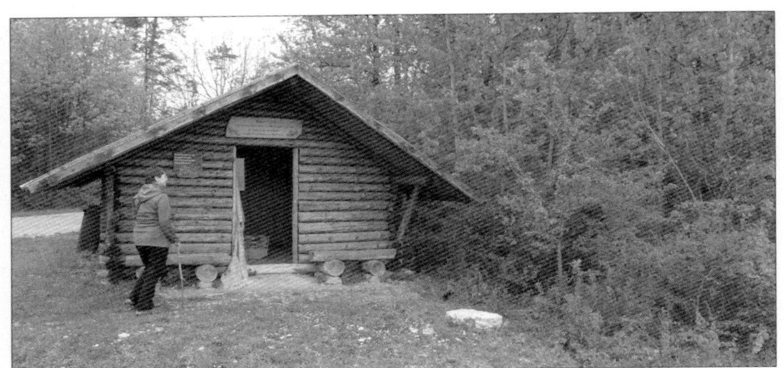

Rodelandhütte

Nach etwa 300 m haben wir den Wald wieder durchquert und können bereits wieder auf Dingelstädt blicken. Wir gehen geradeaus weiter und kommen nach etwa 600 m zu einer *Sitzgruppe* mit Wegweisern, wo wir uns geradeaus halten.
Wenig später erreichen wir die ***Wolkramshäuser Mühle***.

Der Ort Wolkramshausen wurde 1283 urkundlich erwähnt und soll bereits vor 1577 Wüstung geworden sein.

Auf dem Weg vor der Mühle biegen wir links ab, um dann nach etwa 100 m den *Mertelgraben* zu überqueren. Der Weg führt uns nach einem knappen Kilometer zum *Pfingstgraben*, den wir zunächst entlanggehen und hinter den *Kleingärten* passieren.
Anschließend schwenken wir in die *Küllstedter Straße* rechts ein. Nach ca. 400 m biegen wir links in den *Dosborn* ein und gelangen über das *Schützenhaus* wieder zu unserem Ausgangspunkt in ***Dingelstädt.***

Wer die Stadt besichtigen möchte, sollte bis zur B 247 neben der Küllstedter Straße entlanggehen. Von dort gelangt man ins Zentrum (s. auch Etappe 1).

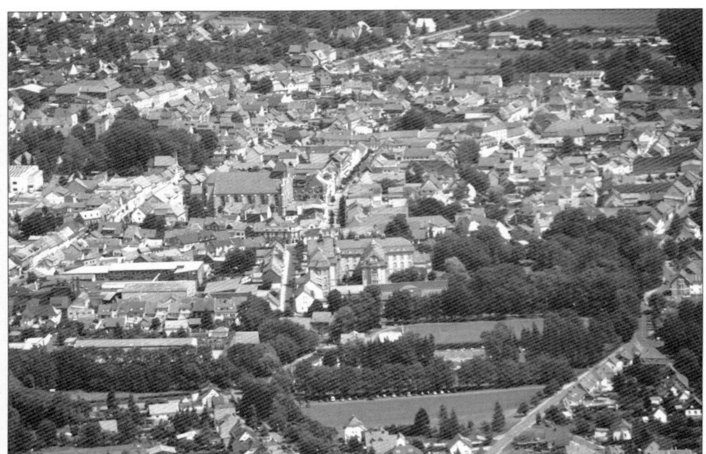

Dingelstädt. Foto: Harald Rockstuhl aus dem „Unstrut-Luftbildatlas“

RW 03: Von Helmsdorf zum Mühlhäuser Landgraben (8 km)

Helmsdorf - Pfaffenborn (km 1,2) - Zella, Sportplatz (1,7) - Mühlhäuser Landgraben - Lengefelder Warte (3,4) - Rodelandhütte (4,6) - Wetterkreuz (7,3) - Helmsdorf (8)

- **Höhenunterschiede:** 190 m, nicht für Radtour geeignet!
- **Gehzeit:** 2,5 h
- **Markierungen:** dunkelblaues Loccum-Zisterzienserkreuz (Pilgerweg Loccum-Volkenroda), grüner Querbalken (Unstrut-Wanderweg), weiße Mühlhaue mit Grabenprofil (Mühlhäuser Landgraben), rotes sechsspeichiges Rad auf weißem Grund (Eichsfeldwanderweg), rotes Dreieck (Hollauweg), stellenweise ohne
- **Parkmöglichkeiten:** Parkplatz am Ortseingang
- **Wanderkarten:** Nr. 2-5 (s. Aufstellung Wanderkarten)
- **Sehenswertes:** Helmsdorf, Zella, Mühlhäuser Landgraben, Lengefelder Warte

Wissenswertes: Der Mühlhäuser Landgraben, ein Wall mit Gräben und Türmen, wurde im 14. Jahrhundert errichtet. Größtenteils ist er mit ein oder zwei Gräben mit Wällen „gespickt". Vereinzelt sind drei Gräben vorhanden. Er schützte einst die Freie Reichsstadt Mühlhausen vor Übergriffen feindlicher Raubritter, insbesondere aus dem Eichsfeld. In seinem Verlauf berührt er die Gemarkung der Orte Sollstedt, Eigenrode, Horsmar, Lengefeld, Bickenriede, Dörna und

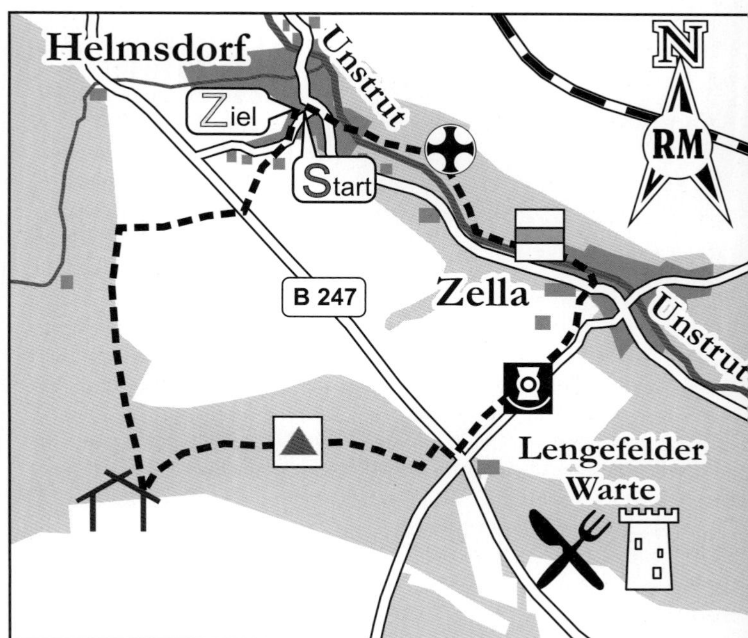

Eigenrieden. Mit einer Länge von ca. 25 km und ehemals 15-20 m Breite ist das heutige Boden- und Flächendenkmal eine der größten erhaltenen Wehranlagen Deutschlands und Europas.
In meinem Großen Hainich-Wanderführer wird dieser geschichtsträchtige Pfad detailliert beschrieben.

Routenbeschreibung: Vom *Parkplatz* am *Ortseingang* von ***Helmsdorf*** wandern wir dorfeinwärts (bergab). Nach 100 m biegen wir rechts in die *Wilhelm-Klingebiel-Straße* ein, womit wir uns nun auf dem von Silberhausen kommenden *Unstrut-Radweg* befinden.
An der *„Aue"* halten wir uns links und wandern bis zur *„Hütte"*, wo sich die Wege erneut gabeln. Nun treffen wir auf den ebenfalls von Silberhausen kommenden *Pilgerweg Loccum-Volkenroda* sowie auf den *Unstrut-Wanderweg.* An dieser Stelle überqueren wir die *Unstrut.*
Wir erreichen den im Jahre 2005 errichteten ***Pfaffenborn.***

Hier lädt eine überdachte Sitzgruppe zur Rast ein.

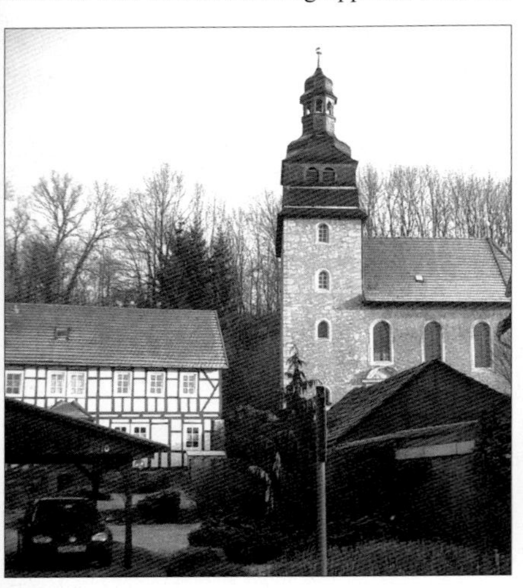

Kloster Zella, Kirche

Den Nachbarort ***Zella*** erreichen wir am *Sportplatz*, von wo wir geradeaus dorfeinwärts gehen. Durch die *Wiesenstraße* gelangen wir zur *Unstrutbrücke*, vor der wir uns vom Unstrut-Radweg trennen. Wir halten uns links und wandern durch die *Kirchstraße.* An einer markanten *Linde* gabeln sich die Wege.
Dort biegen wir rechts ab, um auf einen Graben zuzuwandern und diesen zu überqueren (Wanderwegweiser). Kurz darauf folgt eine Weggabelung, wo wir geradeaus bleiben (bergan). Bei der nach 100 m folgenden Weggabelung halten wir uns rechts. Der Weg führt durch Buschwerk. An der *Unstrutbrücke* kreuzen sich die Wege. Verschiedene Wanderwegweiser zeigen die Richtung an.
Wir überqueren die *Unstrutbrücke.* Dabei trennen wir uns vom Pilgerweg sowie vom Unstrut-Wanderweg. Wir befinden uns nun auf dem ***Mühlhäuser Landgraben*** (Markierung *weiße Mühlhaue mit Grabenprofil*) und dem *Eichsfeldwanderweg* (Markierung *rotes sechsspeichiges Rad auf weißem Grund).*
Nach Überqueren der *Straße Zella - Horsmar* wandern wir geradeaus bergan auf einem Waldweg, bis wir nach ca. 1 km die ***Lengefelder Warte*** erreichen.

Nachdem wir die **stark befahrene B 247** überquert haben, trennen wir uns von den beiden letztgenannten Wanderwegen und folgen für etwa 100 m der *Landstraße* in *Richtung Bickenriede* (Markierung *rotes Dreieck - Hollau-Wanderweg*). Dann biegen wir rechts in den Wald namens *Hollau* ein (Wanderwegweiser Kloster Anrode). Nach weiteren 100 m schwenken wir links in eine Forststraße ein, wo eine *überdachte Sitzgruppe* zur Rast einlädt.

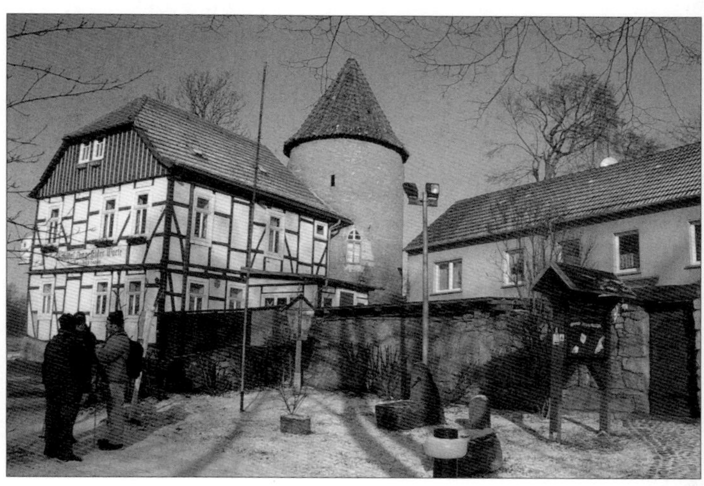

Wanderer an der Lengefelder Warte

Nach einem weiteren Kilometer „erwartet“ uns mit der ***Rodelandhütte*** eine weitere Gelegenheit zum Rasten. Wir verlassen den Hollau-Wanderweg wieder und schwenken rechts in einen *Reitweg* ein (*ohne Markierung).*

Am Ende des Waldes, das wir nach ca. 300 m erreicht haben, kreuzen sich die Wege. Wir wandern nun geradeaus zwischen einem Feld und einem Windschutzstreifen.

Nach etwa 600 m kommen wir zu einer *Sitzgruppe* mit Wegweisern, wo wir rechts abbiegen. Auf unserem Weg nach Helmsdorf passieren wir ein ***Wetterkreuz*** mit *Sitzgelegenheit.* Wenig später überqueren wir die **stark befahrene B 247** und erreichen unseren Ausgangspunkt in ***Helmsdorf.***

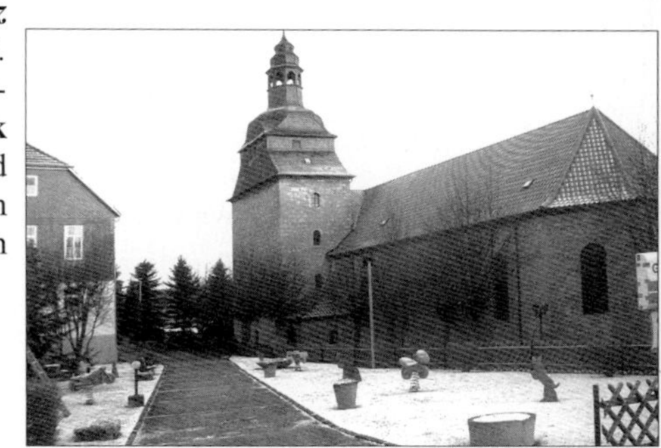

Helmsdorf, Kirche

RW 04: Durch das Reisersche Tal und das Flachstal (8 km)

Reiser - LSG „Reisersches Tal“ - Kaisershagen (4) - Flachstal-Wanderweg - NSG „Flachstal“ - Reiser (8)

- **Höhenunterschiede:** 120 m, ein Anstieg durch das Reisersche Tal nach Kaisershagen, nicht für Radtour geeignet!
- **Gehzeit:** 2,5 h
- **Markierungen:** X8 für Barbarossaweg, blaues Andreaskreuz (Hauptwanderweg), gelber Querbalken auf weißem Grund (Flachstal-Wanderweg)
- **Parkmöglichkeiten:** Ortslage
- **Wanderkarten:** Nr. 2-5 (s. Aufstellung Wanderkarten)
- **Sehenswertes:** LSG „Reisersches Tal“, NSG „Flachstal“

Wissenswertes: Das NSG „Flachstal“ besitzt große Flächen mit Halbtrockenrasen, die auf der oberen Hanglage mit Wacholder durchsetzt sind. Diese abwechslungsreiche Landschaft bietet Lebensraum für eine artenreiche Fauna. Im Frühjahr erfreut an mehreren Stellen die Nachtigall das Ohr des aufmerksamen Wanderers. Typisch für die offene Landschaft sind ebenfalls der Neuntöter, der Grünspecht und der Wendehals.
Die Wanderwege dürfen in diesem sensiblen Gebiet nicht verlassen werden.

Routenbeschreibung: Wir verlassen ***Reiser*** *rechts der Unstrut* durch das idyllische ***LSG „Reisersches Tal“***. An der *Unstrut* unterqueren wir einen *Eisenbahnviadukt*.
Etwa 200 m hinter der Eisenbahnbrücke erreichen wir die ***Brunnenkress-Erdfallquelle***, wo es sich gut rasten lässt. Entsprechend der Wanderwegweiser halten wir uns noch geradeaus, um nach weiteren 300 m rechts abzubiegen. Dabei wenden wir uns von der Unstrut ab.

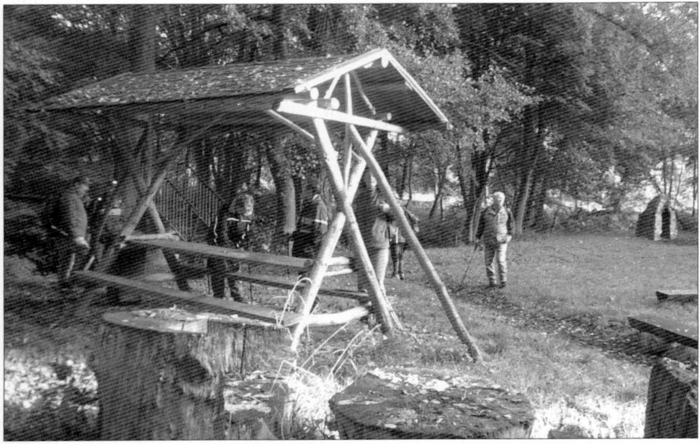

Rastplatz im Reiserschen Tal

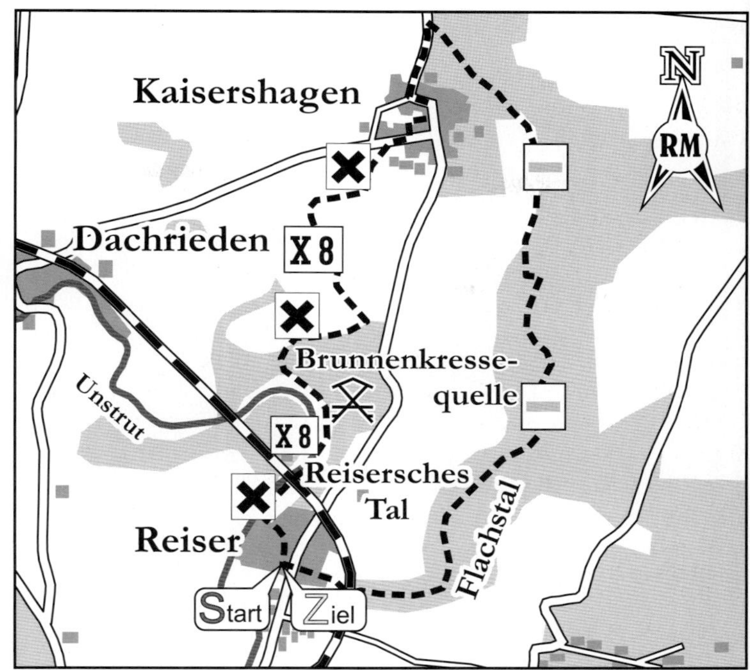

Nach ca. 400 m gelangen wir zu einer *Sitzgruppe* mit Wanderwegweiser. Der Weg führt nun halbrechts durch Buschwerk bergan. Bereits nach 100 m gabeln sich erneut die Wege. Wir halten uns rechts bergan, bis wir nach weiteren 700 m auf der Höhe angekommen sind. Entsprechend der Wanderwegweiser biegen wir links ab und orientieren uns auch an den *Telegrafenleitungen.* Kaisershagen grüßt bereits. Nach weiteren 100 m überqueren wir einen Bach und gehen zwischen Feld und Obstplantage in Richtung ***Kaisershagen***.

Kaisershagen liegt auf einem tafelförmigen Plateau. Der Name des Ortes geht wahrscheinlich auf eine Schenkung durch Kaiser Otto II. an seine Gemahlin Theophano im Jahre 974 zurück. Im Flachstal entstand auf dem Gebiet des ehemaligen Schießplatzes ein Naturbioreservat.
s. auch www.gemeinde-unstruttal.de

Kaisershagen verlassen wir auf dem *Windeberger Weg*, wobei wir dem Wanderwegweiser durch das ***NSG „Flachstal"*** folgen können. Die Markierung für den *Flachstal-Wanderweg* ist ein *gelber Strich auf weißem Grund*. Bei der folgenden Straßenkreuzung bleiben wir geradeaus auf dem *Windeberger Weg* und biegen **nicht** rechts in die Straße „Zum Flachstal" ein. Nach 600 m gabeln sich die Wege, wobei wir rechts in einen breiten Weg einschwenken. Bei der nächsten Wegkreuzung mit Wanderwegweisern nach 700 m geht es links bergab. Rechts wird eine alternative Variante über den *Goldberg* angeboten.

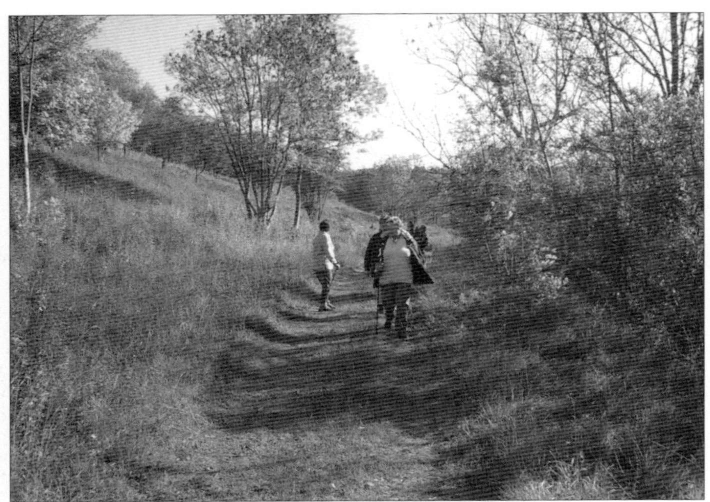

NSG Flachstal

Der Weg führt weiter bergab. Ca. 600 m nach Überquerung einer Brücke finden wir am *Eisenbahnviadukt* eine *Erklärungstafel* zum Flachstal. Wir unterqueren den Viadukt.
Reiser erreichen wir in der *Kaisershagener Straße*. In diese biegen wir zunächst ein, um bereits nach 20 m in Richtung *Kirche* zu wandern, von wo es nicht mehr weit zum Ausgangspunkt ist.

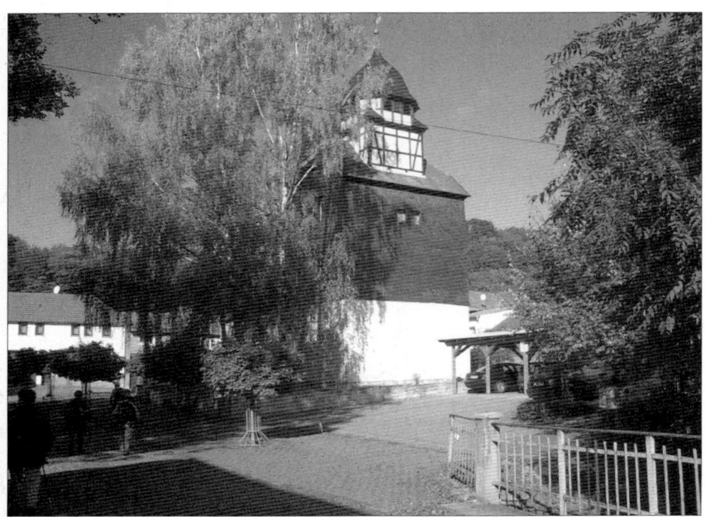

Kirche in Reiser

RW 05: Durch das zauberhafte Unstruttal

(12 km)

Nägelstedt - NSG „Unstruttal" - Großvargula (km 5,4) - Lohmühle (10,5) - Nägelstedt (12)

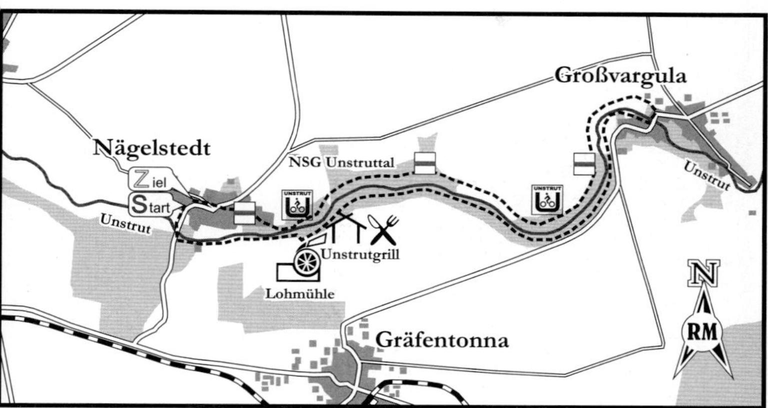

- **Höhenunterschiede:** 70 m Anstiege, bei trockenem Wetter für Radtour geeignet
- **Gehzeit:** 3 h
- **Markierungen:** grüner Querbalken (Unstrut-Wanderweg), Radpiktogramm Unstrut-Radweg
- **Parkmöglichkeiten:** Nägelstedt, Ortslage, Unstrut-Grill
- **Wanderkarten:** Nr. 1, 5-6 (s. Aufstellung Wanderkarten)
- **Sehenswertes:** Nägelstedt, Großvargula

Routenbeschreibung: Wir starten am *Sportplatz von **Nägelstedt.*** Über die Straße gelangen wir in den Ort (s. auch Etappe 3). Nachdem wir den *Schieferhof* passiert haben, geht es durch die *Lange Straße.* Dann folgen wir dem Wegweiser in Richtung Unstruttal. Wenig später lädt der *Unstrutgrill* zur Rast ein.

Auf unserem weiteren Weg sehen wir rechterhand die Lohmühle, die auf dem Rückweg der Tour passiert wird.

Der Weg führt nun durch das herrliche Unstruttal, durch das ***NSG „Unstruttal zwischen Nägelstedt und Großvargula"***, so die offizielle Bezeichnung.

Großvargula erreichen wir am *Winzer*. Wir wandern in Richtung *Markt*, wo wir rechtsabbiegend die *Unstrutbrücke* überqueren. In der Straße namens *Freiheit* verlassen wir den Ort wieder, indem wir links der Unstrut, sozusagen unstrutaufwärts bis zur *Lohmühle* wandern. Wir bleiben stets auf Tuchfühlung zur Unstrut.

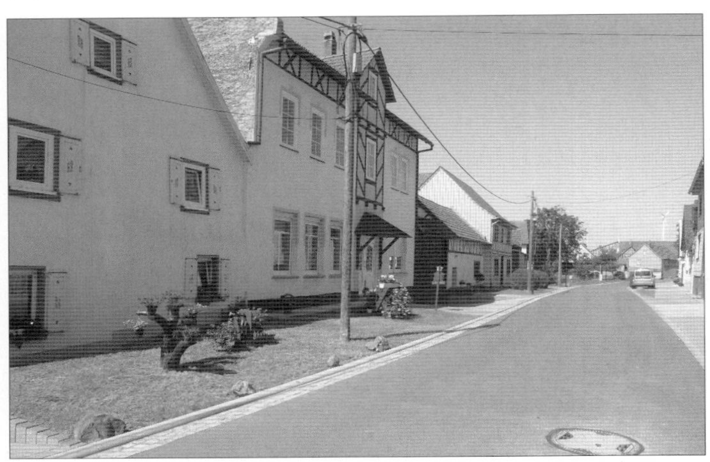

Dorfansicht Großvargula

An der Lohmühle (s. auch Etappe 3) kreuzen sich die Wege (Wanderwegweiser).

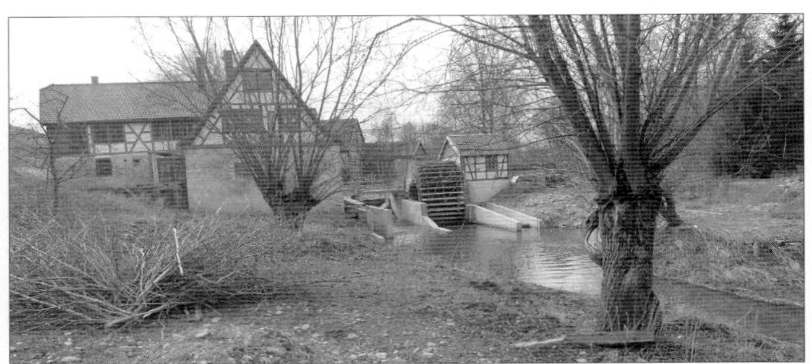

Lohmühle bei Nägelstedt

Auf der gegenüberliegenden Seite sehen wir wieder das Gelände vom Unstrutgrill.

Über einen Wirtschaftsweg, stets in Unstrutnähe, gelangen wir wieder zu unserem Ausgangspunkt am *Sportplatz* von ***Nägelstedt***.

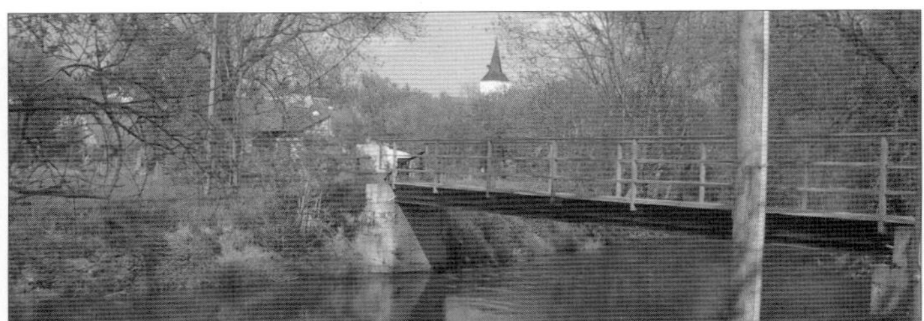

Die Unstrut bei Nägelstedt

Das Naturschutzgroßprojekt „Hohe Schrecke - alter Wald mit Zukunft“

Die Hohe Schrecke, das östlichste Mittelgebirge des Kyffhäuserkreises, schließt sich an die Höhenzüge der Schmücke und der Finne an. Neben der Schmücke, der Finne und der Hainleite begrenzt sie das nördliche Thüringer Becken.
An der Landesgrenze zwischen Thüringen und Sachsen-Anhalt wurde im Jahre 2009 das Naturschutzgroßprojekt „Hohe Schrecke - alter Wald mit Zukunft“ gestartet. Dabei werden auf einer Gesamtfläche von 15000 ha Naturschutz und Regionalentwicklung miteinander verknüpft. Im Kerngebiet mit seinen rund 7350 ha Wald und 870 ha Offenland wird der besondere naturschutzfachliche Wert erhalten und verbessert.

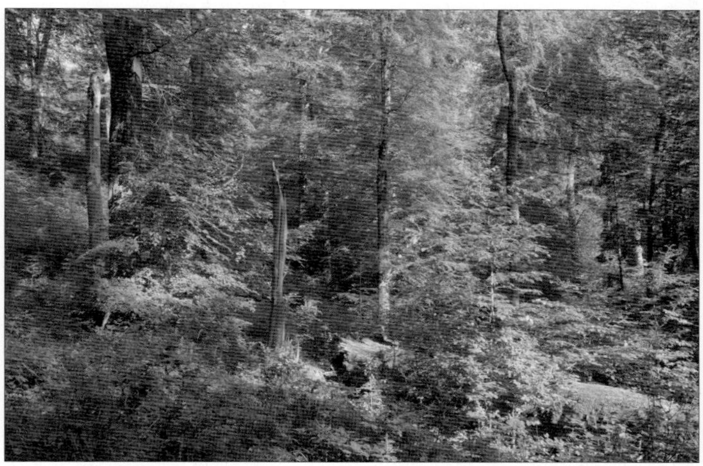

Reichhaltiger Totholzbestand in der Hohen Schrecke. Foto: T. Stephan

Im 2008 gegründeten Verein „Hohe Schrecke - alter Wald mit Zukunft" kümmern sich die Gemeinden, die Landkreise und über 50 Privatpersonen, Vereine und Unternehmen aus der Region gemeinsam mit der Naturstiftung David und dem Bund für Umwelt und Naturschutz Thüringen um die Entwicklung eines sanften Tourismus als Wirtschaftsfaktor unter Wahrung aller Naturschutzkriterien. Er sorgt so dafür, dass dieses herrliche Wandergebiet nicht länger nur ein Geheimtipp bleibt, sondern auch überregional noch besser angenommen wird. Der Autor des vorliegenden Büchleins ist in diesen Prozess mit eingebunden.
Das Wanderwegenetz wird überarbeitet und optimiert. Bei der Drucklegung des Werkes war dieser Prozess noch nicht abgeschlossen. So kann es passieren, dass der Nutzer dieses Buches in der Region Hohe Schrecke bald neue und schönere, nach neuestem Standard ausgeschilderte thematische Wanderwege vorfindet.
s. auch www.hoheschrecke.de oder www.stadt-wiehe.de
oder www.naturstiftung-david.de

In diesem Buch werden alle Orte und Ortsteile, die Mitglied im Verein sind, erwandert oder erradelt.
Alle untenstehenden Orte kommen in den Radtourenvorschlägen vor.

Bachra (RT 30, 37, 49)

In Bachra befand sich einst ein Zisterzienserinnenkloster, dass bereits 1266 mit dem Nonnenkloster Donndorf vereinigt wurde (s. auch RW 13). Der Ort wechselte mehrmals seine Besitzer, zu denen die Beichlinger Grafen, Schwarzburger Grafen, die Wettiner, die Stolberger Grafen sowie die Familie von Werthern gehörten. Letztere errichteten 1864/65 das neugotische Schloss. Die Kirche „St.-Dyonios wurde im Jahre 1509 erbaut.
Unweit des Finne-Wanderwegs (s. auch SW 05) befindet sich das Steinkreuz. Der Sage nach soll dort ein Mann erschlagen worden sein.
Auf dem Weg ins benachbarte Schafau fällt der 16 ha große Speicher ins Auge. Sportangler schätzen den Fischreichtum. Im östlichen Zulaufbereich wurde ein Laich- und Schutzgebiet eingerichtet, wo das Angeln nicht gestattet ist.
s. auch www.bachra-schafau.de

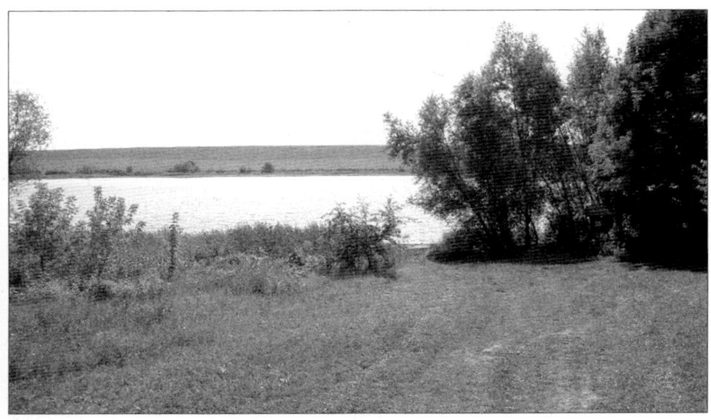

Speicher Bachra

Gehofen (RT 37, 41, 43, 45)

Das zwischen der Unstrut und der Hohen Schrecke liegende Gehofen wurde erstmals im Jahre 782 urkundlich erwähnt (Güterverzeichnis des Klosters Hersfeld). Wahrscheinlich siedelten sich bereits wenige Jahre nach der Zerschlagung des Thüringer Reiches im Jahre 531 an der Unstrut siegreiche Franken und Sachsen an. Die Besitzverhältnisse wechselten mehrmals. Zunächst gehörte das Dorf zum Burgwartbezirk Ritteburg und später um 1200 zur Herrschaft Vockstedt-Artern der Grafen von Hohnstein. Drei Rittergüter gehörten den Grafen von Beichlingen. 1390 fiel der Ort durch Kauf an Bruno von Querfurt. Danach ging es in den Besitz der Mansfelder Grafen über.

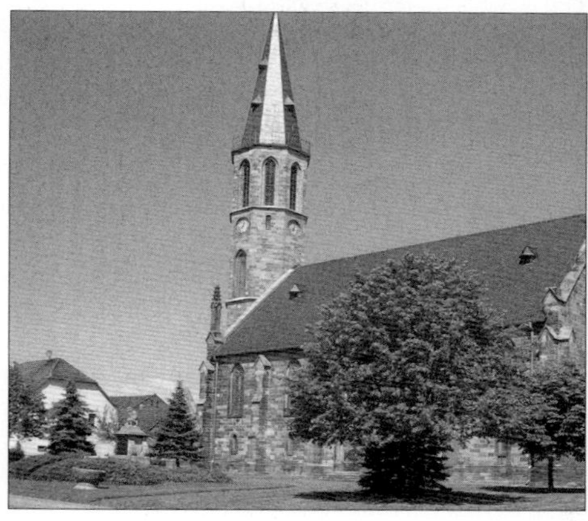

Kirche in Gehofen

Als erste Kirche wurde bereits im 9. Jh. die Johannes Baptistae-Kirche errichtet. Nach dem Abbruch des baufällig gewordenen Gotteshauses wurde die jetzige Gehofener Kirche zwischen 1866 und 1868 erbaut.

s. auch www.gehofen.de oder www.vgmzartern.de

Großmonra (RT 30, 37)

Großmonra ist neben Arnstadt und Mühlberg (Landkreis Gotha) der älteste Ort in Thüringen. Es wurde erstmals am 1. Mai 704 erwähnt (UB der Stadt Arnstadt).
Die Geschichte des Ortes ist auch mit der Monraburg verbunden, einer der ur-und frühgeschichtlich bedeutendsten Wallburganlagen Thüringens. Sie lag drei Kilometer nördlich des Ortes, unweit des heutigen Finne-Wanderweges (s. auch SW 05). Von der im Laufe der Zeit versunkenen Anlage, sind nur noch Reste wahrnehmbar.
Die ev. Kirche St. Peter und Paul wurde zwischen 1688 und 1690 erbaut. Im Jahre 1789 wurden der Turm und 1870 das Kirchenschiff restauriert.

s. auch www.grossmonra.de

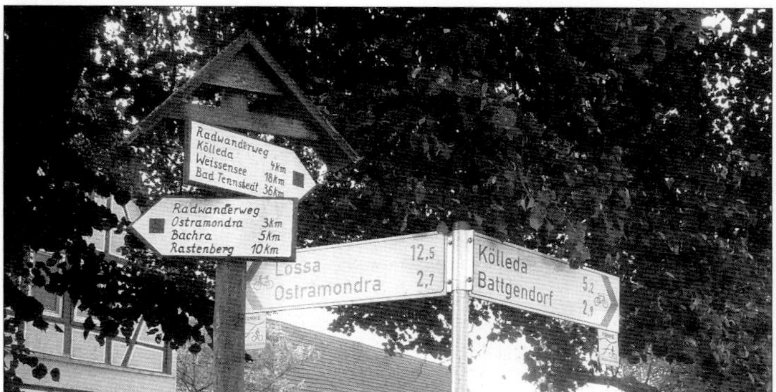

Durch Großmonra führen der Finnebahn-Radweg und der Radweg Rastenberg-Bad Tennstedt

Lossa (RT 37, 49-50)

Lossa liegt 292 m NN auf dem Höhenzug der Finne. Namensgeber des Ortes ist der gleichnamige Bach, der oberhalb des Dorfes entspringt. An seinem Lauf befinden sich drei Teiche.
Die jetzige Kirche stammt aus dem 19. Jh. Vor dem Gasthof steht ein mittelalterliches Sühnekreuz aus Sandstein. Auf dem Finnebahn-Radweg in Richtung Rothenberga säumt mit dem Pfingstkreuz ein weiteres Steinkreuz den Weg.
Zwischen 1913 und 1922 wurde in Lossa Kali gefördert.
Heute ist Lossa ein gepflegter Ort und liegt verkehrstechnisch günstig an der B 176. In dem stark landwirtschaftlich geprägten Dorf hat sich ein reges Vereinsleben entwickelt.
s. auch www.vgem-finne.de

Nausitz (RT 37, 45)

Nausitz liegt zwischen der Unstrut und der Hohen Schrecke.
Bekannt wurde der Ort durch den Nausitzer Schafskrieg. 1705 stahlen 150 Donndorfer und Kleinrodaer Bauern dem Rittergut Nausitz 131 Schafe. Nach sieben Jahren Streit mussten die Bauern nach 127 Schafe und 224 Taler Schadensersatz zurückgeben. 1761 litt der Ort unter dem Durchzug preußischer Truppen.
Ein Wahrzeichen des Dorfes ist die seit 1961 unter Denkmalschutz stehende St. Johannes-Kirche. Der Turm stammt wahrscheinlich aus dem 13. Jh. Das Kirchenschiff aus dem 17. Jh. beherbergt einen Taufstein aus dem Jahre 1583. Baulich interessant sind außerdem die tonnenartige Holzdecke des Kirchenraumes und der schlichte hölzerne Kanzelaltar aus dem Jahre 1838.
Das 1696 errichtete Schloss diente als Wohnhaus des Rittergutes. Nach der Enteignung wurde das Anwesen von 1948 bis 1995 als Kinderheim genutzt. Seitdem wechselten mehrmals die Besitzer.
s. auch www. nausitz. de und www.vgmzartern.de

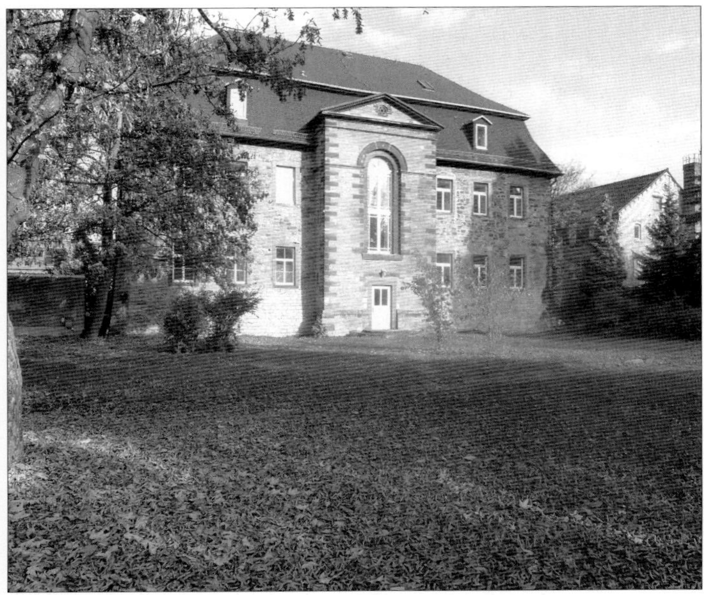

Nausitz, Schlosspark

Ostramondra (RT 30, 37, 49)

Ostramondra liegt idyllisch am Südhang der Höhenzüge „Finne“ und „Hohe Schrecke“. Aufgrund der waldreichen und fruchtbaren Gegend ist der Landstrich bereits seit ca. 6000 Jahren besiedelt, was zahlreiche Funde bei Ausgrabungen belegen. Auf dem Gartenberg befand sich eine Thingstätte, woran das jährliche Traditionsfeuer erinnert.

Der ehemalige Ortsteil Rettgenstedt entstand bereits zwischen 842 und 869 (UB Kloster Fulda). Ostramondra hingegen wurde im Jahre 1264 erstmals urkundlich erwähnt (Dobenecker).

Ostramondra besitzt zwei Kirchen. Die Kirche St. Bonifatius im ehemaligen Ortsteil Rettgenstedt wurde wahrscheinlich im Jahre 1576 erbaut. In Ostramondra wurde die Schlosskirche St. Marien 1711/12 neu erbaut und geweiht. Erbauer war der damalige Guts- und Schlossherr Rudolf von Bünau. Die wunderschöne Barockorgel von 1742/1744 wurde im Jahre 2005/06 restauriert.

In Ostramondra hat sich ein reges Vereinsleben entwickelt. Besonders hervorzuheben ist der Heimatverein mit seinen Dreschburschen.

s. auch www.ostramondra.de

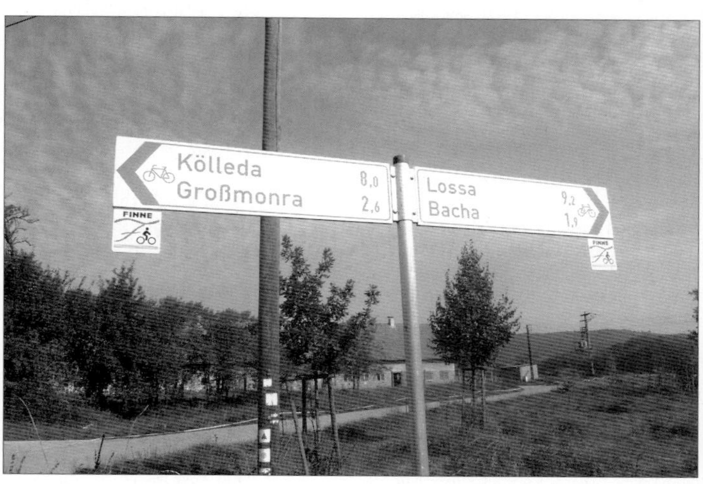

Wegweiser in Ostramondra

Über nachfolgende Orte wird in den Streckenbeschreibungen der Wanderungen informiert.

Beichlingen (Infos s. RW 06), Braunsroda (s. RW 09), Burgwenden (s. SW 05), Donndorf (s. RW 13), Garnbach (s. RW 15), Harras (s. RW 08), Hauteroda (s. RW 08), Hechendorf (s. RW 14), Heldrungen (s. Etappe 4), Kleinroda (s. RW 13), Langenroda (s. RW 14), Oberheldrungen (s. RW 09), Reinsdorf bei Artern (s. Etappe 4), Schafau (s. SW 05), Wiehe (s. Etappe 5).

RW 06: Zum Schloss Beichlingen (18 km)

Gorsleben - Artrabrunnen (km 1,9) - Hemleben (6,3) - Grabstätte von Werthern - Harrasberg - Schloss Beichlingen (10,2) - Dorntalbuche (10,7) - Weimutskiefer - Kölledaer Ebenung - Limberleite (11,3) - Schmücke-Wanderweg - Gorsleben (18,4)

- **Höhenunterschiede:** 305 m An- und Abstiege, gute Kondition erforderlich, nicht für Radtour geeignet!
- **Gehzeit:** 6 h
- **Markierungen:** gelber Querbalken, gelbes Andreaskreuz, Radweg gelbe 4, grüner Querbalken, rotes Dreieck (Schmücke-Wanderweg)
- **Wanderkarten:** Nr. 7-10 (s. Aufstellung. Wanderkarten)
- **Parkmöglichkeiten:** Gorsleben an der B 85
- **Sehenswertes:** Gorsleben, Artrabrunnen, Hemleben, Beichlingen mit Schloss

Wissenswertes: Die urkundliche Ersterwähnung der Burg Beichlingen geht in das Jahr 1014 zurück. 1069 wird sie durch Kaiser Heinrich IV. eingenommen und niedergebrannt, jedoch bald darauf wieder aufgebaut.
Mit Friedrich I. wird ab dem Jahr 1140 ein Beichlinger Grafengeschlecht urkundlich fassbar, das bald zu den führenden Adelshäusern im nördlichen Thüringen zählt. 1519 verkauft Graf Adam von Beichlingen die Burg und fast alle Ländereien an Hans von Werthern (Wiehe). Das Geschlecht der Herren und späteren Grafen von Werthern-Beichlingen bleibt bis 1945 im Besitz der Burganlage und veranlasst vor allem in der Zeit zwischen 1530 und 1630 vielfältige Baumaßnahmen und Umgestaltungen im Stile der Renaissance. In diese Zeit fällt auch der Bau der Schlosskirche (1590).
Nach der Enteignung der Familie von Werthern wird das Schloss als Bildungseinrichtung genutzt. So diente es von 1969 bis 1992 als Ingenieurschule für Veterinärmedizin. Seit 1991 engagiert sich der Förderverein Schloss Beichlingen e.V. für die Anlage. Im Jahr 2001 geht das Schloss in Privatbesitz über. Bei allen Arbeiten an der umfangreichen Schlossanlage wird darauf geachtet, dass diese denkmalgerecht durchgeführt werden, damit der historische Charme des Bau- und Kunstdenkmals Schloss Beichlingen erhalten bleibt.
Genutzt wird das Schloss als Seminarzentrum, Akademie und Hotel-Restaurant. Gern werden die historischen Räume für kirchliche und weltliche Trauungen genutzt.
s. auch www.schloss-beichlingen.de

Routenbeschreibung: Wir starten in ***Gorsleben*** neben der *B 85* an der *Schenke* und verlassen den Ort über den *Harraser Weg* (Markierung *gelber Querbalken*). Bei der nach 300 m folgenden Weggabelung halten wir uns geradeaus und folgen dem Wanderwegweiser zum Artrabrunnen (1,7 km). Die Plattenstraße wird bald durch einen Feldweg abgelöst, der an Obstbäumen vorüber führt.
An der nächsten Weggabelung mit Wanderwegweisern nehmen wir linksabbiegend den Abstecher zum ***Artrabrunnen vor***. Anschließend kehren wir auf den *Harraser Weg* zurück.

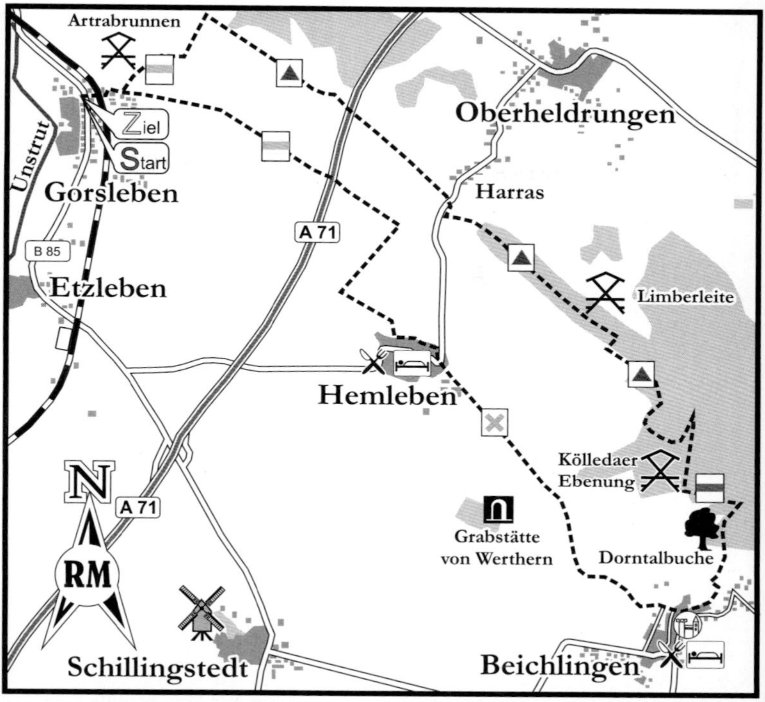

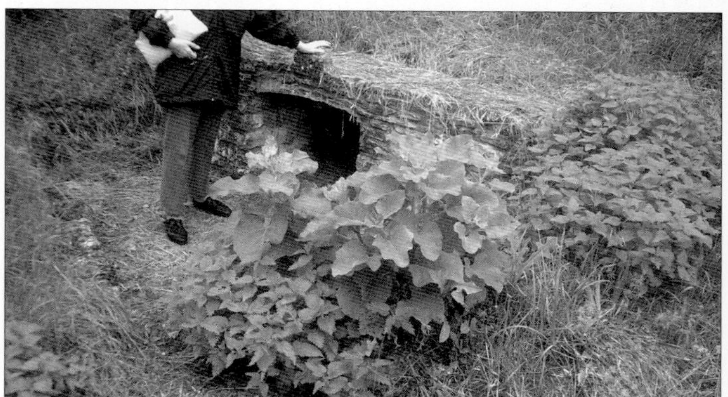

Artrabrunnen

Nach 800 m wird die *A 71-Brücke* gequert. Bei der nach 400 m folgenden Weggabelung geht es rechts bergab. Nachdem wir einen weiteren Kilometer zurückgelegt haben, steigen wir in den *Hemleber Rundweg* ein (Markierung *gelbes Andreaskreuz)*.

Hemleben erreichen wir in der *Siedengasse*. An der nächsten Weggabelung geht es linksabbiegend dorfeinwärts.

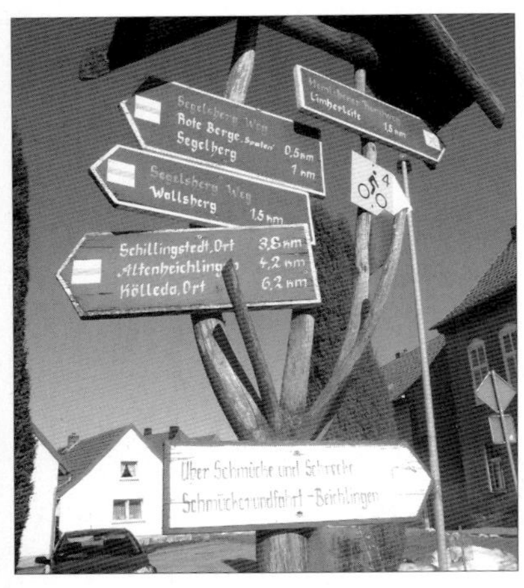

Viele Wandermöglichkeiten in und um Hemleben

Hemleben liegt im Nordwesten des Thüringer Beckens und südlich vom Höhenzug der Schmücke. Ein kaum noch erkennbarer Ringwall auf dem Segalsberge weist auf eine vorgeschichtliche Besiedlung des Gebietes hin.
Auf den Wegen nach Beichlingen und Schillingstedt steht jeweils ein Sühnekreuz. Interessant ist auch eine Wanderung zum südlich von Hemleben gelegenen Gipskeuperhügel, den Spaten. Dieser steht auf Grund seiner artenreichen Flora unter Naturschutz.
s. auch www.vgem-schmuecke.de

Hinter der *Pension „Zur Schmücke"* zeigen verschiedene Wanderwegweiser die Richtung an. Wir folgen dem *Radweg* mit der *gelben 4*. Der anschließend folgende Feldweg führt bergan.
Nach 800 m wird rechtsabbiegend ein Abstecher zur *Grabstätte von Werthern* angeboten.

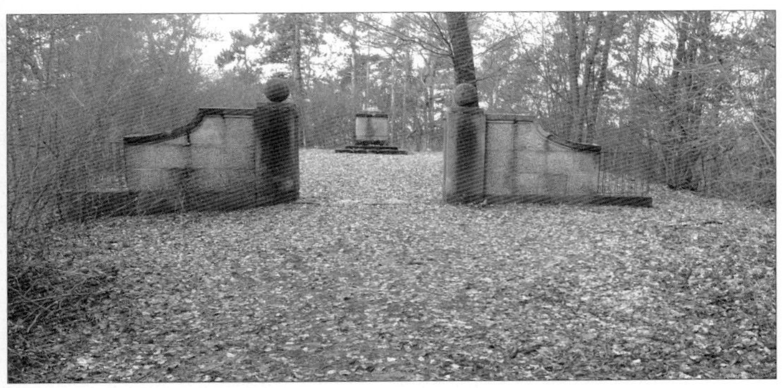

Grabstätte von Werthern

Nach der Rückkehr vom Abstecher geht es weiter bergan über den ***Harrasberg***. Nun halten wir uns stets geradeaus und erreichen ***Beichlingen*** an einem *Rastplatz,* wo zugleich der *Braunkohlenquarzit* zu bestaunen ist. Von dort geht es zum ***Schloss Beichlingen*** hinauf.
Am Schloss führt der Weg zum *ehemaligen Freibad,* welches nach ca. 150 m erreicht wird (Markierung *grüner Querbalken*). Nach weiteren 150 m gabeln sich die Wege (Wanderwegweiser). Wir halten uns links. Über die bergan führende Forststraße gelangen wir nach etwa 200 m zur ***Dorntalbuche (Hainbuche)***, wo es sich gut rasten lässt.

Nun befinden uns zugleich auf dem NL Beichlingen.

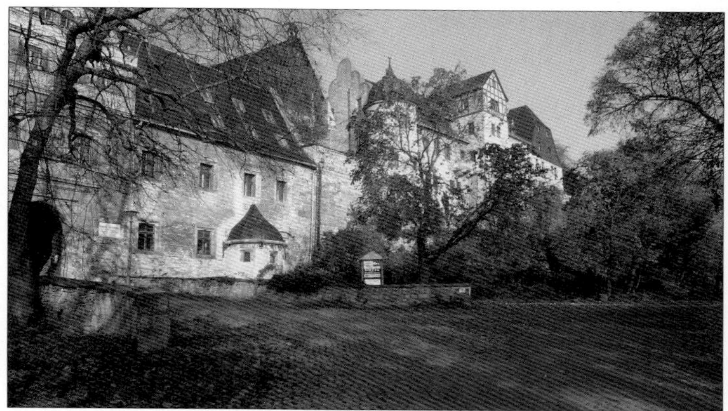

Schloss Beichlingen im Herbst

Wir bleiben geradeaus. Bei der nach ca. 250 m folgenden Weggabelung geht es halbrechts auf der Forststraße weiter. Nach weiteren 400 m erreichen wir die ***Weimutskiefer.***

Über den geradeaus führenden Forstweg gelangen wir nach ca. 150 m an die nächste Weggabelung mit Wanderwegweisern.

Nun tun sich herrliche Blicke über das Thüringer Becken hinweg zu den Höhenzügen der Hainleite auf. In meinem Buch „Die schönsten Wanderungen zwischen Kyffhäuser, Hainleite, Schmücke und Hohe Schrecke“ wird der gesamte Hainleite-Wanderweg von der Eichsfelder Pforte bis zur Thüringer Pforte in vier Etappen beschrieben.

Nach 600 m erreichen wir an der ***Kölledaer Ebenung*** die nächste Weggabelung (Wanderwegweiser), wo es sich gut rasten lässt. Wir bleiben weiterhin auf der Forststraße. An der nach 350 m folgenden Weggabelung halten wir uns links.
Nach 850 m gabeln sich die Wege. Entsprechend der Wanderwegweiser schwenken wir links ein.
Nachdem wir weitere 600 m zurückgelegt haben, erreichen wir einen Hauptwegweiser.

An dieser Stelle geht der Finne-Wanderweg in den Schmücke-Wanderweg über. Beide Wege sind mit rotem Dreieck markiert.
Der grüne Querbalken behält dennoch seine Gültigkeit.

So erreichen wir nach wenigen Metern den *Rastplatz* an der ***Limberleite.***
Nun geht es durch den Wald, den wir nach ca. 1,7 km verlassen. Wir schwenken rechts in die *Straße Hemleben - Harras* ein, die wir nach ca. 150 m linksabbiegend verlassen. Nun geht es über den *Weinberg* mit einigen *Aussichtsbänken.* Der *Schmücke-Tunnel* der A 71 wird überquert.
Nach weiteren 2 km erreichen wir eine Wegkreuzung mit Wanderwegweisern. An dieser Stelle ist rechtsabbiegend ein Abstecher zum *Naturdenkmal „Neun Linden“* (s. auch RW 07) möglich.
Wir folgen linksabbiegend dem *Gorslebener Weg* nach ***Gorsleben*** (Markierung *gelber Querbalken*). Die Entfernung zu unserem Ausgangspunkt beträgt 1,7 km.

Nach ca. 200 m haben wir die Wahl zwischen zwei Wegen.
Empfehlenswert ist es, den rechten, fußfreundlicheren Weg nach ***Gorsleben*** zu benutzen.

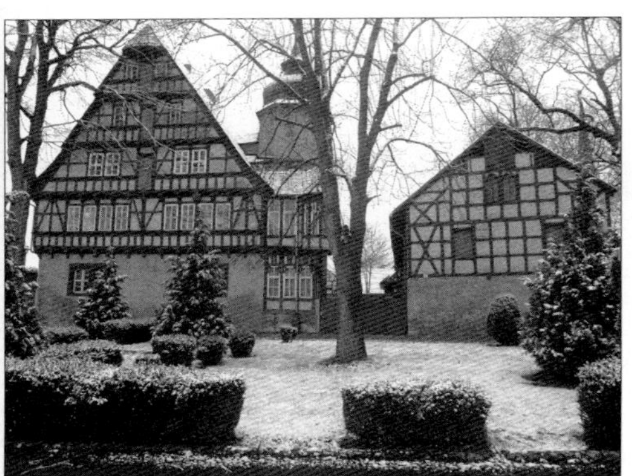

Gorsleben, Schieferhof

RW 07: Über die Kahle Schmücke (10 km)

Sachsenburg - Güntherodt-Siedlung (km 0,4) - Schwanenfeld (1,3) - Stubenberg (2,3) - Weiße Buche (3,3) - ND Neun Linden (4,5) - Himmelsleiter (5) - Schmücke-Wanderweg - Gorsleben (7,5) - Unstrut-Radweg - Sachsenburg (10)

- **Höhenunterschiede:** 200 m, gute Kondition erforderlich!
- **Gehzeit:** 3 h
- **Markierungen:** gelber Punkt, grüner Querbalken, gelbes Quadrat, rotes Dreieck (Schmücke-Wanderweg), gelber Querbalken, Radpiktogramm Unstrut-Radweg
- **Wanderkarten:** Nr. 1, 7-10 (s. Aufstellung Wanderkarten)
- **Parkmöglichkeiten:** Parkplatz an der B 85 in Sachsenburg
- **Sehenswertes:** Sachsenburg mit seinen Burgruinen, Wald-Naturlehrpfad Heldrungen, ND „Neun Linden", Gorsleben, einige Aussichtspunkte

Wissenswertes: Der Höhenzug der Schmücke ist von seinem geologischen Profil die Fortsetzung der Hainleite bei Sachsenburg. Die höchste Erhebung ist der 380 m hohe Künzelsberg bei Beichlingen. Der westliche und östliche Teil dieses Gebirgszuges sind von Laubwäldern bedeckt. Im mittleren Teil, auch Kahle Schmücke genannt, treten Trockenrasen und submediterrane Felsheiden auf. Zwischen der Thüringer Pforte und den Wallburganlagen von Großmonra verläuft ein uralter Höhenweg. Unterbrochen wird er von dem tiefer liegenden Pass bei Harras, der eindrucksvoll die steilauf gerichteten Muschelkalkschichten zeigt. Während der sächsischen Kaiserzeit waren die zusammenhängenden bergigen, von tiefen Schluchten durchzogenen Waldungen der Schmücke, ebenso wie die von Finne und Hoher Schrecke, bevorzugte Jagdgebiete der Herrscher.
s. auch www.vgem-schmuecke.de

Routenbeschreibung: In ***Sachsenburg*** (s. auch Etappe 04) überqueren wir die *Zwölf-Bogen-Brücke* und erreichen nach ca. 400 m die ***Güntherodt-Siedlung*** (Markierung *gelber Punkt*). Dort orientieren wir uns nach dem Wanderwegweiser Richtung Schwanenfeld.

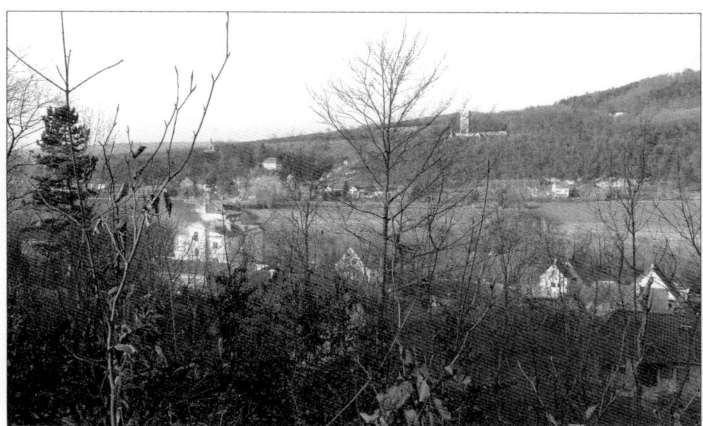

Blick zu den Sachsenburgen

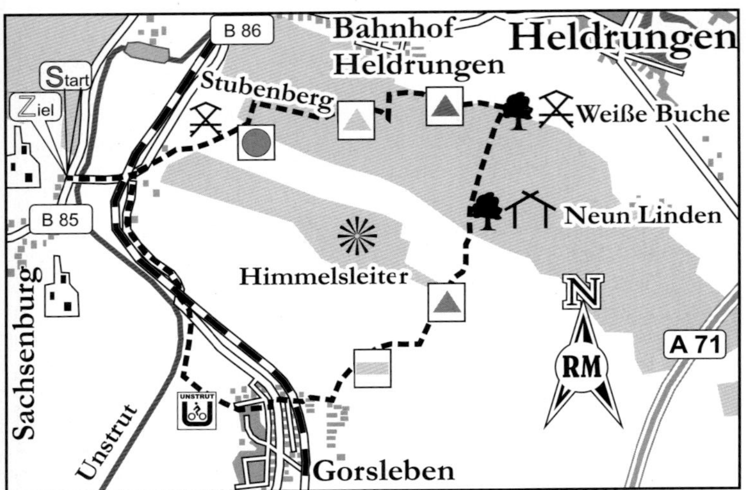

Nach 150 m kreuzen sich die Wege (*Rettungskette Forst KYF 1956*), wobei wir uns links halten. An der nach 250 m folgenden Weggabelung bleiben wir geradeaus und trennen uns vom Schmücke-Wanderweg.

Am Waldrand gabeln sich die Wege. Wir bleiben geradeaus und gehen über ein freies Feld. An der nach 200 m folgenden Weggabelung geht es links in Richtung Wald. Nach 200 m erreichen wir am ***Schwanenfeld*** den Waldrand und halten uns links, bis wir auf den *Rastplatz* treffen.

Nach wenigen Metern gabeln sich die Wege (Wanderwegweiser). Wir nehmen rechterhand durch einen Forstweg den Aufstieg in Richtung Stubenberg vor. Bei der nach 100 m folgenden Weggabelung bleiben wir geradeaus (bergan).

An der nächsten Weggabelung steigen wir in den geradeaus führenden ***Wald-Naturlehrpfad*** ein. Nach 400 m erreichen wir den ***Stubenberg***, wo sich die Wege gabeln (Wanderwegweiser).

Wir halten uns rechts (Markierung *grünes Dreieck*). Nach ca. 70 m passieren wir einige *Grenzsteine* und verlassen nach weiteren 300 m den *Naturlehrpfad* wieder. Wir bleiben geradeaus und erreichen wenig später den Waldrand.

Hier reicht der Blick über Heldrungen mit seiner Wasserburg zur Hohen Schrecke.

Nach ca. 700 m wird die ***Weiße Buche*** mit *Rastplatz* erreicht. Hier kreuzen sich die Wege. Wir wandern nun nach dem *gelben Quadrat* rechtsabbiegend bergan. Ungeachtet einiger Kreuzungen und Gabelungen halten wir uns geradeaus, bevor wir nach einem guten Kilometer Anstieg den *Rastplatz* am ***Naturdenkmal „Neun Linden"*** erreicht haben.

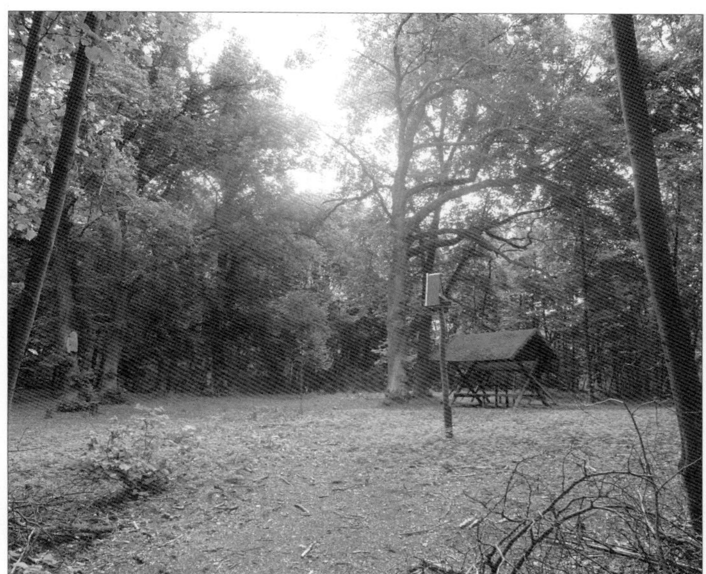

Rastplatz bei den Neun Linden

Anschließend halten wir uns rechts und nehmen den Abstieg zur 500 m entfernten ***Himmelsleiter*** vor.

Auch hier bieten sich hervorragende Ausblicke über Heldrungen und Oldisleben zur Hainleite.

Wir bleiben geradeaus, bis wir nach ca. 250 m wieder auf den ***Schmücke-Wanderweg*** treffen (Markierung *rotes Dreieck*). Dabei orientieren wir uns linksabbiegend in Richtung Harras. Nach ca. 500 m verlassen wir den Schmücke-Wanderweg und biegen rechts in den *Gorslebener Weg* ein (Markierung *gelber Querbalken*).

Bis Gorsleben können wir nun der Beschreibung von RW 06 folgen.

Nach Überquerung der *B 85* folgen wir neben der *Bushaltestelle* der *Backsgasse*. Wir verlassen den sehenswerten Ort über einen *Wirtschaftsweg*. Ab der *Unstrutbrücke* folgen wir dem Unstrut-Radweg bis Sachsenburg.

Dabei haben wir ständigen Blickkontakt zu den beiden Sachsenburgen an der Thüringer Pforte.

In ***Sachsenburg*** angekommen, nutzen wir wieder die *Brücke*, um zu unserem Ausgangspunkt zurückzukommen.

RW 08: Über Hohe Schrecke und Schmücke (19 km)

Heldrungen, Wasserburg - Oberheldrungen (km 3,3) - Haus auf dem Berge (6) - Teufelsgrund - Holländerwindmühle (8,2) - Hauterode (8,7) - Harras (12,1) - Schmücke-Wanderweg (12,9) Borntal (16,2) - Lehmgrube (16,6) - Waldschlösschen (16,8) - Heldrungen, Wasserburg (19,1)

- **Höhenunterschiede:** 260 m, mittleres Profil, Kondition erforderlich, nicht für Radtour geeignet!
- **Gehzeit:** 5-6 h
- **Markierungen:** grünes Andreaskreuz, gelbes Dreieck, grüner Querbalken, rotes Dreieck, grünes Dreieck, gelber Querbalken
- **Wanderkarten:** Nr. 7-10 (s. u. Wanderkarten)
- **Parkmöglichkeiten:** Wasserburg
- **Sehenswertes:** Heldrungen mit Wasserburg, Oberheldrungen, Holländerwindmühle, Bienenlehrpfad, Gut Hauteroda, Harras, verschiedene Ausblicke

Wissenswertes: Hauteroda liegt idyllisch zwischen der Hohen Schrecke und der Schmücke unmittelbar am Helderbach.
Im Jahre 1535 verlor der Ort durch die Pest mehr als 200 Einwohner.
Die St. Martini-Kirche wurde 1708 erbaut, während der Turm bereits aus dem Mittelalter stammt. Sehenswert ist auch eine Holländerwindmühle aus dem Jahre 1856. Auf der Schmücke, dem Ochsenberg, befand sich wahrscheinlich eine vorgeschichtliche Wallanlage.
s. auch www.vgem-schmuecke.de
Als Wahrzeichen des kleinen Ortes hat sich aber inzwischen das Gutshaus gemausert, dass seit 2006 von der Markus-Gemeinschaft e. V. bewirtschaftet wird. Hier bestehen auch Übernachtungsmöglichkeiten.
Schwerpunkt der Tätigkeit ist die Betreuung Kranker, Behinderter und Suchtgefährdeter. Diese Mitbürger werden aber nicht etwa nur bedient und verwaltet, sondern erhalten entsprechend ihrer Möglichkeiten Aufgaben, die ihnen ein sinnvolles Leben ermöglichen. Sie leisten einen Beitrag für die Entwicklung einer unter den Gesichtspunkten der Ökologie produzierenden Landwirtschaft. Die Produkte des Gutshofes finden über die Region hinaus ihre Abnehmer. Dazu zählen nicht nur Fleisch- und Wurstwaren, sondern auch Milchprodukte, leckere Marmelade und Säfte. Gern besucht wird auch das Mostmobil, wo nicht nur Saft gekauft, sondern auch selbst mitgebrachtes Obst gepresst werden kann.
Inzwischen wird durch die Hofbäckerei sogar die Goethe Schokoladentaler Manufaktur in Oldisleben beliefert.
s. auch www.gutshof-hauteroda.de

Routenbeschreibung: Wir starten an der ***Wasserburg*** in ***Heldrungen***, passieren die *Golgatha-Kirche* und wandern durch die *Schloßstraße* zur *Hauptstraße*. Die Markierung ist nun ein *grünes Andreaskreuz*. In der *Mühlstraße* folgen wir der Markierung nach Oberheldrungen (3,3 km). Dabei wird auch die *A 71* gequert. Über einen Feldweg gelangen wir an einer *Milchviehanlage* vorüber nach ***Oberheldrungen*** (s. auch RW 09).

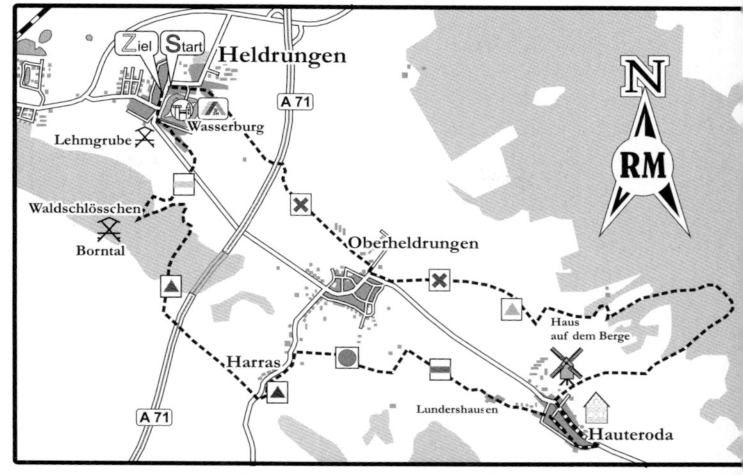

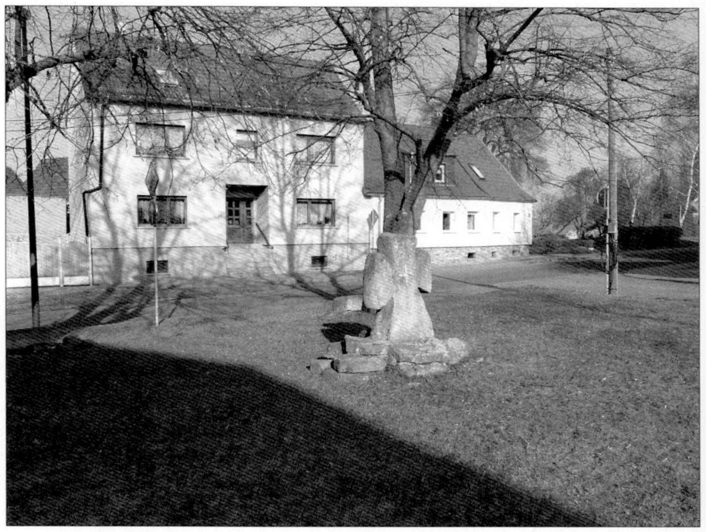

Oberheldrungen, Tatzenkreuz

Kurz vor dem Ort biegen wir rechts ein und kommen in der Straße *„An der Trift"* an. Wir folgen nun der *Straße in Richtung Hauteroda*. Am *Ortsausgangsschild* queren wir linkerhand den *Helderbach* und folgen dem *Sandweg* in Richtung Hohe Schrecke.

Bei der nach ca. 600 m folgenden Weggabelung geht es halbrechts bergan. Nach 500 m gabeln sich erneut die Wege, wobei wir uns geradeaus halten. Bereits nach 100 m folgt die nächste Weggabelung. Wir bleiben geradeaus und trennen uns vom Weg mit dem grünen Andreaskreuz (Wanderwegweiser Haus auf dem Berge 1 km).

Unser Weg mündet wenig später linksabbiegend in die *Zufahrtsstraße* zum ***Haus auf dem Berge***, über die wir dieses Anwesen schließlich erreichen.
Nun nutzen wir den *Hauterodaer Rundweg* geradeaus (Markierung *gelbes Dreieck*). Nach knapp 200 m wandern wir bergab an einer *Treppe* vorüber. Bei der nach 100 m folgenden Weggabelung biegen wir rechts ab. Bereits nach 200 m gabeln sich erneut die Wege, wobei die Markierung fehlt. Wir wandern links bergab auf ein Feld zu (*Sitzgruppe*).
Hinter dieser Sitzgelegenheit führt etwas unauffällig ein schmaler Pfad durch Strauchwerk hindurch. Nach 250 m gabeln sich die Wege.
Wir schwenken rechts ein und bleiben am Waldrand.
Am ***Teufelsgrund***, den wir nach weiteren 150 m erreichen, geht es rechts auf einem Feldweg auf das längst sichtbare Hauteroda zu. Bei der nach 500 m folgenden Weggabelung schwenken wir links ein.

Laut Wanderwegweiser sind es bis Hauteroda noch 1,4 km. Dabei tun sich Ausblicke bis zur Thüringer Pforte auf.

Bei der nach ca. 700 m folgenden Wegkreuzung halten wir uns rechts und gehen durch eine *Obstplantage*. Wenig später betreten wir das Gelände der ***Holländerwindmühle*** mit *Bienenlehrpfad*.

Hier erfährt man alles über das (Arbeits)Leben dieser fleißigen Wesen.

Wieder auf dem Weg, finden wir einen Standort vom *HörErlebnis Kyffhäuser*.
Hauteroda erreichen wir in der *Donaustraße*. Über die *Hauptstraße* gelangen wir zur ***Markus Gemeinschaft.***

Vom *Ortsteil Lundershausen* führt ein Wirtschaftsweg in Richtung Oberheldrungen (Markierung *grüner Querbalken*).

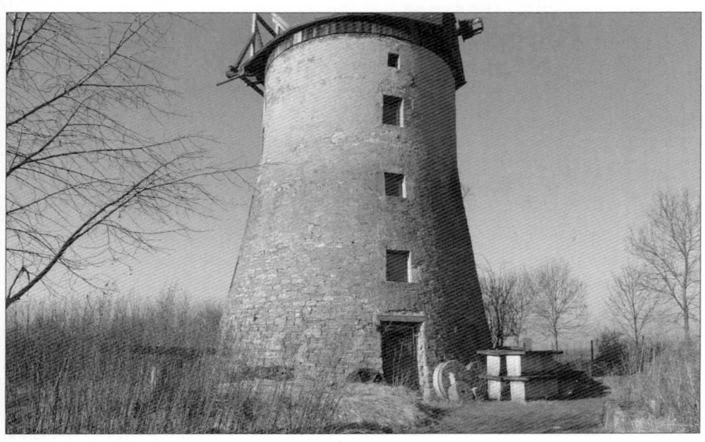

Holländerwindmühle bei Hauteroda

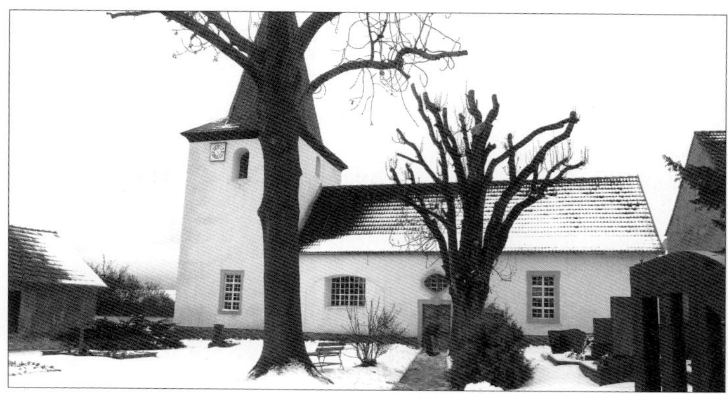

Harras, Kirche

Ca. 1 km vor Oberheldrungen verlassen wir an einem *landwirtschaftlichen Betrieb* den Weg. Wir schwenken links in einen weiteren Wirtschaftsweg ein. Nach 300 m gabeln sich die Wege, wobei wir rechts einbiegen (Markierung *grüner Punkt*).

Wir befinden uns zugleich auf dem Radweg Gelbe 4.

Nachdem wir weitere 500 m gewandert sind, erreichen wir eine *überdachte Sitzgruppe* mit Blick auf Oberheldrungen. Wir bleiben geradeaus und sind nach ca. 600 m am *Freibad* von ***Harras.***

Etwa 1,5 km südöstlich von Harras befindet sich der geschichtsträchtige Bonifatiusberg. Auf dieser vorgeschichtlichen Burgstelle mit Terrassenwällen lag früher eine Steinplatte mit vier hufeisenförmigen Eindrücken. Diese werden den Pferden des Apostels Bonifatius zugeschrieben. Auch an dieser Stelle soll der hl. Bonifatius eine Eiche der Heiden gefällt haben.
s. auch www.vgem-schmuecke.de

Wir folgen der *Hauptstraße*.

Am Stromhäuschen zeigen Wanderwegweiser, welche vielfältigen Möglichkeiten der fleißige Wanderer in und um diesen kleinen Ort vorfindet.

Nun geht es neben der Straße in Richtung Hemleben weiter. Nach ca. 700 m verlassen wir diese wenig befahrene Straße und auch den Radweg Gelbe 4, indem wir rechts in den *Schmücke-Wanderweg* einbiegen (Markierung *rotes Dreieck* - s. auch SW 05).
Bereits nach ca. 200 m werden wir für diesen ziemlich steilen Aufstieg entschädigt.

Eine Sitzgruppe lädt zur Rast ein. Die Ausblicke reichen im Süden über Hemleben ins Thüringer Becken. Im Norden können wir über Harras, Oberheldrungen und Heldrungen bis zur Hainleite und zum Kyffhäusergebirge schauen.

Nach 700 m überqueren wir den *Schmücketunnel der A 71*, woran ein Wanderwegweiser erinnert. Nachdem wir weitere 200 m zurückgelegt haben, wandern wir halbrechts auf einem etwas breiteren Weg.

Bei der nächsten Weggabelung nach 350 m trennen wir uns vom Schmücke-Wanderweg. Wir folgen dem Wanderwegweiser zum Waldschlösschen (1,8 km). Die Markierung ist ein *grünes Dreieck.*

Hin und wieder fallen Grenzsteine ins Auge.

Wir wandern auf einem Waldweg geradeaus (bergab).
Nach 800 m erreichen wir eine Weggabelung mit Wanderwegweisern. Wir bleiben geradeaus. Bereits nach 50 m folgt die nächste Weggabelung. Diesmal halten wir uns links, während es rechterhand nach Oberheldrungen geht. Bei der nach 200 m folgenden Weggabelung biegen wir rechts in einen schmalen Pfad ein.
Nach weiteren 200 m stehen wir vor der *Umzäunung* des *Waldschlösschens*. Wir schwenken links in einen Waldweg ein, der zum idyllisch gelegenen ***Borntal*** mit *Rastplatz* und *Teich* führt.
Nun geht es rechtsabbiegend *treppauf* (Wanderwegweiser Wasserburg 2,3 km - Markierung *gelber Querbalken*). Nach 250 m kreuzen sich die Wege. Wir bleiben geradeaus und erreichen wenig später den Ausgang des Waldes.

Dabei trennen wir uns von der Markierung mit dem grünen Dreieck.

Nach knapp 100 m erreichen wir die ***Raststelle zur Lehmgrube*** und nach weiteren 200 m das ***Waldschlösschen***.

Die frühere Gaststätte ist leider nicht mehr bewirtschaftet und droht zu verfallen.

An dieser Weggabelung biegen wir links in einen Wirtschaftsweg ein. Die *Chaussee Oberheldrungen - Heldrungen* queren wir nach ca. 400 m. Nach 250 m gabeln sich dieWege (Wanderwegweiser), wobei wir links einbiegen.
In der *Gartenstraße* erreichen wir die ersten Häuser von ***Heldrungen***. Über die *Oberheldrunger Straße* gelangen wir ins Zentrum der Kleinstadt mit *Markt* und *Rathaus*. Von der *Hauptstraße* geht es wieder über die *Schloßstraße* zu unserem Ausgangspunkt, der ***Wasserburg.***

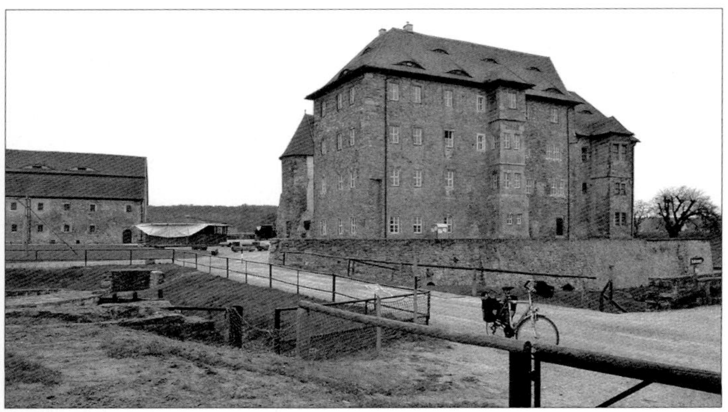

Heldrungen, Wasserburg

RW 09: Über den Kammweg Hohe Schrecke nach Braunsroda (17 km)

Heldrungen, Wasserburg - Hasenlauf (km 2) - Braunsroda (3,2) - Forst Langenthal (4,2) - Wegekreuz „Die Buche“ (7,3) - Schützenplatz (9,3) - Kirschberg mit Kirschhaus (9,7) - Oberheldrungen (11,3) - Weingartental (12,8) - Borntal (14,4) - Weiße Buche (15,6) - Heldrungen, Wasserburg (17,4)

- **Höhenunterschiede:** 270 m An- und Abstiege, gute Kondition erforderlich, nicht für Radtour zu empfehlen!
- **Gehzeit:** 5 h
- **Markierungen:** von der Wasserburg bis zum Wegekreuz „Die Buche“ roter Querbalken (Kammweg Hohe Schrecke), gelber Querbalken bis Oberheldrungen, grünes Dreieck bis Nähe Waldschlösschen, gelbes Quadrat bis zur Wasserburg
- **Wanderkarten:** Nr. 7-10 (s. u. Wanderkarten)
- **Parkmöglichkeiten:** vor der Wasserburg, Gutshaus von Bismarck, Oberheldrungen
- **Sehenswertes:** Heldrungen mit Wasserburg, Gutshaus von Bismarck mit historischem Gutshof, Kirschberg, Oberheldrungen

Wissenswertes: Bekannt wurde Braunsroda bereits im 13. Jh. durch seine Zugehörigkeit zum Lazaritenorden. 1231 erhielt der Orden von den Herren von Heldrungen eine Kapelle als Schenkung. Der Verfall des Ordens setzte im 15. Jh. ein, weil schon damals die Mittel zur Krankenpflege und Wohltätigkeit fehlten. Auch die alte Kapelle verfiel, wurde aber 1736 und 1859 neu eingerichtet.
s. auch www.stadt-heldrungen.de
Seit dem 17. Jh. befindet sich das Rittergut Braunsroda im Besitz der Familie von Trebra. 1722 wurde das barocke Gutshaus errichtet. Im Jahre 1901 und in den darauffolgenden Jahren wurde das Gut von Hans von Trebra modernisiert. Seine Tochter Adelheid heiratet 1931 den Gutsherrn Levin Friedrich v. Bismarck aus Sollstedt. Nach der Enteignung im Jahre 1945 wird das Rittergut Volkseigenes Gut.
1992 kommt Georg von Bismarck, ein Enkel des Hans von Trebra, auf das Gut und pachtet es mit seinen landwirtschaftlichen Flächen von der Treuhandanstalt. Sechs Jahre später wird das Gut schließlich von Georg und Kristin von Bismarck gekauft. Seitdem wurden umfangreiche Renovierungen vorgenommen. Inzwischen laden drei behagliche Ferienwohnungen zum Übernachten ein.
Im Jahre 2004 wurden das Gutscafe und die Hofschänke mit Biergarten eröffnet. Ein Blick in die Speisekarte verrät, dass vorwiegend Produkte aus der Region angeboten werden. Neben herzhaften ländlichen Speisen findet der Gast auch Gerichte der gehobenen Küche. Beliebt sind auch die hausgebackenen Kuchen und Torten.
Weit über die Grenzen der Kyffhäuserregion hinaus bekannt ist der jeden ersten Samstag in den Monaten April bis Dezember stattfindende Regionale Bauernmarkt. Hier bieten 30 bis 50 Produzenten aus Landwirtschaft, Gärtnerei und Handwerk auf dem historischen Gutshof ihre Ware an. Jeder Markt zieht 1000 bis 2000 Besucher an.
s. auch www.gutshaus-von-bismarck.de

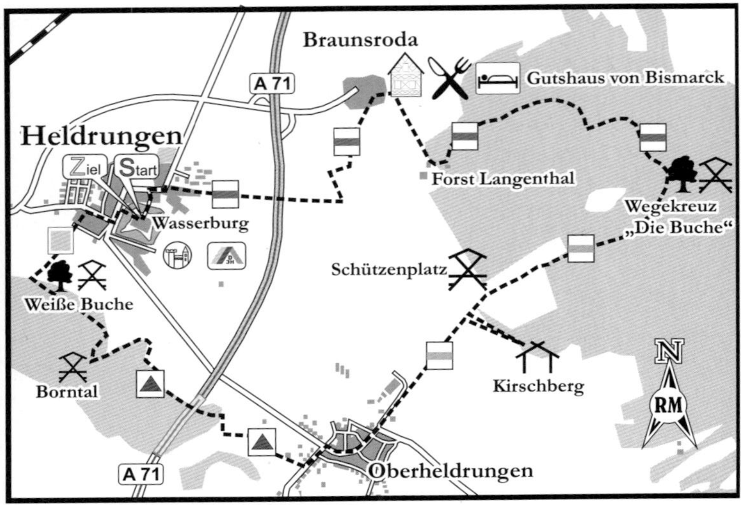

Routenbeschreibung: Wir starten in Heldrungen an der Wasserburg, wo der *Kammweg Hohe Schrecke* beginnt. Die Markierung ist ein *roter Querbalken.*
Anschließend gehen wir an der *Golgathakirche* vorüber und biegen rechts in die *Hauptstraße* ein. Am *Arternschen Tor* schwenken wir rechts in die *Feldstraße* ein. Wir wandern geradeaus an einer *Scheune* vorüber Richtung Wald. Die *A 71* wird überquert. An einer Wegkreuzung mit Wanderwegweiser halten wir uns links. Der Feldweg führt wenig später durch *Obstplantagen* hindurch. Nach 800 m sind wir auf dem *Wirtschaftsweg,* der nach Braunsroda führt. Wenig später erreichen wir die Wegkreuzung ***„Der Hasenlauf“***, wo links eingebogen wird (Blickrichtung Windkrafträder).

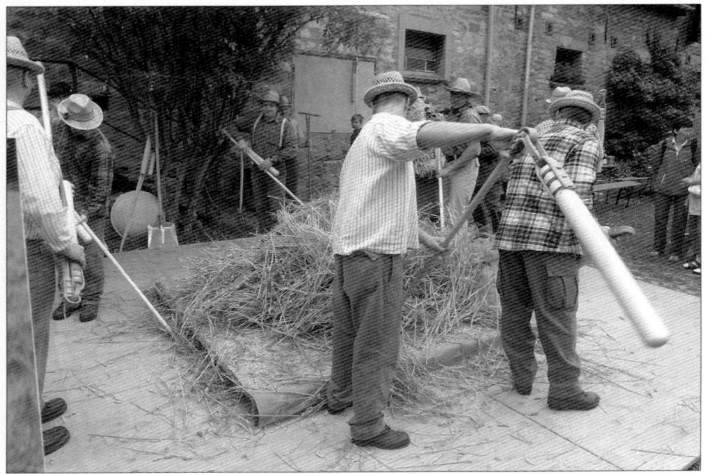

Bauernmarkt in Braunsroda

Nach 300 m gabeln sich die Wege. Wir biegen rechts ab. An der nach 200 m folgenden *wasserwirtschaftlichen Anlage* halten wir uns links. Am Ortseingang von ***Braunsroda*** zeigt ein Wanderwegweiser die vielen Möglichkeiten, die der fleißige Wanderer hier vorfindet. Wir verlassen für ein paar Meter den Kammweg Hohe Schrecke, wandern dorfeinwärts und erreichen über die *Heidelbergstraße* das ***Gutshaus von Bismarck***.

Anschließend kehren wir zur Wanderwegekreuzung zurück und setzen unsere Wanderung auf dem *Kammweg Hohe Schrecke* fort. Dabei orientieren wir uns in *Richtung Forst Langenthal.*

Nach 300 m kreuzen sich die Wege (Wanderwegweiser). Wir folgen der Straße halbrechts. Bei der Weggabelung am Waldrand mit *Rastplatz* bleiben wir geradeaus (bergan) auf der Straße. Nach 200 m erreichen wir den ***Forst Langenthal***. Wir nutzen die geradeaus führende Forststraße und halten uns nach 100 m bei einer Wegkreuzung mit Wanderwegweiser links bergan.

Nach weiteren 800 m lädt auf der Höhe eine *überdachte Sitzgruppe* zur Rast ein. Bei der nächsten Wegkreuzung nach 450 m mit *überdachter Sitzgruppe* bleiben wir auf der Forststraße. Auch bei der sich anschließenden Wegkreuzung nach 500 m bleiben wir geradeaus (leicht bergab).

An dieser Stelle zeigt ein Wanderwegweiser nach Reinsdorf.

Nach weiteren 500 m erreichen wir das Wegekreuz und den Rastplatz ***„Die Buche“.***

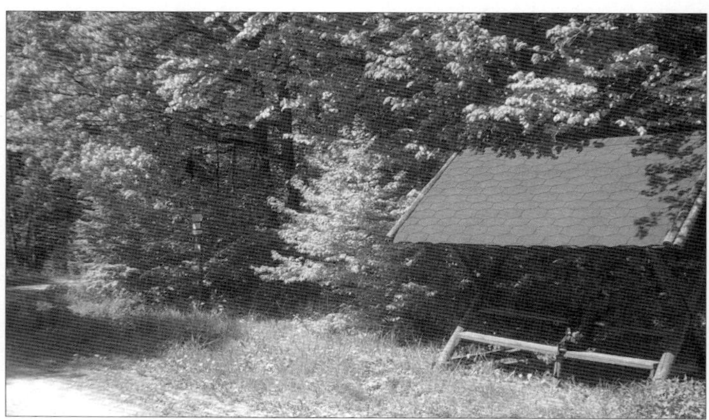

Rastplatz am Wegekreuz „Die Buche“

Diese 170jährige Buche steht unweit der „Großen Buche“, welche Naturgewalten weichen musste.

Wir bleiben geradeaus und verlassen somit den *Schrecke-Kammweg*. Die Markierung ist nun ein *gelber Querbalken*. Die Forststraße führt bergab.

Dabei sind noch Warnschilder des ehemaligen Truppenübungsplatzes zu sehen, die unbedingt beachtet werden sollten.

Nach 400 m gabeln sich die Wege (Wanderwegweiser). Unser Weg führt halbrechts bergab
Nachdem wir weitere 1,5 km zurückgelegt haben, erreichen wir den ***Schützenplatz*** von Oberheldrungen. Daran schließt sich nach 400 m der ***Kirschberg*** an.

Hier ist ein Abstecher zum Kirschhaus möglich. Hier wurde durch Schüler der Schmücke-Grundschule Heldrungen ein Lehrpfad über die edle Frucht angelegt. Auf diesem Platz feiern die Oberheldrunger ihre Feste.

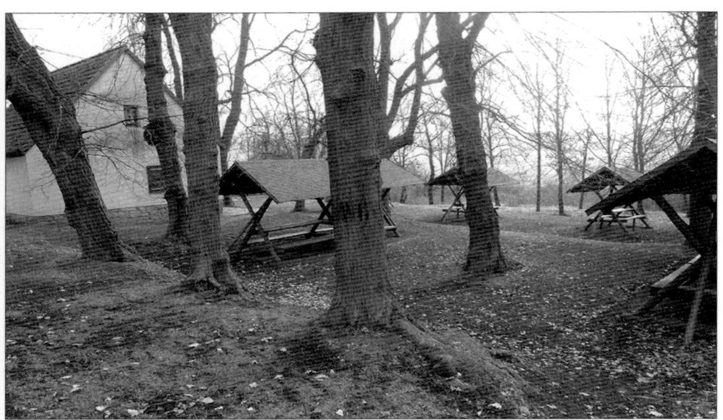

Kirschberg mit Kirschhaus

Nun wandern wir auf ***Oberheldrungen*** zu, dass wir an einer *Agrargenossenschaft* erreichen. *An der Trift* wandern wir dorfeinwärts. Durch die *Hauptstraße* erreichen wir am *Oberbach* ein Steinkreuz mit Inschrift.

Dieses Sühnekreuz, das sogenannte Tatzenkreuz, erinnert an eine frühere Untat.

Schließlich wird der mit verschiedenen Wanderwegweisern „gespickte“ *Dorfplatz* erreicht.

Oberheldrungen liegt zwischen dem Helderbach und der Schmücke. Seine Lage an der alten Völkerstraße und die dem hl. Bonifatius geweihte Barockkirche lassen davon ausgehen, dass der Ort länger als die Stadt Heldrungen existiert. Die Pest forderte im 16. Jh. einige Menschenopfer. Der zur Wende vom 19. zum 20. Jh. begonnene Kalibergbau wurde bereits 1923 eingestellt.
s. auch www.vgem-schmuecke.de

Nun folgen wir der Markierung mit dem *grünen Dreieck* in Richtung Waldschlösschen. Gegenüber dem *Sportzentrum* schwenken wir links in den *Harraser Weg* ein. Nach 250 m gabeln sich die Wege, wobei wir rechts in einem Feldweg Richtung Wald einbiegen.
Eine *überdachte Sitzgruppe* lädt nach 700 m zur Rast ein.

An dieser Stelle können wir über die A 71 hinweg nach Braunsroda und den Windkrafträdern auf dem Heildelberg schauen.

Nach 150 m erreichen wir den Waldrand. Wir halten uns links und folgen einem schmalen Pfad bergab. Wenig später überqueren wir ein schmales Feld und biegen bei einer *Streuobstwiese* rechts ein.
Im ***Weingartental*** gabeln sich die Wege (Wanderwegweiser Waldschlösschen 1,6 km). Wir halten auf den Waldausgang zu, wo wir links in einen bergan führenden Hohlweg einbiegen. Der Weg führt nun für ca. 1 km stets auf Tuchfühlung zum Waldrand.

Durch die Bäume können wir zunächst die A 71 und später Kleingärten von Heldrungen sehen.

Wir erreichen die Rückseite einiger *Grundstücke* und wandern vor deren Umzäunung entlang. Wir sehen dabei auch das Waldschlösschen. Nach 400 m erreichen wir das ***Borntal***, wo es sich gut rasten lässt.
Wir nähern uns dem *Waldschlösschen* bis auf 300 m, wie Wanderwegweiser anzeigen. An dieser Weggabelung halten wir uns links, immer in Waldrandnähe bleibend.
Nach 800 m erreichen wir die ***Weiße Buche***. Das grüne Dreieck wird nun von einem *gelben Quadrat* abgelöst (Wanderwegweiser Wasserburg Heldrungen 2 km).
In ***Heldrungen*** passieren wir die *Schillerstraße* und schwenken in die *Bahnhofsstraße (B 86)* ein. Von der *Hauptstraße* biegen wir in die *Schloßstraße* ein und an der *Golgathakirche* vorüber gelangen wir wieder zu unserem Ausgangspunkt an der ***Wasserburg Heldrungen.***

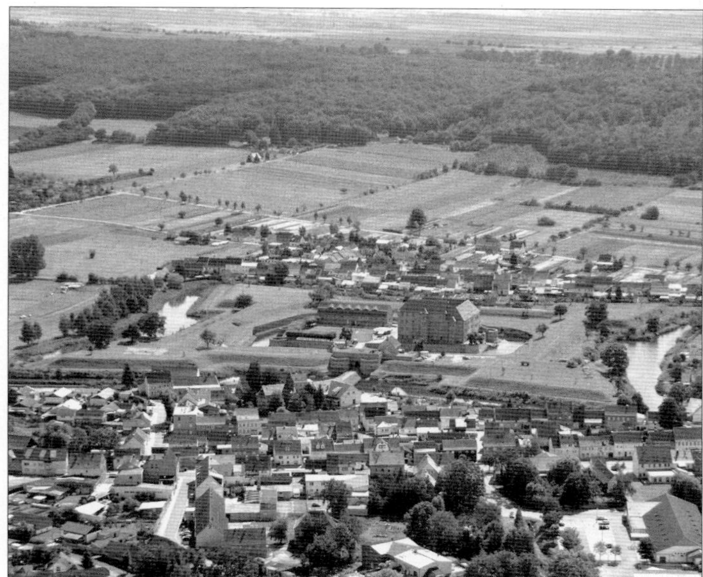

Blick über Heldrungen zur Wasserburg. Foto Harald Rockstuhl

RW 10: Auf dem Borlach-Wanderweg/ GeoPfad Artern (10 km)

Artern, Solequelle - Solgraben - Kräutergarten (km 0,8) - Aratorasee (1,9) - Lutherstein (2,4) - St. Veitskirche (3,4) - Oberer Hof (3,6) - Salinepark (4,2) - Soleschwimmbad (5) - Bahnhof (5,8) - Königstuhl (6,3) - Gustav-Adolf-Stein (6,8) - Jüngkens Aussichtsturm (7,1) - Rathaus (8,5) - ART, Solequelle (10)

- **Höhenunterschiede:** 100 m, leichtes Profil, mit dem Fahrrad möglich
- **Gehzeit:** 3 h
- **Markierungen:** Symbol mit Hammer (Borlach-Wanderweg), grüner Schrägstrich für GeoPfad
- **Wanderkarten:** Nr. 1, 7, 9-10 (s. Aufstellung Wanderkarten)
- **Parkmöglichkeiten:** Markt, vor Gaststätten, Friedhof, Weinberg, Bahnhof
- **Sehenswertes:** Altstadt, Anlagen der Salzgewinnung, Jüngkens Aussichtsturm

Routenbeschreibung: Wir starten in ***Artern*** am *Friedhof*. Hier ist zugleich der Eingang zur ***Solequelle***, wo sich eine Station des *GeoPfades* befindet. Nachdem wir das Gelände des Friedhofs verlassen haben, wandern wir am ***Solgraben*** entlang zum ***Natur- und Kräutergarten***.

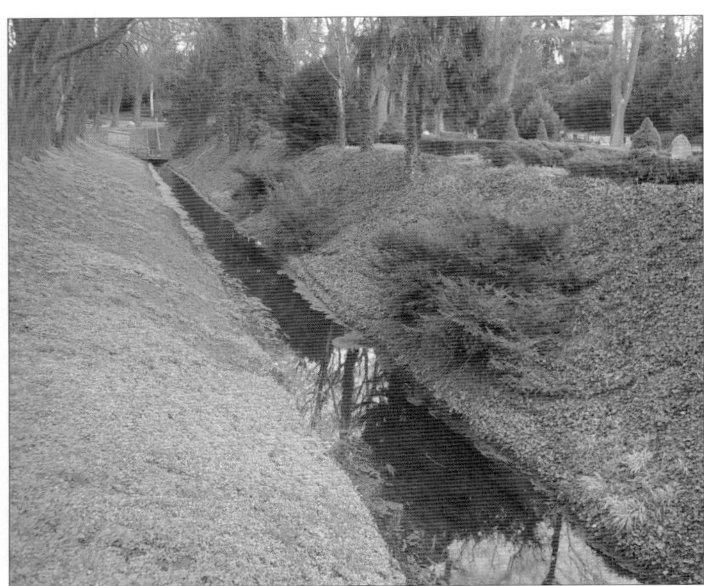

Solequelle Artern

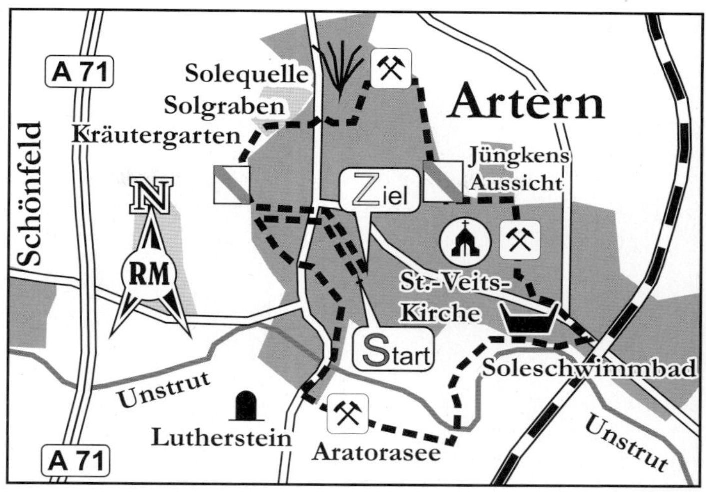

Dieser wurde 2001 geschaffen. Dort kann der Besucher auf interessanten Pfaden die Botanik der Kultur-, Heil-, Wild- und Arzneipflanzen kennenlernen. Im Mittelpunkt steht die Kräuterfrau „Artemis". Bei der Darstellung des menschlichen Körpers wurden an ihren jeweiligen Körperstellen Heilpflanzen nach deren Anwendungsgebieten gepflanzt.

Nach Überquerung der *Ankerallee* erreichen wir ein ***Wassertretbecken***. Nun folgen wir dem Weg neben der *B 86* und passieren den *Busbahnhof* in der *Reinsdorfer Straße*. Diese verlassen wir rechts abbiegend, um einen Abstecher zum ***Aratorasee*** zu unternehmen.

Nicht weit vom Unstrut-Radweg befindet sich der Aratorasee. Angelegt wurde er 1962/63. Dieses idyllische Fleckchen bietet Erholung pur.

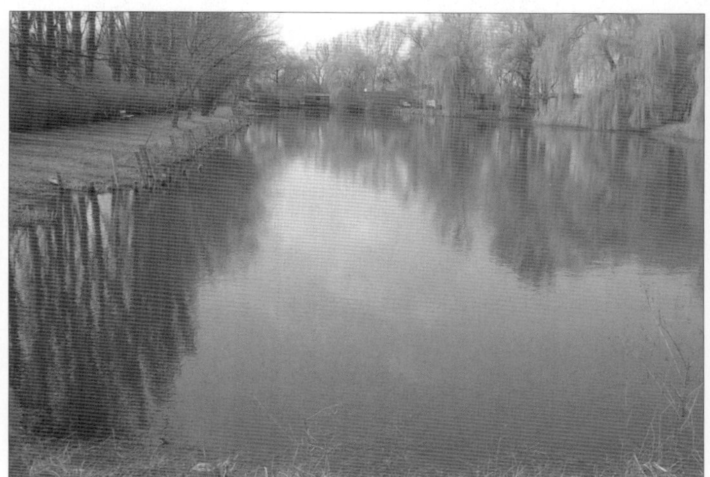

Aratorasee

Vom Aratorasee kehren wir zur *Reinsdorfer Straße* zurück. Nicht weit davon entfernt, aber etwas versteckt, befindet sich der Lutherstein.

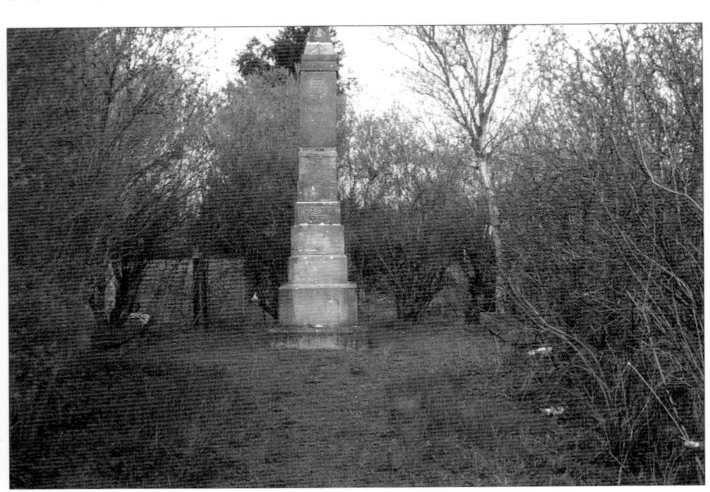

Lutherstein in Artern

Dieser obeliskartige Gedenkstein wurde 1819 errichtet. Er erinnert an den Thesenanschlag Martin Luthers 1517 in Wittenberg.

Von dort wandern wir nun neben der *Reinsdorfer Straße* stadteinwärts.
Dann folgen wir den Wegweisern Richtung Altstadt. Beim *Salzdamm* schwenken wir rechts ein und gelangen zur ***St.-Veits-Kirche***.

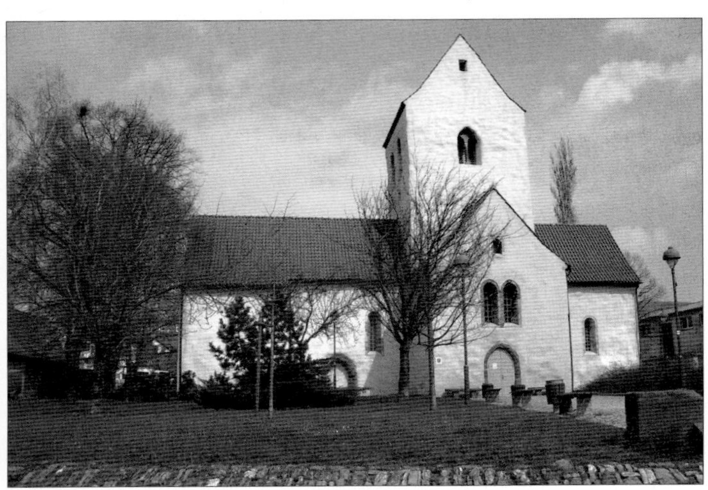

St. Veits-Kirche Artern

Diese steinerne Kirche wurde um 1250 im Übergang zwischen romanischem und gotischem Baustil errichtet. Sie wurde dem hl. Vitus, dem Schutzpatron gegen das Sumpffieber, gewidmet. Zwischen 1991 und 1999 wurde die Veitskirche umfangreich saniert. Seitdem wird sie als vielfältige Kultur- und Begegnungsstätte genutzt.

Nun folgen wir der *Straße der Jugend* und gelangen zum ***Oberen Hof.***

Eines der ältesten Gebäude von Artern ist dieses frühere Herrenhaus eines Rittergutes. Anfang der 90er Jahre des 20. Jh. wurde das Gebäude liebevoll saniert. Im Dachgeschoss ist ein Industriemuseum mit Exponaten und Fotos zur Erinnerung an die Geschichte der Kyffhäuserhütte.

Hinter diesem Fachwerkhaus biegen wir rechts ab. Wir wandern nun durch die *Straße der Jugend* und an der *Borlach-Schule* vorüber. Mit dem ***Salinepark*** mit Freilichtbühne erreichen wir eine weitere Station des GeoPfades. Wir durchwandern den Salinepark. Der Weg führt nun an der *Unstrut* entlang zum ***Soleschwimmbad.***
Hinter der Gebäude der *ehemaligen Saline* überqueren wir die *Salinestraße* und den *Borlachweg* und gelangen zur *Promenade*, in die wir rechts einschwenken.
Über die *Bergstraße* führt der Weg zum *Weinberg* hinauf. *Am Königstuhl* biegen wir links in die *Einbecker Straße* ein. An der Ecke *Einbecker Straße/Weinberg* befindet sich mit dem ***Gustav-Adolf-Stein*** eine weitere Station des GeoPfades.

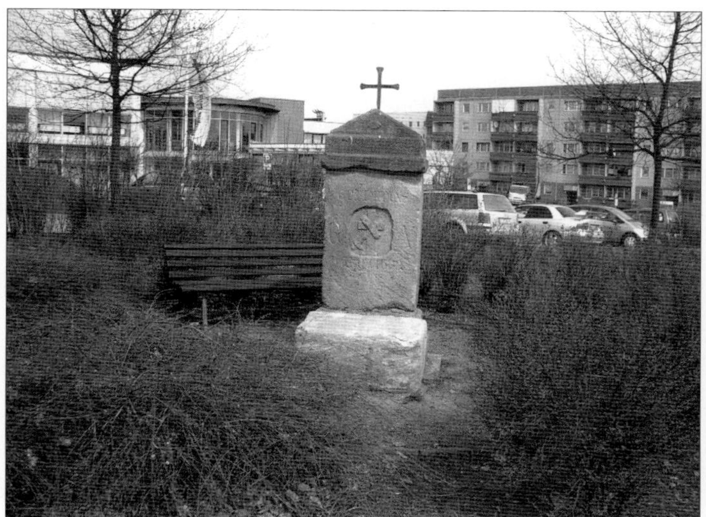

Gustav-Adolf-Stein auf dem Königstuhl

Dieser Stein erinnert an das Lager von Schwedenkönig Gustav-Adolf mit seinem Heer vor Artern während des Dreißigjährigen Krieges (1632). Der König befand sich auf dem Weg von Allstedt nach Eisleben. Der Gedenkstein wurde 200 Jahre später durch Ernst Sann zu Ehren des schwedischen Königs errichtet.

Nun passieren wir ein Hotel und gelangen wenig später zu ***Jüngkens Aussichtsturm.***

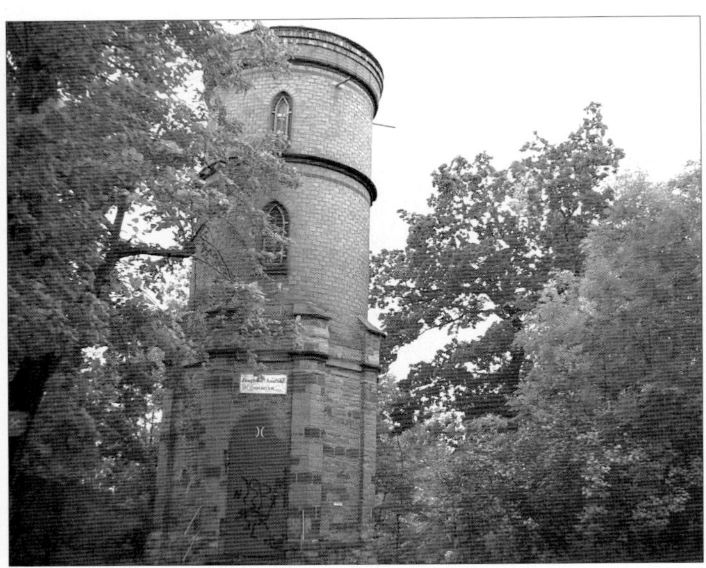

Jüngkens Aussicht bei Artern

Bereits 1863 wurde durch Herrn Jüngkens ein Häuschen mit Ausblick im neu angelegten Park auf dem Weinberg gestiftet. Die Witwe Jüngkens sorgte später für eine Erhöhung des Turmes. Anfang der 90er Jahre des 20. Jh. wurde er saniert. Er bietet eine traumhafte Aussicht auf die Stadt, auf die Goldene und Diamantene Aue sowie auf das Kyffhäusergebirge. 1992 wurde ein kleines Heimatmuseum eingerichtet, das sonntags von 14 bis 16 Uhr geöffnet ist.

Nun geht es durch das *Weinberg-Wäldchen* hindurch.

Rechts haben wir einen Ausblick auf den Ziegelrodaer Forst und einige Kupferhalden. Geradeaus schweift der Blick nach Sangerhausen und nach Allstedt.

Am Ende des Waldes können wir links abbiegend auf ***Artern*** hinabgehen.
Am *Rosenweg* biegen wir links ein. Durch die *Franz-Schubert-Straße* gelangen wir zur *B 86,* neben der wir in *Richtung Sangerhausen* entlang gehen. Wenig später sind wir wieder an unserem Ausgangspunkt am *Friedhof.*

RW 11: Über das Märzenbechertal zum Klostergut Mönchpfiffel (20 km)

Schönewerda - Märzenbechertalweg - Rastplatz Märzenbechertal (km 5,2) - Schlangentalskopf - Beerkopf - Klostergut Mönchpfiffel (10,7) - Nikolausrieth (11,9) - Helme-Wanderweg - Schaafsdorf (14) - Kalbsrieth (16,5) - Kyffhäuser-Feengrotten-Weg - Schönewerda (20)

- **Höhenunterschiede:** 240 m, gute Kondition erforderlich, bei trockenem Wetter mit robustem Fahrrad möglich
- **Gehzeit:** 6 h
- **Markierungen:** gelbes Dreieck (Märzenbechertalweg), grünes Andreaskreuz, grüner Punkt, gelbes Dreieck (Helme-Wanderweg), blauer Querbalken (Kyffhäuser-Feengrotten-Weg), goldene Kaiserkrone (Wege der Kaiser und Könige)
- **Parkmöglichkeiten:** in Schönewerda neben der Unstrutbrücke am Ortsausgang Richtung Donndorf, Sportplatz, vorm Gutsgelände
- **Wanderkarten:** Nr. 7, 9-10 (s. Aufstellung Wanderkarten)
- **Sehenswertes:** Schönewerda, Märzenbechertal, Klostergut Mönchpfiffel, Schlosspark Kalbsrieth

Wissenswertes: Im Jahre 1956 schlossen sich die bis dahin selbständigen Dörfer Mönchpfiffel und Nikolausrieth zur „Bindestrichgemeinde“ zusammen. Der Ort liegt im äußersten Nordosten des Kyffhäuserkreises an den Flüssen Helme und Rohne.
Die Geschichte des Ortsteiles Mönchpfiffel wird hauptsächlich durch das Kloster geprägt. Es gehörte ab 1231 dem Zisterzienserkloster Walkenried.
Inzwischen wurde der Anlage wieder neues Leben eingehaucht. Mit vereinten Kräften haben sich die Raiffeisen Warengenossenschaft eG Leese als Eigentümerin sowie ihre Tochterfirma „Klostergut Mostobst“ und der örtliche Heimatverein um die Sanierung und Belebung der Anlage gekümmert.
Ein Höhepunkt ist die im Mai vom Heimatverein veranstaltete Salatkirmes mit Wahl der Apfelblütenkönigin. Gern besucht wird auch das Museum, das ausführlich über die Geschichte dieses Kleinodes informiert. In einem Hofladen können die leckeren Produkte gekauft werden.
s. auch www.moenchpfiffel.de

Ebenfalls aus der Zeit der Walkenrieder Möche stammt die Klostermühle Mönchpfiffel. Die Wassermühle wurde wahrscheinlich schon 1208 erbaut und von den Mönchen im Jahre 1237 erworben. Angetrieben wurde sie durch das Wasser der Rohne. Bis 1548 wurde sie von Mönchen und Laienbrüdern bewirtschaftet und noch in den 80er Jahren des 20. Jh. als Handelsmühle betrieben.
1997 haben sich Mühlenliebhaber zusammen gefunden und gründeten den Förderverein Klostermühle Mönchpfiffel e.V. Ziel ist es, diese Mühle als „Technisches Schaudenkmal“ der Bevölkerung zugänglich zu machen und für die Nachwelt zu erhalten. Der Förderverein ist bemüht, den Wasserzufluss der Rohne wieder herzustellen.
s. auch www. klostermuehle-ev. de

Der Ortsteil Nikolausrieth wurde in der zweiten Hälfte des 12. Jh. gegründet. Dies geschah nach Trockenlegung des Helmesumpfes von flämischen Kolonisten unter

Führung des Walkenrieder Klosters. Die Ansiedlung flämischer Einwanderer hat das Gesicht des Dorfes lange geprägt. So handelt es sich um ein typisches Reihen- oder Marschhufendorf, bei dem die Bauerngehöfte langgestreckt in einer strengen Reihe an der Straße *liegen.*
s. auch www.vgmzartern.de

Routenbeschreibung: Wir starten an der *Unstrutbrücke* in ***Schönewerda*** am *Ortsausgangsschild Richtung Donndorf* (Markierung *gelbes Dreieck - Märzenbechertalweg*). Nach Überquerung des *Unstrut-Radweges* passieren wir das ***Unstrut-Gut*** und wandern dorfeinwärts.
Am *Schieferhügel* queren wir die *Bottendorfer Chaussee* (Wanderwegweiser).
Bei der nach 800 m folgenden Wegkreuzung halten wir uns links. Der Weg führt durch eine *Streuobstwiese.*
Nach 1,3 km wird die *Landstraße Kalbsrieth-Ziegelroda* gequert. Ca. 50 m vor einer *Gasanlage* halten wir uns rechts und wandern auf einem Feldweg durch eine Obstplantage in Richtung *Vorwerk.* An der nächsten Weggabelung führt der *Märzenbechertalweg* links bergan Richtung Wald (Ziegelrodaer Forst).
Nach ca. 800 m betreten wir den Wald und befinden uns nun im zauberhaften ***Märzenbechertal***. Wir halten uns geradeaus. Bereits nach 200 m kreuzen sich die Wege (Wanderwegweiser Heygendorf 5 km). Markiert ist nun auch mit einem *grünen Andreaskreuz (Quernetalweg)*. Allerdings ist diese Markierung auf unserem weiteren Weg nicht mehr vorhanden.
Nach weiteren 350 m erreichen wir eine *überdachte Sitzgruppe.*

Das nahe bei Landgrafroda gelegene Märzenbechertal ist vor allem für Blumenliebhaber ein Muss. Die große Zahl der dort vorkommenden Frühblüher macht das zum Ziegelrodaer Forst gehörende Tal zu einer regionalen Besonderheit. Riesige weiß-grüne Märzenbecherteppiche mit unzähligen Exemplaren dieser unter Naturschutz stehenden Pflanze erfreuen das Auge der Wanderer und Naturliebhaber.

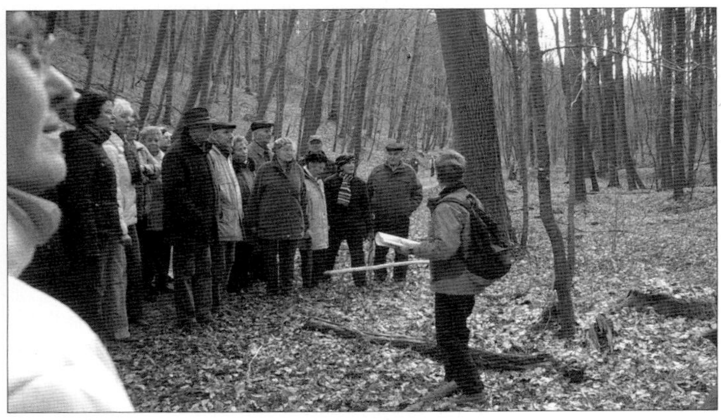

Naturführerin Gisela Jäger im Märzenbechertal

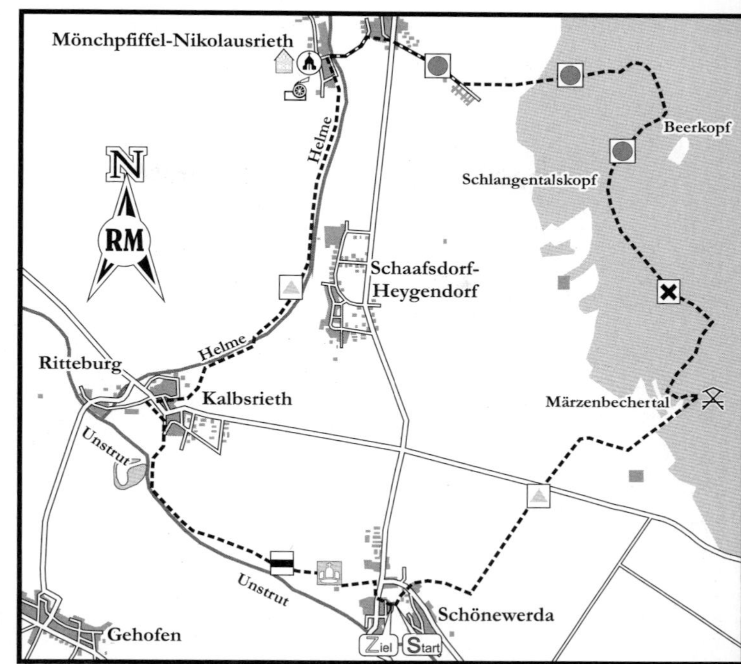

Der Märzenbechertalweg beginnt am Kloster Donndorf und endet in Landgrafroda. Es gibt aber auch einen Rundweg, der in Landgrafroda beginnt und endet.

s. auch www.querfurt.de oder www.naturpark-saale-unstrut.de

Nach ca. 1,2 km erreichen wir einen *Feuchtbiotop*, wo wir linksabbiegend den Märzenbechertalweg verlassen.

Geradeaus geht es nach Landgrafroda hinauf.

Bei der nach 1,4 km folgenden Weggabelung halten wir uns rechts und verlassen dabei den Quernetalweg. Bereits nach 150 m erreichen wir eine weitere Weggabelung mit Wanderwegweisern. Nun folgen wir linksabbiegend dem *Rundweg Beerkopf-Schlangentalskopf* (Markierung *grüner Punkt)*.

Nach 300 m kreuzen sich die Wege (Wanderwegweiser). Wir bleiben geradeaus. Die nächste Wegkreuzung mit Wanderwegweisern folgt nach 500 m. Dabei folgen wir einem Forstweg links bergab.

Bis wir den Waldausgang nach 1,4 km erreichen, geht es nun ungeachtet aller Wegkreuzungen- und gabelungen geradeaus und bergab.

Am Waldausgang können wir auf einem Wiesenweg neben einer Apfelplantage auf das bereits sichtbare Mönchpfiffel hinabgehen. An einer Trinkwasseranlage wechseln wir auf einen Feldweg *(Triftweg)*. Nach wenigen Minuten erreichen wir das Gelände des ***Klostergutes Mönchpfiffel*** mit seinem *Hofladen*. Über das Klostergelände können wir den Weg fortsetzen. An der *Buswartehalle* von ***Mönchpfiffel*** führt der Weg durch *Kleingartenanlagen.*

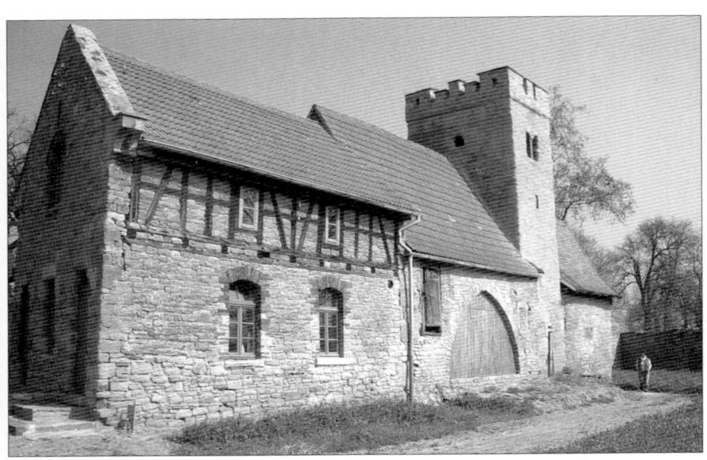

Klostergut Mönchpfiffel

Im Ortsteil ***Nikolausrieth*** wird die *Helmebrücke* überquert. Nun steigen wir in den *Helme-Wanderweg* ein (Markierung *gelbes Dreieck*). In diesem Sinne folgen wir linksabbiegend der *Dorfstraße.*

Am Ortsrand halten wir uns links und bleiben dabei immer auf Tuchfühlung zur Helme, bis wir im 1,5 km entfernten ***Schaafsdorf-Heygendorf*** die *Helmebrücke* überqueren.

Heygendorf liegt mit seinem Ortsteil Schaafsdorf zwischen der Helme und dem Ziegelrodaer Forst.
Anfang des 20. Jh. war Heygendorf ein Standort der Kaliindustrie. Aufgrund der geringen Ergiebigkeit wurde die Förderung aber nach wenigen Jahren eingestellt.
s. auch www.vgmzartern.de

An der Landesgrenze zu Sachsen-Ahnalt, direkt im Ziegelrodaer Forst befindet sich der Ökohof Vorwerk Heygendorf. Angeboten werden Honig, Obst, Kräuter, Gemüse und Getreide. Zu erwerben sind auch solch ungewöhnlichen Dinge wie Obstliköre und Holunderblütensekt. Geöffnet ist samstags von 8 bis 16 Uhr und nach telefonischer Absprache.
s. auch www.biohoefegemeinschaft.de

Nun geht es links des Flusses entlang. Kurz vor Kalbsrieth verlassen wir den Helmedamm und wandern auf befestigtem Weg am *Park* vorüber auf den Ort zu. Am Eingang des Parkes von ***Kalbsrieth*** geben verschieden Wanderwegweiser die Richtung an. Wir gehen an der *Bushaltestelle* vorüber dorfeinwärts.

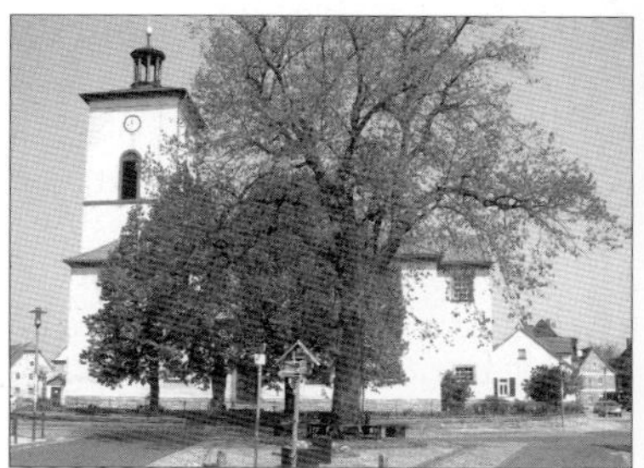

Kalbsrieth, Dorfanger

Kalbsrieth liegt an der Mündung der Helme in die Unstrut. Seinen heutigen Namen (seit 1550) verdankt der Ort der Adelsfamilie von Kalb. Im Dreißigjährigen Krieg wurde die einstige Wasserburg von schwedischen Söldnern niedergebrannt. An gleicher Stelle wurde später das Schloss der Familie von Kalb gebaut. Heute befindet sich das Gebäude im Privatbesitz. Der 3,3 ha große Schlosspark ist weitgehend im ursprünglichen Zustand geblieben und öffentlich zugänglich.
Sehenswert ist auch die 1821 erbaute Katharinenkirche mit spätgotischem Schnitzaltar. Die Umgebung ist reich an historischen Funden. So wurde im Jahre 1901 der Dörfling, ein sagenumwobener künstlicher Hügel, ausgegraben. Dabei wurden wertvolle Bestattungen von frühester Jungsteinzeit bis in die christliche Frühzeit entdeckt.
s. auch www.vgmzartern.de

Vor der *Helmebrücke* schwenken wir links in die *Schulwiese* ein und befinden uns nun auf dem *Kyffhäuser-Feengrotten-Weg* und dem *Kaiserweg*. Der Weg führt links der *Unstrut* nach ***Schönewerda***, das wir an einer *Kleingartenanlage* erreichen. Anschließend wandern wir dorfeinwärts in Blickrichtung der Kirche. Wir passieren den *Gutsplatz* und den *Teich* und erreichen unseren Ausgangspunkt (s. auch Etappe 6).

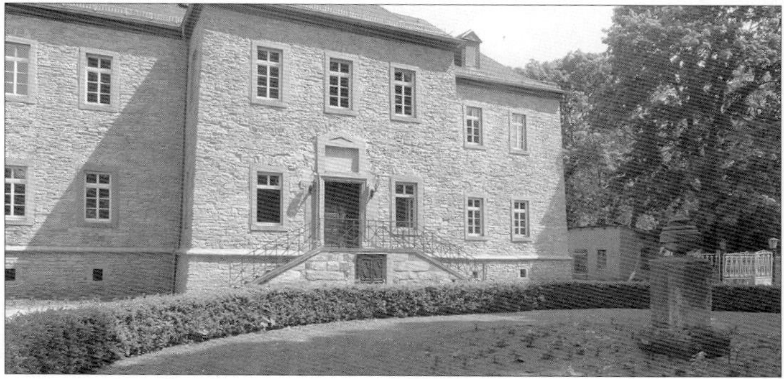

Kalbsrieth, Schlosspark

RW 12: Rund um die Kupferhütte Bottendorf (8 km)

Bottendorf, Kupferhütte - Bottendorf, Sportplatz (km 0,8) - NSG Bottendorfer Höhen (1,5) - Schönewerda, Teich (4,3) - Bottendorf, Kupferhütte (7,9)

- **Höhenunterschiede:** 80 m, leichtes Profil, allmählicher Anstieg von Bottendorf zu den Bottendorfer Höhen, nicht für Radtour geeignet!
- **Gehzeit:** 2 bis 2,5 h
- **Markierungen:** goldene Kaiserkrone (Kaiserweg), blauer Querbalken (Feengrotten-Kyffhäuser-Weg), gelbes Dreieck (Märzenbechertalweg)
- **Wanderkarten:** Nr. 1, 7, 9-10 (s. Aufstellung Wanderkarten)
- **Parkmöglichkeiten:** vor der Kupferhütte, Schenkenplatz Bottendorf, vor der Unstrutbrücke Schönewerda
- **Sehenswertes:** Kupferhütte, Bottendorf, NSG Bottendorfer Hügel, Schönewerda

Wissenswertes: Die Bottendorfer Höhen, auch Bottendorfer Hügel genannt, weisen eine interessante Pflanzenwelt auf. Deshalb wurde „die kleine Schwester des Kyffhäusergebirges" zum Naturschutzgebiet erklärt. Von Botanikern besonders geschätzt werden sein eurasischer Steppenrasen, der Flechtenmanna und seine Schwermetallflora. Bekannt ist auch die Bottendorfer Grasnelke, die nur auf diesem Höhenzug wächst.
An den Bottendorfer Höhenzügen (Galgenberg und Spatberg), wurde vom 15. bis zum 18. Jh. Kupferschieferbergbau betrieben.

Routenbeschreibung: Vom Gelände des ***Erholungszentrums Kupferhütte*** wandern wir dorfeinwärts nach ***Bottendorf*** (Markierung *goldene Kaiserkrone für Kaiserweg*). Hinter der *Unstrutbrücke* (Wanderwegweiser) halten wir uns rechts und kommen zum *Schenkenplatz.* Dabei empfiehlt sich ein Abstecher zur *Kirche.*

Die evangelisch-lutherische St. Mauritius-Kirche wurde auf den Grundmauern einer im 12. Jh. zerstörten Pfalzgrafenburg erbaut.

Nach Überquerung der *Roßlebener Straße* und wenig später der *Schönewerdaer Straße* wandern wir in Richtung Sportplatz (Wanderwegweiser). Am *Sportplatz* setzt die Markierung mit dem blauen Querbalken ein (*Feengrotten-Kyffhäuser-Weg*). Nach ca. 100 m gabeln sich die Wege, wobei wir uns links halten. Bei der nach ca. 400 m folgenden Weggabelung geht es rechts bergan und der markante Kegel des Galgenberges rückt in das Blickfeld.

Einige Ruhebänke „garnieren" den Weg, von denen man über Bottendorf ins Unstruttal blicken kann. Um den deutlich sichtbaren Galgenberg zu erreichen, muss allerdings ein Abstecher vom Weg unternommen werden.

Auf den ***Bottendorfer Höhen*** angekommen, halten wir uns links.

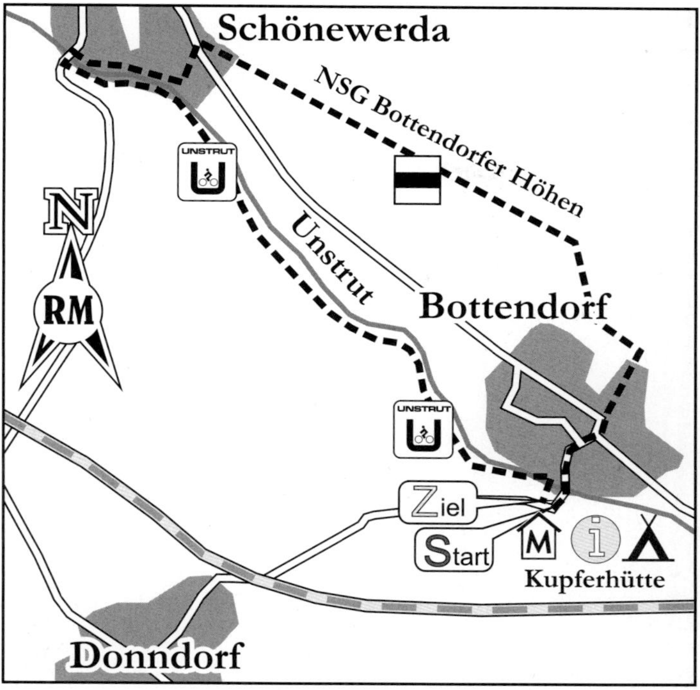

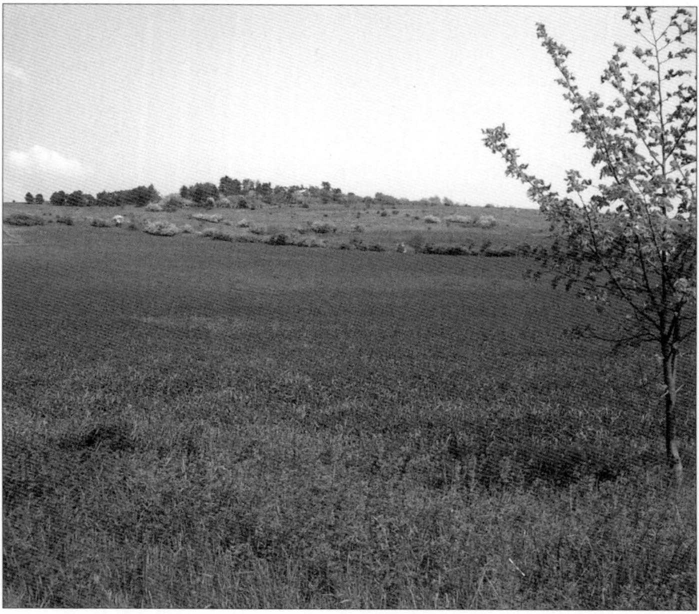

Blick zum Bottendorfer Hügel

Nach ca. 600 m lädt eine weitere *Sitzgruppe* zur Rast ein. An dieser Weggabelung schwenken wir rechts ein und wandern parallel zur Straße nach ***Schönewerda***, das immer mehr ins Blickfeld rückt. Wir erreichen den Ort am *Kalkhüttenweg*, wo wir die *Bottendorfer Straße* überqueren. Durch die *Karl-Liebknecht-Straße* wandern wir dorfeinwärts. *„An der Reihe"* biegen wir rechts ein und gehen in Blickrichtung Kirche. Der idyllische Weg führt uns zum ***Teich*** von Schönewerda.

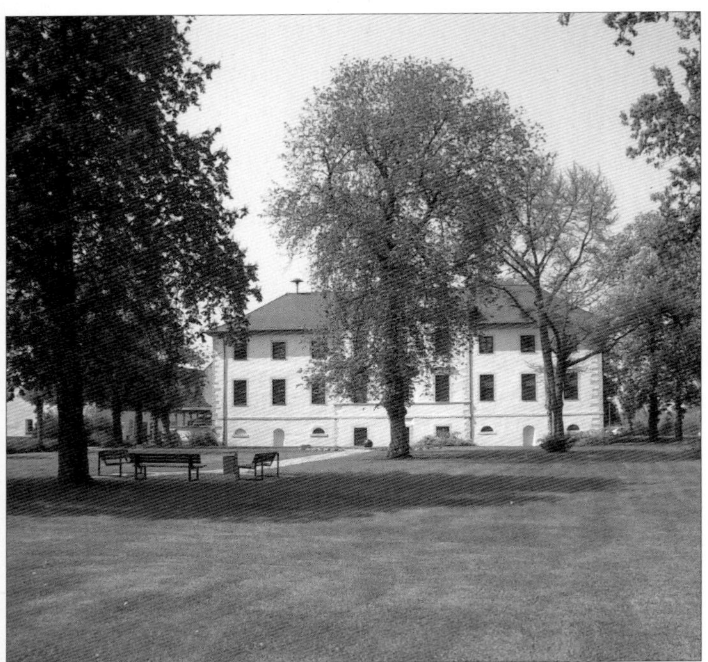

Schönewerda, Kirchplatz

Hinter dem Teich trennen wir uns von den beiden überregionalen Wanderwegen und halten uns geradeaus. Nun können wir der Markierung mit dem *gelben Dreieck (Märzenbechertalweg)* folgen. Beim *Unstrutflutkanal* geht es durch eine schmale Gasse. Über die *Mühlgasse* und die *Karl-Marx-Straße* gelangen wir zur *Unstrutbrücke.* wo sich der ***Hof „Unstrut-Gut"*** befindet (s. auch Etappe 5).

Am *Ortsausgangschild* Richtung Donndorf nutzen wir den *Unstrut-Radweg*, um wieder zu unserem Ausgangspunkt zur ***Bottendorfer Mühle*** zu gelangen. Auf den letzten Metern passieren wir eine *Zebu-Farm.*

RW 13: Auf dem Köhlerhüttenweg um das Kloster Donndorf (10 km)

Donndorf - Kloster Donndorf (km 1,6) - Kleinroda, Teich (3,2) - Orlisloch (3,9) - Köhlerhütte (5,8) - Jagdhütte auf dem Wolfsberg (7,4) - Cölledaer Chaussee - Himmelreich - Schwenkplatz (9,2) - Donndorf (10,1)

- **Höhenunterschiede:** 220 m, mittelschwer, bei trockenem Wetter mit einem Fahrrad möglich
- **Gehzeit:** 3 h
- **Markierungen:** gelbes Andreaskreuz (Köhlerhüttenweg), roter Punkt (Schrecke-Randweg)
- **Wanderkarten:** Nr. 7-10 (s. Aufstellung Wanderkarten)
- **Parkmöglichkeiten:** vor der Gemeindeverwaltung, vor dem Kloster, Bahnhofstraße, ehem. Bahnhof
- **Sehenswertes:** Donndorf, Kloster Donndorf, Kleinroda

Wissenswertes: Donndorf wurde erstmals 786 im Hersfelder Güterverzeichnis urkundlich erwähnt. Von der alten Kirche sind nur noch der gotische Chor und der wuchtige Turm mit dem eigenartigen Sandsteinrelief erhalten. 1857 wurde eine neue Kirche erbaut. Der Ort weist sehenswerte Fachwerkhäuser auf. Ein Besuch lohnt sich auch im Heimathaus, (Anmeldung unter 034672-935767).
s. auch www.stadt-wiehe.de

Routenbeschreibung: Wir starten an der *Gemeindeverwaltung* gegenüber der *Kirche St. Peter und Paul* in ***Donndorf.*** Entsprechend dem Wanderwegweiser folgen wir dem *Köhlerhüttenweg* bergan (Markierung *gelbes Andreaskreuz*).

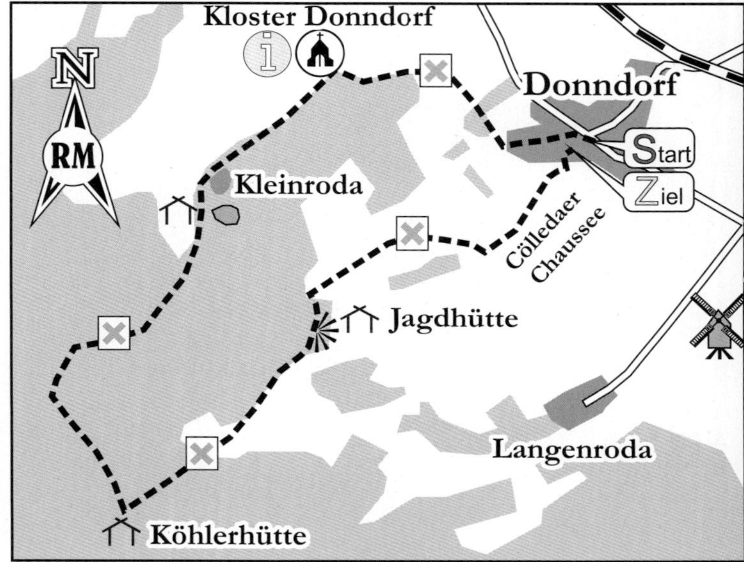

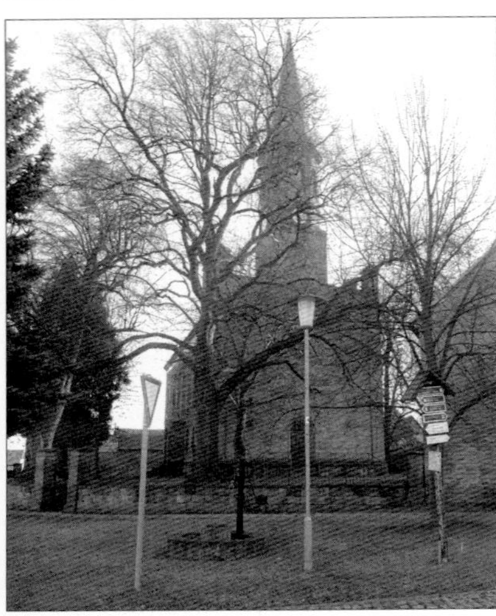

Donndorf

Die Entfernung zur Köhlerhütte ist mit 4,3 km angegeben.

Nach ca. 500 m führt der Weg durch die *Kölledaer Straße* bergan. Bereits nach 100 m gabeln sich die Wege erneut.

Linkerhand führt die Cölledaer Chaussee über die Trompe zur Köhlerhütte.
Die Cölledaer Chaussee war einst die wichtigste Handelsverbindung von Donndorf und seinem Zisterzienserinnenkloster nach Kölleda und Beichlingen sowie in das Innere Thüringens. Auf dem Weg nach Kölleda befinden sich immer noch zwei alte Wegesäulen.

Da wir jetzt noch nicht zur Köhlerhütte möchten, halten wir uns geradeaus und gelangen über *Klosterdonndorf* und die *Hanistrift* zum Eingangsbereich des ehem. ***Zisterzienserinnenkloster Donndorf.***

Es wurde Mitte des 13. Jh. gegründet und dem hl. Laurentius gewidmet.
Nach der Reformation wurde eine Lateinschule im Kloster errichtet, die 1923 ihre Tore schließen musste. Die Klosterkirche wurde 1754 neu aufgebaut. In den Jahren 1992 bis 2000 wurden die Gebäude mit Hilfe öffentlicher Gelder saniert und restauriert.
Genutzt wird es durch die Ländliche Heimvolkshochschule Thüringen e. V. Durch diesen Träger wurde eine Stätte der Bildung und Begegnung für jung und alt geschaffen.
s. auch www.klosterdonndorf.de

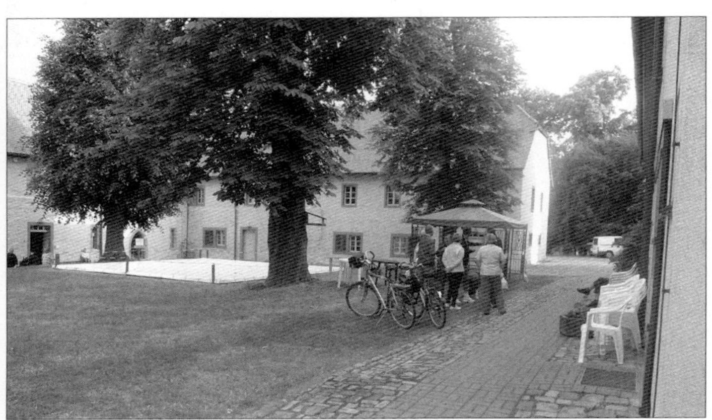

Kloster Donndorf

Auf unserem weiteren Weg ins nahegelegene *Kleinroda* nutzen wir auch die Markierung mit dem *roten Punkt* und befinden uns damit zugleich auf dem *Schrecke-Randweg.*

Kleinroda erreichen wir an seinem nördlichen Ortseingang *„An der Schule“.*

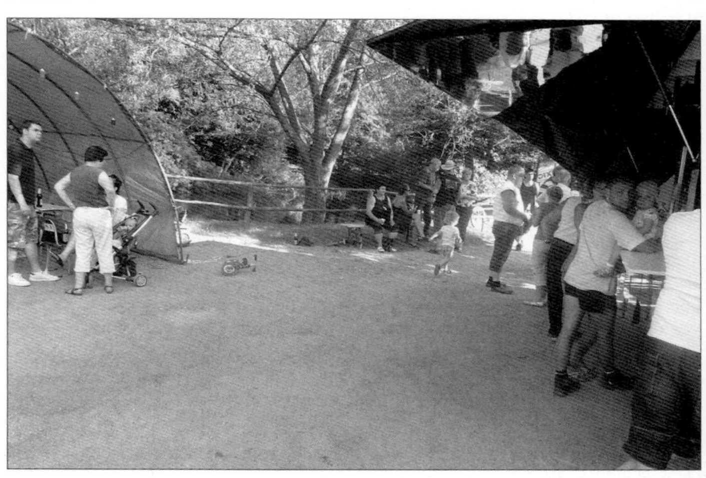

Straßenfest am Kleinrodaer Teich

Kleinroda ist ein Ortsteil von Donndorf. Wahrscheinlich ist es im 12. Jh. entstanden. Es liegt idyllisch an der Hohen Schrecke. Gut erholen lässt es sich am Teich.

Ca. 1,7 km südwestlich von Kleinroda befindet sich in oberen Forstdistrikt „An der Eichleite“ unweit des zum Kammweg Hohe Schrecke (Rennweg) führenden Hellerweges ein Mordkreuz. Dies dokumentiert, dass 1874 ein fahrender Geselle seinen Partner während der Rast erschlagen hat. Der Mörder wurde ein Jahr später in Berlin gefasst.

s. auch www.stadt-wiehe.de

Wenn wir dann über den *Kleinrodaer Grenzweg* am Waldrand entlanggehen, staunen wir wie sich dieser kleine Ort in die Länge zieht. Nach einem sanften Anstieg gelangen wir zum ***Kleinrodaer Teich*** *(Rastplatz).*

Dort trennen wir uns wieder vom Schrecke-Randweg und wandern geradeaus auf einem Pfad, die *Obere Röhrenfahrt*. Nach ca. 300 m gabeln sich die Wege. Wir gehen halbrechts (leicht bergab).

Dabei wähnen wir uns wie im Urwald.

Wenig später erreichen wir einen weiteren *Teich*, wo sich die Wege gabeln. Wir wandern rechts am Teich und an einem *Rastplatz* vorüber. Die bergan führende Forststraße (auch *Kleinrodaer Waldstraße)* führt durch das ***Orlisloch.*** Nun befinden wir uns auch auf dem *GeoPfad Unstrut-Hohe Schrecke.*
Bei der nach ca. 100 m folgenden Wegkreuzung geht es geradeaus bergan. Nach 800 m folgt am östlichen Fuße des ***Saukopfes*** (327 m NN) eine weitere Weggabelung mit Wanderwegweisern.

Die Entfernung zur Köhlerhütte wird mit 1,2 km angegeben.

Wir bleiben links auf der Forststraße. Nach 300 m erreichen wir am nördlichen Fuße des ***Beerberges*** eine *überdachte Sitzgruppe*, wo sich die Wege gabeln.
Nun führt uns der steil ansteigende *Wolfstieg* nach ca. 900 m zum Rastplatz an der ***Köhlerhütte***.

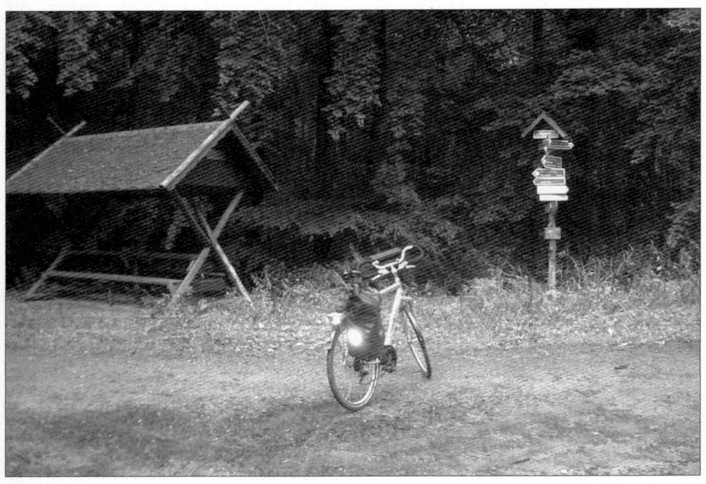

Rastplatz Köhlerhütte bei Donndorf

Hier werden vielfältige Wandermöglichkeitgen angeboten, z. B. auf dem Schrecke-Kammweg.
Der Schrecke-Kammweg verläuft auf dem alten Rennweg. Dieser war nicht nur ein Kammweg, sondern zugleich ein Grenzweg und eine fränkische Militärstraße.

Nach der Rast folgen wir nun weiterhin dem *Köhlerhüttenweg*, der direkt nach Donndorf führt (Wanderwegweiser 4,3 km). Dabei trennen wir uns wieder vom GeoPfad Unstrut-Hohe Schrecke.

Nach 800 m gabeln sich am Waldrand die Wege. Wir gehen geradeaus am Waldrand entlang.

Achtung! Der Wanderweg führt auch hier durch ehemaliges Militärgelände und darf deshalb nicht verlassen werden.

Bald haben wir einen Blick über Donndorf, Bottendorf und Roßleben hinweg zum Bottendorfer Hügel und zum Ziegelrodaer Forst (s. auch RW 12).

Wir passieren die ***Jagdhütte auf dem Wolfsberg*** und gelangen nach weiteren 100 m an eine Wegkreuzung mit Wanderwegweiser. Damit befinden wir uns wieder auf dem *Schrecke-Randweg (roter Punkt)*. Wir bleiben geradeaus (bergab). Wenig später zeigt ein *alter Wegestein*, dass wir uns inzwischen auf der *Cölledaer Chaussee* befinden.

Nach 400 m gabeln sich die Wege. Wir bleiben geradeaus und trennen uns wieder vom Schrecke-Randweg. Bei der nach 150 m folgenden Weggabelung verlassen wir die Cölledaer Chaussee, um an einer *Streuobstwiese* rechts einzuschwenken. Über das ***Himmelreich*** gelangen wir zum ***Schwenkplatz***, wo es sich gut rasten lässt.

Der Blick reicht diesmal von West nach Ost über Wiehe, Memleben, Wendelstein, Roßleben, Bottendorf und zu weiteren Orten.

Wer die Tour mit dem Rad unternimmt, sollte auf der Cölledaer Chaussee bis zum Schwenkplatz bleiben.

Über die *Cölledaer Chaussee* und die *Trompe* nehmen wir den Abstieg auf das längst sichtbare ***Donndorf*** vor. Über die *Kölledaer Straße* gelangen wir wieder zu unserem Ausgangspunkt bei der *Kirche St. Peter und Paul.*

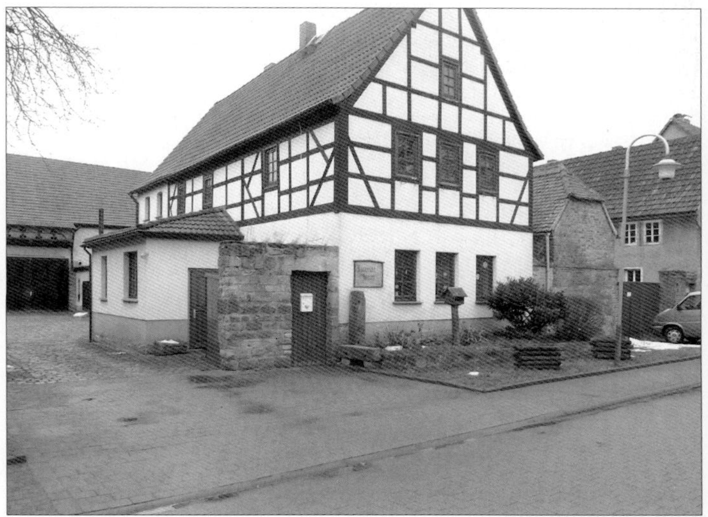

Donndorf, Heimathaus

RW 14: Auf den Spuren Leopold von Ranke

(19 km)

Wiehe, Markt - Wassertretbecken am Hainborn (km 1,5) - Garnbach (2,3) - Rasenplatz (3,4) - Kreuztal (4,4) - Langenroda (7,1) - Wolfstalquelle (8) - Schutzhütte „Zauberhafte Heimat" (8,6) - Jagdhütte auf dem Wolfsberg (10,2) - Cölledaer Chaussee (11) - Borntal (12,1) - Kloster Donndorf (12,9) - Ranke-Wanderweg - Schießbahn im Kreuztal (16,3) - Hechendorf (17,3) - Ranke-Obelisk (18) - Schieferspitze (18,4) - Wiehe, Markt (19,4)

- **Höhenunterschiede:** 380 m, schwieriges Profil, mehrere An- und Abstiege, deshalb gute Kondition erforderlich, nicht für Radtour geeignet!
- **Gehzeit:** 5 h
- **Markierungen:** von Wiehe bis zur Wolfstalquelle sowie vom Wolfsberg bis zum Kloster Donndorf roter Punkt (Schrecke-Randweg), vom Kloster Donndorf bis Wiehe grüner Punkt (Ranke-Wanderweg), von der Wolfstalquelle bis zur Jagdhütte ohne
- **Wanderkarten:** Nr. 7-10, 12 (s. Aufstellung Wanderkarten)
- **Parkmöglichkeiten:** Wiehe (Anger, Markt, Modellbahn)
- **Sehenswertes:** Rankestadt Wiehe, Modellbahn, Garnbach, Langenroda, Kloster Donndorf, Ranke-Obelisk

Wissenswertes: Langenroda wurde erstmals im Jahre 1312 als Langinrode urkundlich erwähnt. In der Dorfmitte befindet sich die St.-Georgs-Kirche im neoromanischen Stil. Das 1894 errichtete Gotteshaus ist über breite Sandsteinstufen zugänglich.

Zu den Besonderheiten des Ortes gehören das Gemeindebrauhaus und die gemauerten Backhäuser, die mit Reisig beheizt wurden. Typisch sind auch die Zwei- und Dreiseitgehöfte im thüringisch-fränkischen Baustil. Der Fachwerkgiebel zeigt zur Straße und der Eingang befindet sich auf der Hofseite. Seit 1994 ist Langenroda ein Ortsteil der Rankestadt Wiehe.

s. auch www.stadt-wiehe.de

Routenbeschreibung: Wir starten am *Markt* in ***Wiehe*** (Markierung *roter Punkt*) und gehen durch die *Rankestraße* bis zum *Bürgergarten.* Dort folgen wir dem *Straßenschild* in *Richtung Bad Bibra.* Nach 100 m verlassen wir die Straße, indem wir entsprechend des Wanderwegweisers rechts einbiegen. Nun geht es durch eine *Pflaumenallee.* Wir passieren das *Ortsausgangsschild* in Richtung Garnbach. Nach 20 m verlassen wir die Straße wieder und gehen am *Hainbach* aufwärts.

Vom ***Wassertretbecken am Hainborn*** sind es noch 400 m zum Waldrand, wo sich die Wege gabeln. Der Weg führt rechts über den *Hainbach*, den wir nach weiteren 100 m erneut überqueren.

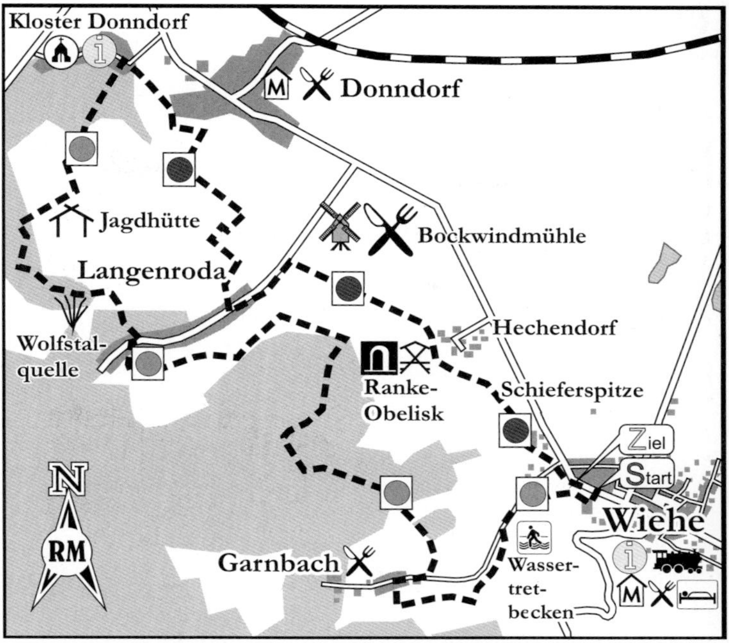

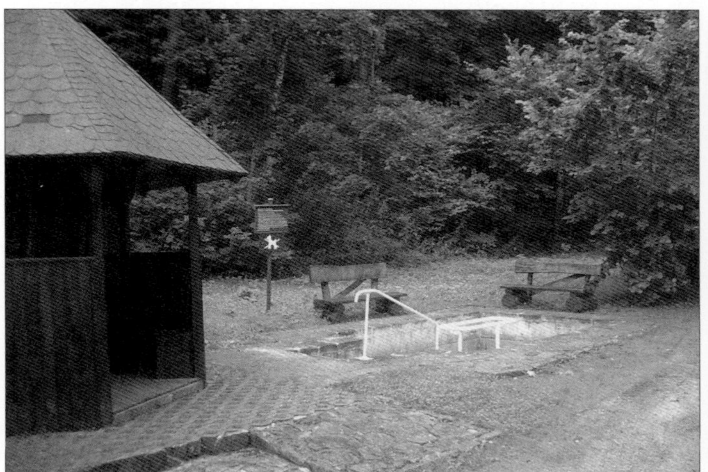

Wassertretbecken am Hainborn

An der nächsten Weggabelung im *Röhrental* (Wanderwegweiser) laufen wir in Richtung Straße und biegen in den Ort ***Garnbach*** ein. Im *Leintal*, am Hauptwanderwegweiser, verlassen wir den Ort rechtsabbiegend (Wanderwegweiser Kloster Donndorf 7,8 km). Bereits nach 150 m Anstieg erreichen wir eine Weggabelung mit

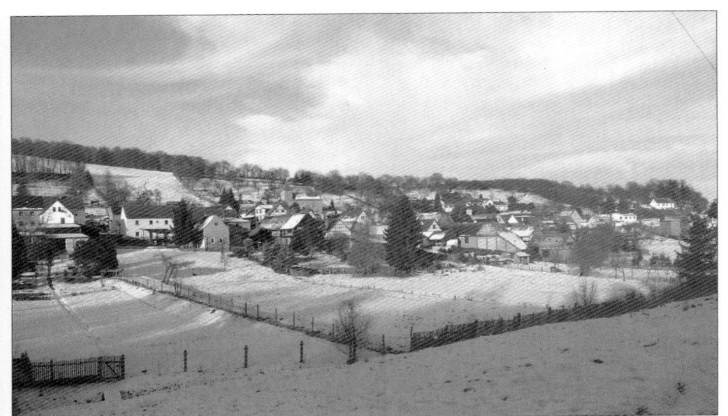

Blick auf Garnbach

Rastplatz und Aussichten. Dabei wird linkerhand ein Abstecher zum ***Mufflongehege*** angeboten.
Nach dem Abstecher kehren wir auf den *Schrecke-Randweg* zurück. Bereits nach 150 m erreichen wir am Waldrand die nächste Weggabelung mit Wanderwegweisern.

Die Entfernung nach Langenroda wird mit 4 km angegeben. Die Markierung ist auch ein gelber Punkt.

Bei der nach 400 m folgenden Weggabelung mit Wanderwegweisern geht es geradeaus bergab.

Rechts ist ein Abstecher zum ND „Alte Eiche" und zur Gedrehten Buche möglich. Der Umfang der Alten Eiche beträgt stattliche 8,50 m und das geschätzte Alter ca. 600 Jahre.

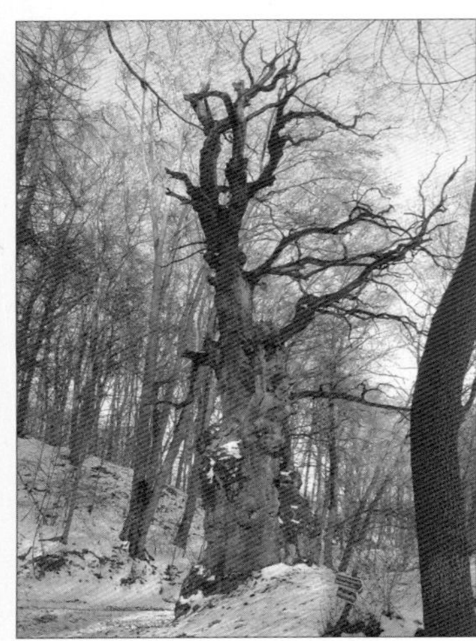

Alte Eiche bei Garnbach

Nach 100 m erreichen wir den ***Rasenplatz***, wo sich die Wege kreuzen. Wir biegen links ab und trennen uns vom Weg mit dem gelben Punkt.

An dieser Stelle lässt es sich nicht nur gut rasten. Es wird auch ein Abstecher zur 200 m entfernten Steigerschlucht angeboten.

Bei der nach 350 m folgenden Wegkreuzung bleiben wir geradeaus auf einer bergab führenden Forststraße (*Rettungskette Forst KYF 1977*). Bereits nach 150 m verlassen wir diese Forststraße wieder, indem wir rechts in einen Waldweg einbiegen. Wir umwandern eine *Umzäunung*, an deren Ende es steil bergab in das ***Kreuztal*** geht. Dort gabeln sich nach 200 m die Wege. Entsprechend der Wanderwegweiser nehmen wir rechtsabbiegend den Abstieg über eine Forststraße vor, die uns zum Ausgang des Waldes trägt. Anschließend geht es linksabbiegend am Waldrand entlang (Markierung auch *grünes Andreaskreuz - Großer Rundweg Wiehe*). Wir bleiben am Waldrand, bis sich an einer *Gartenlaube* die Wege gabeln.

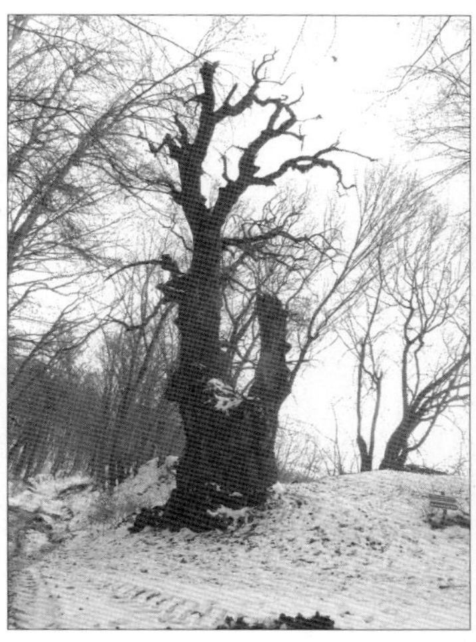

Gedrehte Buche

An dieser Stelle tun sich Ausblicke über Langenroda, Donndorf und das Unstruttal bis zum Ziegelrodaer Forst auf.
Von hier ist auch eine Abkürzung nach Langenroda möglich, was die Gesamtstrecke der Wanderung um 2 km reduzieren würde.

Wer weiterhin dem *Schrecke-Randweg* folgen möchte, bleibt am Waldrand, bis nach 400 m ein *Rastplatz* erreicht wird. Der Weg führt nun durch *Obstplantagen* hindurch nach *Langenroda* hinab.

Dabei trennen wir uns vom Großen Rundweg mit dem grünen Andreaskreuz.

Der Blick reicht auf weitere Orte des Unstruttals, wie Bottendorf nebst Bottendorfer Hügel, Roßleben, Wendelstein, Memleben sowie zum Ziegelrodaer Forst.
Weithin sichtbar ist auch die Bockwindmühle von Langenroda. Sie ist die letzte gut erhaltene von einst über 50 Windmühlen im nördlichen Thüringen und die älteste ihrer Art in Thüringen. Die aus dem Jahre 1732 stammende Mühle weist eine wertvolle historische Mühlentechnik auf. Sie verfügt über eine komplette Technik und ein neues Flügelkreuz für eine windgängige Segelbespannung. Die Interessengemeinschaft Bockwindmühle erhielt für ihren beispiellosen Einsatz bei der Sanierung dieses Kleinodes den Thüringer Denkmalschutzpreis 2002. Wer den langgezogenen Ort durchwandert, wundert sich nicht über dessen Namen.
s. auch www.stadt-wiehe.de
Gern besucht wird auch das Mühlencafe, dessen Betreiber auf Wunsch Führungen anbieten.
s. auch www.muehlencaffee.de

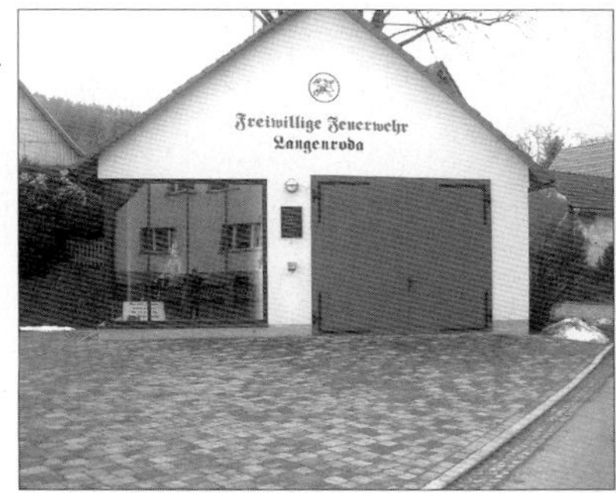

Feuerwehrgebäude Langenroda

In ***Langenroda*** treffen wir auf einen Wanderwegweiser und wandern in *Richtung Kirche*. Hinter dem *Gasthaus „Zum Wolfstal“* biegen wir in die *„Gasse“* ein, welche in das gleichnamige Tal führt. Im Wald erreichen wir die ***Wolfstalquelle.***

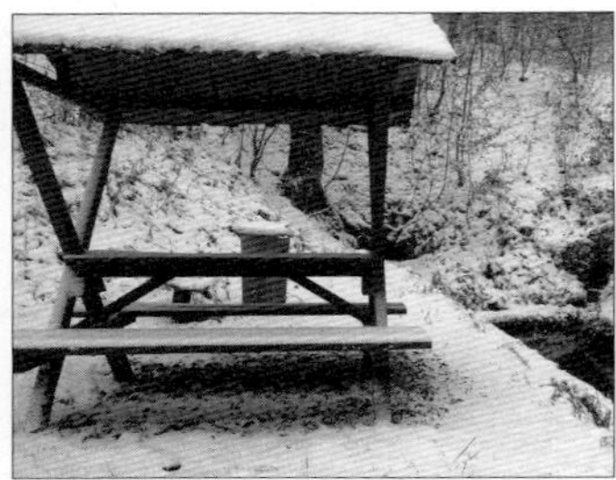

Wolfstalquelle

Um auf dem Schecke-Randweg zu bleiben wird laut Wanderwegweiser die Forststraße rechtsabbiegend verlassen. Der Aufstieg zum Ausgang des Mischwaldes ist allerdings sehr beschwerlich. Die hinaufführende Holztreppe ist außerdem morsch. Der Abstieg in entgegengesetzter Richtung ist noch gefährlicher. Deshalb hat der Autor eine alternative Strecke vorgeschlagen, obwohl sich dadurch die Wanderung um 2 km verlängert. Wer dennoch auf dem Schrecke-Randweg mit dem roten Punkt bleiben möchte, folgt einfach der Beschilderung und nimmt den Aufstieg bis zum Abzweig zur Jagdhütte vor.

Von der Wolfstalquelle führt ein Forstweg aus dem Wald heraus *(ohne Markierung)*. Anschließend geht es durch eine *Streuobstwiese* weiter bergan. Nach 200 m gabeln sich die Wege und wir gelangen rechtsabbiegend zur ***Schutzhütte „Zauberhafte Heimat“.***
Nachdem wir die nächsten 300 m Aufstieg zum *Wolfsberg* bewältigt haben, können wir bereits zur gegenüberliegenden Jagdhütte blicken. Allerdings versperrt ein Feld den Weg. Um das Feld zu umwandern, schwenken wir rechts in einen weiteren Feldweg ein.
Am Waldrand angekommen, befinden wir uns wieder auf dem *Schrecke-Randweg*, dem wir nun bis zum Kloster Donndorf folgen können. An einer *Streuobstwiese* vorüber geht es Richtung Wald, wo wir nach weiteren 100 m an eine Weggabelung mit Wanderwegweisern stoßen. Linkerhand ist ein Abstecher zur 100 m entfernten ***Jagdhütte auf dem Wolfsberg*** lohnenswert. Nach dem Abstecher setzen wir unsere Tour auf dem *Schrecke-Randweg* und auf dem *Köhlerhüttenweg* (Markierung *gelbes Andreaskreuz* - s. auch RW 13) fort.

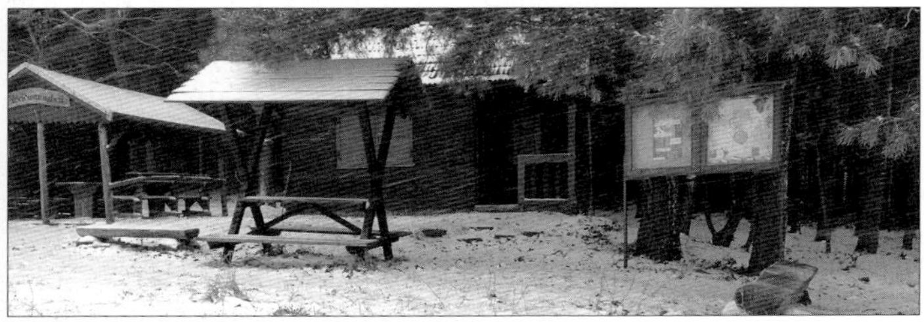

Jagdhütte auf dem Wolfsberg

Wenig später zeigt ein *alter Wegestein*, dass wir uns inzwischen auf der ***Cölledaer Chaussee*** befinden (s. auch RW 13).

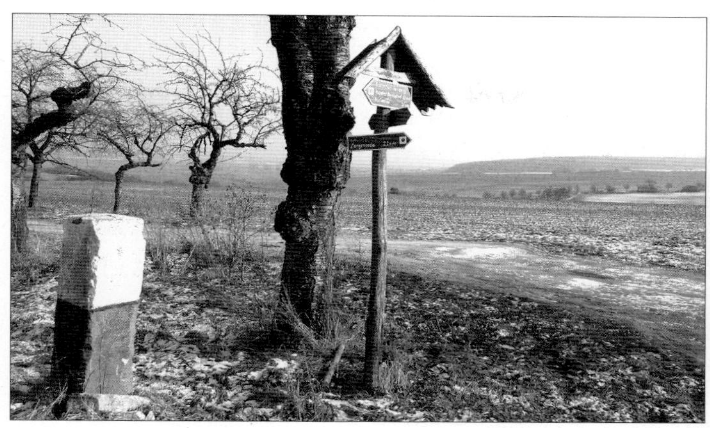

Cölledaer Chaussee

Nach ca. 300 m erreichen wir den zweiten *Stein* der Cölledaer Chaussee. Hier trennen wir uns vom Köhlerhüttenweg und biegen links ein (Markierung jetzt auch *grünes Dreieck* und *grüner Schrägstrich* für *Naturlehrpfad Donndorf*).

An einer *Sitzgruppe* am Waldrand halten wir uns rechts und durchwandern das ***Borntal***, bis wir die ersten Gebäude des Klosters Donndorf erreichen. Wir schwenken rechts ein, um das Gelände bis zum Eingangsbereich des ***Klosters Donndorf*** zu umwandern.
Nun folgen wir dem *Ranke-Wanderweg* (Markierung *grüner Punkt)* und dem *Köhlerhüttenweg*.
Hinter dem *Gemeindeteich* gabeln sich die Wege. Wir bleiben geradeaus. An einem *Forstbetrieb* treffen wir auf eine weitere Weggabelung. Wir nutzen den rechts bergan führenden Wirtschaftsweg und trennen uns somit von der nach Donndorf führenden Straße. Bei der nach 400 m folgenden Weggabelung führt der geschotterte Weg rechtsabbiegend bergan.

Dabei treffen wir nun auch auf den Ranke-Radweg.

Nach 350 m erreichen wir eine Wegkreuzung, an der wir uns vom Köhlerhüttenweg trennen. Wir schwenken links in einen Feldweg ein.
Bei der nach 600 m folgenden Weggabelung (Wanderwegweiser) halten wir uns rechts.

Zu sehen ist dabei die Bockwindmühle.

Nach ca. 500 m schwenken wir bei einer *landwirtschaftlichen Einrichtung* links in die *Straße Donndorf - Langenroda* ein. Nach ca. 300 m verlassen wir diese Straße rechtsabbiegend.
Der Weg führt nun in Richtung Hechendorf. Wir passieren die *Schießbahn im Kreuztal*. Vor ***Hechendorf*** kreuzen sich die Wege (Wanderwegweiser).

Der Stadtteil von Wiehe liegt an der Hohen Schrecke zwischen Wiehe und Donndorf. 1830 wurden die ursprünglich zwei Pachthöfe in Besitz des Klosters Pforte vereint und als Gut bewirtschaftet. Nach der Bodenreform wurde das Gut Volkseigentum und gelangte zum VEG Memleben.
Seit 1994 wird es von Familie Esser liebevoll geführt und hat wieder ein angenehmes Aussehen.
s. auch www.stadt-wiehe.de

Wir bleiben geradeaus, trennen uns aber bereits nach weiteren 100 m von dem nach Wiehe führenden Wirtschaftsweg. Dabei schwenken wir rechts in einen Hohlweg ein und befinden uns zugleich auf dem *Steinbruchweg* (Markierung *gelber Punkt*).

Hier trennen wir uns wieder vom Ranke-Radweg.

Bereits nach 250 m trennen wir uns wieder vom nach Garnbach führenden Steinbruchweg, indem wir links einbiegen und auf den ***Ranke-Obelisk*** zugehen.

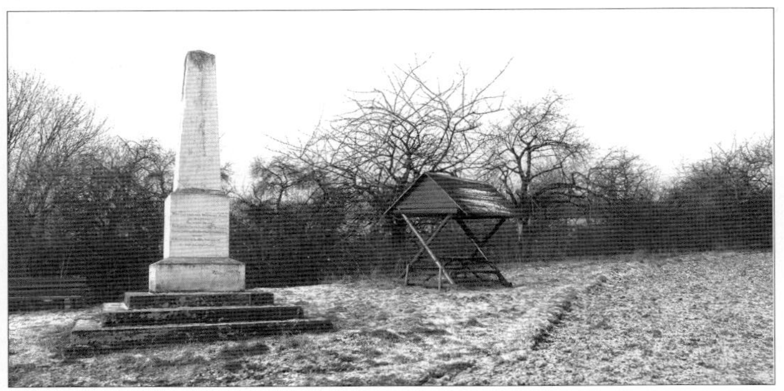

Ranke-Obelisk bei Wiehe

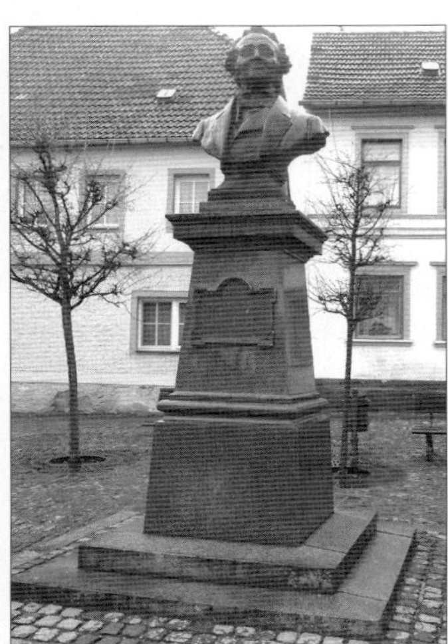

Wiehe, Ranke-Denkmal

Dort lässt es sich gut rasten. Von dieser Stelle reicht der Blick auf die ehemalige Kreisstadt Artern, die Kupferhalden um Sangerhausen, auf Roßleben mit Kalihalde, Wiehe und zum Ziegelrodaer Forst.

Von dort führt der *Ranke-Wanderweg* wieder auf den Wirtschaftsweg. An der ***Schieferspitze*** vorüber gelangen wir wieder nach ***Wiehe*** zu unserem Ausgangspunkt.

RW 15: Zur Ruine Rabenswald (10 km)

Wiehe - Wassertretbecken am Hainborn (km 1,5) - Mägdesprung (3,2) - Waldglashütte (4) - Burgruine Rabenswald (4,5) - Palmgrund - Hexenmacher-Atelier - Garnbach (7,2) - Friedenseck (8,1) - Kuckuckswald (8,6) - Wiehe (10)

- **Höhenunterschiede:** 290 m, mittleres Profil, nicht für Radtour zu empfehlen
- **Gehzeit:** 3 h
- **Markierungen:** roter Punkt, grünes Dreieck, gelber Punkt, grüner Querbalken
- **Wanderkarten:** Nr. 7-10 (s. Aufstellung Wanderkarten)
- **Parkmöglichkeiten:** Ortslage, Gaststätten, Modellbahn Wiehe
- **Sehenswertes:** Wiehe mit Modellbahn, Ruine Rabenswald, Hexenmacher-Atelier im Leintal, Garnbach, NL Kuckuckswald

Wissenswertes: Der Thüringer Graf Albert I. von Kevernburg gründete 1227 die Grafschaft Wiehe-Rabenswald. 1233 bis 1237 lässt er die Burg Rabenswald errichten, die er an seine Söhne und Enkel vererbt. Durch Heirat kommt die Grafschaft samt Burg 1312 an die Grafen von Orlamünde. Diese wurden in den Thüringer Grafenkrieg verwickelt. Dabei wurde die Burg zerstört und nicht wieder aufgebaut. Zuletzt soll dort der „Schwarze Ritter" gehaust haben. Dieser Raubritter verbreitete Angst und Schrecken, besonders unter den Kaufleuten. Heute sind noch Teile der Umfassungsmauer erhalten. Aber auch Wälle und Gräben sind noch sichtbar.
s. auch www.stadt-wiehe.de

Routenbeschreibung: Wir starten in ***Wiehe*** am *Markt.* Durch die *Rankestraße* gelangen wir zum *Bürgergarten.* Dort folgen wir dem Straßenschild in Richtung Bad Bibra. Nach 100 m verlassen wir die Straße, indem wir entsprechend des Wanderwegweisers rechts ein-

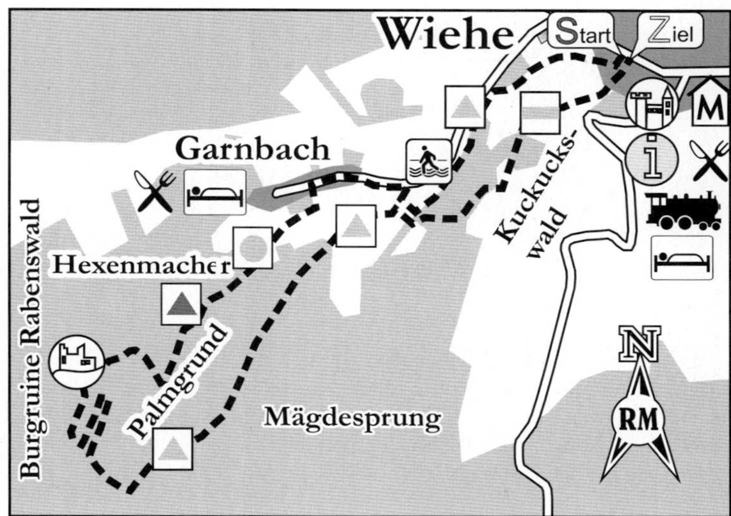

biegen. Nun geht es durch eine *Pflaumenallee.* Wir passieren das *Ortsausgangsschild* in Richtung Garnbach. Nach 20 m verlassen wir die Straße wieder und gehen am *Hainbach* aufwärts.

Am ***Wassertretbecken am Hainborn*** hat der Wanderer in der warmen Jahreszeit Gelegenheit, etwas für seine müden Füße zu tun. Von dort sind es noch 400 m zum Waldrand, wo sich die Wege gabeln. Der Weg führt rechts über den *Hainbach*, den wir nach weiteren 100 m erneut überqueren.

Im ***Röhrental*** gabeln sich die Wege (Wanderwegweiser). An einer *Feldscheune* führt der Weg rechts bergan, bis uns der Wald aufnimmt.

Dabei haben wir rechterhand einen Blick auf Garnbach und sehen wie idyllisch der Ort in seine ihn umgebenden Berge eingebettet ist.

Nach ca. 1,2 km weiteren Aufstiegs erreichen wir den ***Mägdesprung.***

Dieser ist nicht zu verwechseln mit dem gleichnamigen Ort im Ostharz. Laut einer Sage stammen die beiden Abdrücke im Stein vom Fuß einer Riesenjungfrau und dem Pferdefuß des Teufels, welche beide in grauer Vorzeit von Wendelstein bis hierher gesprungen sein sollen.

Nach 700 m erreichen wir eine Weggabelung. Wenn man für ca. 50 m links des Weges abweicht, trifft man auf den Standort der ehem. ***Waldglashütte.***

Eine Infotafel zeigt, dass hier im 17./18. Jh. ein Hüttenplatz mit Schlackenwall war.

Nach dem Abstecher kehren wir zurück und wandern entsprechend des Wanderwegweisers rechts zur Burgruine. Zuvor werden die *zwei Wallgräben* aus dem 13.-14. Jh. überwunden. Bei der nächsten Weggabelung nach 300 m wird schließlich der Abstecher zur ***Burgruine Rabenswald*** angeboten.

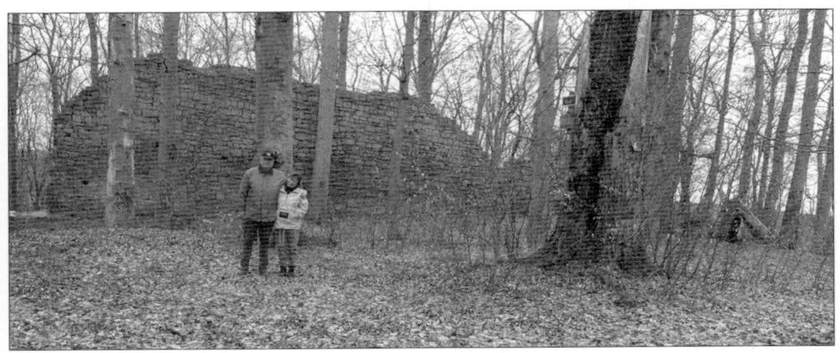

Burgruine Rabenswald

Nach Besichtigung der Anlage kehren wir zurück auf den Weg und folgen nun dem Wanderweg durch den ***Palmgrund*** in Richtung Garnbach (Wanderwegweiser Garnbach 2,7 km). Bereits nach 100 m führt eine scharfe Rechtskurve bergab. Geradeaus gelangt man auf *ehemaliges Militärgelände.*

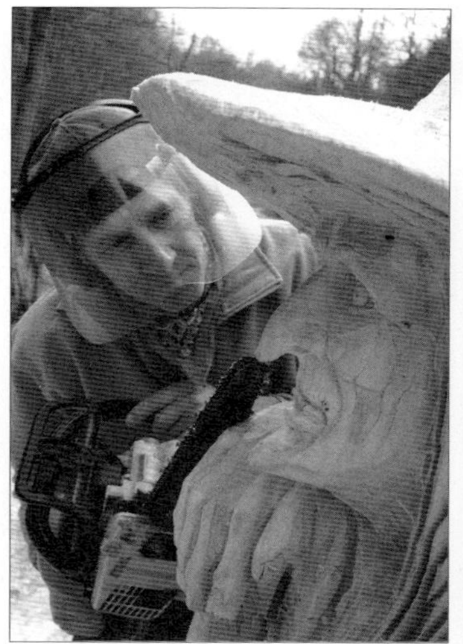

Bei der nach 600 m folgenden Weggabelung geht es links bergab. Nach wenigen Minuten weiteren Abstiegs rückt die Forststraße im *Leintal* ins Blickfeld. Nach 100 m biegen wir in diese rechts ein und erreichen den Skulpturenpark und Atelier des ***Hexenmachers.***

Der aufmerksame Wanderer, der durch das Leintal wandert, kann einige Holzskulpturen bestaunen, die vom Garnbacher Künstler Dieter Krüger angefertigt wurden. Der Weg des „Hexenmacher" führte als Autodidakt von der traditionellen Schnitzerei zur Kettensägekunst. Das verwendete Holz stammt aus gefallenen Bäumen, denen dadurch als Kunstobjekt ein zweites

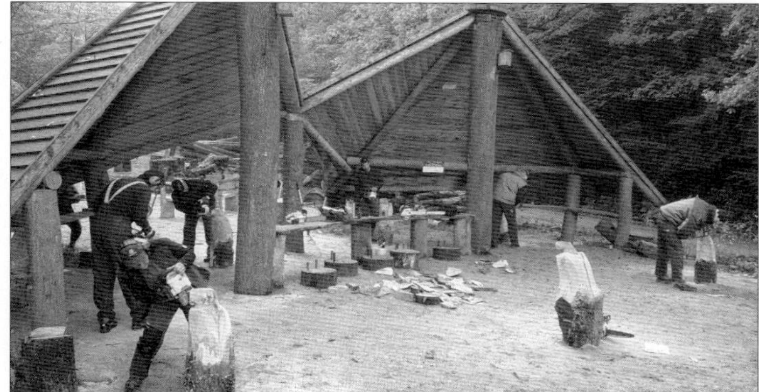

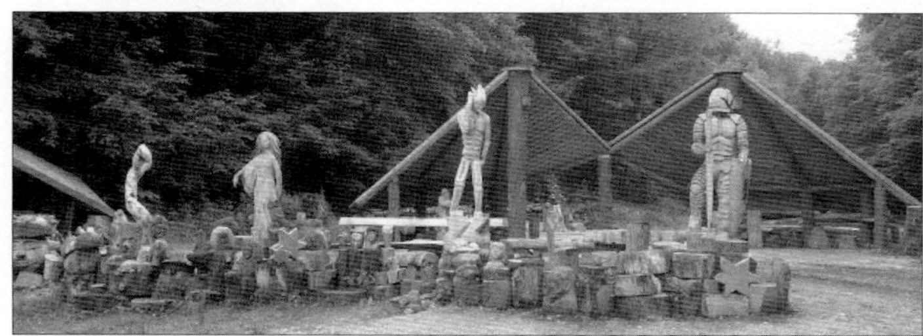

Hexenmacher. Fotos von Dieter Krüger

Leben eingehaucht wird. So können sie noch einmal für ein paar Jahre Freude bereiten.
Weit über die Grenzen Thüringens bekannt ist inzwischen das Atelier des Hexenmachers. In seinem Atelier im Garnbacher Leintal werden von Dieter Krüger Tageskurse im Schnitzen mit der Kettensäge angeboten. Auch Anfänger schaffen es, aus einem rohen Stamm eine beachtliche Skulptur zu schnitzen.
www.hexenmacher.de

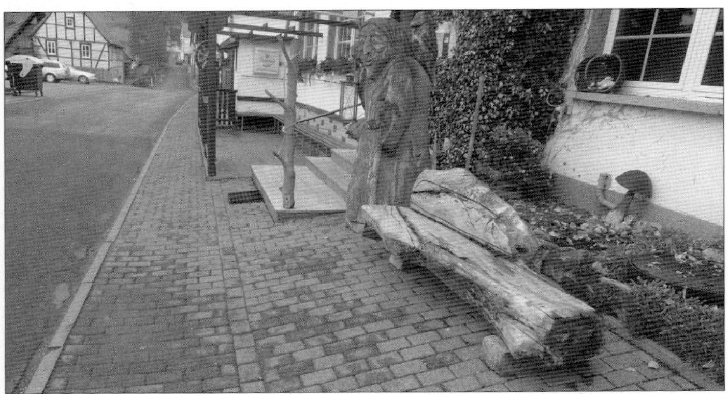

Garnbach, Dorfansicht

Wir verlassen den Wald und wandern auf ***Garnbach*** zu *(Markierung gelber Punkt - Steinbruchweg).*

Der Ortsteil von Wiehe wurde lt. UB des Klosters Pforte im Jahre 1327 erstmals urkundlich erwähnt. Es schmiegt sich idyllisch an die Finne und die Hohe Schrecke und ist auch ein idealer Ausgangspunkt für Wanderungen in dieses oftmals noch zu Unrecht unterschätzte, aber herrliche Wandergebiet.
s. auch www.stadt-wiehe.de

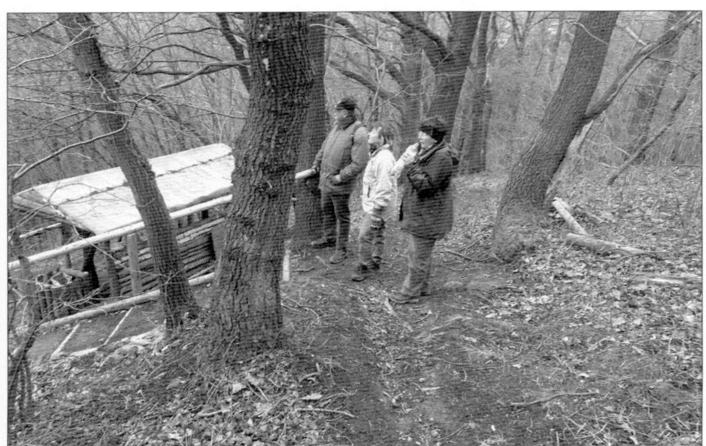

Friedenseck bei Wiehe

Nachdem wir eine *Ferienwohnung* und *zwei Pensionen* passiert haben, folgen wir der Markierung mit dem *grünen Querbalken* in Richtung Wassertretbecken. An der nächsten Wegkreuzung mit Wanderwegweiser verlassen wir die Straße in Richtung Wald. Nach 100 m biegen wir am Waldrand links ein und nehmen den Aufstieg zum ***Friedenseck*** vor.
Weiter geht es geradeaus, bis wir nach 300 m eine *überdachte Sitzgruppe* erreichen, an der sich die Wege gabeln. Wir nehmen rechterhand den Aufstieg zum ***Kuckuckswald*** vor. Am Waldrand gabeln sich die Wege. Wir wandern links bergab zwischen Waldrand und Feld zum *NL Kuckuckswald.*

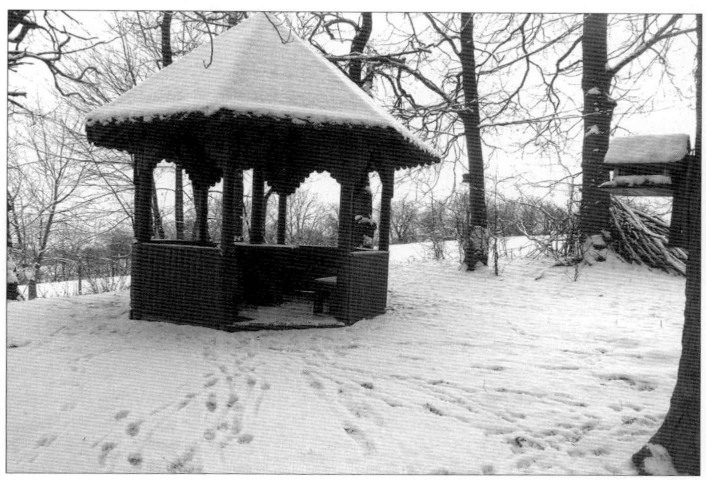

Kuckuckshäuschen

Im Jahre 1817 wurde durch den Schlossherrn Hans Karl Leopold von Werthern eine Waldfläche am Galgenberg zu einem Park umgestaltet. Darin befanden sich früher mehrere kleine Häuschen, die während des 2. Weltkrieges verschwanden. 1997 wurde der Park in einigen Bereichen restauriert. Dabei entstand dieser interessante Lehrpfad, der die Besucher über Tiere, Pflanzen und Biotope des Waldes informiert.
Ein Abstecher lohnt sich zum Kuckuckshäuschen mit Rastplatz und Aussichtspunkt des GeoParks Kyffhäuser. Von hier haben wir einen Blick auf Roßleben, den Ziegelrodaer Forst und die Abraumhalden der früheren Sangerhäuser Kupferminen.
Außerdem ist hier ein Standort vom HörErlebnis Kyffhäuser.

Den Abstieg in das längst sichtbare ***Wiehe*** nehmen wir durch Obstplantagen vor.

RW 16: Rund um Memleben (16 km)

Memleben - Kuhtal - Schonung Rotbuchen (km 1,5) - Bucha (3,9) - Wolfsangerstraße (6,7) - Zeisdorf (9,5) - NL Klefferbach - Wohlmirstedt (11,3) - Memleben (16)

- **Höhenunterschiede:** 330 m, gute Kondition erforderlich, nicht für Radtour geeignet!
- **Gehzeit:** 5 h
- **Markierungen:** grünes Dreieck, Kaiserkrone (Kaiserweg)
- **Parkmöglichkeiten:** Memleben, am Kloster und Kaiserpfalz sowie am Erlebnistierpark
- **Wanderkarten:** Nr. 9-11 (s. Aufstellung Wanderkarten)
- **Sehenswertes:** Memleben (Museum, Kloster und Kaiserpfalz, Erlebnistierpark), Bucha, Zeisdorf, Wohlmirstedt

Routenbeschreibung: Gegenüber dem Gelände vom ***Kloster und Kaiserpfalz Memleben*** zeigen Wanderwegweiser die Richtung an. Wir nutzen den *Kaiserweg* (Markierung *grünes Dreieck*).
Nach ca. 150 m folgen wir einer Schotterstraße durch das ***Kuhtal*** bergan in Richtung Wald. Am Waldrand (Schranke, Wanderwegetafel) kreuzen sich die Wege. Wir nutzen die Forststraße bergan. Bei der nach ca. 500 m folgenden Weggabelung trennen wir uns von der Forststraße und wandern rechts durch einen Hohlweg bergan. Nach 200 m folgt eine weitere Weggabelung. Wir wandern links durch einen weiteren Hohlweg. halblinks bergab (Mischwald).

Leider fehlt auch an dieser Stelle die Markierung. Dieser Hohlweg ist in den Sommermonaten sehr zugewachsen und dadurch leicht zu übersehen.

An einer Bank gabeln sich nach weiteren 200 m die Wege. Wir bleiben geradeaus und wandern durch eine im Jahre 2005 angelegte ***Rotbuchen-Schonung*** bergab. Wenig später finden wir aus dem Wald heraus und können auf das nun sichtbare ***Bucha*** zulaufen.

Bucha wurde erstmals 1153 als „Buch" erwähnt. Es liegt idyllisch am Fuße des Orlas-Höhenzuges. Gepflegte Bauernhäuser, Scheunen und die Pfarre legen Zeugnis über die ländliche Bauweise des Ortes ab. Die barocke Kirche St. Cecilien-St. Kilian stammt aus dem Jahre 1680, während der Turm 1723/24 errichtet wurde. Seltensheitswert hat die Einzeigeruhr am Kirchturm. Das Gotteshaus besitzt zudem einen prächtigen Kanzelaltar mit reichen Verzierungen. Auffallend auf dem freien Platz vor der Kirche ist ein Kaufstein. Dabei handelt es sich um eine etwa 2 m lange und 1 m breite Sandsteinplatte. Der Stein stand lange im Mittelpunkt des dörflichen Lebens. So fanden hier Gemeindeversammlungen statt und es wurde Gericht gehalten.
Im 12. und 13. Jh. war Bucha Sitz der Grafen von Buch. An der Stelle der alten Burg wurde 1714 bis 1718 ein zweiflügliges Schloss mit gepflegtem Barockgarten errichtet.
s. auch www..heimatverein-bucha-kaiserpfalz.de oder www.vgem-finne.de.

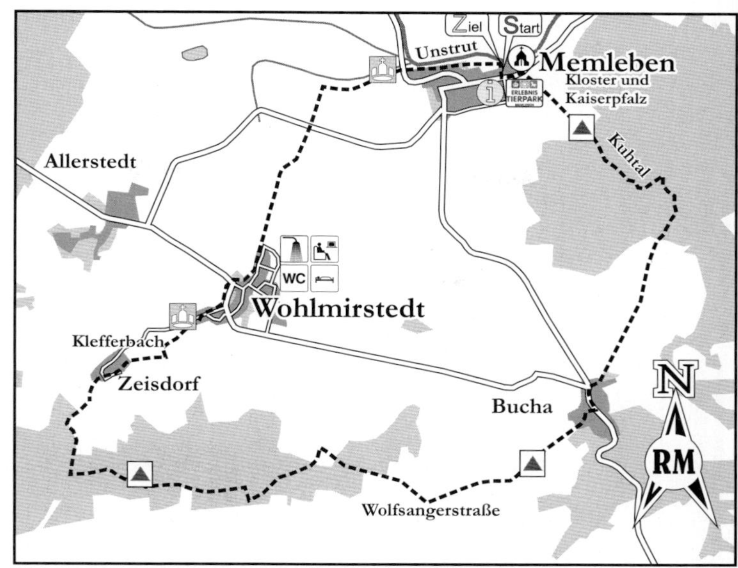

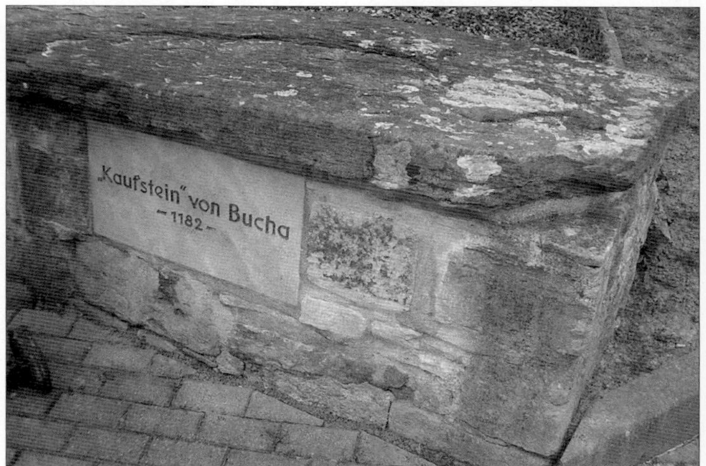

Bucha, Kaufstein

Dort gehen wir durch die *Straße des Friedens*. Vor der *Kirche* schwenken wir rechts in die *Straße der Freundschaft* ein. Hinter dem *Gasthaus „Zur grünen Buche"* verlassen wir links abbiegend den Ort über den *Kahlwinkeler Weg*.

Bei der nächsten Weggabelung geht es rechts in einen Schotterweg, der durch ein kurzes Waldstück hindurchführt. Nach ca. 900 m gabeln sich die Wege, wobei wir über einen Forstweg links bergan Richtung Wald wandern. Nach 200 m wird erneut der Kahlwinkeler Weg angezeigt, allerdings aus Richtung Lossa/Zeisdorf.

Bei der nach 200 m folgenden Weggabelung schwenken wir rechts in

die *Wolfsangerstraße* ein. Nach ca. 300 m passieren wir einen *Steinbruch*. Nach einigem Auf und Ab erreichen wir nach etwa 900 m eine *überdachte Sitzgruppe*.
Der Weg führt nach rechts (bergab). Bei der nach 200 m folgenden Wegkreuzung geht es geradeaus über den *Mühlweg* nach ***Zeisdorf*** hinab. Am *Mühlplatz* folgen wir dem von Tilleda kommenden *Weg der Kaiser und Könige* ein (Markierung *goldene Kaiserkrone*).

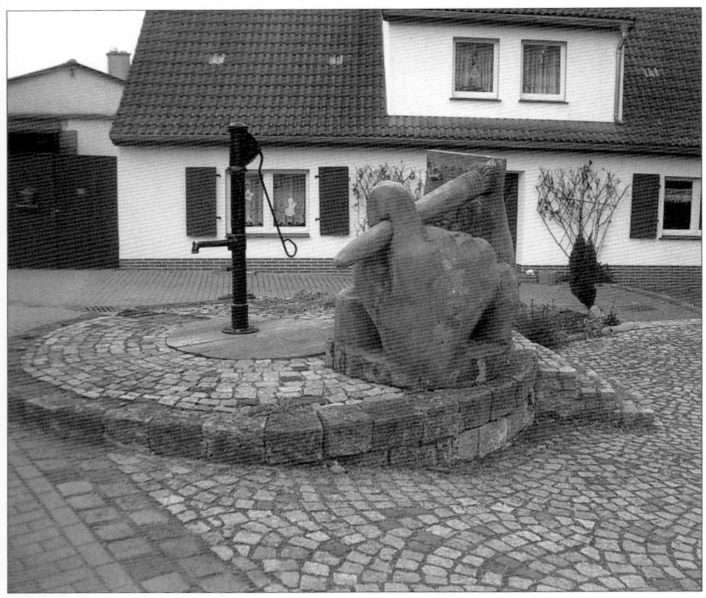

Zeisdorf, Skulptur am Mühlplatz

Das Dorf Zeisdorf war früher geteilt. Alle Gebäude rechts des Klefferbaches gehörten zu Wohlmirstedt und waren über den Weg am Bach mit Wohlmirstedt verbunden.
Die Gehöfte auf der linken Seite des Klefferbaches waren mit Allerstedt über den Schwalmrain verbunden. Die jetzige Verbindung über das Kreuzchen entstand erst später.
Am Mühlplatz lässt es sich nicht nur rasten. Hier weisen einige Skulpturen auf die Schnitz-Meisterschaft hin, die im Jahre 2007 im Nachbarort Wohlmirstedt ausgetragen wurde.
s. auch www.zeisdorf.de oder www.vgem-finne.de

Am *Klefferbach* biegen wir rechts ein und verlassen den Ort durch den *Mühlengrund*. Bei der nächsten Weggabelung schwenken wir links ein und wandern neben der Umzäunung eines *Reiterhofes* entlang.
Unser Weg führt nun durch ein kleines Waldstück hindurch.

Infotafeln zeigen, dass wir uns auf dem NL Klefferbachweg befinden.

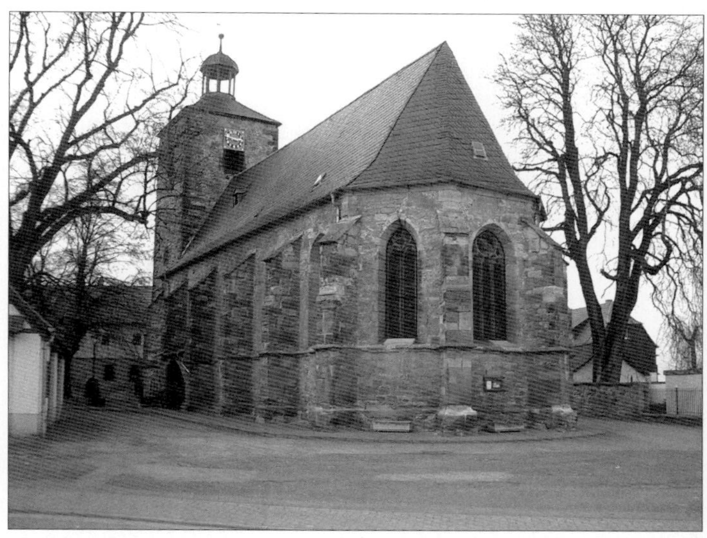

Wohlmirstedt, Kirche

Bei den ersten Häusern von ***Wohlmirstedt*** trennen wir uns vom Klefferbach und wandern bergan in Richtung Straße.
Dann folgen wir dieser Straße rechts bergab in Richtung Memleben.

Aus einer Kaiserurkunde des Klosters Memleben aus dem Jahre 998 geht hervor, dass vor 1000 Jahren Wein angebaut wurde. Sehenswert ist das Herrenhaus der Familie Helldorff, dass zwischen 1831 und 1834 errichtet wurde. In unmittelbarer Nachbarschaft befindet sich die zwischen 1394 und 1480 erbaute gotische Dorfkirche. Aus ihr ragt das Portal mit Opferstock heraus.
s. auch www vgem-finne.de

Neben dem Hotel „Zur Kaiserpfalz" findet der aufmerksame Wanderer zwei interessante steinerne Sühnekreuze.

Vor dem *Ortsausgangsschild* Richtung Memleben führt der Weg zunächst neben dieser Straße.
Nach Überquerung der *Straße Memleben-Allerstedt* halten wir uns geradeaus.

Vor uns sehen wir Wendelstein und Memleben.

Nach Überquerung der *Lützowerstraße* bleiben wir geradeaus. Bei der nächsten Weggabelung mit Wanderwegweiser schwenken wir rechts in den *Unstrut-Radweg* ein. Bereits nach 200 m nutzen wir die links abbiegende Straße, um auf das Gelände des ***Klosters und der Kaiserpfalz Memleben*** zuzugehen. Am Eingangsbereich endet unsere Wandertour.

RW 17: Auf dem Geopfad Triastor (Große Runde)

(21 km)

Memleben - Wendelstein (km 3,4) - Abraumhalde Roßleben - Langes Gestell (6,4) - Wegekreuz Lodentrift (8) - Wangener Grund - Rastplatz Hirtentisch (10,6) - Kleinwangen, Parkplatz Arche Nebra (12,1) - HP Wangen (12,6) - Großwangen, Kriegerdenkmal (12,9) - Aussicht Erbberg - Schwalbestal - Glockenborn (15,3) - Bockberg - Orlas (17,4) - Kuhtal, Hügelgräber (20,2) - Memleben (20,7)

- **Höhenunterschiede:** 385 m An- und Abstiege, gute Kondition erforderlich, nicht für Radtour geeignet!
- **Gehzeit:** 6 h
- **Markierungen:** Bordeaux-farbens Logo Trias-Tor, Pfeil und Wanderer auf weißem quer-rechteckigem Grund, stellenweise blauer Querbalken (Feengrotten-Kyffhäuser-Weg)
- **Parkmöglichkeiten:** Memleben, Wendelstein, Kleinwangen
- **Wanderkarten:** Nr. 9 (s. Aufstellung Wanderkarten)
- **Sehenswertes:** Museum, Kloster und Kaiserpfalz Memleben, Tierpark Memleben, Ausblicke, Wangen mit Arche Nebra, Stationen vom Archäologisch-Historischen Wanderweg Memleben

Wissenswertes: Als Trias-Tor wird der enge Durchbruch der Unstrut aus dem Harzvorland in das Triasland bezeichnet. Auf ihrem weiteren Weg in die Saale hat sich die Unstrut tief und eng in den Buntsandstein geschnitten. Um den thematischen Reichtum dieser zerklüfteten, vielseitigen Landschaft zu erforschen, bietet sich der ca. 32 km lange Rundweg an. Wem diese 32 km „am Stück" zu viel sind, kann diesen Weg in zwei Etappen gliedern, wie dies auch der Autor dieses Büchleins getan hat (s. auch RW 18).
Zehn Tafeln bieten Informationen über die Besonderheiten am Trias-Tor, wo Geschichte, Kultur und Geologie „aufeinanderprallen". Tolle Ausblicke runden die Tour ab.
Bei Drucklegung dieses Werkes war der Geopfad nur auf oben genannter Wanderkarte eingezeichnet. Außerdem bietet ein Flyer der Geo-Naturparks eine Streckenbeschreibung (s. unter Literaturhinweise am Ende des Buches).
s. auch www. www.naturpark-saale-unstrut.de

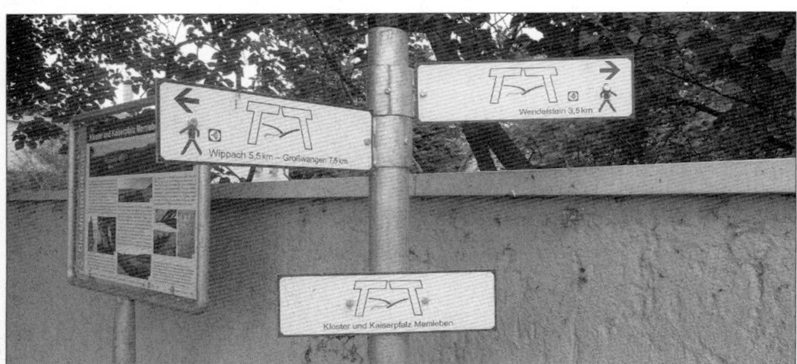

Wegweiser Geopfad Trias-Tor in Memleben

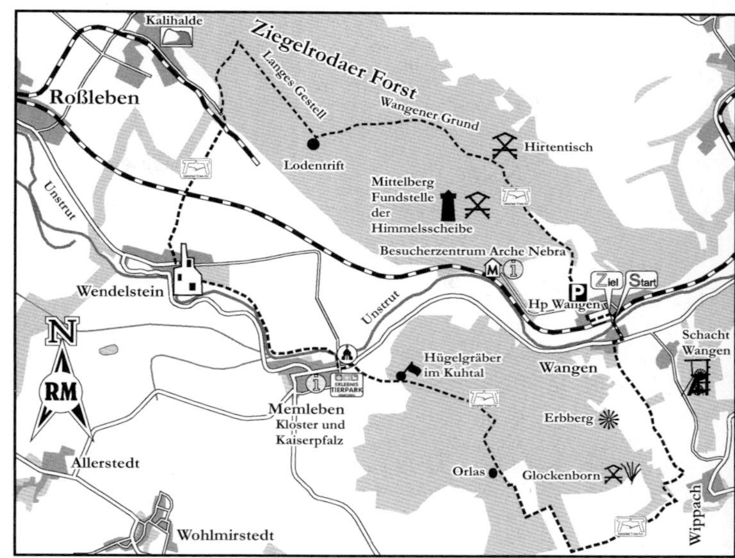

Routenbeschreibung: Vom *Parkplatz* des ***Klosters und Kaiserpfalz Memleben*** führt der Weg links um die Mauer des Klostergeländes herum. Nach Überquerung der *Unstrutbrücke* wandern wir rechts der *Unstrut* über einen Wiesenweg. Wir bleiben auf Tuchfühlung zum Fluss, bis wir unterhalb einer *Kirschplantage* rechts abbiegen. Der Weg führt nun zwischen der Kirschplantage und einem Feld nach ***Wendelstein*** hinauf (s. auch Etappe 5).

Oben angekommen, nutzen wir linksabbiegend die Straße, um auf den Ort mit seiner Burgruine zuzugehen.

Damit befinden wir uns zugleich auf dem Kyffhäuser-Feengrotten-Weg (Markierung blauer Querbalken).

In Wendelstein schwenken wir an einer *Rad- und Wanderwegkreuzung* rechts ein und laufen in Blickrichtung der Kalihalde, an der wir nach ein paar Gehminuten über einen befestigten Weg vorbeigehen.

Eine Infotafel gewährt Einblick über die längst vergangenen Zeiten des Salzbergbaus.

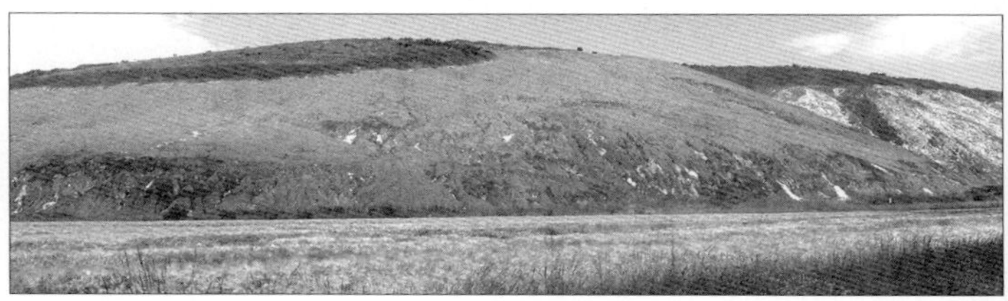

Blick zur Abraumhalde Roßleben

Von der ***Abraumhalde Roßleben*** geht es zum Waldrand des Ziegelrodaer Forstes. Dort nutzen wir zugleich den *Naturlehrpfad* zum Fundort der Himmelsscheibe in nördlicher Richtung. Bereits nach 50 m geht es rechtsabbiegend in den Wald hinein.

Nach einem guten Kilometer bergan, erreichen wir das ***Lange Gestell.*** Dort biegen wir rechts ein. Die scheinbar nicht enden wollende Schotterstraße führt nach ca. 1,7 km zum *Wegekreuz* an der ***Lodentrift.***

Hier besteht die Möglichkeit, alternativ über die Fundstelle der Himmelsscheibe sowie über die Arche Nebra nach Kleinwangen zu wandern (s. auch RW 19).

Um auf der Hauptstrecke zu bleiben, schwenken wir links ein und nehmen den Abstieg durch den ***Wangener Grund*** vor (Mischwald). Nach 2,5 km wird ein Abstecher zum ***Hirtentisch*** angeboten, wo die Möglichkeit zur Rast besteht.

Nachdem wir weitere 2,3 km zurückgelegt haben, erreichen wir den *Parkplatz* der *Arche Nebra* in ***Kleinwangen***.

Am Cafe & Restaurant *„Waldschlösschen"* und am *Sportplatz* vorüber, gelangen wir zum ***Haltepunkt Wangen*** der Burgenlandbahn.

Wer die gesamten 32 km der Georoute bewältigen möchte, kann hier der Beschilderung in Richtung Nebra folgen.

Über die *Unstrutbrücke* kommen wir nach ***Großwangen***, wo wir beim *Kriegerdenkmal* die **stark befahrene B 250** queren. Wir halten uns rechts und nutzen den Gehweg links der Straße. Nach wenigen Metern führt eine Pflasterstraße links bergan.

Bei der Kirche, auf der gegenüberliegenden Straßenseite, erinnert ein Denkmal an den Bergbau in Wangen von 1909 bis 1994.

Nachdem wir etwa 800 m zurückgelegt haben, wird ein Abstecher zum ***Erbberg*** angeboten.

Dieser 800 m lange Umweg (hin und zurück) lohnt sich. Der Blick reicht über das Unstruttal zum Ziegelrodaer Forst, aus dem der Aussichtsturm auf dem Mittelberg herausragt.

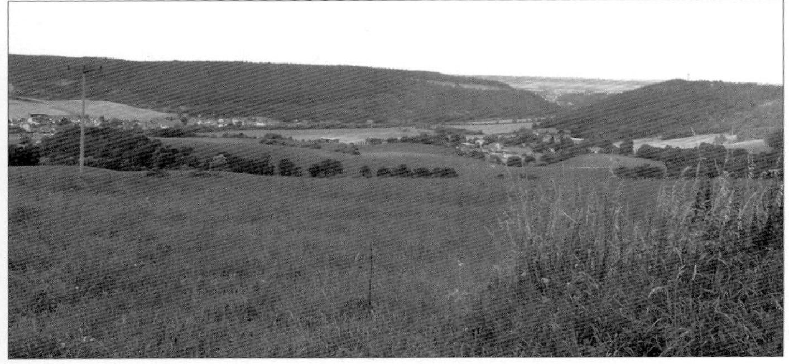

Blick vom Erbberg über das Unstruttal zum Mittelberg

Wer keinen Abstecher unternehmen möchte, bleibt geradeaus. Nach ca. 180 m gabeln sich die Wege. Wir wandern halbrechts über eine *Wiese*. Bei der nach weiteren 200 m folgenden Weggabelung bleiben wir geradeaus.

Kurz vor Wippach erreichen wir das ***Schwalbestal***, womit wir uns wieder auf dem *Feengrotten-Kyffhäuser-Weg* befinden. Wir folgen dem Wanderwegweiser in den Wald hinein. Nach wenigen Minuten erreichen wir den ***Glockenborn***, wo es sich gut rasten lässt.

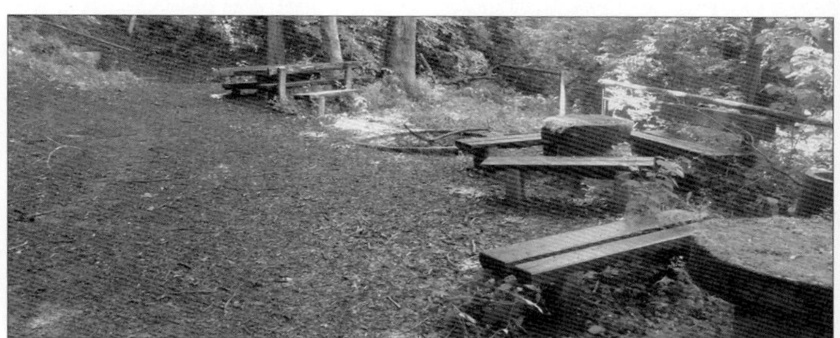

Rastplatz am Glockenborn

Anschließend führt unser Weg aus dem Wald heraus und dann links bergan.

Nach ca. 350 m Anstieg gabeln sich an markanten *Felsen* die Wege. Wir wandern rechts bergan. An der nach 250 m folgenden Weggabelung laufen wir geradeaus zwischen einem Feld und einer Obstplantage hindurch und nehmen den allmählichen Aufstieg zum ***Bockberg*** auf dem Orlas vor.

Auch auf der gegenüberliegenden Unstrutseite gibt es einen Bockberg (s. RW 18).

Oben angekommen wandern wir auf ein Waldstück zu, das wir bereits nach 100 m durchquert haben. Nun schwenken wir rechts in eine Forststraße ein. Nach ca. 400 m zeigt uns eine Infotafel, dass wir uns auf dem ***Orlas*** befinden.

Der Blick reicht bis zum Kyffhäusergebirge, aus dem das dazugehörige Denkmal herausragt.

Auf dieser Forststraße erreichen wir nach 1,3 km eine Wegkreuzung mit Wanderwegweisern.

Die Entfernung nach Memleben ist mit 2 Kilometern angegeben.

Ungeachtet aller Wegkreuzungen und -gabelungen geht es stets geradeaus.

Bald kreuzt auch der *Archäologisch-Historische Wanderweg* den Geopfad.

An dieser Stelle befinden sich einige Hügelgräber.

Nach weiteren 500 m haben wir unseren Ausgangspunkt in ***Memleben*** erreicht.

RW 18: Auf dem Geopfad Triastor (Kleine Runde) (12 km)

Kleinwangen - HP Wangen (km 0,6) - Buntsandsteinhochfläche „Bock“ (2,2) - Sandsteinbrüche (3,8) - Bf. Nebra (4,4) - Unstrut-Radweg - Verwaltung Geo-Naturpark - Altenburg-Felsen (5,7) - Schlosspark Nebra (7,4) - Geologischer Aufschluss Nebra (8,3) - Schwalbestal - Schacht Wangen (10,7) - Großwangen (11,4) - HP Wangen - Kleinwangen (12,3)

- **Höhenunterschiede:** 180 m An- und Abstiege, nicht für Radtour geeignet!
- **Gehzeit:** 4 h
- **Markierungen:** Bordeaux-farbens Logo Trias-Tor, Pfeil und Wanderer auf weißem quer-rechteckigem Grund, stellenweise gelber Punkt (Steinbruchweg)
- **Parkmöglichkeiten:** Parkplatz unterhalb der Arche Nebra in Kleinwangen
- **Wanderkarten:** Nr. 9 (s. Aufstellung Wanderkarten)
- **Sehenswertes:** Kleinwangen, Aussichten, Sandsteinbrüche, Altenburg-Felsen, Nebra mit Schlosspark, Wangen

Routenbeschreibung: Wir starten am *Parkplatz* in ***Kleinwangen*** und wandern dorfeinwärts. Über die *Straße „An der Steinklöbe“* und am *Sportplatz* vorüber, gelangen wir zum ***Haltepunkt Wangen*** der Burgenlandbahn.

Wer die gesamten 32 km der Georoute bewältigen möchte, kann hier der Beschilderung in Richtung Nebra folgen.

Wir schwenken links in den *Unstrut-Radweg* ein. Nachdem wir das *Kriegerdenkmal* passiert haben, biegen wir in die nach Nebra führen-

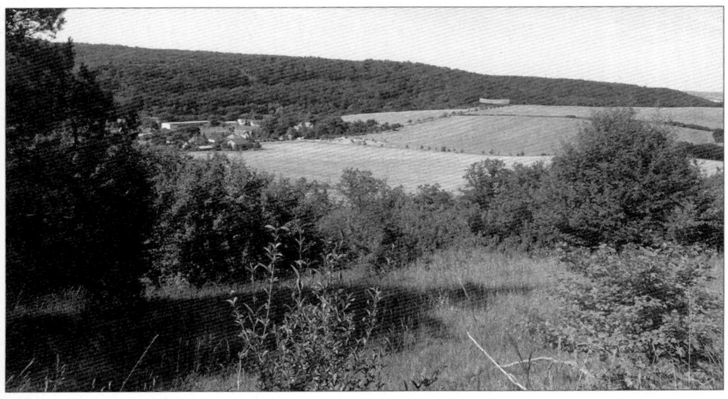

Blick zur Arche Nebra

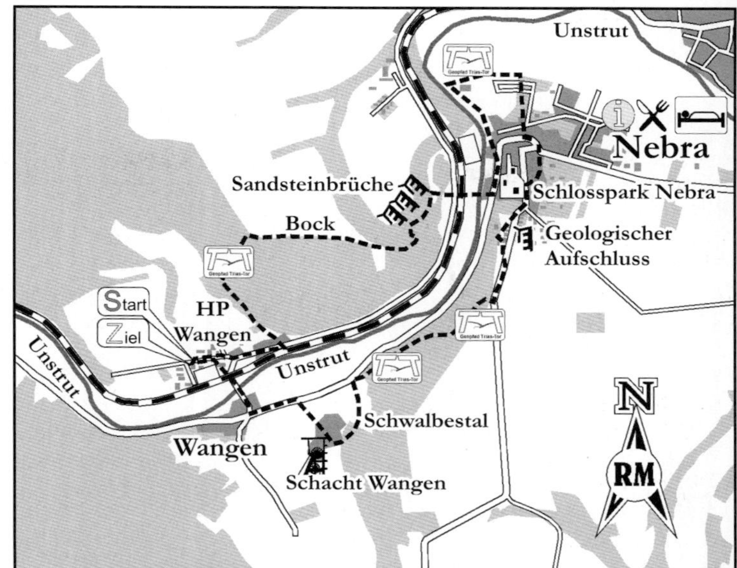

de Nebenstraße ein und wandern an der *Kirche* vorüber. Wenig später beginnen wir den Aufstieg über den *Bockberg.*

An einer *Linde* gabeln sich die Wege und wir treffen auf den *Steinbruchweg* (Markierung *gelber Punkt*), der uns stellenweise begleiten wird.

Bereits nach 100 m kommt die nächste Weggabelung. Wir bleiben geradeaus bergan und kommen dabei an einem *Ziegelhäuschen* vorüber. Bei der nach weiteren 100 m folgenden Weggabelung halten wir uns rechts.

Dabei tun sich Blicke über Kleinwangen und zur Arche Nebra auf.

Nach weiteren 500 m führt unser Weg durch eine *Umzäunung* hindurch. Bei der nach 400 m folgenden Weggabelung mündet der Weg in den *Geotrail* (s. auch SW 06). Dabei wandern wir bergan, um nach 20 m links in eine Forststraße einzubiegen und auf den Waldrand zuzugehen.

Damit haben wir die Buntsandsteinhochfläche namens ***Bock*** erreicht, worauf eine *Infotafel* verweist (s. auch SW 06).

Dort lädt eine überdachte Sitzgruppe zur Rast ein.

Wir laufen nun links vom Waldrand. Bei der nach 400 m folgenden Weggabelung bleiben wir geradeaus am Waldrand.

Der Blick reicht über die Vitzenburg bis zu den Resten der einstmals reichlich vorhandenen Chemieindustrie im Großraum Halle/Saale.

Die nächste Weggabelung erreichen wir nach 600 m, von wo ein Abstecher zur ***Aussicht auf dem Bock*** angeboten wird.

Wir halten uns rechts und trennen uns vom Geotrail. Bereits nach 50 m geht es linkerhand in den Wald hinein. Bei der nach 500 m folgenden Wegkreuzung zeigen mehrere Wanderwegweiser, wie viele Möglichkeiten der fleißige Wanderer in dieser Region vorfindet.

Hier befinden sich einige Sandsteinbrüche, die sich gut als Fotomotiv eignen. Um diese zu bestaunen und zu fotografieren, muss man für ein paar Meter vom Geopfad „abtrünnig" werden.

Um unseren Weg fortzusetzen, halten wir uns links in Richtung Waldrand und nutzen einen Pfad.

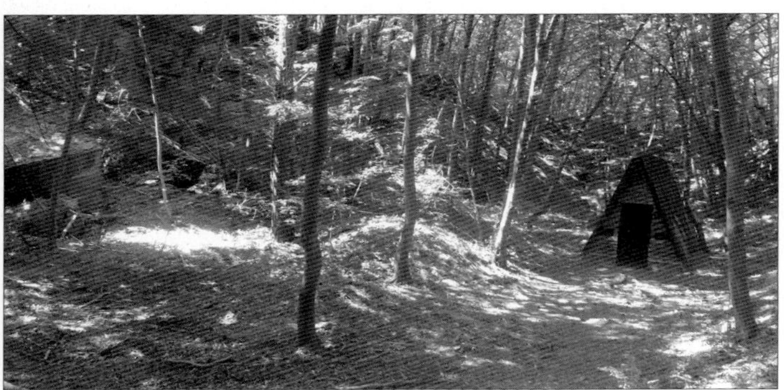

Sandsteinbrüche

Eine Infotafel liefert interessante Details über die Sandsteinbrüche.

Nach 250 m führt eine *steile Treppe* zur *Chaussee Kleinwangen-Nebra* hinab, in die wir links einschwenken. Dabei ist **Trittsicherheit erforderlich.**
Unser Gehweg neben der Straße führt am ***Bf. Nebra*** vorüber. Vor einer *Tankstelle* geht es rechts über die *Bahnschienen* und die *Unstrutbrücke* mit ihren Löwenköpfen.

Damit befinden wir uns zugleich auf dem Unstrut-Radweg (s. Etappe 5 und 6).

Durch die *Bahnhofstraße* wandern wir stadteinwärts, bevor wir *„Am Unterbrunnen"* links einbiegen, um uns wieder der *Unstrut* zuzuwenden.
An der *Uferpromenade* informiert eine Lehrtafel über den *Bienengarten Nebra*. Der Weg führt am Sitz der *Verwaltung des Geo-Naturparks Saale-Unstrut-Triasland* vorüber.

Dabei rückt links das Schloss Vitzenburg ins Blickfeld (s. auch SW 06).

Nach 500 m bekommt der Fotoapparat wieder Arbeit. Wir erreichen die bizarre *Felslandschft* der ***Altenburg.***

Nun trennen wir uns wieder vom Unstrut-Radweg und nehmen rechtsabbiegend den Aufstieg neben den Felsen vor. Bei der nach 400 m folgenden Weggabelung halten wir uns links und bereits nach fünf Metern geht es rechts über eine *zweistufige Steintreppe.*

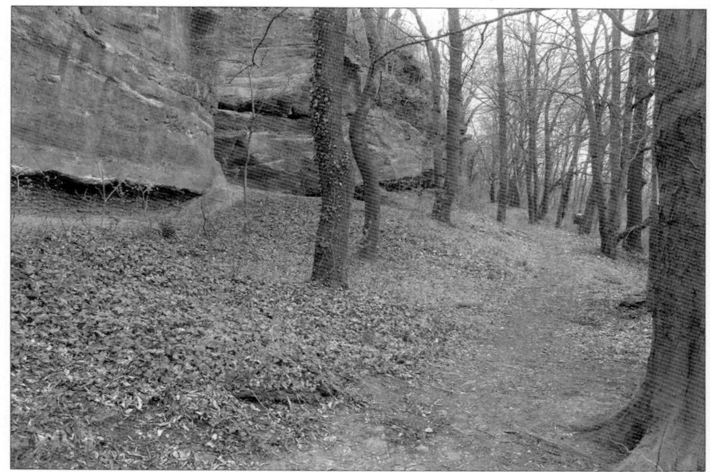

Felsformation Altenburg bei Nebra

Oben angekommen, wandern wir über die *Altenburgstraße* und die *Poststraße* wieder stadteinwärts. Am *Wasserweg* kreuzen sich nach 400 m die Wege. Wir nutzen linksabbiegend eine Pflasterstraße. Anschließend biegen wir bei der *Stadtbibliothek* rechts in die *Breite Straße* ein. Über die *Schlosstorstraße* gelangen wir in den ***Schlosspark von Nebra*** mit seiner ***Schlossruine.***

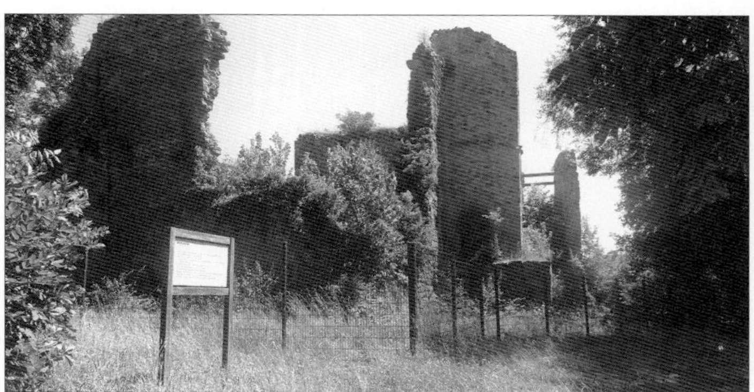

Nebra, Burgruine

Am Ende des Schlossparks geht es über eine *Treppe* hinab. Ein Pfad führt zu einem *Tordurchbruch*. Anschließend wandern wir links der *Mauer* entlang. Dann biegen wir rechts in die *Berggasse* ein und befinden uns wieder einmal auf dem *Steinbruchweg.*

Eine nach 100 m folgende Weggabelung stellt uns vor die Wahl, ob wir den Weg über das *Panorama* oder über die *Steinbrüche* nehmen. Der Autor hat sich für Variante 2 entschieden.

In diesem Sinne gehen wir geradeaus und erreichen nach 350 m den ***Geologischen Aufschluss Nebra***, auch ein lohnenswertes Fotomotiv.

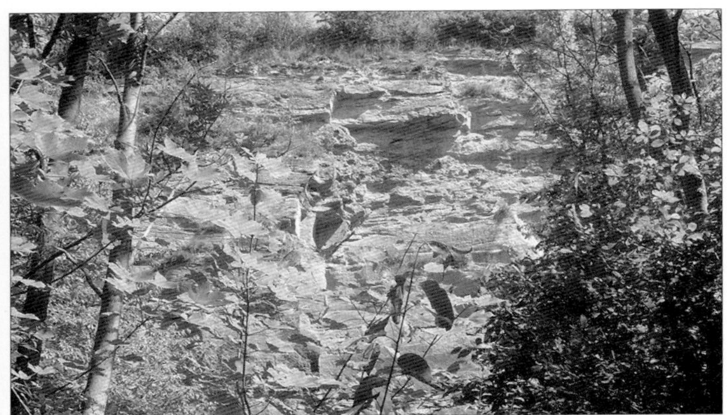

Geologischer Aufschluss Nebra

Nach einigem Auf und ab schlängelt sich der wildromantische Pfad zu einem *Rastplatz*, wo die beiden Varianten wieder „fusionieren“. Nach ca. 700 m treten wir aus dem Wald heraus. Durch Buschwerk gelangen wir in der Nähe der *B 250* zur *KGA „Unstrutperle“*, wo wir links einschwenken.

Eine (möglicherweise verlockende) Abkürzung nach Großwangen über diese stark befahrene Bundesstraße ist nicht zweckmäßig und zudem gefährlich.

Wir wandern für etwa 300 m an der idyllisch gelegenen Kleingartenanlage entlang und erreichen das ***Schwalbestal*** mit Blick zum *Erbberg* (s. auch RW 17). Wir gehen rechtsabbiegend über eine *Wiese* zum ***Schacht Wangen***. Nach 400 m erreichen wir wieder die *B 250* und können auf dem Gehweg auf ***Großwangen*** zugehen. Beim *Kriegerdenkmal* überqueren wir die Straße und wandern über die *Unstrutbrücke* und am ***Haltepunkt Wangen*** vorüber zu unserem Ausgangspunkt in ***Kleinwangen***.

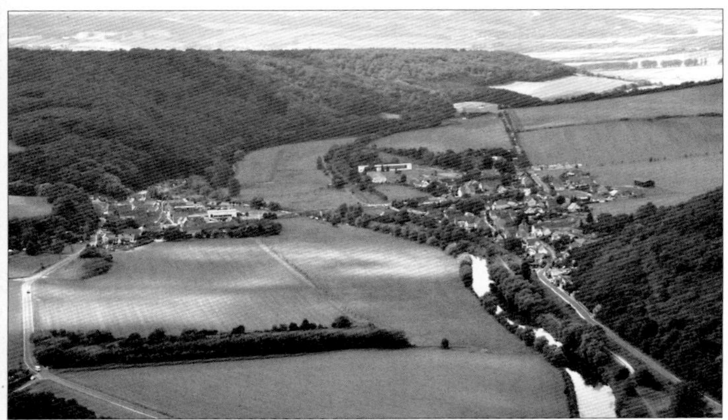

Blick über Kleinwangen zur Arche Nebra. Foto Harald Rockstuhl

RW 19: Von Wangen zum Fundort der Himmelsscheibe (11 km)

Klein-Wangen - Erlebniscenter Arche Nebra (km 0,6) - Aussichtspunkt/Rastplatz (1,1) - Langes Gestell - Burgtal (1,5) - Infohütte „Waldpädagogik“ - Fundort Himmelsscheibe mit Aussichtsturm (3,1) - Bushaltestelle Mittelberg (3,6) - Lodentrift (6) - Rastplatz Hirtentisch (8,1) - Wangener Grund - Kleinwangen (11,2)

- **Höhenunterschiede:** 200 m, nur ein Anstieg von Wangen zum Mittelberg, nicht für Radtour geeignet!
- **Gehzeit:** 3 h
- **Markierungen:** Bordeaux-farbens Logo Trias-Tor, Pfeil und Wanderer auf weißem quer-rechteckigem Grund (Geopfad Triastor), Radpiktogramm
- **Parkmöglichkeiten:** unterhalb der Arche Nebra, Ortslage Wangen
- **Wanderkarten:** Nr. 9-11 (s. Aufstellung Wanderkarten)
- **Sehenswertes:** Wangen, Arche Nebra, Fundort und Aussichtsturm auf dem Mittelberg

Routenbeschreibung: Vom *Parkplatz* in ***Klein-Wangen*** folgen wir der nicht öffentlichen Straße bergan zum ***Erlebniscenter „Arche Nebra“***. Dann geht es über den weiter bergan führenden *Geopfad Triastor* (s. auch RW 17) und über den *Waldlehrpfad.*

Außerdem befinden wir uns auf dem Himmelsscheibenradweg sowie auf dem Radweg Salzstraße.

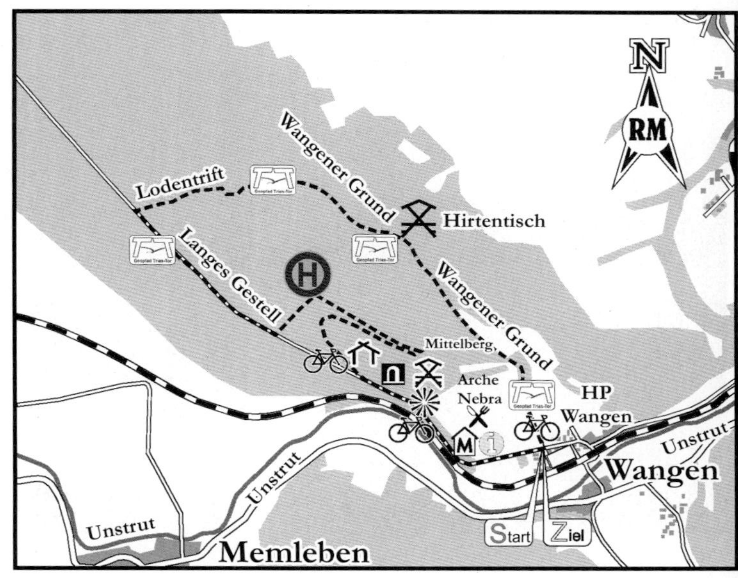

Nach ca. 500 m erreichen wir einen *Rastplatz mit Aussichtspunkt* auf Wangen. Nun wandern wir durch das ***Lange Gestell*** bergan.
Diese für Busse freigegebene *Zufahrtsstraße zum Mittelberg* verlassen wir nach ca. 700 m, indem wir rechts in einen *Waldpfad* einschwenken.

Hier befindet sich zugleich das Burgtal, eine mittelalterliche Wallanlage.

Nach ca. 400 m lädt die ***Schutzhütte „Waldpädagogik“*** zur Rast und zum Schauen ein.

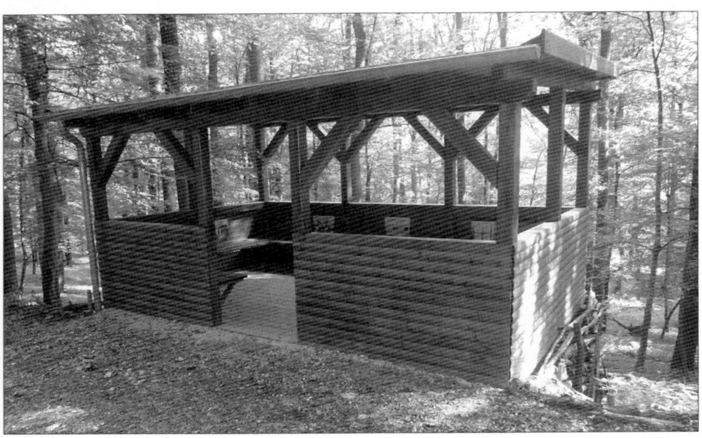

Schutzhütte Waldpädagogik

Dies ist kein gewöhnlicher Rastplatz, wo man nur seine müden Wanderglieder ausstrecken kann. Hier können sich große und kleine Naturfreunde über Tier-, Baum- und Pflanzenarten im Ziegelrodaer Forst informieren.
s. auch www.himmelsscheibe-erleben.de

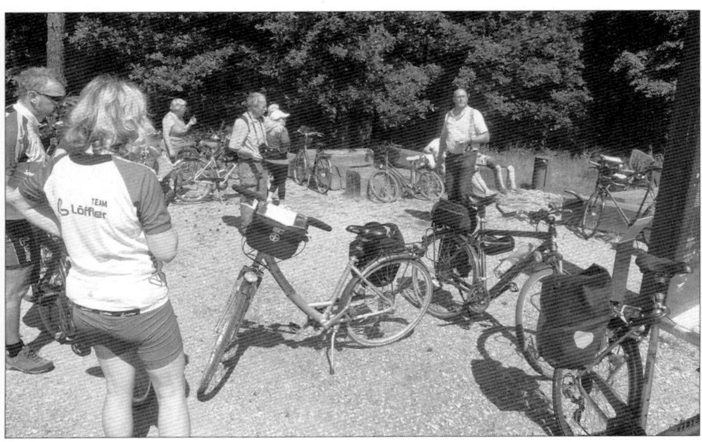

Radwandergruppe des ADFC Nordhausen bei der Rast auf dem Mittelberg

Der Wanderweg mündet nach 600 m in der Nähe der *Bushaltestelle Mittelberg* rechtsabbiegend in die Zufahrtsstraße. Nach 400 m Anstieg haben wir den ***Fundort der Himmelsscheibe*** mit dem weithin sichtbaren ***Aussichtsturm*** erreicht.

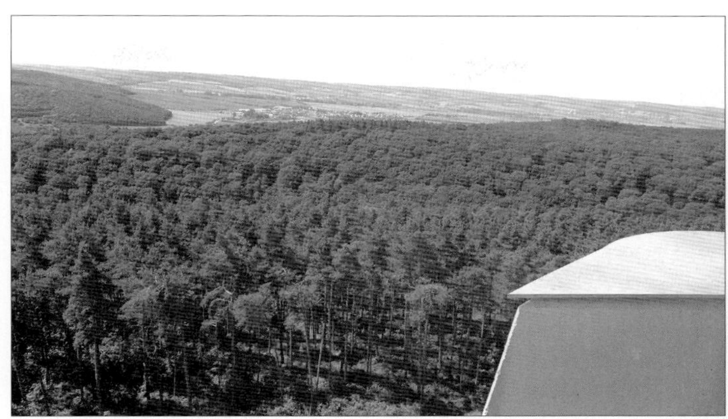

Blick vom Mittelbergturm

Von dort geht es wieder zur *Bushaltestelle und zum* ***Langen Gestell*** zurück, wo wir rechts einbiegen. Nach 900 m kreuzen sich erneut die Wege. Wir bleiben geradeaus.

Bei der nach 800 m folgenden Wegkreuzung an der ***Lodentrift*** verlassen wir das Lange Gestell (Wanderwegweiser). Der Weg führt rechts abbiegend durch den ***Wangener Grund*** bergab.

Nach 2,5 km wird ein Abstecher zum ***Hirtentisch*** angeboten, wo die Möglichkeit zur Rast besteht.

Nachdem wir weitere 2,3 km zurückgelegt haben, erreichen wir den *Parkplatz* der *Arche Nebra* in ***Kleinwangen***.

Am Cafe & Restaurant *„Waldschlösschen"* und am *Sportplatz* vorüber, gelangen wir zum ***Haltepunkt Wangen*** der Burgenlandbahn.

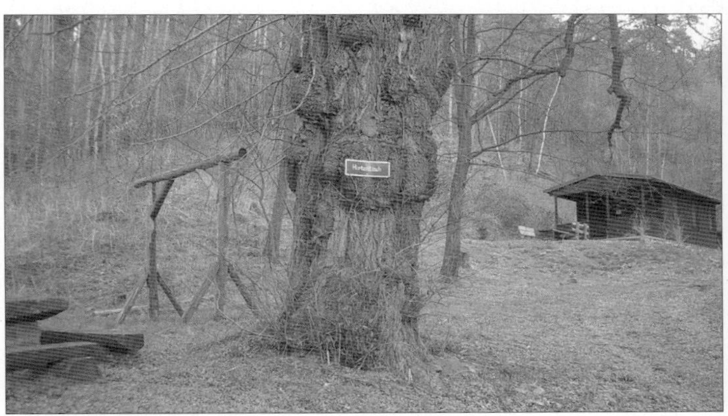

Rastplatz am Hirtentisch

RW 20: Auf dem Fliegerweg (7 km)

Dorndorf - Dorndorfer Berge (km 1,3) - Abzw. Segelflugplatz Laucha (1,6) - LSG Gleinaer Berge (2,8) - Boys Gutsausschank - Geologischer Aufschluss Glockenseck (5,3) - Dorndorf (6,9)

- **Höhenunterschiede:** 150 m, ein steiler Anstieg zu den Gleinaer Bergen, für Radtour geeignet (Steilabfahrt von den Gleinaer Bergen ins Unstruttal)
- **Gehzeit:** 2 h, ohne Aufenthalt Flugzentrum
- **Markierungen:** gelbes Quadrat (Fliegerweg), blauer Querbalken (Kyffhäuser-Feengrotten-Weg), Piktogramm Unstrut-Radweg
- **Parkmöglichkeiten:** am Ortsausgang Richtung Burgscheidungen
- **Wanderkarten:** Nr. 9, 11 (s. Aufstellung Wanderkarten)
- **Sehenswertes:** Dorndorf, Flugsportzentrum, Aussichten von den Dorndorfer und Gleinaer Bergen, Geologischer Aufschluss Glockenseck

Routenbeschreibung: Wir starten am Ortsende von ***Dorndorf,*** direkt am *Unstrut-Radweg* in Richtung Burgscheidungen. Ein Wanderwegweiser zeigt uns, dass wir uns auf dem *Fliegerweg* befinden (Markierung *gelbes Quadrat*).

Nach ca. 350 m gelangen wir an eine Wegkreuzung. Wir halten uns geradeaus und nehmen den steilen Aufstieg zu den ***Dorndorfer Bergen*** vor. Oben angekommen, wandern wir auf dem Kamm der ***Gleinaer Berge*** in Richtung Norden.

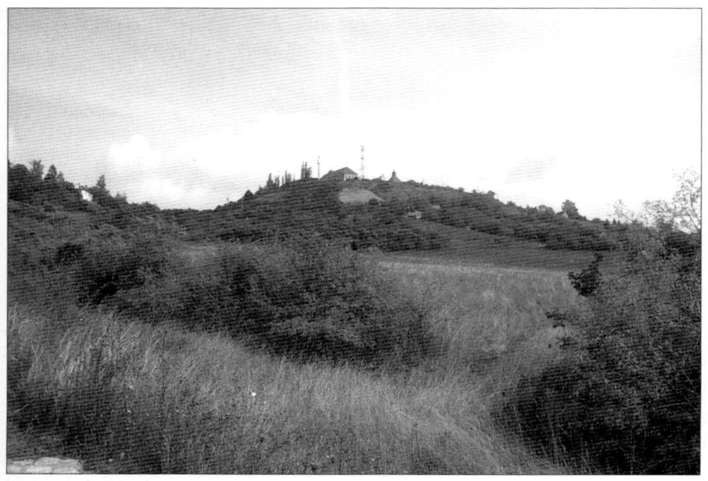

Blick zum Flugsportzentrum bei Dorndorf

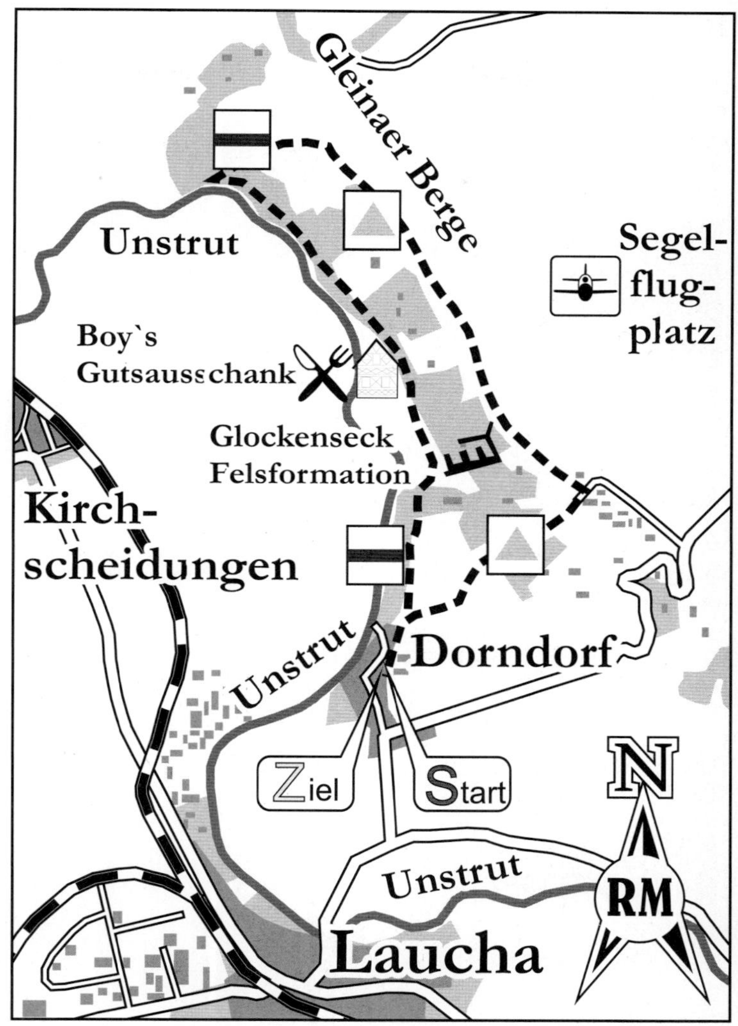

Wer zum 300 m entfernten Segelflugplatz Laucha möchte, sollte rechts abbiegen.

Auf unserem weiteren Weg tun sich herrliche Aussichten auf. So schweift der Blick über das Unstruttal hinweg im Nordosten zum Ziegelrodaer Forst und im Südwesten zu den Höhenzügen der Finne. Außerdem sind das Schloss von Burgscheidungen und die Stadt Laucha zu sehen.

Wir passieren das ***Naturschutzgebiet*** in den ***Gleinaer Bergen***. Nach weiteren 700 m erreichen wir eine Weggabelung. Nun führt unser Weg steil hinab ins Unstruttal.

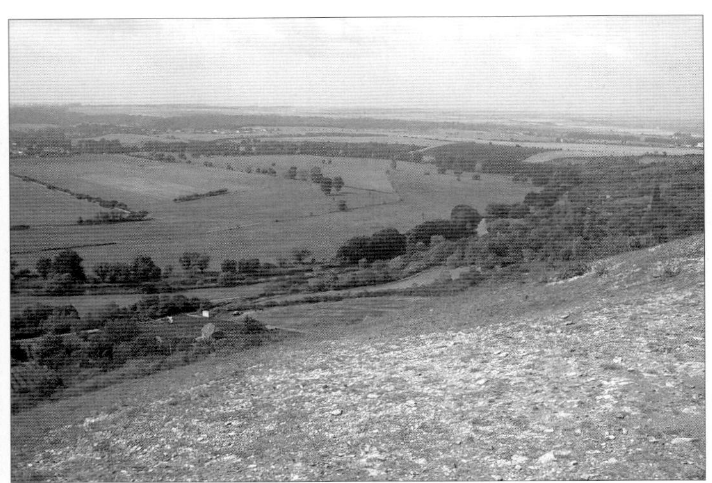

Blick ins Unstruttal von den Gleinaer Bergen

Wer die Tour mit dem Rad absolviert, sollte allerdings bei dieser steilen Abfahrt sehr vorsichtig sein, einige Schikanen erfordern plötzliches Bremsen.
Unten angekommen, steigen wir in den *Unstrut-Radweg* ein. Nach ca. 1,5 km erreichen wir den ***Geologischen Aufschluss Glockenseck***, wo wir wieder auf Tuchfühlung zur *Unstrut* geraten.
Die begleitet uns bis ***Dorndorf.***

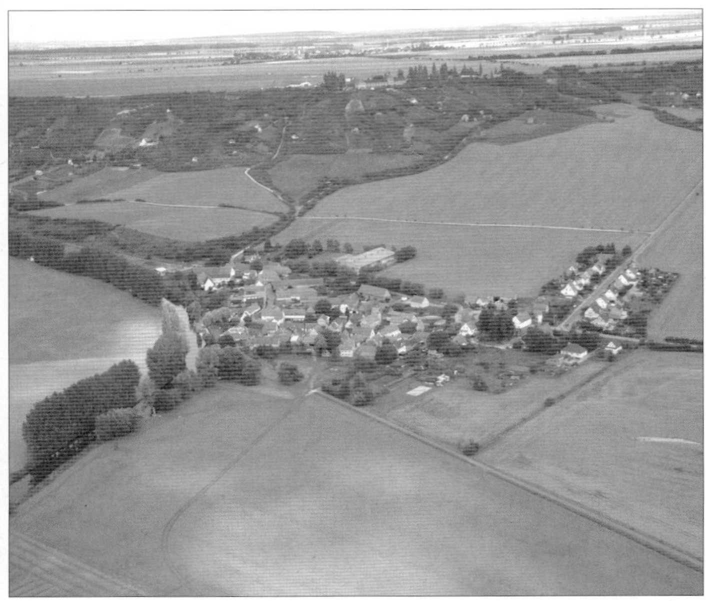

Blick auf Dorndorf.
Foto: Harald Rockstuhl aus dem „Unstrut-Luftbildatlas"

RW 21: Von Weischütz nach Zscheiplitz

(9 km)

Weischütz - Geschützter Biotop Schafberg (km 1,8) - Steinbruch - Kalkbrennofen (3,5) - Kloster und Gut Zscheiplitz (4) - Zscheiplitz, Dorfbrunnen - Geol. Aufschluss Zeddenbach - Mühle Zeddenbach (5,2) - Weischütz (9)

- **Höhenunterschiede:** 120 m, nur ein Anstieg von Weischütz nach Zscheiplitz, nicht für Radtour geeignet!
- **Gehzeit:** 3 h
- **Markierungen:** blauer Querbalken (Kyffhäuser-Feengrotten-Weg), weißes G auf grünem Grund (Geopfad Zescheiplitz, Piktogramm Unstrut-Radweg
- **Wanderkarten:** Nr. 1, 9, 11–12 (s. Aufstellung Wanderkarten)
- **Parkmöglichkeiten:** in Weischütz, Rastplatz an der Unstrutbrücke, Weingut Pawis in Zscheiplitz
- **Sehenswertes:** Weischütz, Schafberg, Stationen des Geopfades Zscheiplitz, Steinbruch mit hist. Kalkbrennofen, Zscheiplitz mit Kloster, Geol. Aufschluss Zeddenbach, Mühle Zeddenbach

Wissenswertes: Zscheiplitz wurde erstmals im Jahre 1085 urkundlich erwähnt. Die damalige Bezeichnung „Sciplice" lässt auf eine slawische Ortsgründung schließen. Von 1041 bis 1085 residierte in der Burg Weißenburg Pfalzgraf Friedrich III. von Sachsen. 1085 wurde er von drei Adligen ermordet. Adelheid, die Witwe Friedrichs, wandelte die Burg im Jahre 1089 in das Benediktinerinnenkloster St. Martini um. Die Klosterkirche aus dem 12. Jh., die bei dieser Wanderung passiert wird, ist das letzte Überbleibsel der einstigen Ära. Seit 1985 engagiert sich der Verein Klosterbrüder e. V. erfolgreich für die Rettung dieses Kleinodes. Vom Nonnenturm sind gute Ausblicke auf das Unstruttal mit Schloss Neuenburg sowie das Schloss Balgstädt möglich.
Hier befindet sich auch das Weingut Pawis (s. auch RW 22)
s.auch www.weinbauverband-saale-unstrut.de oder www.freyburg-info.de

Routenbeschreibung: Vom *Rastplatz* in ***Weischütz*** wandern wir dorfeinwärts (Markierung *blauer Querbalken*) und passieren dabei die offene *Dorfkirche* von Weischütz.

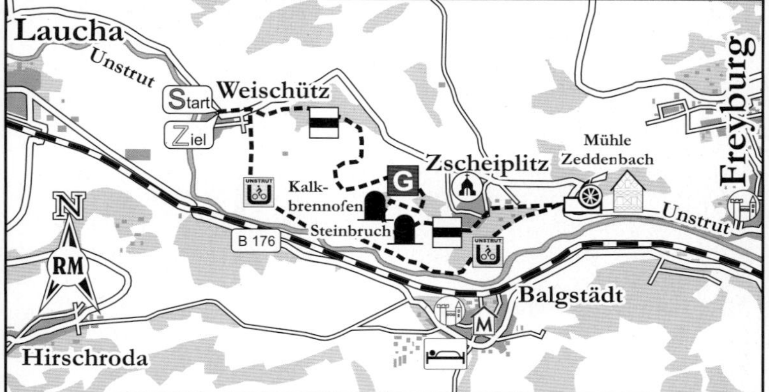

Unmittelbar vor dem *Ortsausgangsschild* Richtung Zscheiplitz trennen wir uns an einer *überdachten Sitzgruppe* vom Unstrut-Radweg und folgen weiterhin dem Feengrotten-Kyffhäuser-Weg.
Über den geradeaus führenden Feldweg nehmen wir den Aufstieg in Richtung Wald vor. An einer *Schranke* vorüber wird der Aufstieg fortgesetzt.
Kurz nachdem wir wieder aus dem Wald herausgetreten sind, gabeln sich die Wege (Wanderwegweiser). Wir nutzen halbrechts einen Schotterweg zum *Schafberg* hinauf.

Dabei können wir bereits zum Turm des Klosters Zscheiplitz blicken.

Nach ca. 300 m gabeln sich am ***Geschützten Biotop Schafberg*** die Wege. Wir halten uns rechts, auf dem Schotterweg bleibend.
Der Weg führt durch ein *Tannenwäldchen*. Nach Unterquerung von *Telegrafenleitungen* geht es zwischen Sträuchern hindurch. Dabei bleiben wir einige Zeit auf Tuchfühlung zu den Telegrafenleitungen.

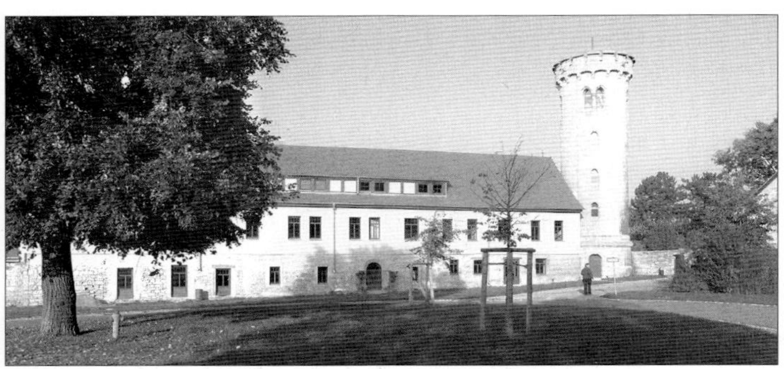

Zscheiplitz, Klostergelände

Vor uns sehen wir Freyburg und die über der Jahn-, Wein- und Sektstadt thronende Neuenburg.

Bei der nach 500 m folgenden Weggabelung mit Wanderwegweisern nutzen wir nun auch den rechts abbiegenden ***Geopfad Zscheiplitz***, der in den Wald hinein führt (s. auch RW 22).
Anschließend durchwandern wir das Gelände des ehemaligen Steinbruchs und gelangen zum ***Technischen Denkmal Kalkbrennofen.***

Nun geht es an der *Hangkante* weiter.

Ein Aussichtspunkt lädt zu einem Blick auf Balgstädt und Freyburg ein.

Wenig später erreichen wir das Gelände des Klosters Zscheiplitz am *Klostergarten*. Am *Grillplatz* vorüber nehmen wir den Abstieg in den Ort ***Zscheiplitz*** vor. Am *Dorfbrunnen* („*Am Kirschberg“)* geht es rechts bergab. Dabei passieren wir den ***Geologischen Aufschluss Zeddenbach.***
Anschließend unternehmen wir eien Abstecher zur Mühle Zeddenbach (s. auch Etappe 6). Von dort kann der Rückweg nach ***Weischütz*** über den gut beschilderten *Unstrut-Radweg* angetreten werden.

RW 22: Geopfad Zscheiplitz (5 km)

Mühle Zeddenbach - Geol. Aufschluss Zeddenbach - Zscheiplitz, Dorfbrunnen - Kloster Zscheiplitz (km 1,1) - Kalkbrennofen (1,8) - Steinbruch - Weingut Pawis (2,5) - Geol. Aufschluss Zeddenbach - Mühle Zeddenbach (4,6)

- **Höhenunterschiede:** 115 m, nicht für Radtour geeignet!
- **Gehzeit:** 2 h
- **Markierungen:** Geopfad, blauer Querbalken (Feengrotten-Kyffhäuser-Weg)
- **Parkmöglichkeiten:** Mühle Zeddenbach, Weingut Pawis
- **Wanderkarten:** Nr. 1, 11 und 12 (s. Aufstellung Wanderkarten)
- **Sehenswertes:** Mühle Zeddenbach, Kloster Zscheiplitz, Kalkbrennofen, Weingut Pawis mit Straußenwirtschaft, herrliche Aussichten

Wissenswertes: Der Geopfad Zscheiplitz ist knapp 5 km lang. Als Ausgangspunkt für diesen geologisch, botanisch und geschichtlich interessanten Weg eignen sich die Mühle Zeddenbach oder das Weingut Pawis in Zscheiplitz. Während dieser Wanderung werden alle Stationen dieses Geopfades tangiert. Startet man am Parkplatz vom Weingut Pawis verringert sich die Strecke auf 3 km.

Routenbeschreibung: Wir starten an der ***Mühle Zeddenbach*** (s. auch Etappe 6). Von dort biegen wir links in den Fußweg neben der *Straße „Schweigenberg"* ein. Nach weiteren 50 m erreichen wir an einer Infotafel einen Schotterweg, der uns nach ***Zscheiplitz*** hinauf führt (Wanderwegweiser Feengrotten-Kyffhäuser-Weg). Dabei passieren wir den ***Geologischen Aufschluss Zeddenbach*** (Infotafel).

Dieser Anstieg erfordert Kondition.

Wir erreichen den *Dorfbrunnen* von ***Zscheiplitz*** *„Am Kirschberg"*, wo wir unseren Aufstieg fortsetzen.
Am *Grillplatz* kreuzen sich die Wege (Wanderwegweiser).

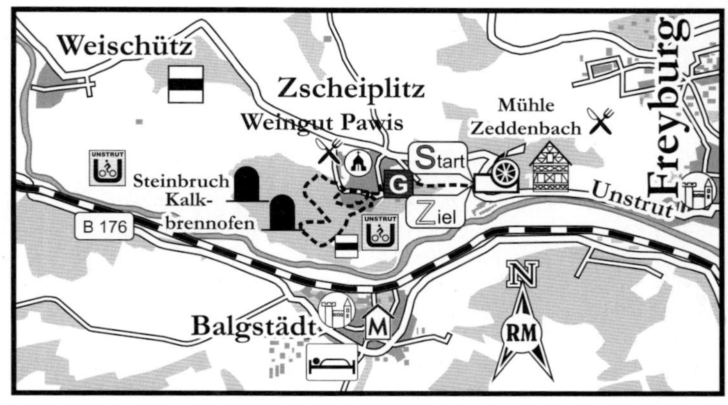

Hier haben wir einen Blick über Balgstädt mit seinem Schloss zum Rödel. Außerdem informiert eine Tafel über die Entwicklung der Zscheiplitzer Talung.

Wir folgen linksabbiegend den *Treppen* hinauf zum ***Kloster Zscheiplitz.***

Eine Infotafel und die Kanonen am Rastplatz erinnern an ein Rückzugsgefecht der Franzosen nach der verlorenen Völkerschlacht bei Leipzig im Jahre 1813.

Nun wandern wir links des *Klostergeländes* an der Hangkante entlang. Hinter einem *Rastplatz mit Aussichtspunkt* macht der Weg einen „Knicks".

Nun können wir unter uns den Verlauf der Unstrut und des dazugehörigen Radweges bis Laucha verfolgen.

Nach der *Station „Eis über dem Unstruttal"* erreichen wir das ***Technische Denkmal „Kalkbrennofen".***

Eine von mehreren Infotafeln informiert über die Entstehung des Kalksteins. Auf unserem weiteren Weg sehen wir beiderseits Reste des einstigen Steinbruchs. Die Natur hat sich das Gelände längst „zurückgeholt" und Bäume und Sträucher „angepflanzt".

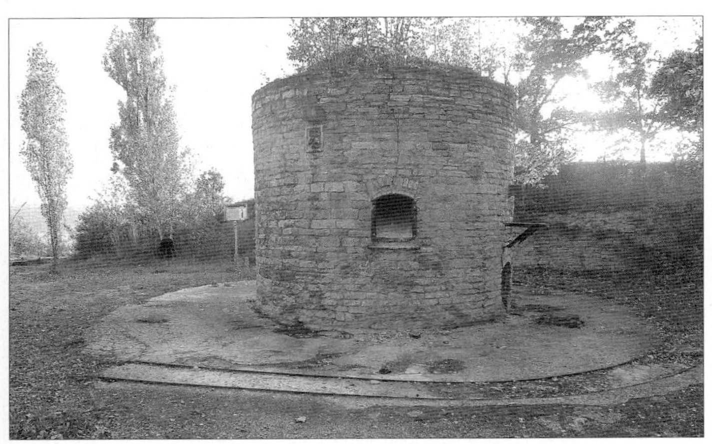

Kalkbrennofen bei Zscheiplitz

Nach weiteren 300 m halten wir uns an einem *Rondell* halblinks (**Wanderwegweiser Freyburg 3,5 km)**. An der nach weiteren 200 m folgenden Weggabelung schwenken wir rechts ein und verlassen nun den Feengrotten-Kyffhäuser-Weg.
Nun wandern wir auf das bereits sichtbare Zscheiplitz zu. Bei der nach 100 m folgenden Weggabelung folgen wir rechtsabbiegend einer Pflasterstraße, um auf das ***Weingut Pawis*** zuzugehen.

Am Feuerwehrdepot befindet sich auch der Parkplatz für die kürzere Drei-Kilometer-Variante. Schautafeln informieren über die Zscheiplitzer Talung sowie über ein Schaufenster ins Meer des Mittelalters.

Nach dem Besuch des Weingutes gehen wir rechts des Objektes und kommen an die *Infotafel „Kalkstein und Wein“.*

Diese informiert über die mehr als 1000-jährige Tradition des Weinanbaus in der Saale-Unstrut-Region und welche Rolle die Klöster und Mönche dabei spielten. Mit der Eröffnung des Weingutes Pawis im Jahe 2007 wurde die Weinbautradition auf dem Kloster Zscheiplitz wiederbelebt. Natürlich kann in einem Hofladen der edle Rebensaft gekauft werden. In den Monaten Mai sowie von August bis Oktober lädt eine Straußwirtschaft zum Verweilen auf dem historischen Gutsgelände ein.

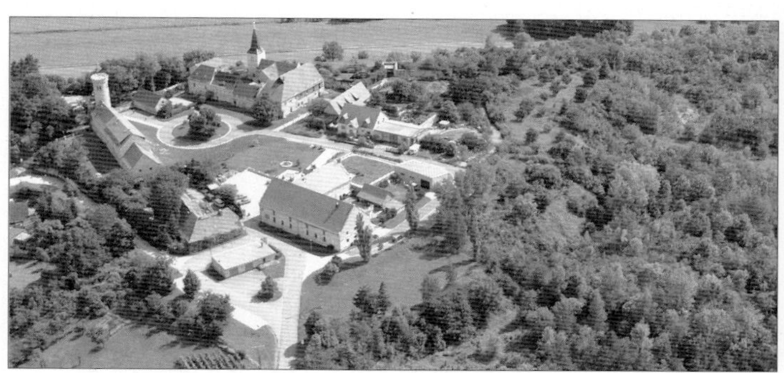

Zscheiplitz. Foto aus „Unstrut Luftbildatlas“ von Harald Rockstuhl

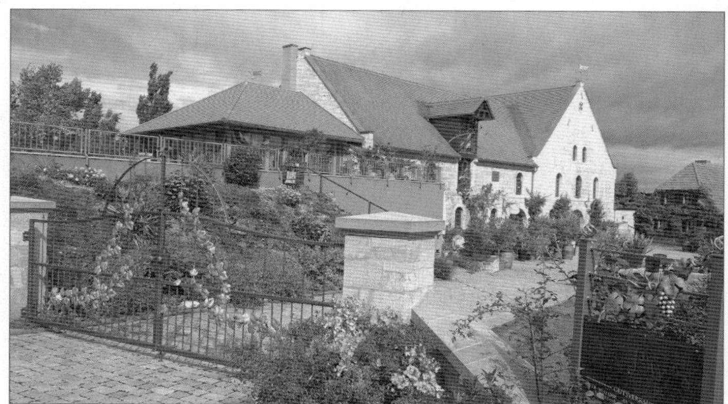

Weingut Pawis. Sammlung Bernard Pawis

Neben der *Klosterkirche* gelangen wir über *Treppen* zum ***Aussichtspunkt Nonnenturm***. Durch die *Klostermauer* kommt man wieder zu den *Treppen*, die zum *Grillplatz* hinab führen. Von dort nehmen wir bis zum Ausgangspunkt an der ***Mühle Zeddenbach*** den gleichen Weg, auf dem wir gekommen sind.

RW 23: Rund um den Blütengrund (10 km)

NMB-Henne - Unstrut-Radweg - Großjena, Blütengrund, Nordseite (km 1,4) - Steinernes Bilderbuch (1,9) - Max-Klinger-Gedächtnisstätte (2,3) - Kleinjena (2,7) - Roßbach (4,8) - Saale-Radweg - Blütengrund, Südseite (7,2) - NMB-Henne (10)

- **Höhenunterschiede:** 75 m, mit dem Fahrrad möglich
- **Gehzeit:** 3 h
- **Markierungen:** grüner Punkt, blauer Querbalken (Kyffhäuser-Feengrotten-Weg), Jakobsmuschel (Ökumenischer Pilgerpfad), Saale-Radweg, Unstrut-Radweg
- **Parkmöglichkeiten:** vor der Hennebrücke
- **Wanderkarten:** Nr. 11-12 (s. Aufstellung Wanderkarten)
- **Sehenswertes:** Naumburg, Blütengrund, Steinernes Bilderbuch

Wissenswertes: Obwohl erst 1176 urkundlich erwähnt, steht der Ort Kleinjena im Zusammenhang mit der Burg der Ekkehardiner. Diese wurde bereits um 1000 auf dem Kapellenberg errichtet. Die Anhöhe am westlichen Ufer der Unstrut kurz vor ihrer Mündung in die Saale war strategisch günstig. Dennoch wurde bereits im Jahre 1028 der Sitz nach Naumburg verlegt.
Die Kirche wurde erst zwischen 1837 und 1839 im neoromanischen Baustil errichtet.
s. auch www.naumburg.de

Routenbeschreibung: Wir starten in ***Naumburg-Henne*** an der *Brücke* und wandern in Richtung Blütengrund. Nach 400 m zeigt ein Radwanderwegweiser, dass hier der Unstrut-Radweg zu Ende ist. Für uns fängt er allerdings hier an. Wir folgen ihm bis zum Blütengrund, wo die Unstrut in die Saale mündet. Außerdem ist mit einem *grünen Punkt* markiert.

Am ***Blütengrund*** halten wir uns geradeaus. Nach ca. 500 m sind wir am ***Steinernen Bilderbuch***, wo wir uns nun zugleich auf dem *Ökumenischen Pilgerpfad* befinden.
Bei der ***Max-Klinger-Gedächtnisstätte***, kurz vor Großjena, steigen wir in den *Kyffhäuser-Feengrotten-Weg* ein. Nach 400 m wandern wir

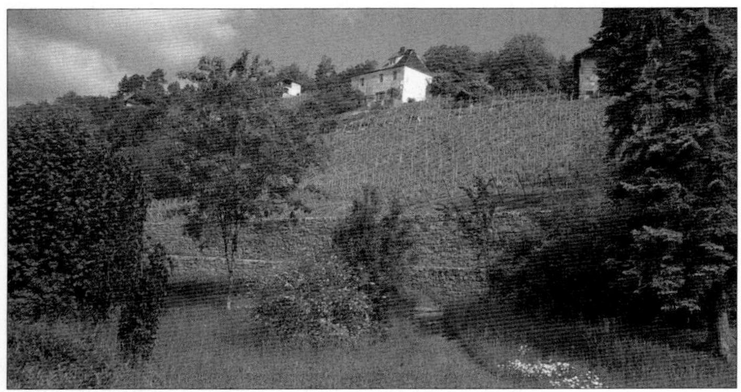

Weinhänge bei Naumburg-Henne

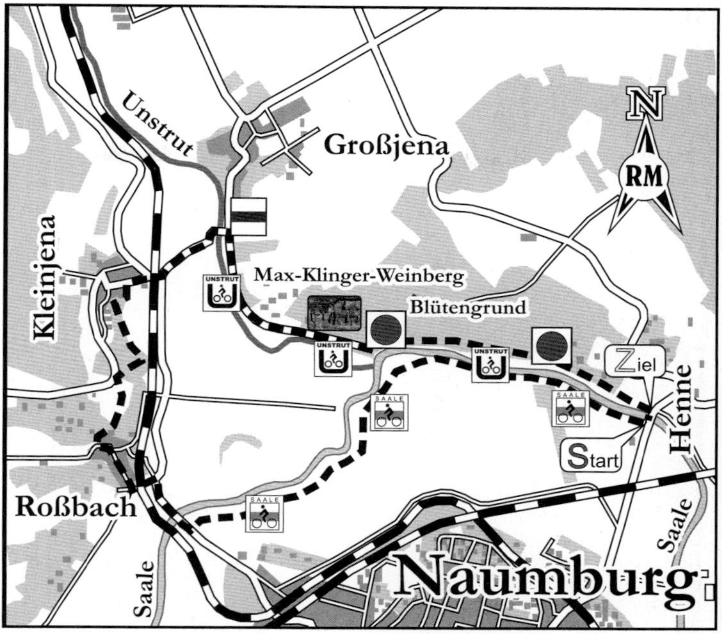

in ***Kleinjena*** links über die *Unstrutbrücke* und verlassen dabei den Unstrut-Radweg. Nun wandern wir für ca. 100 m auf der Straße, können dann aber hinter einer *überdachten Sitzgruppe* einen Radweg links neben der Straße nutzen. Vor dem *Bahnübergang* von Kleinjena führt linkerhand ein Radweg in das 1,5 km entfernte Roßbach.
Nach 1,4 km gabeln sich an einer *überdachten Sitzgruppe* die Wege. Wir bleiben geradeaus auf dem Radweg. Bei der nach 100 m folgenden Weggabelung ist links ein Abstecher zum Wasserschlösschen und zur Saalefähre möglich.
Nach 400 m kreuzen sich die Wege. Wir gehen rechterhand durch eine Obstplantage auf ***Roßbach*** zu.

Roßbach wurde 1196 erstmalig erwähnt. Bedeutend für die Entwicklung des Ortes war ein Rittergut, von dem 1256 ein Ritter Heinrich von Rospach namentlich genannt wird. 100 Jahre später wechselte das Rittergut den Besitzer. Es kam zum Kloster Pforta. Die Schutzmauern wurden niedergerissen. Die Mönche besaßen die Fischereirechte an der Saale zwischen dem Kösener Wehr und der Roßbacher Fähre. Nach Auflösung des Klosters Pforta fiel Roßbach als Amtsdorf an das Schulamt Pforta.
s. auch www.weindorf-rossbach.de

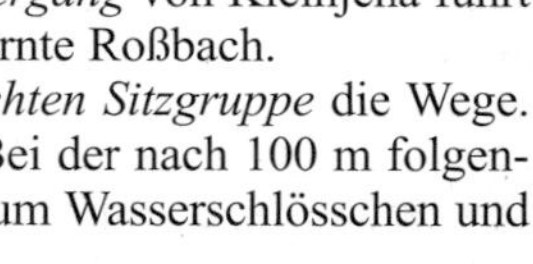

Nun schwenken wir in die *Eisleber Straße* links ein. Hinter der *Saalebrücke* betreten wir den *Saale-Radweg*. Nach etwa 1 km passieren wir das ***Wasserschlösschen***. Wenig später erreichen wir erneut den ***Blütengrund,*** diesmal von der Südseite.

Nun wandern wir für etwa 2,4 km „an der Saale hellem Strande" entlang und gelangen in ***Naumburg-Henne*** wieder zur *Brücke*.

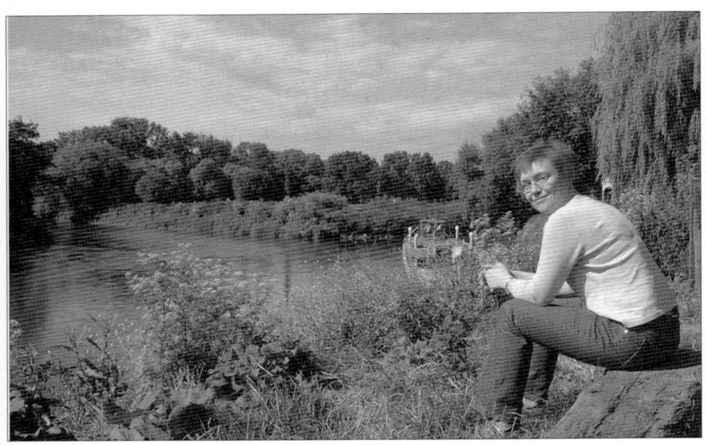

Am Blütengrund. Foto Harald Rockstuhl

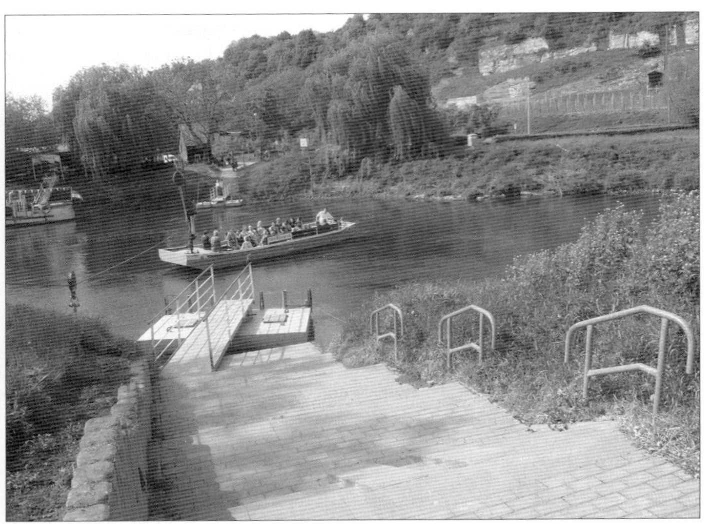

Blütengrund

Streckenwanderungen

SW 01: Durch den Mühlhäuser Stadtwald zur Erlebnis Draisine (24 km)

Mühlhausen - Schwanenteich (km 2,9) - Popperöder Quelle (3,9) - Weißes Haus (6,3) - Wendelhütte - Gerberbank (8) (Mammutbäume) - Haferecke (8,5) - Schäfersbrunnen (10,4) - Eigenrieden (11,4) - Eigenrieder Warte/Mühlhäuser Landgraben - Dörnaer Wald - Struth (14,2) - Briefträgerweg - Annaberg (16,5) - Kloster Zella (17,5) - Schutzhütte und AP „St. Florian" (22,3) - Lengenfeld unterm Stein (23,8) - Erlebnis Draisine (24,4)

- **Höhenunterschiede:** 450 m Anstiege, 390 m Abstiege, gute Kondition erforderlich, nicht für Radtour geeignet!
- **Gehzeit:** 7-8 h
- **Markierungen:** roter Punkt mit Buchenblatt (Zuweg Hainichlandweg), grünes Loccum-Zisterzienserkreuz (Klosterpfad Nordwest-Thüringen)
- **Parkmöglichkeiten:** MHL in Bahnhofsnähe
- **Wanderkarten:** Nr. 2-5 (s. Aufstellung Wanderkarten)
- **Sehenswertes:** MHL, Schwanenteich, Popperdöder Quelle, Mammutbäume, Eigenrieden, Mühlhäuser Landgraben, Struth, Kloster Zella, Lengenfeld unterm Stein mit Viadukt und Erlebnis Draisine

Wissenswertes: Idyllisch im Tal der Frieda liegt Lengenfeld unterm Stein. Sein Ortsname leitet sich von Lengenfeld unterm Bischofstein ab. Sehenswert ist die 1882 bis 1884 erbaute dreischiffige neugotische Hallenkirche „St. Mariä Geburt". Am Südeichsfelder Krippenweg gelegen, ist das Dorf zwischen Weihnachten und Ende Januar Anziehungspunkt für zahlreiche Besucher aus nah und fern. Wahrzeichen des Ortes sind neben dem Schloss Bischofstein der weithin sichtbare Eisenbahnviadukt der ehemaligen „Kanonenbahn".
Die Eisenbahnstrecke von Leinefelde über Geismar ins hessische Eschwege war die interessanteste und abwechslungsreichste des Eichsfeldes. Neben der herrlichen Landschaft des Südeichsfeldes machten die vielen Tunnel und Viadukte eine Fahrt auf diesem Abschnitt zu einem Erlebnis. Sie war Bestandteil der Eisenbahntrasse *Berlin - Wetzlar - Koblenz.* Im Volksmund wurde sie „Kanonenbahn" genannt, weil sie 1875, also kurz nach dem Deutsch-Französischen Krieg, hauptsächlich aus militärstrategischen Gründen gebaut wurde.
Die im Ergebnis des 2. Weltkrieges vollzogene Teilung Deutschlands wirkte sich auch auf diese Bahn aus. So verkehrten seit 1945 die Züge nur noch zwischen Leinefelde und Geismar. Seit Januar 1994 wurde zuerst der Zugverkehr auf dem Abschnitt zwischen Geismar und Küllstedt eingestellt, später der „Rest".
s. auch www. l-u-st.de oder www.lg-suedeichsfeld.de

Ein Erlebnis besonderer Art ist eine Fahrt mit der Fahrraddraisine auf der o. g. Kanonenbahn. Gleich hinter dem ehem. Bahnhof Lengenfeld unterm Stein führt die Fahrt über das 244 m lange und 23 m hohe Lengenfelder Viadukt. Diese Erlebnistour führt im großen Bogen um das Dorf Lengenfeld, vorbei am Schloss Bischofstein zum ersten Tunnel auf dieser Strecke. Nach weiteren 3 km wird der

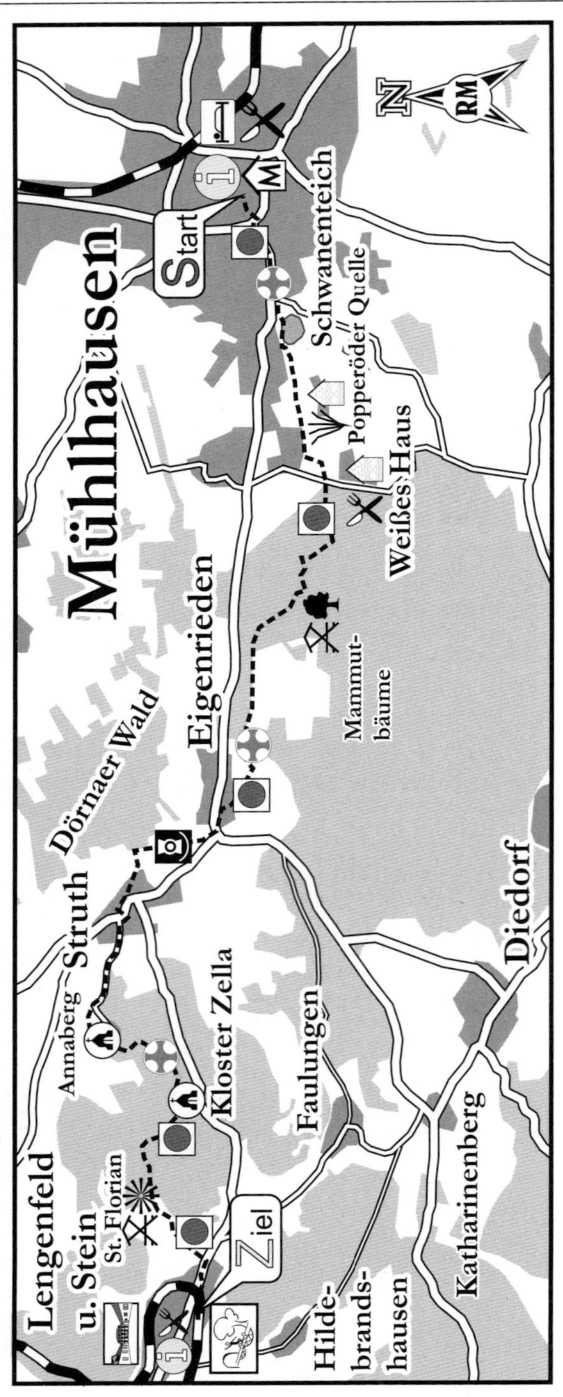
Mühlhausen
Start
Schwanenteich
Popperöder Quelle
Weißes Haus
Eigenrieden
Mammut-
bäume
Dörnaer Wald
Struth
Annaberg
Kloster Zella
Faulungen
Diedorf
Lengenfeld
u. Stein
St. Florian
Ziel
Hilde-
brands-
hausen
Katharinenberg
RM

ehem. HP Großbartloff erreicht. Bis zum Wendepunkt am ehem. Bf. Dingelstädt werden noch vier weitere Tunnel passiert und nach 18 km gewendet.
In der Hagemühle bei Lengenfeld lädt auch das Kanonenbahnmuseum zum Besuch ein.
s. auch www.erlebnis-draisine.de oder www.kjf-thueringen.de

Routenbeschreibung: Vom *Busbahnhof* ***Mühlhausen*** wandern wir über die *Burggalerie* zum *Steinweg*, wo wir rechts in diese beliebte Fußgängerzone einbiegen. Diese verlassen wir linksabbiegend durch die *Ratsgasse*. An einem *Biocafe* und der *Tourist-Information* vorüber gelangen wir zum *Rathaus*.
Hinter diesem altehrwürdigen Gebäude schwenken wir rechts in die *Felchtaer Straße* ein, die wenig später durch die *Wanfrieder Straße* abgelöst wird. Damit befinden wir uns auch auf dem *Barbarossaweg* (Markierung *weiße X8*). An der Kreuzung zur *Kasseler Straße* folgen wir der *Schwanenteichallee*. Über diese erreichen wir nach ca. 700 m den ***Schwanenteich***, dieses beliebte Naherholungsgebiet der Mühlhäuser.

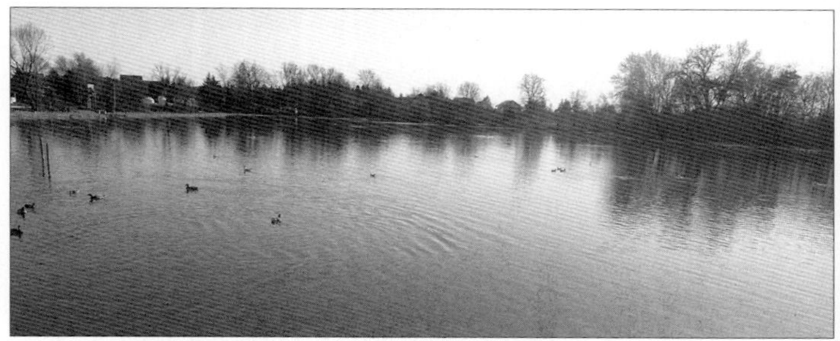

Kulturstätte Schwanenteich

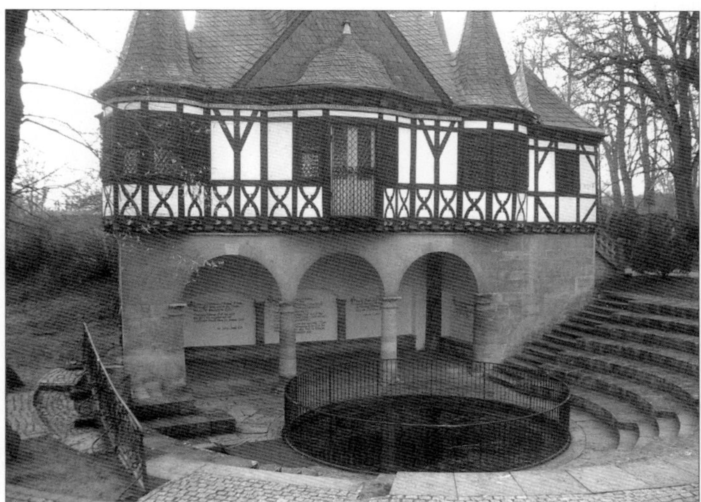

Popperöder Quelle

Wir bleiben geradeaus, bis wir nach etwa einem Kilometer zur ***Popperöder Quelle,*** einem weiteren Kleinod gelangen. Wir bleiben geradeaus und kommen nach etwa 1,5 km zur Wegkreuzung *„Am Stadtwald"*. Nun geht es durch den Wald zum ***Weißen Haus***, wo sich die Wege kreuzen und vielfältige Wandermöglichkeiten angezeigt werden.
Wir halten uns rechts.

Eine *Gedenkstele* informiert über die Zwangsarbeit von Frauen während der Zeit des Faschismus.

Nach 500 m lädt eine *überdachte Sitzgruppe* am *Diedorfer Stieg* zur Rast ein. Wir bleiben geradeaus und befinden uns zugleich auf dem *Eigenrieder Weg* und dem *Promenadenweg*. Bereits nach 250 m verlassen wir wieder den Diedorfer Stieg, indem wir geradeaus wandern.
Bei der nach 400 m folgenden Wegkreuzung queren wir eine Forststraße.

Hier befand sich einst der Rüstungsbetrieb, worauf eine Gedenktafel verweist.

Nach 300 m kreuzen sich am *Torfgrubenweg* erneut die Wege. Hier lädt die ***Wendelhütte*** zur Rast ein.

Der Postsekretär Heinrich Wendel war Gründungsmitglied des Waldvereins Mühlhausen und dessen erster Kassierer.

Wir nicht rasten möchte, lässt die Hütte links liegen. Bereits nach 20 m wandern wir halbrechts, auf dem Eigenrieder Weg bleibend (Markierung *weißes E)*.
Nach 300 m bietet die ***Gerberbank*** eine weitere Möglichkeit zum Rasten, wo auch ein Abstecher zu den ***Mammutbäumen*** führt.

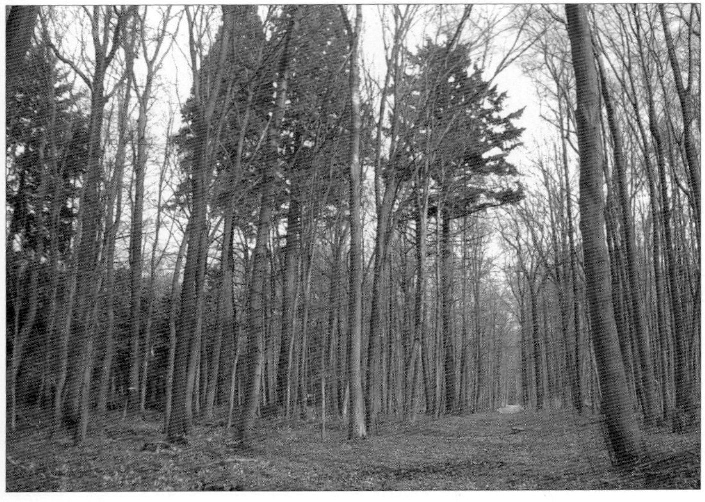

Mammutbäume

Der Pflanzgarten mit den Mammutbäumen und anderen ausländischen Bäumen wurde 1884 durch Oberförster Brehme errichtet. Sie erreichen in Nordamerika eine Höhe von 120 m. Die benachbarte Schutzhütte trägt den Namen Brehmes, der Ehrenmitglied des Waldvereines Mühlhausen war.

Wir bleiben geradeaus und gelangen nach 700 m zur Wegkreuzung und zum Rastplatz an der ***Haferecke.***
Nun biegen wir links in die *Rote-Haus-Chaussee* ein, um diese bereits nach 50 m wieder zu verlassen. Dabei schwenken wir rechts in einen schmalen Pfad ein.
Nach 600 m bietet sich eine weitere Rastmöglichkeit. An dieser Wegkreuzung (Wanderwegweiser) bleiben wir geradeaus und befinden uns parallel der *B 249*. Nachdem wir weitere 600 m zurückgelegt haben, passieren wir den ***„Holz-Brand“.***

Keine Angst! An dieser Stelle brennt keine Bank. Hier hat eine überdachte Sitzgruppe den Namen seines Sponsors, der Firma Holz-Brand aus Struth erhalten.
www.carl-brandt.de

Der Mühlhäuser Stadtwald wird nach etwa 450 m verlassen, wobei wir nun auf das „Höhendorf“ Eigenrieden blicken können.

An dieser Stelle befindet sich ein Grenzstein.

Wir bleiben geradeaus. Bei der nach 250 m folgenden Weggabelung wird ein Abstecher zum *Schäfersbrunnen* angeboten. Wir können nun den Aufstieg nach ***Eigenrieden*** vornehmen, das wir im *Unterdorf* erreichen.

Eigenrieden wurde erstmals 1246 im Urkundenbuch der Stadt Mühlhausen erwähnt. Sehenswert sind hier der Ortskern mit den denkmalgeschützten Häusern sowie die evangelische Kirche „St. Ulrich“. Das Dorf eignet sich gut als Ausgangspunkt für Wanderungen auf dem Mühlhäuser Landgraben (s. RW 03) und auf dem Hainich-Rennstieg.
s. auch www.rodeberg.de

Am *Anger* vorüber geht es ins *Oberdorf* und wenig später haben wir den *Wanderparkplatz* gegenüber der ***Eigenrieder Warte*** erreicht. Nach Überquerung der **stark befahrenen B 249** nutzen wir den ***Mühlhäuser Landgraben*** (*Weiße Mühlhause mit Grabenprofil).*

Hin und wieder tun sich Blicke auf Struth auf.

Im *Dörnaer Wald* führt ein Wanderwegweiser linksabbiegend aus dem Wald heraus. Dabei trennen wir uns vom Mühlhäuser Landgraben und wandern auf ***Struth*** zu.

Struth wird erstmals 1125 urkundlich erwähnt (Dobenecker-Verzeichnis). Am 17. Oktober 1273 verkaufte es Heinrich von Treffurt an das Kloster Zella. Der Kaufpreis betrug 24 Mark Silber. Die Untergerichtsbarkeit über den Ort übte seit dem 16. Jh. ebenfalls das Kloster Zella aus, während für Kriminalsachen das Amt Gleichenstein zuständig war.
In der Gemarkung von Struth befindet sich mit dem Rain (516 m NN) die höchstgelegene Erhebung des Unstrut-Hainich-Kreises (UH).

Große Teile des Ortes wurden durch Kampfhandlungen zum Ende des 2. Weltkrieges zerstört.
s. auch www.rodeberg.de

Den Ort erreichen wir beim *Feuerwehrgebäude.* Über den *Kirchberg* und die *Oststraße* wandern wir dorfeinwärts. In die Chaussee nach Eigenrieden biegen wir links ein und folgen wenig später der *Annaberger Straße.*

Damit befinden wir uns auf dem Briefträgerweg.
Den Namen verdankt die ehem. Wallfahrtstsätte der hl. Anna. Das Gnadenbild der heiligen Anna wurde in einer schönen Kapelle aufbewahrt und verehrt. Nach der Auflösung des Zisterzienserinnenklosters Zella 1810 musste das Gnadenbild nach Struth übertragen werden, weil die Gutsbesitzer die großen Prozessionen untersagten. Schließlich wurde 1870 auch die Kapelle abgerissen.
Nun findet aber alljährlich am 26. Juni wieder ein Annentag statt. Das Gemeindefest auf der Festwiese Annaberg ist wieder zu einer festen Tradition geworden. Damit ehren nicht nur die Bewohner von Annaberg, sondern auch zahlreiche Besucher aus Ortschaften der Umgebung noch heute die hl. Anna.
s. auch www.rodeberg.de

In ***Annaberg*** geht es hinter den letzten Häusern links steil bergab. **Auf diesem schmalen Pfad ist Trittsicherheit erforderlich**. Unten angekommen, wird der Weg breiter und befestigter.
Nach wenigen Minuten erreichen wir das bereits durch die Bäume schimmernde ***Kloster Zella.***

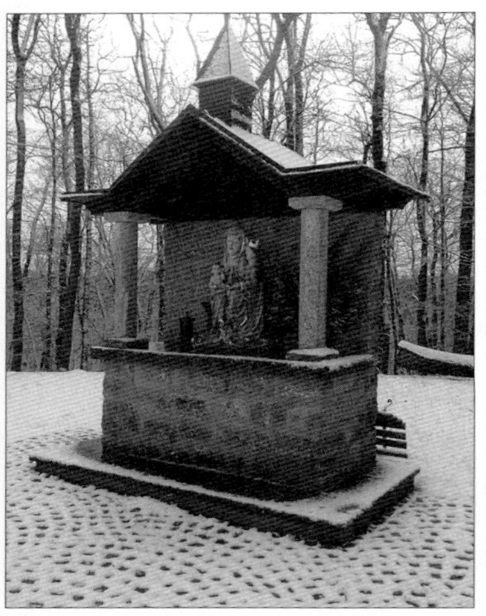

Bildstock in Annaberg

Nachdem es um 1130 als Doppelkloster gegründet worden war, wird es ab 1230 als Benediktinerinnenkloster geführt. Im Bauernkrieg 1525 und im Dreißigjährigen Krieg zerstört, wurde es wieder bezogen. 1622 wurde in Fulda ein Tochterkloster geweiht. Nach Aufhebung des Klosters im Jahre 1810 wurde es Privatbesitz. Seit 1948 wird es als Altersheim der ev. Kirchenprovinz Sachsen genutzt.
In der Nähe des Klosters entspringt das Flüsschen Frieda.
s. auch www.kloster-zella.de

Um unsere Wanderung fortzusetzen, gehen wir am *Klostergebäude* vorüber. Nach ca. 800 m gabeln sich die Wege. Wir halten uns links und wandern auf einem schmalen Pfad bergab. Bei der nach ca. 70 m folgenden Wegkreuzung bleiben wir geradeaus.
Nach 400 m kreuzen sich an einer *Lichtung* die Wege (Wanderwegweiser). Nun steigen wir in den geradeaus führenden *Naturparkwanderweg* ein.

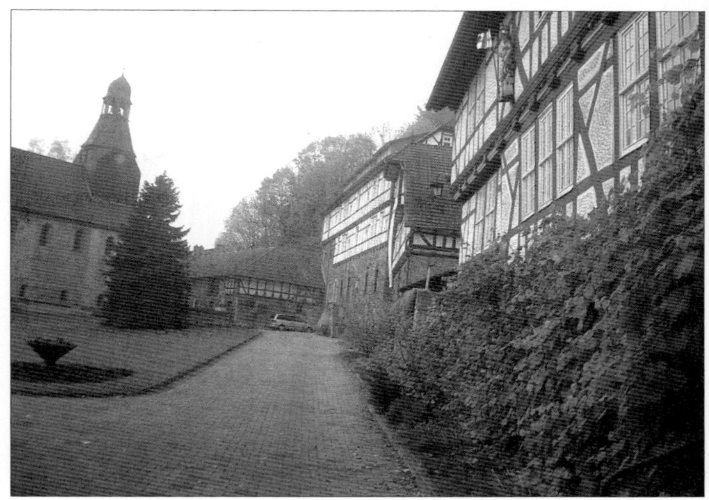

Kloster Zella

Bei den beiden nächsten Weggabelungen halten wir uns geradeaus. Unterhalb des ***Kälberberges*** gabeln sich die Wege. Nun geht es halblinks bergab. Bereits nach 300 m folgt die nächste Weggabelung. Wir halten uns erneut halblinks. Während wir den steilen Abstieg vornehmen, können wir durch die Bäume auf Lengenfeld blicken. Bei der nächsten Wegkreuzung mit Wanderwegweisern führt der Weg linksabbiegend am Waldrand mit einigen Ausblicken entlang.
Nach weiteren 1,2 km erreichen wir den ***AP Sankt Florian,*** wo es sich gut rasten lässt.

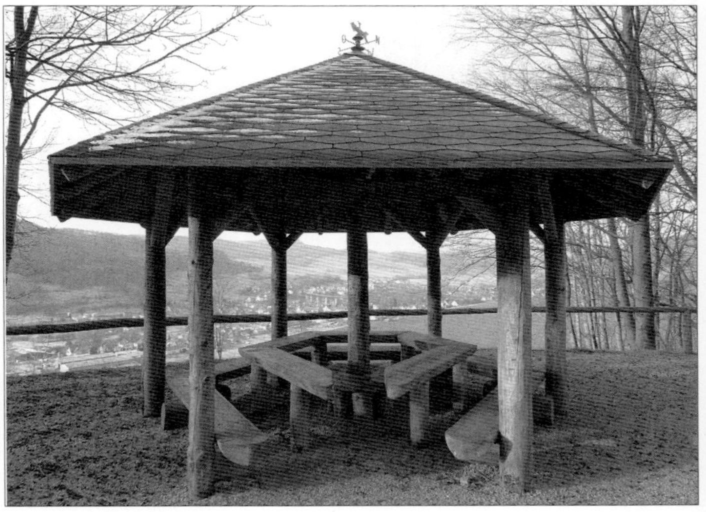

Rastplatz St. Florian

Die Schutzhütte wurde im Jahre 2005 von den Kameraden der FFw Lengenfeld unterm Stein errichtet. Sie bietet hervorragende Ausblicke auf Lengenfeld mit seinem Viadukt und sämtliche den Ort umrahmenden 400er Berge.

Der Weg führt nun bergab. Wir treten aus dem Wald heraus und können auf das längst sichtbare ***Lengenfeld unterm Stein*** zugehen.

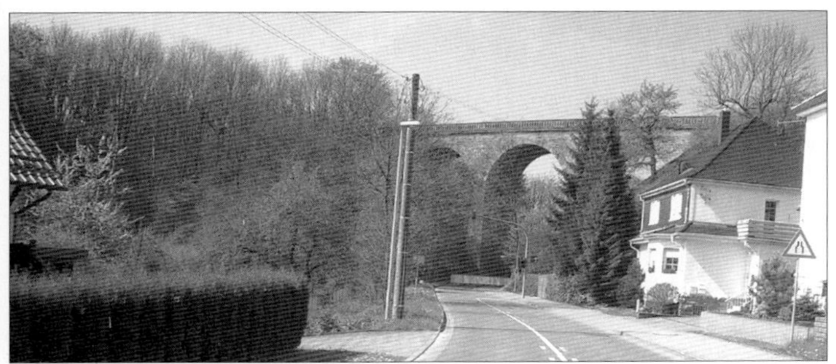

Viadukt der einstigen Kanonenbahn in Lengenfeld unterm Stein

Wir erreichen den Ort am *Schafhof,* wo wir uns geradeaus halten. Am *Kinderspielplatz* geht es links ab. An einem *Kruzifix* bietet sich die Möglichkeit zum Rasten. Wir unterqueren den *Viadukt* der legendären Kanonenbahn und wandern zur *Hauptstraße*. Nach deren Querung folgen wir der *Bahnhofstraße* bis wir in unmittelbarer Nähe des Geländes der ***Erlebnis-Draisine*** sind.

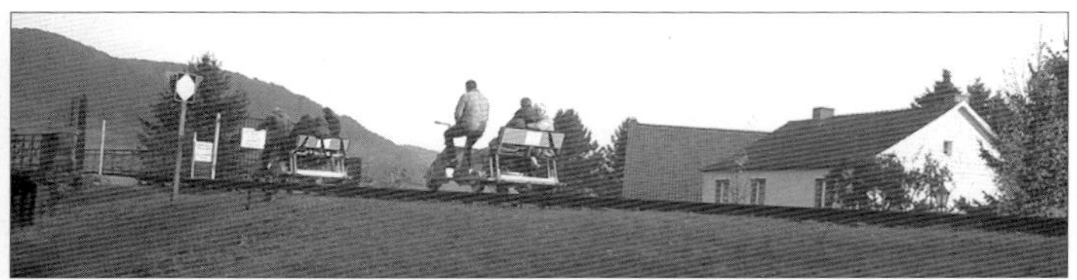

Erlebnis-Draisine in Lengenfeld unterm Stein.

SW 02: Mühlhausen – Kloster Volkenroda

(12 km)

MHL - Görmar (km 2,5) - NSG „Grabsche Berge“ (7,2) - NSG „Birntal“ - Grabe (8,5) - Eselsstieg - Kloster Volkenroda (12,1)

- **Höhenunterschiede:** 100 m Anstiege, 25 m Abstiege
- **Gehzeit:** 4 h
- **Markierungen:** dunkelblaues Loccum-Zisterzienserkreuz (Pilgerweg Loccum-Volkenroda), grüner Querbalken (Unstrut-Wanderweg), grünes Andreaskreuz
- **Parkmöglichkeiten:** MHL in Bahnhofsnähe
- **Wanderkarten:** Nr. 2, 3, 5 (s. Aufstellung Wanderkarten)
- **Sehenswertes:** Mühlhausen, Kirche in Görmar, NSG Grabsche Berge und Birntal, Kloster Volkenroda

Wissenswertes: Volkenroda, am Rande des LSG „Volkenrodaer Wald“ gelegen, blickt auf eine lange und bedeutsame Geschichte zurück. Schon in vorchristlicher Zeit war die Gegend besiedelt. Davon zeugen noch heute grubenartige Vertiefungen im Wald und die 1000-jährige Königseiche, die von einem einst heiligen Hain kündet.
Zum Kloster gehörte eine Teichanlage, die zur Fischzucht genutzt wurde. Schnell gelangte das Kloster zu Ansehen und Reichtum. Von Volkenroda aus wurden vier weitere Klöster gegründet, so auch das Kloster Loccum im Jahre 1163 sowie das Kloster Waldsassen 1133.
Allerdings verfiel das Kloster allmählich. Während des Bauernkrieges wurde es zerstört.
Seit 1990 werden große Anstrengungen beim Wiederaufbau unternommen. Die klösterliche Grundregel „ora et labora“ vom gemeinsamen Beten und Arbeiten prägt den täglichen Lebensrhythmus. Dabei wird auch wieder mit regelmäßigen

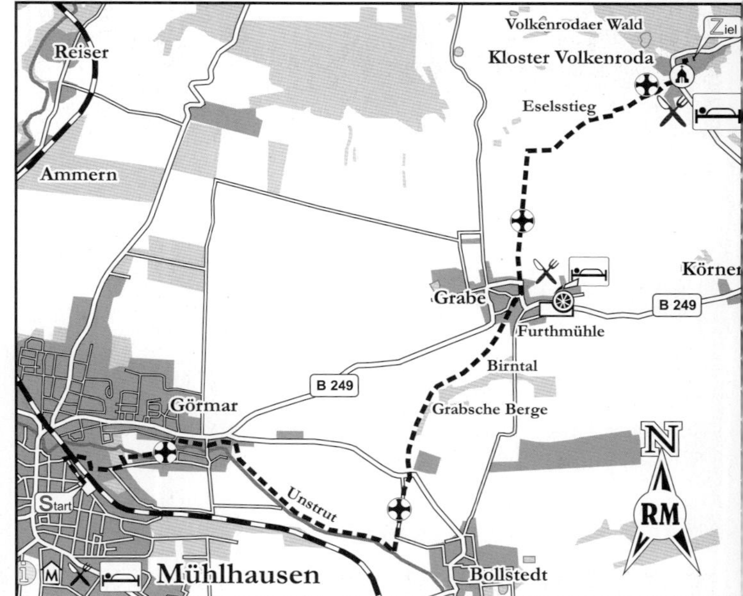

Konzerten an das reichhaltige kulturelle Schaffen vergangener Zeiten angeknüpft. Ein Kleinod ist der Christuspavillon.
Volkenroda ist Ausgangs - bzw. Endpunkt mehrerer Pilgerwege. Dazu zählen der ca. 300 km lange Pilgerweg Loccum-Volkenroda, der Pilgerweg Via Porta nach Waldsassen sowie der Jodokusweg.
Am ersten Samstag von März bis Dezember ist das Kloster Volkenroda Gastgeber eines Regionalen Bauenmarktes.
s. auch www.kloster-volkenroda.de

Routenbeschreibung: Vom Bahnhof in Mühlhausen bis zur Fachwerkkirche „St. Martin“ in Görmar können wir der Beschreibung von Etappe 2 folgen.
Dann trennen wir uns von dem neben der Straße führenden Unstrut-Radweg und folgen dem Pilgerweg Loccum-Volkenroda sowie dem Unstrut-Wanderweg.

Nach ca. 200 m kreuzen sich die Wege. Wir wandern nun für ca. 1,6 km neben der *Unstrut* entlang. Vor einem Damm geht es schließlich links ab. Somit trennen wir uns nun von der Unstrut und den dazugehörigen Wanderweg mit dem grünen Querbalken. Nach weiteren 300 m überqueren wir die *Notterbrücke*. Dann wandern wir rechts der *Notter*.

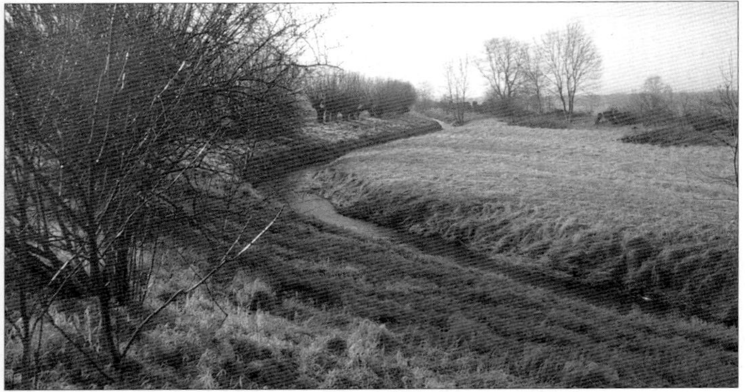

Notter bei Bollstedt

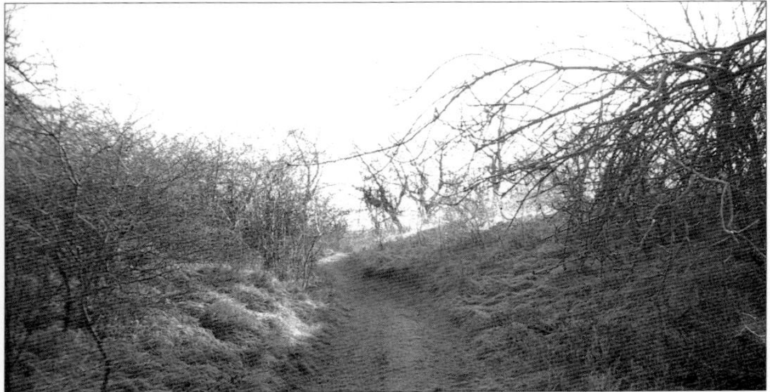

Naturschutzgebiet Grabsche Berge

Bei einer *Diskothek* überqueren wir die *Straße Görmar-Bollstedt.* Ein Feldweg führt parallel der *Bahnschienen* leicht bergan. Nach ca. 500 m trennen wir uns von den Bahnschienen und durchwandern das ***NSG „Grabsche Berge“*** mit seinen Obstplantagen.

Oben angekommen, schweift der Blick über Grabe hinweg zum Volkenrodaer Wald und zur Mühlhäuser Hardt.

Nach weiteren 400 m gabeln sich die Wege und wir können linkerhand auf Grabe hinabgehen. Dabei passieren wir mit dem ***Birntal*** ein weiteres *Naturschutzgebiet.*

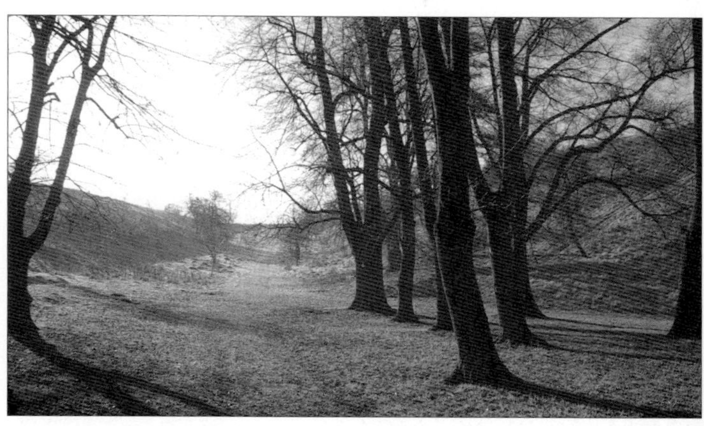

Das Birntal bei Grabe

Bei der Wegkreuzung am *Agrarhandel Grabe* biegen wir links ab. ***Grabe*** erreichen wir über die von Bollstedt kommende Straße *(s. Unstrut-Werra-Radweg, Etappe 2).*

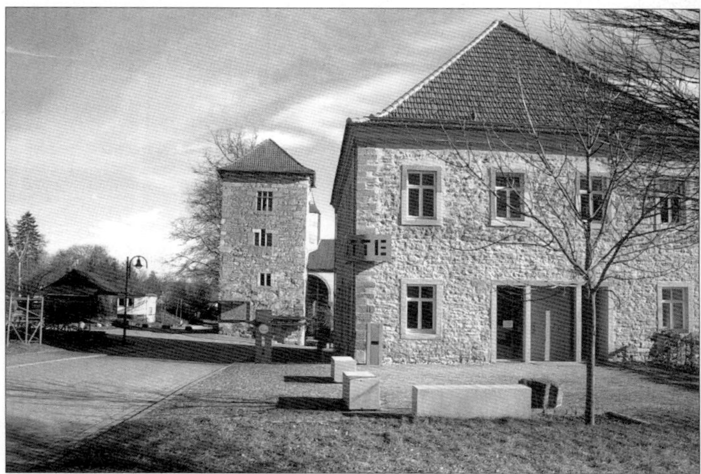

Kloster Volkenroda

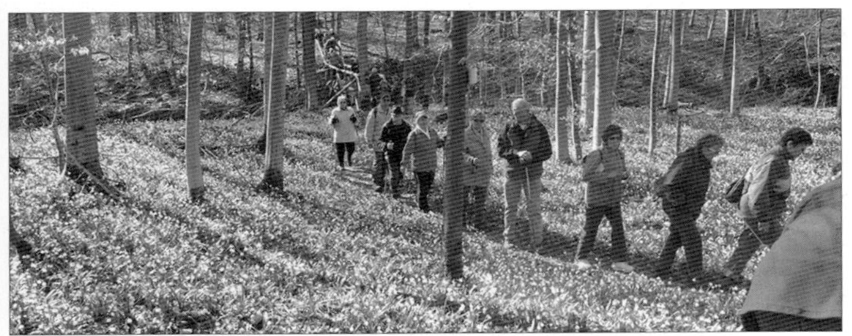

Seniorenwandergruppe Sollstedt zur Märzenbecherwanderung im Volkenrodaer Wald

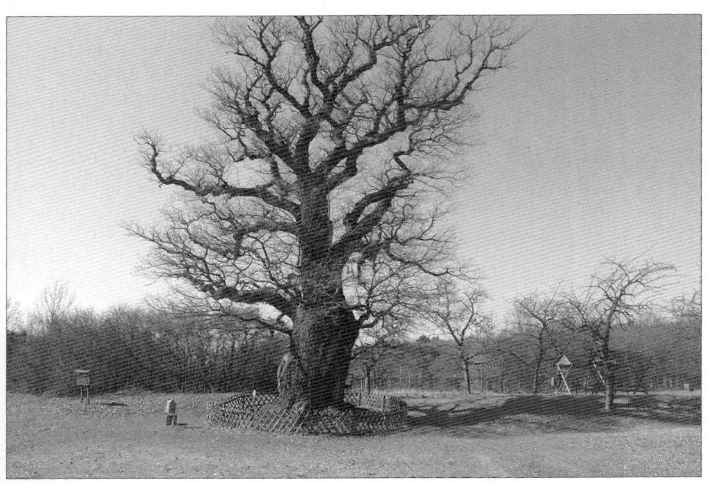

Volkenroda, Königseiche

Vom Ortseingang wenden wir uns dem *Unterdorf* zu, das wir an der *B 249* erreichen. Vor dieser **stark befahrenen Bundesstraße** schwenken wir links in Richtung Mühlhausen ein. Nach ca. 200 m verlassen wir die Straße und biegen beim *FFw-Gebäude* in den *Eselsstieg* ein (Markierung *grünes Andreaskreuz*).

Der Eselstieg diente einst als Transportweg für Korn und Mehl zwischen Grabe und dem Kloster Volkenroda.

Auf der Anhöhe können wir auf das Ziel unserer Pilgeretappe blicken. Nach weiteren 300 m gabeln sich die Wege. Enstprechend des Wanderwegweisers schwenken wir rechts ein.

In ***Volkenroda*** überqueren wir die *Körnersche Straße* und erreichen mit dem Gelände des ***Klosters*** das Ziel unserer Wanderung und somit das Ende oder den Anfang des *Pilgerweges Loccum-Volkenroda.*

SW 03: Zum Baumkronenpfad im Nationalpark Hainich (16 km)

Bad Langensalza - Ufhoven (km 1) - Unterer und Oberer Golk (3,2) - Schutzhütte „Salzablick“ (8) - Harth-Haus (8,5) - Damhirschgehege - Binsenteich (11,7) - Netzbornholz - Thiemsburg mit Baumkronenpfad (15,8)

- **Höhenunterschiede:** 285 m Anstiege und 130 m Abstiege, gute Kondition erforderlich, nicht für Radtour zu empfehlen!
- **Gehzeit:** 8 h
- **Markierungen:** Zuweg Hainichlandweg (roter Punkt), außerdem: rotes Quadrat (FHH-Weg), Waagebalkenweg
- **Parkmöglichkeiten:** Bad Langensalza: Jahnstraße
- **Wanderkarten:** Nr. 2-6 (s. u. Wanderkarten)
- **Sehenswertes:** Bad Langensalza, Harth-Haus, Binsenteich, Thiemsburg mit Baumkronenpad und Nationalparkzentrum

Wissenswertes:
Zu einem beliebten Ausflugsziel, auch über die Grenzen des Hainichs hinaus, hat sich die Thiemsburg gemausert. Wie es der Name sagt, hat sie ihren Ursprung in einer Burganlage. Laut einer Bestätigungsurkunde aus dem Jahre 1143 erwarb Abt Thiemo vom Kloster Homburg die „Diemarsburg“. Drohte Gefahr, zogen sich die Bewohner der umliegenden Dörfer mit ihrem Vieh auf die von Gräben umgebenen Bergeplätze zurück.
Die zunehmende Zahl der Musik- und Tanzveranstaltungen im Forsthaus ist ein Zeichen dafür, dass sich die Thiemsburg wieder wie früher zu einem kulturellen Zentrum entwickelt.
Zum Ensemble der Thiemsburg gehören das Nationalparkzentrum, Baumhaus, ein Kinderspielplatz, ein Restaurant und eine Herberge mit Fahrradverleih.
Ein Besuch lohnt sich in der Ausstellung „Entdecke die Geheimnisse des Hainich“ im Nationalparkzentrum Thiemsburg, die das Motto des Nationalparks „Natur Natur sein lassen“ verdeutlicht. Im ersten Ausstellungsraum lassen großformatige, die ganze Wand einnehmende Bilder die besondere Schönheit der Buchenwälder des Hainich erleben und machen bekannt mit einigen seiner interessanten Bewohner. In der Mitte des Raumes wird ein Kurzfilm über die Wildkatze und deren Lebensraum gezeigt. Natürlich steht auch die Buche im Mittelpunkt der Ausstellung.
Um Kinder mit einzubeziehen und für Belange des Naturschutzes zu sensibilisieren, wurde eine Bastel-, Spiel und Experimentierplattform geschaffen. Besonders bei den kleinen Wanderern beliebt ist der Waldspielplatz neben der Gaststätte. Außerdem können im Nationalparkzentrum Eintrittskarten für den Baumkronenpfad erworben werden. Sachkundige Ranger informieren über den Nationalpark und die Vielfalt der Wandermöglichkeiten.
Unmittelbar neben dem Nationalparkzentrum befindet sich die jüngste Attraktion, die 2016 errichtete Baumwurzelhöhle. Hier können sich die Besucher über das Leben im und unter dem Boden informieren. Dabei werden sie mit Modellen, Projektionen und Animationen unter die Erde geführt. Auf diese Weise erfährt man, wer und was alles so im Boden lebt.
Der Baumkronenpfad besteht aus zwei Hauptbestandteilen, einem Baumturm und dem Weg durch die Baumwipfel. Der über die Baumkronen ragende Baumturm erreicht mit seinem Baumhaus und seiner offenen Plattform eine Höhe von 44 m. Ein außenanliegender Treppenaufgang ermöglicht die Besteigung des Turms. Auf drei innerhalb des Turmes liegenden Stockwerken kann man sich über Umweltschutz-Themen informieren.

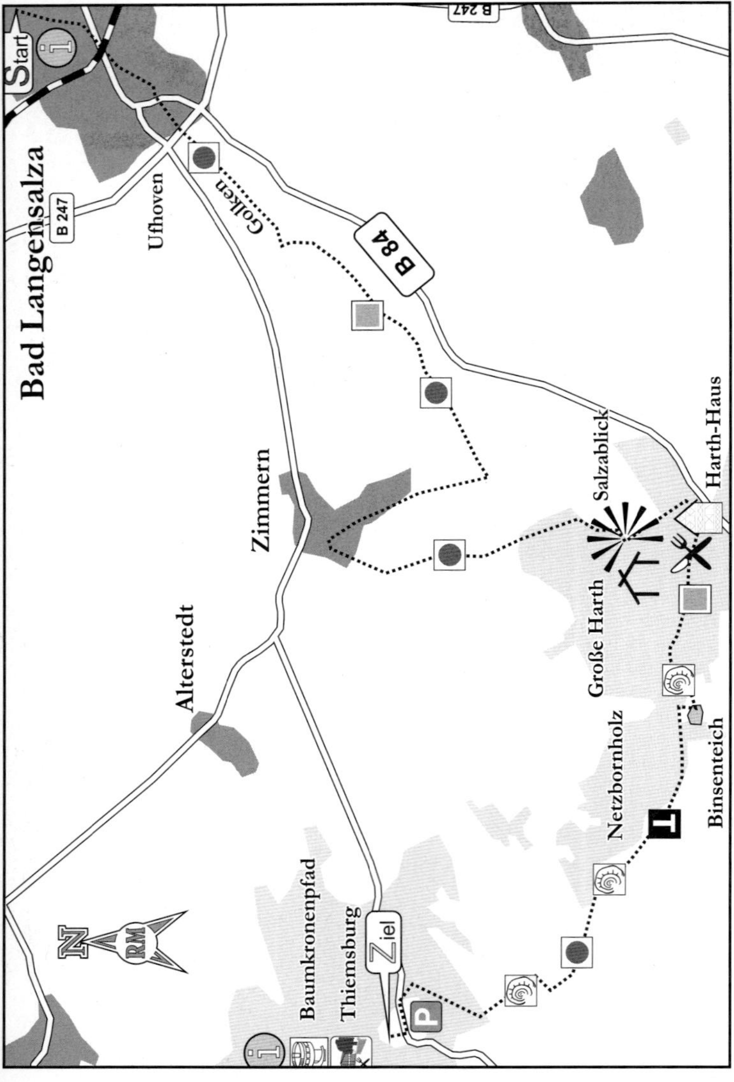

Der eigentliche Pfad mit seinen 530 Meter Länge beginnt auf einer Höhe von 10 Metern. In zwei weiten Bögen mit mehreren Erlebnis- und Informationsplattformen läuft man zunächst um den Turm herum und kommt in 21 m Höhe wieder an. Die Informationen zu Bäumen, Spechten, Forschung usw. sind so formuliert, dass sie auch für Kinder und Jugendliche verständlich sind. Von den Heranwachsenden gut angenommen werden auch die wackligen Hängebrücken, auf denen sie ihre Kletter- und Balancierkünste ausprobieren können.
Ein Aufzug ermöglicht Barrierefreiheit. So ist es möglich, dass Behinderte, Kinderwagenfahrer und Rollstuhlfahrer den Baumkronenpfad besichtigen können.
s. auch www.nationalpark-hainich.de

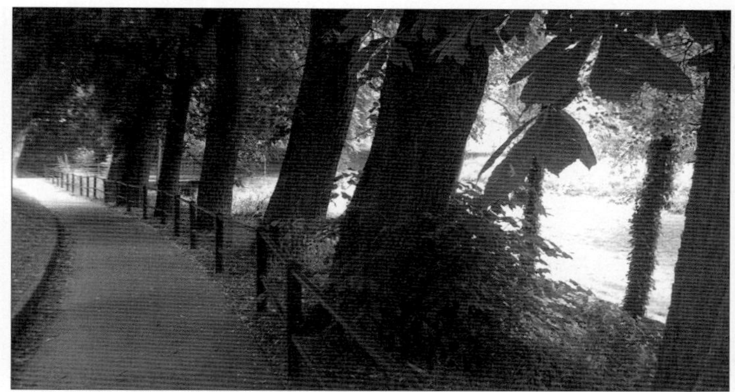

Bad Langensalza, Seufzerallee

Routenbeschreibung: Wir starten in ***Bad Langensalza*** in der *Jahnstraße.* An der *alten Stadtmauer* entlang kommen wir zum *Schanzturm,* von wo wir in die *Schillerstraße* einbiegen, die zur *Seufzerallee* führt.

Wir folgen der *Poststraße* in Richtung ***Ufhoven***, das wir mit Unterquerung einer *Eisenbahnbrücke* erreicht haben. Beim *Thomas-Müntzer-Platz* biegen wir links ein, um an der *Salza* entlang zu wandern. Hier setzt die Markierung mit dem *roten Quadrat (Fahner Höhe - Hainich - Weg*) ein. Beim *Erbsbrunnen* geht es rechts über die *Salzabrücke* und dann links durch die *Dammtorstraße.*

Nach ca. 700 m überqueren wir rechts abbiegend das *Wehrbrückchen* und wandern rechts der Salza entlang, bis wir die beiden *Erdfälle* namens ***„Golken"*** erreichen.

Die Golken befinden sich im Naturschutzgebiet „Zimmerbach-Hellerbachtal". Zum Erhalt dieser Naturschönheiten, dürfen die befestigten Wege nicht verlassen werden. Die erste urkundliche Erwähnung der Erdfälle erfolgte 1537. 1821 wurde der Obere Golk vom Bodenschlamm gereinigt und mit einem Erdwall umgeben. Der Quelltrichter hat einen kreisförmigen Umfang und die größte Tiefe liegt bei ca. 3 m. Der 8 m tiefe Untere Golk ist ungleichförmig und nicht zugänglich. Das Gebiet der Golken ist bedeutsam für die Trinkwasserversorgung und Naherholung der Stadt Bad Langensalza sowie den Arten- und Biotopschutz.
s. auch www.naturpark-ehw.de oder www.badlangensalza.de

Nach 200 m überqueren wir den *Zimmerbach.* Der Weg führt nun allmählich bergan in Richtung Harth. Bei der nach ca. 2 km folgenden Weggabelung überqueren wir die Brücke des *Hellerbachs* und wandern durch eine Obstplantage.

Nach ca. 1 km erreichen wir eine Wegkreuzung. Wir schwenken links in einen *Wirtschaftsweg* ein.

Rechtsabbiegend zeigt ein Wanderwegweiser nach Zimmern (1,6 km).

Nachdem wir ca. 500 m zurückgelegt haben, gabeln sich die Wege. Wir halten uns rechts und wandern Richtung Wald (Große Harth). Anschließend geht es linkssabiegend am Waldrand entlang.

Mit der ***Schutzhütte „Salzablick“*** erreichen wir einen Rastplatz mit Ausblick.

An dieser Stelle hat man einen herrlichen Ausblick über die Stadt Bad Langensalza und das Unstruttal hinweg bis zu den Höhenzügen des Dün im Eichsfeld.

Der Weg führt nun durch den Wald zum ***Harth-Haus***, das nach ca. 500 m erreicht wird.

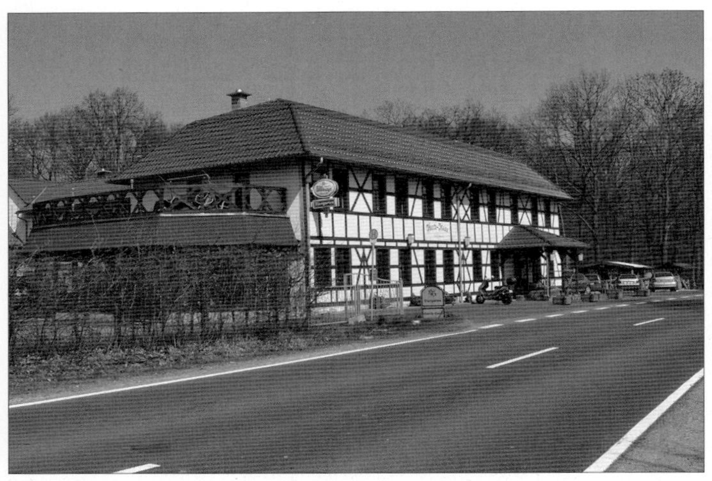

Harth-Haus. Foto: Harald Rockstuhl

Im Jahre 1824 wurde auf der höchsten Stelle der Harth ein Zollhaus errichtet. Da der Aufstieg für Mensch und Pferd sehr mühsam war, wurde bald eine Versorgungsstation für die Zwei- und Vierbeiner erforderlich. Nach mehrmaligem Besitzerwechsel kam das Haus schließlich 1886 an den Gastwirt Ferdinand Siegfried, der ein schmuckes Ausflugslokal entstehen ließ. Gern genutzt wurde auch der 1935 abgerissene Aussichtsturm. Am 24. Mai 1924, genau 28 Jahre nach der Gründung des Rennsteigvereins, gründete der Craulaer Lehrer Willy Thiel die „Harthgemeinde“.
Obwohl sicherlich schon mancher Gast des Ausfluglokals „unter Strom“ stand, erhielt die Harth erst 1956 elektrischen Strom. Seit 1962 ist die Stadt Bad Langensalza Eigentümerin des Objektes.
Am 24. Mai 1995 wurde hier die Ortsgruppe „Harth“ des Rennsteigvereins 1896 e. V. gegründet. Sie setzt Traditionen der einstigen „Harthgemeinde“ fort. Aufgrund seiner günstigen Lage an der B 84 wird das Harth-Haus inzwischen nicht nur von Wanderern und Radfahrern, sondern auch von Autofahrern geschätzt.
Nicht weit vom Harth-Haus befindet sich auch das Gutbier-Denkmal, das dem Autor und Heimatforscher Hermann Gutbier gewidmet ist.
s. auch www.harthhaus.de oder www.badlangensalza.de

Anschließend führt der Weg durch die Große Harth in Richtung Binsenteich, der etwa 2 km entfernt ist. Dabei passieren wir das ***Damhirschgehege***.

Die zutraulichen Tiere stehen auf dem Weg Spalier.

Ca. 200 m vor dem ***NSG „Binsenteich"*** erreichen wir eine Weggabelung mit Wanderwegweiser.

Von dieser Stelle können wir zu den Bergen des Thüringer Waldes sehen, aus denen der Gr. Inselsberg herausragt. In meinem „Wanderführer um Bad Liebenstein und den Inselsberg" werden einige Wanderungen und Radtouren in diesem herrlichen Gebiet beschrieben.

Nun folgen wir auch dem Steinbergweg, der durch das ***Netzbornholz*** führt.

Hier ist im Frühjahr ein prachtvolles Blütenmeer zu bestaunen. Mit etwas Glück sieht und hört man dann, wie sich der Mittelspecht hier tummelt.
Der nächste, ca. 3 km lange Abschnitt ist geprägt von beweideten Grünland und verbuschenden Weideflächen. Immer wieder tun sich Blicke ins Thüringer Becken auf.
s. auch www.nationalpark-hainich.de

Der Weg mündet linksabbiegend in den *Radweg Gelbe Route.* Nach ca. 1 km überqueren wir den *Steingraben.* Der Anstieg führt nun bis auf 100 m an die Straße Craula - Zimmern/Alterstedt heran. Wir halten uns links und nehmen parallel zu dieser Straße den Aufstieg zum Parkplatz an der ***Thiemsburg*** vor.

Die Rückfahrt kann per Linienbus erfolgen.

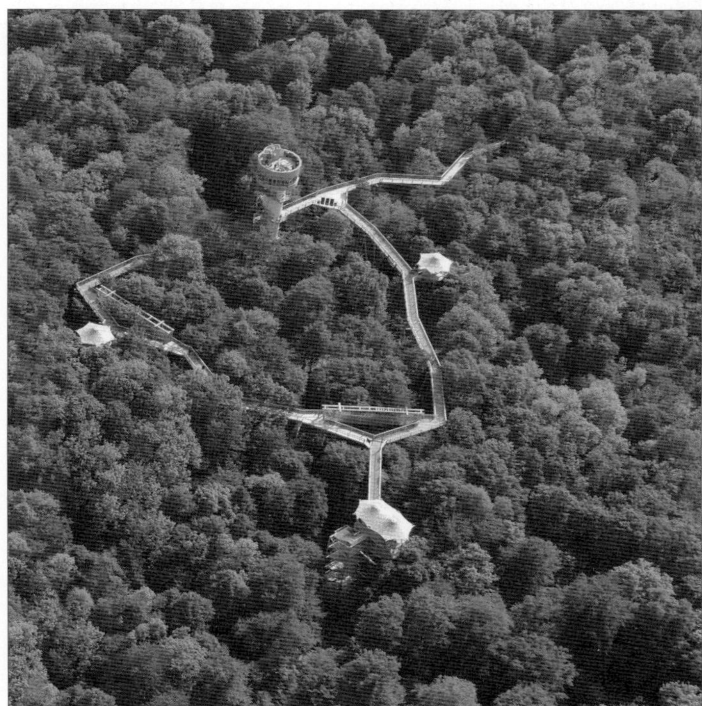

Baumkronenpfad aus der Luft. Foto: Harald Rockstuhl

SW 04: Von Sömmerda nach Weißensee

(10 km)

Sömmerda, Kirche „St.-Bonifatius" - Scherndorfer Weg - Weißenburg (km 2,5) - Baumschule (3) - Michelshöhe (4,1) - Luthersborn (4,2) - Diebssteig - Weißensee, Runneburg (8,6) - Weißensee, Chinesischer Garten (9) - Weißensee, Gondelteich (9,6)

- **Höhenunterschiede:** 85 m Anstiege, 70 m Abstiege, bei trockenem Wetter mit dem Fahrrad möglich
- **Gehzeit:** 3 h
- **Markierungen:** grünes L (Lutherweg)
- **Parkmöglichkeiten:** Weißensee, Gondelteich (Empfehlung: mit dem Bus nach Sömmerda fahren und nach Weißensee wandern)
- **Wanderkarten:** Nr. 6-7 (s. Aufstellung Wanderkarten)
- **Sehenswertes:** Sömmerda, Weißensee

Wissenswertes: Die Kleinstadt Weißensee erlangte aufgrund ihrer Lage an der alten Handelsstraße zwischen Nürnberg und Magdeburg schon frühzeitig Bedeutung. Im Bereich der Runneburg (12. Jh.) lag die älteste Ansiedlung. Mit einer Innenfläche von 1,5 ha gehört die Runneburg zu den größten Profanbauten der Romanik in Deutschland. Das Burggelände wird von einer 400 m langen Mauer umschlossen.
Die Runneburg war im Mittelalter neben der Wartburg, der Creuzburg, der Eckartsburg und der Neuenburg eine der fünf Residenzen der Thüringer Landgrafen. Neben der Vorburg weist die romanische Anlage einen mächtigen Wohnturm, eine Warmluftheizung aus dem 12. Jh. sowie einen schönen Palais auf. Das Fürstenhaus wurde im Jahre 1738 errichtet.
s. auch www.3b-weissensee.de
Weißensee hat aber noch mehr zu bieten. Sehenswert ist zudem das Rathaus am Marktplatz und die beiden Kirchen St. Peter und Paul sowie St. Nicolai. Gut erhalten ist auch die mittelalterliche Stadtbefestigung aus dem 13. Jh. sowie das Kanalsystem der Sächsischen Helbe, die im Mittelalter die Stadt Weißensee von Greußen her mit Wasser versorgte.
Inzwischen hat sich Weißensee einen Namen als „Stadt des Bieres" gemacht. Bereits im Jahre 1434 wurde hier und nicht in Bayern das deutsche Reinheitsgebot begründet. Dies bezeugt eine Urkunde, die „Statut thaberna", die im Weißenseer Rathaus aufbewahrt wird. Seit dem Jahr 2000 wird an historischer Stelle - in der Ratsbrauerei des Rathauses Weißensee - wieder diese alte Tradition gepflegt. In der Brauerei oder im gemütlichen Biergarten kann man ein hochwertiges „Weißenseer Ratsbräu" genießen.
s. auch www.ratsbrauerei-weissensee.de
Der Ort verfügt über einen Campingplatz, in dessen Nähe sich eine Turmholländermühle befindet.
Nicht nur bei Kindern beliebt ist das Märchenspieldorf am Gondelteich. Neben den dargestellten Märchen und Sagen gibt es auch Schauvorführungen zum Alten Handwerk.
Seit April 2012 lädt der „Garten des ewigen Glücks" seine Gäste ein, durch das Angebot original chinesischer Spezialitäten und der dazu passenden Umgebung ein Gefühl von Harmonie zu entwickeln. Von der Tee & Kaffee-Terrasse aus, hat man einen herrlichen Blick über den Garten bis zum Gondelteich.
s. auch www.weissensee.de oder www.chinagarten-tourismus.de

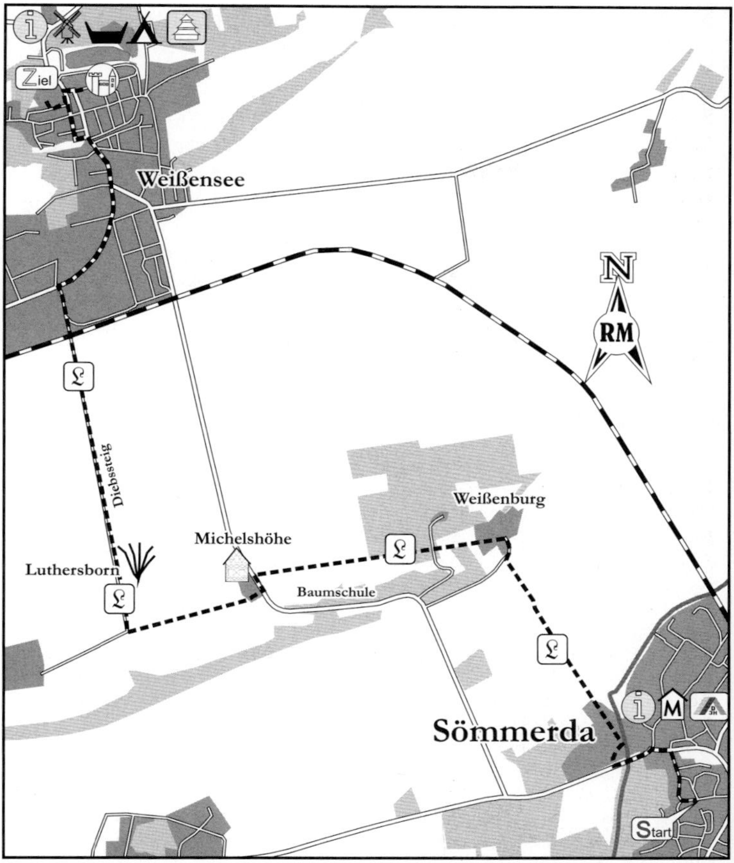

Routenbeschreibung: Hinter dem *Rathaus* von ***Sömmerda*** (s. auch Etappe 3) befindet sich die *Kirche „St.-Bonifatius"*.

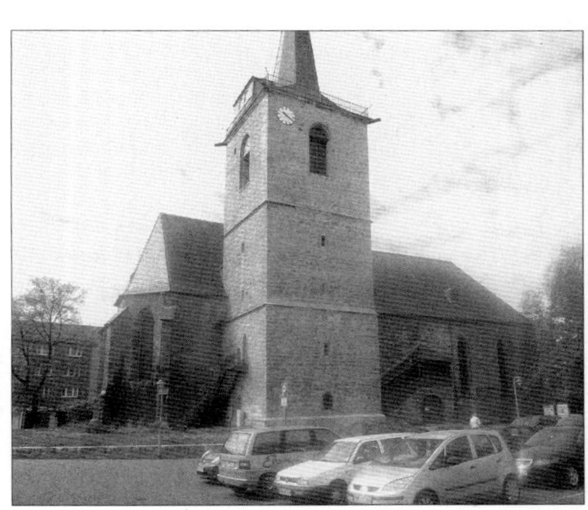

Sömmerda, Kirche St.-Bonifatius

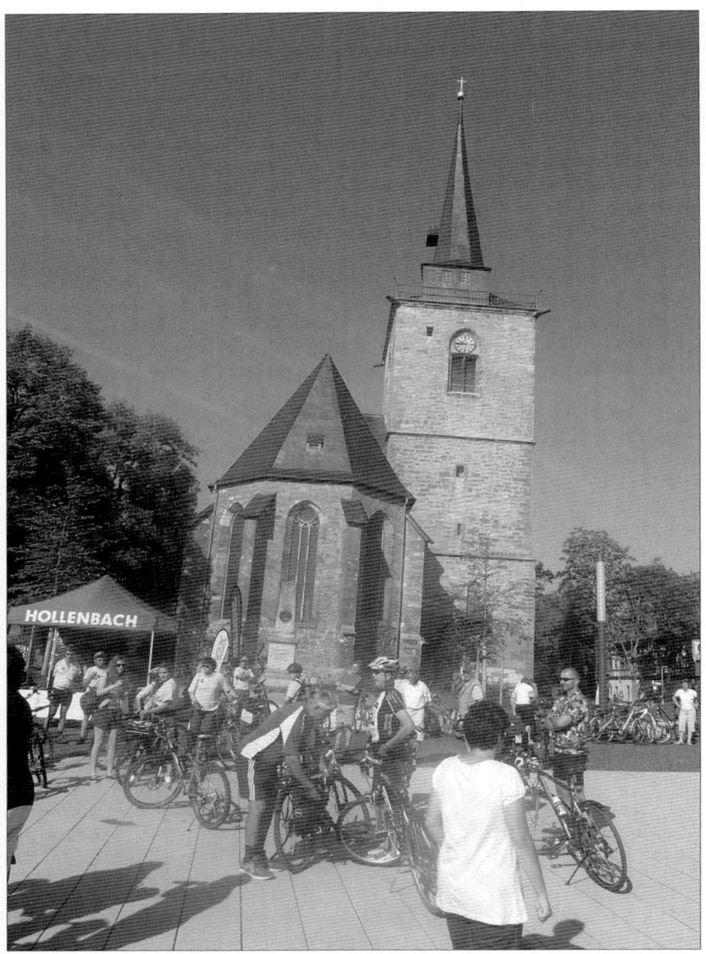

Am Marktplatz in Sömmerda startet die Tour de Frömmschdt

Eine Schautafel informiert über das Leben und Wirken des Reformators Martin Luther in Sömmerda.

Von dort kehren wir wieder zum *Markt mit Rathaus* zurück. An der *Tourist-Information* vorüber durchwandern wir die *Weißenseeer Straße.* Gegenüber dem *Amtsgericht* biegen wir links in den *Stadtring* ein. Hinter der *Volksschwimmhalle* nutzen wir eine *Ampel*, um auf die andere Straßenseite zu gelangen.

Nach 250 m schwenken wir rechts in den *Scherndorfer Weg* ein und kommen nach etwa 15 Gehminuten zum *Ortseingangsschild* der ***Weißenburg.***

Möglicherweise entstand die ursprüngliche Burganlage bereits in vor- oder frühgeschichtlicher Zeit. Im Jahre 1211 wurde die Burg erstmals durch landgräfliche Truppen zerstört.
Auf dem Gelände sind noch zwei bogenförmige Wälle vorhanden, die einst das Burggelände absicherten.
Heute gehört die Weißenburg zur Gemarkung der Gemeinde Tunzenhausen. Auf dem Gelände befinden sich ein Tierheim, die Baumschule Wulf sowie ein Reiterhof.

Bei der nach 120 m folgenden Weggabelung führt linksabbiegend eine Schotterstraße bergan, die nach 200 m durch einen fußfreundlicheren Wiesenweg abgelöst wird. Dieser führt durch ein kleines Waldstück bergan.
An der ***Baumschule Wulf***, die wir nach 300 m erreicht haben, kreuzen sich die Wege (Wanderwegweiser). Wir bleiben geradeaus und wandern parallel zu den *Telegrafenleitungen* zur *L 1054.*

Auf unserem Weg zur Michelshöhe haben wir einen Rundumblick über das Thüringer Becken. Bei klarer Sicht sind in der Ferne einige Höhenzüge zu erkennen. In nördlicher Richtung blicken wir zur Hainleite. Im Nordosten zeigen sich die Hohe Schrecke, die Schmücke und die Finne. In südlicher Richtung schweift der Blick zum Ettersberg bei Weimar. Südwestlich erhebt sich die Fahner Höhe, während sich westlich der Nationalpark Hainich zeigt.

Vorsicht beim Überqueren dieser stark befahrenen Straße!

Nachdem wir die ***Michelshöhe*** „erklommen“ haben, wandern wir 100 m parallel zur Straße am *Gaststättengelände* entlang. Anschließend biegen wir rechts in eine Bitumenstraße ein und gelangen zum ***Luthersborn*** (Wanderwegweiser).

Der Flurname Ludersborn (Luthersborn?) wurde bereits im 13. Jh. beurkundet. Die Namensgleichheit mit dem Reformator ist daher eher zufällig.
Ein Bezug Martin Luthers zum Luthersborn ergibt sich aus einer Sage. Demnach soll sich Luther auf dem Weg von Weißensee zu einer Predigt in Straußfurt am Brunnen ausgeruht haben. Da er einschlief, wurde eine Zeitlang in Straußfurt vergeblich auf ihn gewartet. Erst nachdem die Glocke zum vierten Mal geläutet hat, traf er ein und hielt seine Predigt.
Noch heute gilt in Straußfurt der Brauch des viermaligen Läutens zum Gottesdienst.

Quelle: Friedrich Bernhard Freiherr von Hagke, Urkundliche Nachrichten über Städte, Dörfer und Güter des Kreises Weißensee, Weißensee 1867

Wir halten uns rechts. Hinter einem *Hochbehälter* führt ein Schotterweg durch eine *Obstplantage* bergab.

Damit befinden wir uns auf dem Diebssteig.

Nachdem wir die *Bahnschienen* der früheren Pfefferminzbahn überquert haben, lädt eine *überdachte Sitzgruppe* zur Rast ein.
Wir bleiben geradeaus und wandern vor der *B 86 (Straußfurter Straße)* stadteinwärts nach Weißensee. Durch die *Bahnhofstraße* und die *Burgstraße* gelangen wir zur geschichtsträchtigen ***Runneburg.***

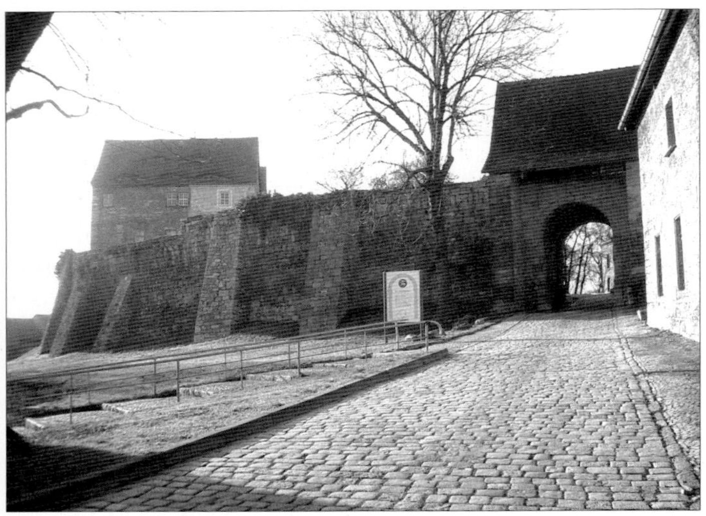

Weißensee, Runneburg

Nach deren Besichtigung führt unser Weg zum ***Markt mit Rathaus und Ratsbrauerei.*** Gegenüber der *Kirche „St.-Peter und Paul“* befindet sich der Eingang zum ***Chinesischen Garten.***
Nach dem Rundgang durch dieses Kleinod, können wir den *Hinterausgang* benutzen und am ***Gondelteich*** entlang wieder zu unserem Parkplatz wandern.

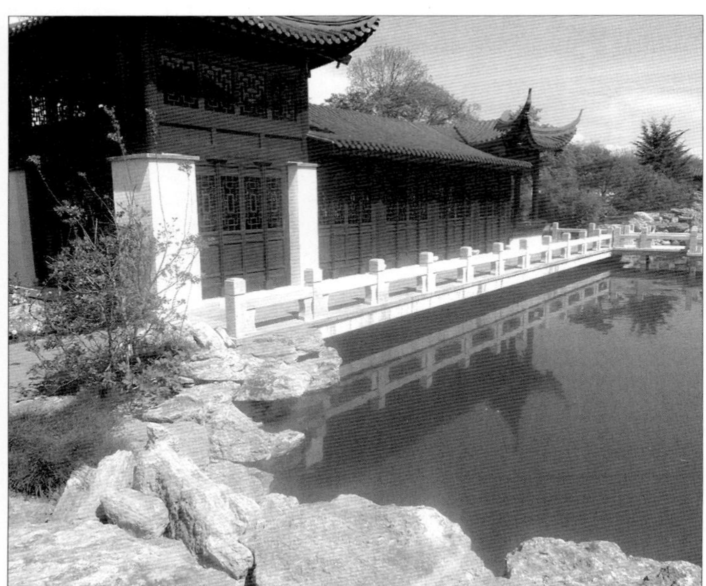

Chinesischer Garten

SW 05: Über Schmücke und Finne von Heldrungen nach Rastenberg (30 km)

Bf. Heldrungen - Stubenberg - Schwanenfeld (km 2) - Schmücke-Wanderweg (2,8) - Limberleite (7,6) - Finne-Wanderweg (7,7) - unterhalb Künzelsberg (10,8) - unterhalb Monraburg (11,1) - Wegekreuz Klapptor (11,9) - Burgwenden (13,6) - NSG „Finnberg“ - Rosenmühle (20,9) - Schafau (24,1) - Finnebahndamm (24,5) - Pavillon (26,3) - Waldschwimmbad - Rastenberg, Rathaus (29,8)

- **Höhenunterschiede:** 715 m Anstiege, 630 m Abstiege, gute Kondtion erforderlich, nicht für Radtour geeignet!
- **Gehzeit:** 9 h
- **Markierungen:** gelber Punkt, rotes Dreieck (bis Limberleite Schmücke-Wanderweg, ab Limberleite Finnewanderweg)
- **Parkmöglichkeiten:** Bf. Heldrungen
- **Wanderkarten:** Nr. 7-8, 10 (s. Aufstellung Wanderkarten)
- **Sehenswertes:** Heldrungen, NL, Ausssichtspunkte, Reste der Monraburg, Burgwenden, NSG „Finnberg“, Bachraer Steinkreuz, Rastenberg

Wissenswertes: Rastenberg liegt am Südwesthang des Höhenzuges Finne. Der Ort blickt auf eine bewegte geschichtliche Vergangenheit zurück. Davon zeugen einige vor- und frühgeschichtlichen Funde. Gut erhalten sind die historischen Teile der Stadtmauer mit ihren Wehrtürmen und viele alte Gebäude. Um 1400 erhielt Rastenberg das Marktrecht und zwölf Jahre später das Stadtrecht.
Seit nunmehr 300 Jahren genießt Rastenberg einen guten Ruf als Erholungsort. Wegen der heilenden Kräfte der Stahlquelle kamen schon damals Kranke und Gebrechliche, darunter Fürsten und Bischöfe, nach Rastenberg. Hier fanden sie Heilung und Genesung.
s. auch www.rastenberg.de
Auf dem Haselberg befindet sich eine Camping- und Freizeitanlage.
Das historische Waldschwimmbad liegt idyllisch mitten im Hochwald und gehört zu den schönsten Freibädern in Thüringen. Es sollte 2001 aus Kostengründen geschlossen werden. Jedoch wurde im gleichen Jahr ein Verein zur Rettung dieses Kleinodes gegründet. Diesem Zusammenschluss engagierter Bürger aus dem Finnestädtchen und seiner Ortsteile ist es zu verdanken, dass das über die Grenzen der Kleinstadt hinaus beliebte Bad gerettet werden konnte. Hier kann nicht nur geschwommen und geplanscht werden. Gut besucht werden auch Konzerte und andere interessante Veranstaltungen auf dem Gelände des Waldschwimmbades.
s. auch www.waldschwimmbad.com

Routenbeschreibung: Vom ***Bahnhof Heldrungen*** wandern wir stadteinwärts bis zur *Berufsbildenden Schule.* Hinter dem Gebäude zeigen verschiedene Wanderwegweiser die Richtung an. Wir biegen rechts in Richtung Schwanenfeld ein (Markierung *gelber Punkt).* Dabei führt ein steiler Anstieg auf schmalem Pfad über den *Stubenberg* in den Wald.

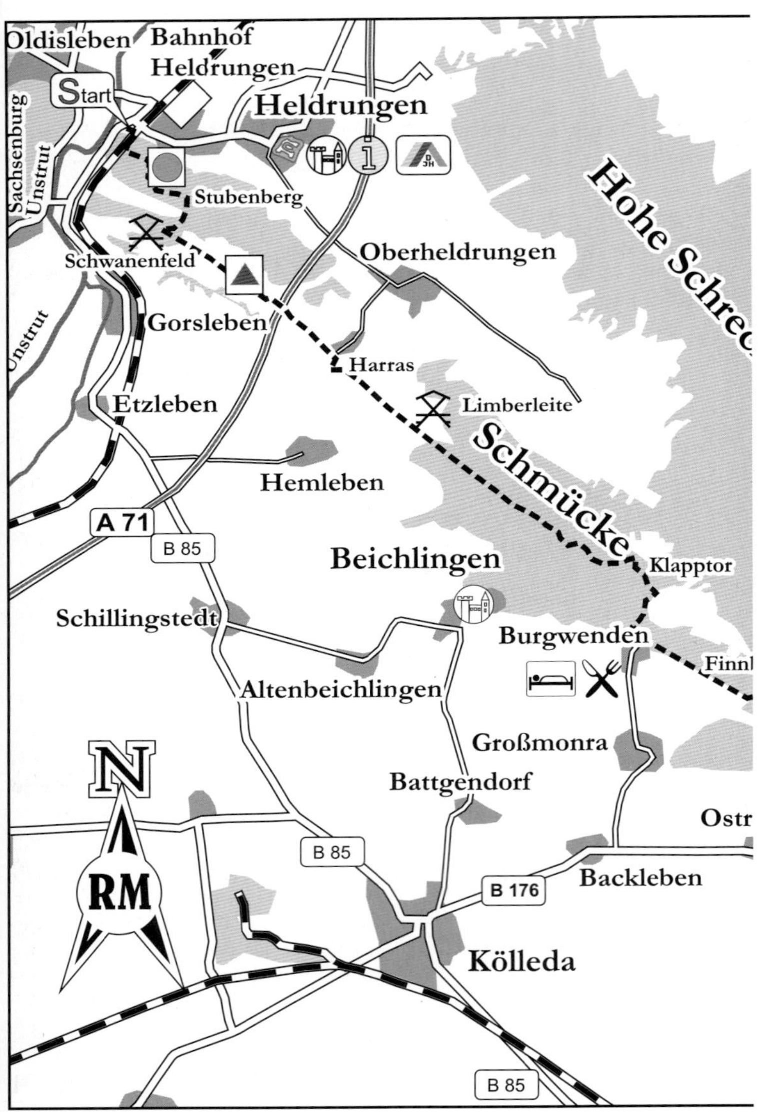

An der nächsten Wegkreuzung mit *überdachter Sitzgruppe* und *NL-Infotafeln* biegen wir links ein. Nach 500 m erreichen wir eine weitere Wegkreuzung mit Wanderwegweiser, von wo wir rechts in Richtung Schwanenfeld einschwenken und bergab wandern. Links sehen wir *Grenzsteine*. Die nächste Weggabelung mit Wanderwegweiser erreichen wir nach 400 m. Wir halten uns rechts, wobei es weiterhin bergab geht.

Am Waldrand erreichen wir den ***Rastplatz Schwanenfeld.*** Nun wandern wir zwischen Waldrand und Feld.

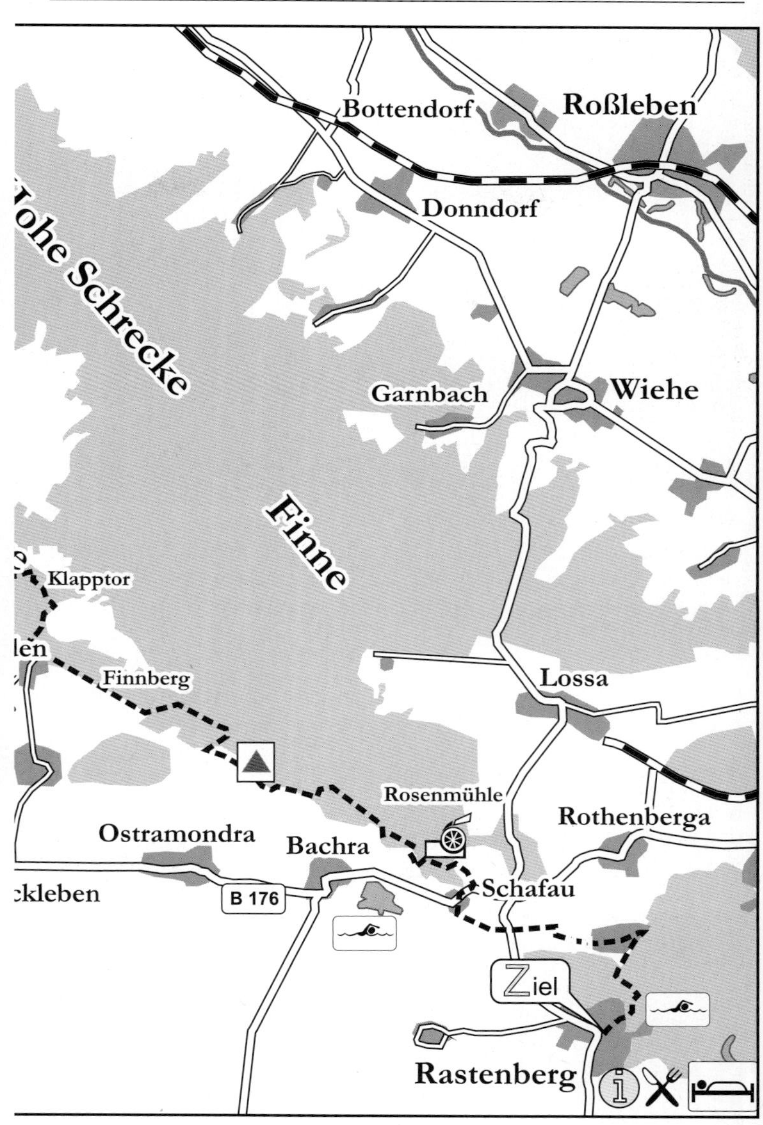

Dabei haben wir einen Blick zur Thüringer Pforte mit ihren Sachsenburgen.

Nach weiteren 50 m gabeln sich die Wege, wobei wir geradeaus bleiben und übers Feld Richtung Wald (Schmücke) laufen. Am Waldrand wandern wir für 100 m geradeaus und dann bergan auf den *Schmücke-Wanderweg* (Markierung *rotes Dreieck)*.
Bei der nächsten Wegkreuzung führt der Weg links steil bergan.

In nördlicher Richtung reicht der Blick zum Kyffhäusergebirge, zum Unterharz sowie nach Sangerhausen mit seinen Kupferhalden.

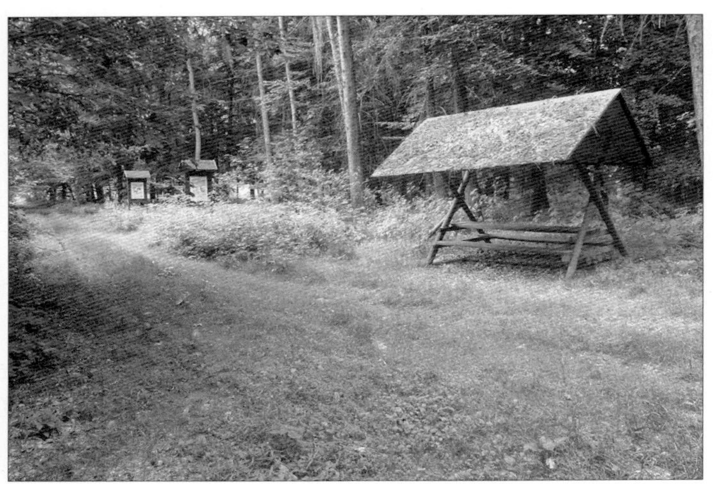

Rastplatz auf dem Stubenberg

Oben angekommen, wird der Weg allmählich breiter. Nach einem weiteren Kilometer kreuzen sich an einer *Lichtung* die Wege. Ein Wanderwegweiser zeigt in Richtung Harras (4 km).

Geradeaus haben wir einen Blick zur Hohen Schrecke.

Die nächste Wegkreuzung mit Wanderwegweiser wird nach 900 m erreicht. Wir wandern geradeaus zwischen Obstplantagen und Feld.

Bald haben wir einen Blick auf die Orte Hemleben und Beichlingen.

Nach 1,7 km gabeln sich die Wege. Entsprechend der Wanderwegweiser bleiben wir geradeaus. Bei der nächsten Weggabelung mit Wanderwegweiser nach 800 m bewegen wir uns

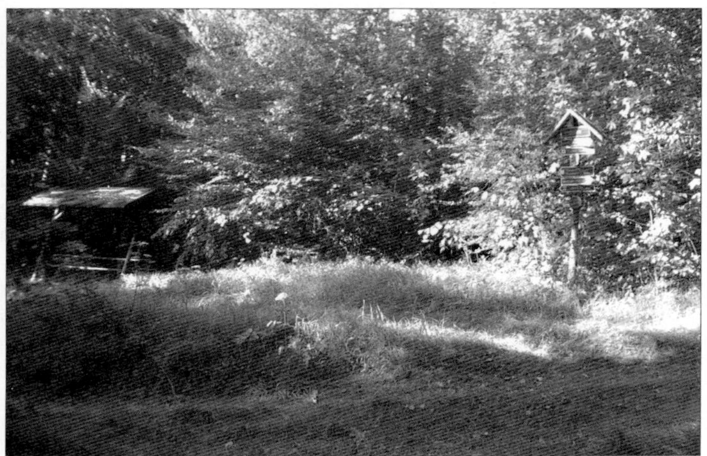

Rastplatz an der Limberleite

halblinks bergan auf *Telegrafenleitungen* zu. Nachdem wir die Telegrafenleitungen unterschritten haben, geht es im Wechsel bergab und bergan.

Der Blick schweift nördlich auf Harras und südlich auf Hemleben.

Unten angekommen, zweigt ein Wanderweg mit *grünem Querbalken* links in das 1 km entfernte Harras ab. Nach 200 m erreichen wir eine weitere Weggabelung mit Wanderwegweiser, an der wir links einbiegen und bergan wieder in Richtung Wald wandern.
Dort folgen wir einem schattigen Waldweg, der uns nach etwa 2 km zu einer *überdachten Sitzgruppe* an der ***Limberleite*** führt.

Nach einer Rast halten wir uns geradeaus. Bereits nach 20 m zeigt ein Wanderwegweiser, dass wir uns nun auf dem ***Finne-Wanderweg*** befinden.

Er trägt die gleiche Markierung (rotes Dreieck). Die Entfernung bis Rastenberg ist mit 17 km angegeben.

Wir halten uns rechts. Bereits nach 5 m schwenken wir links ein und nutzen die *Treppen* bergan. Nun geht es auf einem schmalen Pfad weiter.

Achtung! Dieser Abzweig ist leicht zu übersehen, zumal an dieser Stelle die *Markierung fehlt.*
Nach etwa 300 m gelangen wir zum ***Rastplatz Rainer's Ruh.***

Hier reicht der Blick zur Hohen Schrecke.

Wir halten uns geradeaus. Nach 800 m queren wir einen breiten Weg.

Links geht es nach Hauteroda (s. auch RW 08) und rechts nach Beichlingen (s. auch RW 06).

Nach weiteren 700 m erreichen wir eine Weggabelung mit Wanderwegweisern, an der wir uns geradeaus halten. Nachdem wir einen guten Kilometer zurückgelegt haben, wird ein Abstecher zum ***Künzelsberg,*** der mit 372 m NN höchsten Erhebung der Finne angeboten.

Leider ist die Aussicht stark zugewachsen.

An der nächsten Weggabelung nach 500 m halten wir uns links und folgen damit dem Wanderwegweiser Richtung Burgwenden. Wenig später wird ein Abstecher zur ***Monraburg*** angeboten, wofür man einen Rundweg benutzen kann.
Nach 700 m erreichen wir eine weitere Wegkreuzung mit Wanderwegweisern. Wir halten uns geradeaus und überqueren dabei die *Radwege grüne 2* und *gelbe 4*. Bereits nach weiteren 10 m treten wir am ***Wegekreuz Klapptor*** aus dem Wald heraus. Wir nutzen die rechtsabbiegende Forststraße, um den Abstieg nach Burgwenden vorzunehmen.

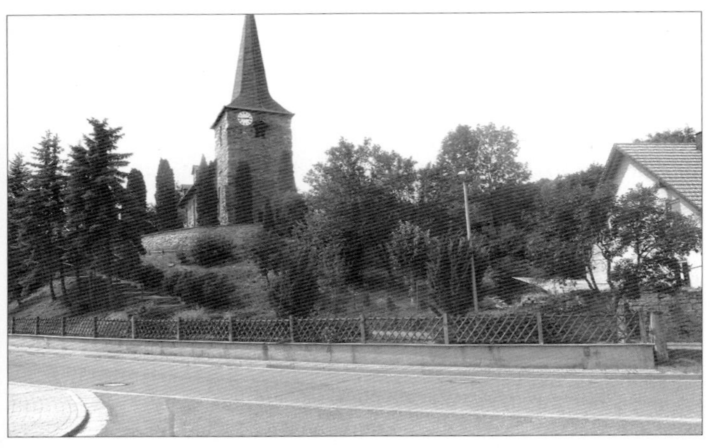

Burgwenden, Dorfansicht

Geradeaus geht es zum beliebten Rast- und Grillplatz Kammerforst, an dem alljährlich am ersten Maisonntag der Aktionstag „Hohe Schrecke - alter Wald mit Zukunft“ stattfindet.
s. auch www.region.hoheschrecke.de

In ***Burgwenden*** angekommen nutzen wir linksabbiegend eine *Brücke* und wandern durch den *Weiher*.

Das kleine Dorf Burgwenden schmiegt sich an solch geschichtlich wichtige Höhenzüge wie Monraburg, Wendenburg und Finnberg. Der Ort wurde lt. Dobenecker-Verzeichnis erstmals 1264 erwähnt. Es ist davon auszugehen, dass die Monraburg und später die Wendenburg sowohl als religiöse Kultstätten als auch zum Schutz der umliegenden Siedlungen und des Finnepasses dienten. Außerdem eigneten sie sich aufgrund ihrer strategischen Lage als Ausgangspunkt für Kriegszüge. Von den Burgen sind heute leider nur noch Mauerreste und Wallgräben wahrnehmbar.
Die St.-Laurentius-Kirche bestand im Mittelalter nur aus dem Turm mit innenliegendem Altarraum. Die in Stein gemeißelte Jahreszahl 1713 im Mauerwerk des Kirchenschiffes lässt darauf schließen, dass das Kirchenschiff erst in dieser Zeit an den bestehenden Turm angebaut wurde.
s. auch www.grossmonra.de und www.koelleda.de

Wenig später nutzen wir an der Infotafel vom ***NSG „Finnberg“*** eine stark bergan führende *Treppe*, um wieder auf dem Höhenzug zu wandern. Dann geht es auf einem schmalen, schattenspendenden Pfad weiter.
Wenig später folgt eine Weggabelung mit drei Wegen. Nun folgen wir einem Pfad geradeaus bergan. Nach etwa 100 m halten wir uns halblinks (leicht bergan). Anschließend führt der Weg am Waldrand mit guten Ausblicken entlang. Mehrere *Sitzbänke* säumen den Weg.
An der nach 700 m folgenden Weggabelung bleiben wir geradeaus, wobei rechterhand ein weiterer Abstecher nach Burgwenden möglich ist. Nach ca. 900 m passieren wir eine weitere Infotafel des *NSG „Finnberg“*. Dabei wandern wir links bergan, während es rechts nach Ostramondra hinabgeht.

Nach ca. 350 m erreichen wir eine weitere Weggabelung. Nun geht es geradeaus steil bergan. Oben angekommen gehen wir über eine *Treppe* geradeaus weiter. Der Weg führt allmählich vom Finnberg hinab. Nach einem guten Kilometer lädt eine Sitzgruppe am Waldrand zur Rast und zum Ausblick in die Landschaft ein.

Die Aussicht reicht über das Thüringer Becken bis zum Unterharz.

Nach 150 m kreuzen sich die Wege. Wir wandern links am Waldrand entlang. Von dieser Stelle wird ein Wanderweg nach Ostramondra angezeigt. An der nächsten Wegkreuzung mit Wanderwegweisern halten wir uns geradeaus. Auch hier besteht die Möglichkeit, einen Abstecher in das 1,5 km entfernte Ostramondra zu unternehmen.
Unser Weg führt nun zunächst am Waldrand entlang. Wenig später geht es über ein freies Feld bergan, wieder in den Wald hinein.

Der Blick reicht nun über die Windkrafträder nach Bachra.

An der nächsten Wegkreuzung mit Wanderwegweisern geht es geradeaus, leicht bergan. Rechts gelangt man nach Bachra. Außerdem ist ein Abstecher zum ***Bachraer Steinkreuz*** möglich.

Achtung der Weg führt am Rand des ehem. Truppenübungsplatzes entlang und darf entsprechend der Schilder nicht verlassen werden.

Nach ca. 900 m gabeln sich die Wege. Wir nutzen einen rechtsabbiegenden Forstweg bergab.
An dieser Stelle könnte eindeutiger markiert sein.
An der ***Rosenmühle***, die wir nach 800 m erreichen, folgen wir der rechts abbiegenden Straße bergab. Linkerhand befindet sich der *Bachraer Kreuzweg*. Nach 100 m erreichen wir den ***Heinrich-Hörnes-Gedenkstein***. Ein Wanderwegweiser zeigt an, dass es bis Schafau noch 5 km sind. In diesem Sinne halten wir uns links und passieren nach ca. 100 m einen *Biotop*. An dessen Ende nutzen wir einen Forstweg zum *Karenberg* hinauf.
Nach 300 m gabeln sich die Wege. Wir wandern rechts bergab.

Am Waldrand tun sich Blicke auf Bachra mit seinem Speicher auf.

Wenig später führt der Weg zwischen Waldrand und einem Feld leicht bergab.
Nachdem wir einen *Bach* überquert haben, geht es wieder links in den Wald hinein und leicht bergan auf den *Plattenberg*.
An der nach 500 m folgenden Weggabelung mit Wanderwegweisern nehemen wir geradeaus den Aufstieg zum Bornberg vor. Am Waldausgang schließt sich ein ***Wildgehege*** an. Ein Feldweg führt nun bergab in Richtung der *B 176*, **die es vorsichtig zu überqueren gilt.** Anschließend erreichen wir unterhalb des *Bornberges* das *Ortseingangsschild* von ***Schafau.***

Schafau, ein Stadtteil von Rastenberg, wurde erstmals 1450 im UB der Erfurter Stifter erwähnt. Die Grundsteinlegung der heutigen Kirche erfolgte im Jahre 1731. Der Taufstein mit der Jahreszahl 1598 lässt vermuten, dass an gleicher Stelle eine vermutlich hölzerne Vorgängerkirche stand.
s. auch www.bachra-schafau.de

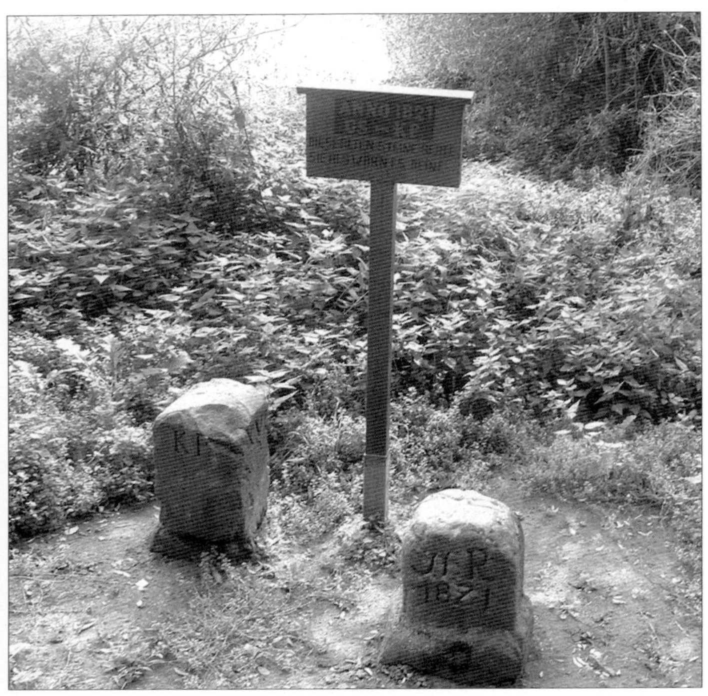

Grenzsteine zwischen Schafau und Rothenberga

Nachdem wir den Ort durchwandert haben, nutzen wir zugleich den *Radweg* auf dem *alten Finnebahndamm (Finnebahn-Radweg - s. Etappe 4).*

Wir passieren alte Grenzsteine, in deren Nähe die Elsbeere als Baum des Jahres 2011 angepflanzt wurde.

Am *Pavillon* folgen wir rechts abbiegend den Wanderwegweisern in Richtung Rastenberg und trennen uns vom Finnebahn-Radweg.

Hier lässt es sich nicht nur gut rasten. Einige Wanderwegweiser zeigen, welche vielfältigen Möglichkeiten hier vorhanden sind.

Nach ca. 300 m wird der Bitumenweg durch einen schmalen Schotterbelag abgelöst. Es geht weiterhin bergab. Über die *Bungalowsiedlung* gelangen wir zum *Campingplatz* von ***Rastenberg***. Nachdem wir die *Rezeption* dieser Einrichtung passiert haben, erreichen wir das *Ortsausgangsschild* der Kleinstadt Richtung Rothenberga. Wir wandern rechts neben der Straße bergab stadteinwärts. Nachdem wir das ***Waldschwimmbad*** passiert haben, erreichen wir das Gelände von der *Finneck-Stiftung*, hinter dem wir links abbiegen. Nach Überquerung eines *Baches* wird wenig später auch die Straße überquert. In wenigen Minuten haben wir am *Rathaus* das Zentrum von ***Rastenberg*** erreicht.

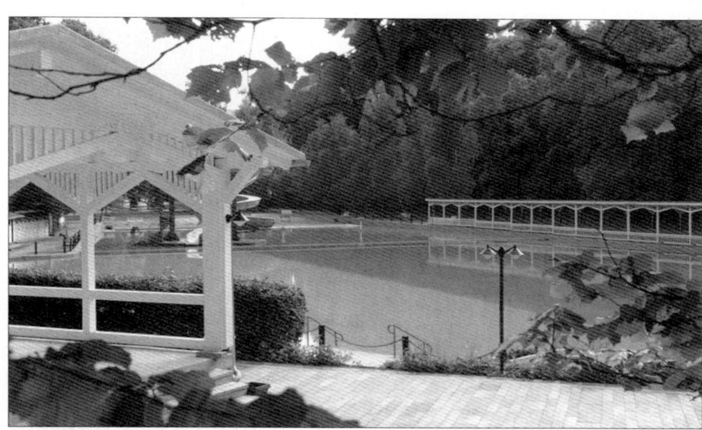

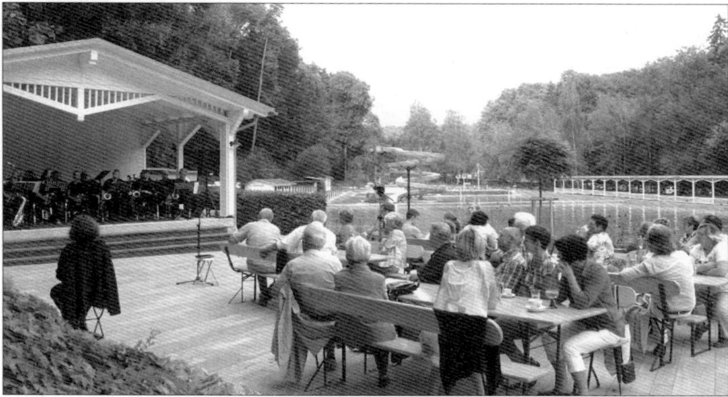

Das Waldschwimmbad. Fotos: Rastenberger Waldschwimmbadverein e.V.

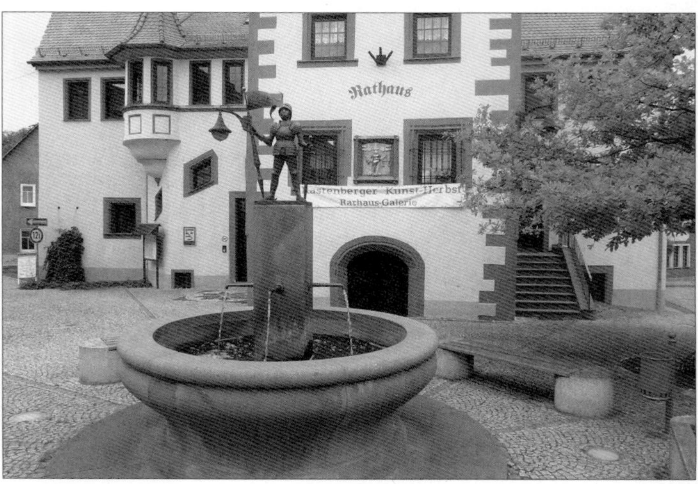

Rastenberg, Rathaus

SW 06: Auf dem Geotrail von Wangen zum Hermannseck (18 km)

Wangen - Wangener Grund - Buntsandsteinhochfläche „Bock“ (km 3,7) - Zingst (5,1) - Weinberg - Vitzenburg (6,6) - Pretitz (7,3) - Lohhorn - Weißenschirmbach (9,2) - NSG Stachelroder Grund (11) - Abzw. Birkenschäferei (12,8) - Pumpenhaus (16,4) - Klapperborn (17) - Hermannseck, Tiergehege (17,4) - Hermannseck, Bus (18,3)

- **Höhenunterschiede:** 375 m Anstiege, 240 m Abstiege, gute Kondition erforderlich, nur mit robustem Fahrrad zu bewältigen!
- **Gehzeit:** 5 h
- **Markierungen:** Weißes G auf grünem Grund oder weißer Geopfad auf grünem Grund
- **Parkmöglichkeiten:** Parkplatz unterhalb der Arche Nebra in Kleinwangen
- **Wanderkarten:** Nr. 9 (s. Aufstellung Wanderkarten)
- **Sehenswertes:** Arche Nebra, Aussichten, Vitzenburg, Pretitz, Weißenschirmbach, NSG Stachelroder Grund, Klapperborn, Naherholungsgebiet Hermannseck

Wissenswertes: Der Geo-Trail verbindet die Arche Nebra mit der Burg Querfurt und etabliert das „Wandern per Rad“. Wer diese Tour per Rad absolvieren möchte, benötigt allerdings neben Kondition ein Mountainbike. Als Genusstour für Familien mit Kindern eignet sich dieser Weg nicht.
Die gesamte Wegstrecke führt über ca. 35 km und bei 1000 Höhenmeter auf naturbelassenen Wegen durch Feld und Flur.
Auf dem Weg von der Arche Nebra zur Burg Querfurt gelangt man vom Buntsandstein zum Muschelkalk.
Insgesamt 14 geologische Lehrtafeln informieren während der Tour.
Vom Autor dieses Werkes wird nur der Abschnitt bis zum Naherholungsgebiet Hermannseck im Ziegelrodaer Forst als Wanderung beschrieben.
Die Rückfahrt nach Wangen kann von der Bushaltestelle Hermannseck mit Umstieg in Querfurt erfolgen.
s. auch www. www.naturpark-saale-unstrut.de

Routenbeschreibung: Am nördlichen Rand des *Parkplatzes* in ***Kleinwangen*** informiert eine Tafel über den Verlauf des Wanderweges (Geotrail).

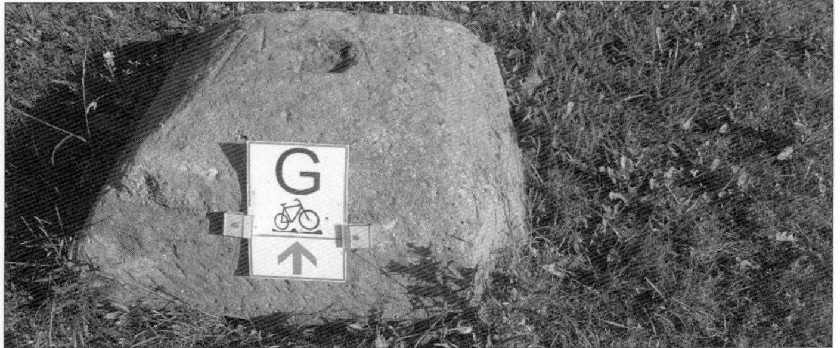

Markierung Geotrail

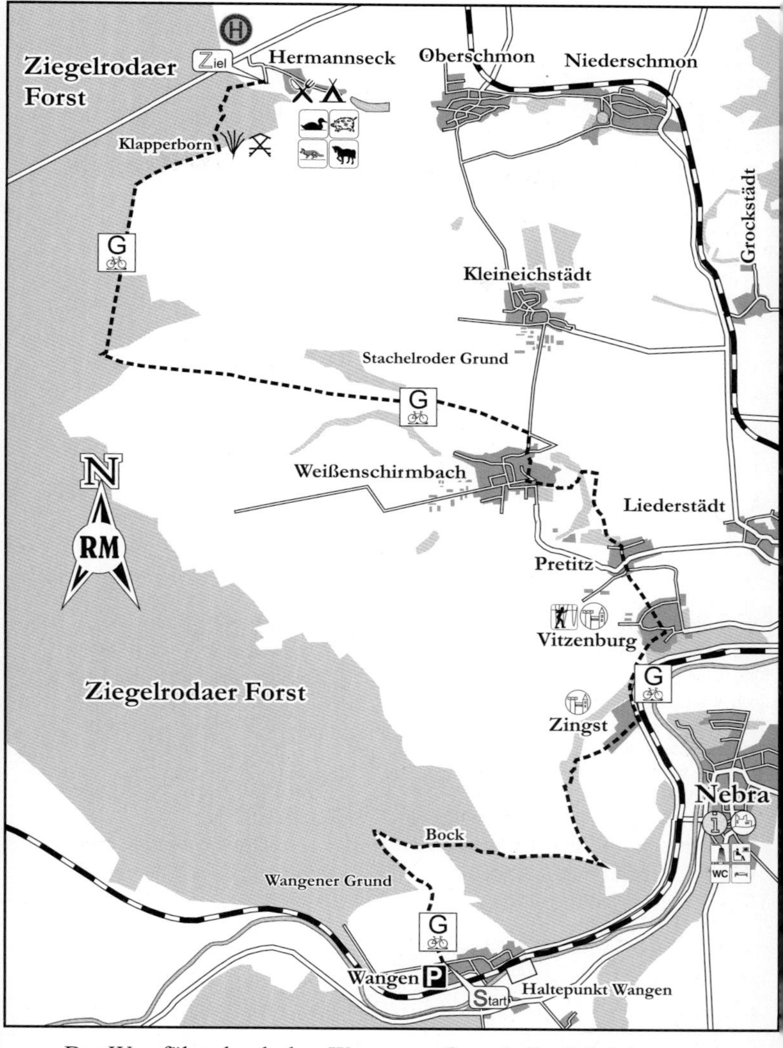

Der Weg führt durch den ***Wangener Grund*** allmählich bergan.

Damit befinden wir uns zugleich auf dem Geopfad Triastor (s. auch RW 17).

Nachdem wir nach 1,2 km den Eingang des Waldes zu beiden Seiten erreicht haben, verlassen wir den Wangener Grund. Ein *Meilenstein* weist nach rechts. Ein schmaler Waldweg führt steil bergan.
Nach 1,4 km gabeln sich die Wege (Wanderwegweiser). Dabei treffen wir wieder auf den *Geopfad* und auf den *Steinbruchweg* (Markierung *gelber Punkt*).
Wenig später haben wir die Buntsandsteinhochfläche namens ***Bock*** erreicht. Eine Schotterstraße führt linksabbiegend zum Waldrand.

Dort lädt eine überdachte Sitzgruppe zur Rast ein. Eine Tafel informiert über die Schichtstufenlandschaft der Querfurter Mulde. Der Blick reicht über Vitzenburg nach Norden. Dabei kann man den kommenden Wechsel zwischen dem Buntsandstein des Ziegelrodaer Forstes und dem Muschelkalk der Querfurter Platte wahrnehmen.
s. auch www. www.naturpark-saale-unstrut.de

Wir laufen nun links vom Waldrand. Bei der nach 400 m folgenden Weggabelung bleiben wir geradeaus am Waldrand.
Die nächste Weggabelung erreichen wir nach 600 m, von wo ein Abstecher zur ***Aussicht auf dem Bock*** angeboten wird. Um zu diesem Aussichtspunkt zu gelangen, muss man rechts aus dem Wald heraustreten. Wer „keinen Bock" dazu hat, bleibt links am Waldrand. Dabei geht es leicht bergab in Richtung Norden.
Nach 800 m erreichen wir die nächste Weggabelung. Entsprechend des *Meilensteines* geht es rechts steil bergab. Bei der nach 350 m folgenden Weggabelung bleiben wir geradeaus und trennen uns vom Geopfad und vom Steinbruchweg.
In wenigen Minuten haben wir den Abstieg nach ***Zingst*** vorgenommen und befinden uns somit im Unstruttal.
Nun wandern wir auf einem Gehweg links der stark befahrenen Straße in Richtung Vitzenburg. Etwa 100 m hinter der ***Schlossanlage von Zingst*** weist der *Meilenstein* den Aufstieg über den *Weinberg* zum ***Schloss Vitzenburg***.

Die Vitzenburg wurde im Zehntverzeichnis des Klosters Hersfeld gegen Ende des 8. Jh. urkundlich erwähnt. Die Burganlage oberhalb der Unstrut wurde aus strategischen Gründen von den Herren von Querfurt errichtet. Unterhalb des Schlosses entstand der gleichnamige Ort. Das Schloss ist der Öffentlichkeit nicht zugänglich.
s.auch www.querfurt.de

Vitzenburg verlassen wir über die *Neue Straße* und den *Schulweg*. Anschließend führt ein steiler Weg nach ***Pretitz*** hinab.
Dort passieren wir die *Buswartehalle* und queren die nach Weißenschirmbach führende Straße sowie den *Siedebach*. Anschließend geht es steil bergan zum ***Lohhorn.***

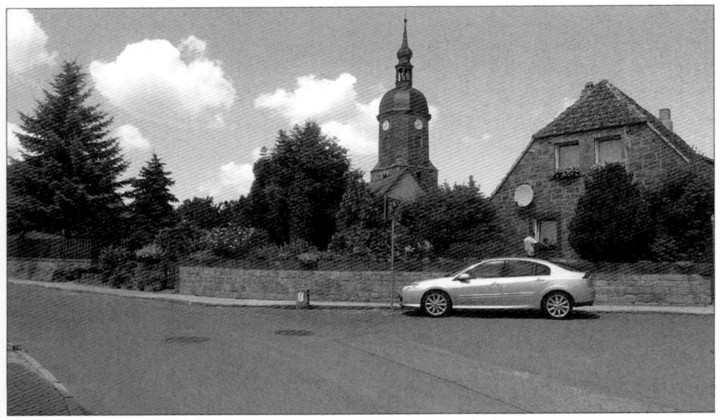

Weißenschirmbach, Dorfansicht

An diesem schattigen Plätzchen lässt es sich nicht nur gut rasten. Hier informiert die Tafel Nr. 4 über den Röt und die Ablaugung von Kalk, Gips, Salz.

Wir gehen über ein Feld geradeaus zum nächsten Waldstück. Anschließend wandern wir in westlicher Richtung *(Meilenstein)* durch einen Hohlweg. Rechts des *Friedhofs* können wir auf den längst sichtbaren Ort ***Weißenschirmbach*** zugehen.

Hier tun sich interessante Kontraste auf: Zunächst geht es durch ein schattiges Waldstück in einer wildromantischen Talsohle. Das Grundwasser tritt ganzjährig zutage. Bei unserem weiteren Anstieg geht es durch ein trockenes Kerbtal. Das Tal wurde lange als Streuobstwiese sowie zur Beweidung und Hutung genutzt. Bei diesem Nebeneinander von Wassermangel und -überschuss hat sich eine reichhaltige Flora und Fauna herausgebildet.

Nachdem wir das NSG durchwandert und dabei 60 Höhenmeter bewältigt haben, gabeln sich die Wege. Wir halten rechts abbiegend auf die *Telegrafenleitungen* zu, die wir nach 70 m erreicht haben. Bei dieser Weggabelung schwenken wir links in die *Weißenschirmbacher Straße* ein und bleiben parallel der *Telegrafenleitungen.*

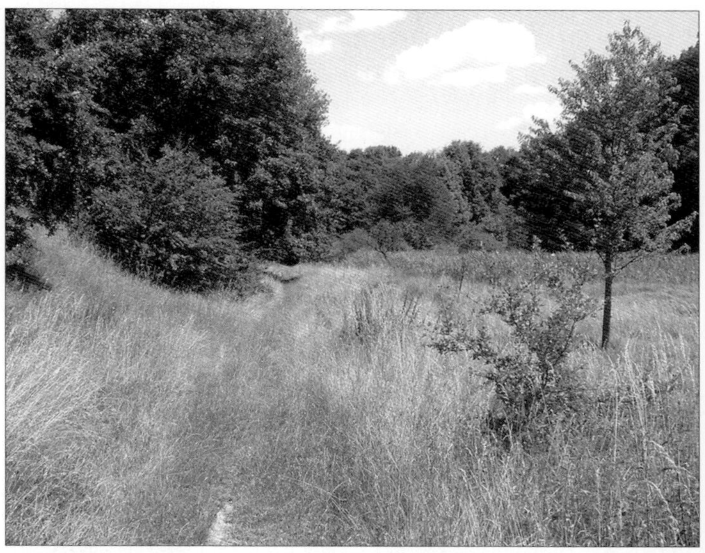

Stachelroder Grund

Die Infotafel 6 weist auf die Hochfläche (Tertiäre Landoberfläche, Eiszeit).

Unser Weg führt Richtung Wald, wobei wir die ***Birkenschäferei*** links liegen lassen.
Den Waldrand des ***Ziegelrodaer Forstes*** erreichen wir am *Eichstädter Weg.* An dieser Weggabelung trennen wir uns von den Telegrafenleitungen und biegen links in eine Forststraße ein.

Der Ziegelrodaer Forst ist das größte zusammenhängende Waldgebiet im Geo-Naturpark Saale-Unstrut-Triasland. Forstwirtschaftliche Maßnahmen sind auf die Erhaltung und Erhöhung des bereits hohen Laubwaldbestands gerichtet. Im Wald sind zahlreiche Pilze, darunter solche Exoten wie der Tintenfischpilz und der allerdings giftige Pantherpilz. Er wurde erstmals 1993 im Ziegelrodaer Forst gesichtet und ist seitdem als wärmeliebender Pilz „eingewandert". Genaueres zum Thema Pilze erfährt man gegenüber der Gaststätte „Jägerhütte". Dort werden am Pilz-Bungalow Beratungen für Pilzsucher angeboten.
Ein wichtiger Teil des Ziegelrodaer Forstes ist das Hermannseck. Das Waldgebiet gehörte im 17./18. Jh. zum Jagdgebiet der Herzöge von Sachsen-Weißenfels. Nach der Aufforstung durch den königlich-preußischen Förster Köstler wurde das Gebiet für den touristischen Nahverkehr erschlossen. So entstand die o. g. Gaststätte anstelle einer Jagdhütte. 1843 wurde die Klapperbornquelle eingefasst, und rund 100 Jahre später entstanden Tiergarten, Parkplatz, Musikpavillon und Campingplatz.
s. auch www.querfurt.de, www.unstrut-web.de und www.camping-platzhermannseck de

Bei der nach 150 m folgenden Weggabelung bleiben wir geradeaus. Nach weiteren 600 m kreuzen sich die Wege. Wir biegen rechts ab und befinden uns zugleich auf dem *Himmelsscheibenradweg*, der uns für etwa 1,8 km begleiten wird.
Ungeachtet aller Wegkreuzungen und -gabelungen bleiben wir geradeaus, bis wir das ***Pumpenhaus*** erreichen. Hier biegen wir rechts ein.

Einige Lehrtafeln über die Tier- und Pflanzenwelt zieren den wildromantischen Weg am Schmoner Bach entlang.

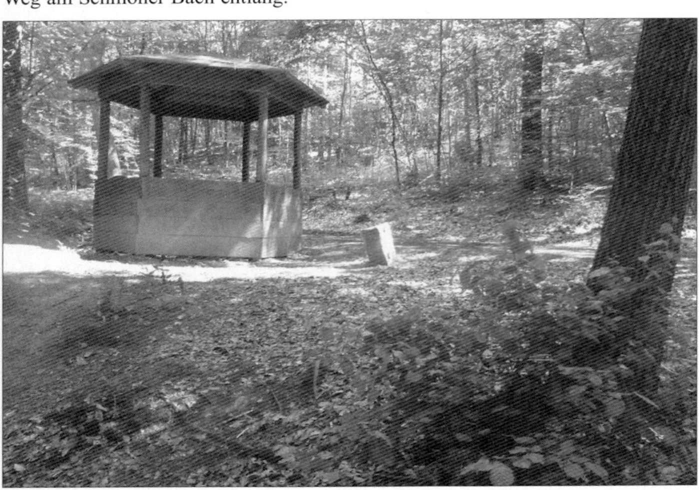

Rastplatz am Klapperborn

Nach weiteren 600 m erreichen wir den ***Klapperborn.***

An diesem in Sandstein gefassten Brunnenbauwerk mit Uhuskulptur lässt es sich gut rasten.

Anschließend überqueren wir eine *Brücke* und gelangen zur Rückseite des *Wildgeheges* von ***Hermannseck***.

Wenig später erreichen wir die Vorderseite des Wildgeheges, wo sich zugleich die Jägershütte befindet. Beim Umrunden des Objektes fällt das *Denkmal von Carl-Friedrich-Gottlob-Köstler* ins Auge.

Carl-Friedrich-Gottlob-Köstler war königlicher Oberförster (1797–1842).

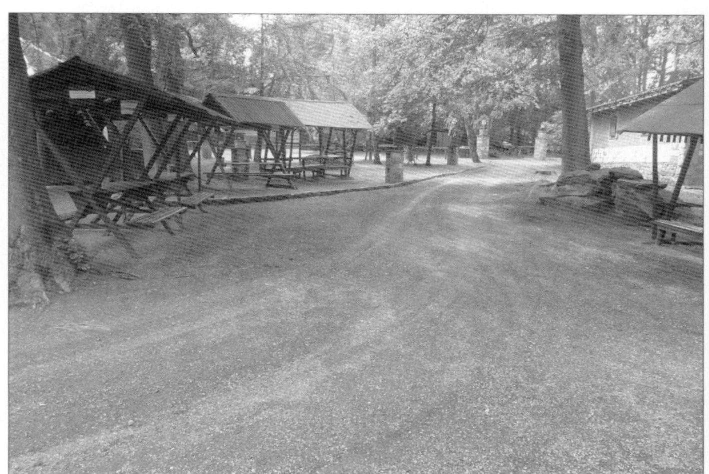

Hermannseck

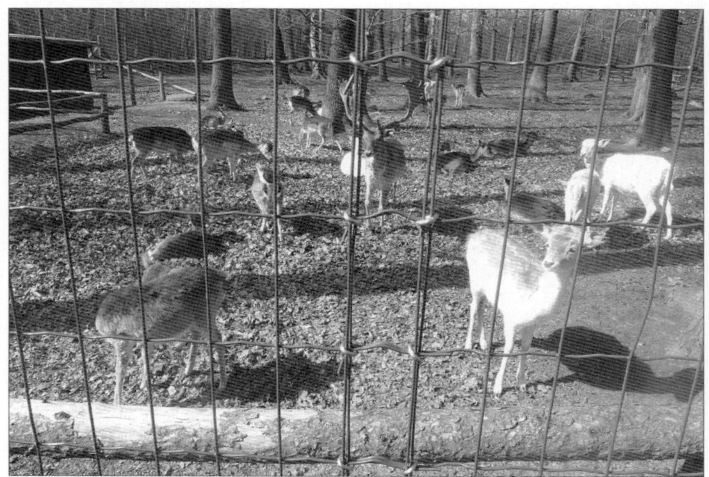

Wildgehege am Hermannseck

Um zur etwa 900 m entfernten ***Bushaltestelle*** von Hermannseck zu gelangen, folgen wir erneut dem *Himmelsscheibenradweg*.

SW 07: Auf dem Finnewanderweg - Von der Saale zur Ilm (17 km)

Naumburg (Saale), Hbf - Almrich (km 3,2) - Kleine Saale - Klopstockquelle (4,3) - Kloster Pforta (4,7) - Bad Kösen, Kurpark (7,5) - Johannisquelle (8,8) - Campingplatz Rudelsburg - Rudelsburg (12) - Burg Saaleck (13) - Saaleck, Ort (13,5) - Stendorf - Bf. Großheringen (17,3)

- **Höhenunterschiede:** 210 m Anstiege, 200 m Abstiege
- **Gehzeit:** 5 h
- **Markierungen:** rotes Dreieck (Finnewanderweg) bis Stendorf, roter Querbalken
- **Parkmöglichkeiten:** in Bahnhofsnähe
- **Wanderkarten:** Nr. 11-12 (s. Aufstellung Wanderkarten)
- **Sehenswertes:** Naumburg, Klosterpforta, Bad Kösen, Rudelsburg, Burg Saaleck, Großheringen

Wissenswertes: Bad Kösen wurde im Hochmittelalter als Vorwerk des Klosters Pforta gegründet.
Seit 1868 besitzt der Ort Stadtrecht und wurde 2010 ein Stadtteil von Naumburg. Es liegt an der Saale, in der Nähe des Naturparks „Saale-Unstrut-Triasland“ sowie an der Straße der Romanik.
Dank seines milden Klima, den natürlichen Solequellen und seiner landschaftlich reizvollen und historisch interessanten Umgebung wurde Kösen ein Kurort. Namhafte Persönlichkeiten haben hier im 19. Jh. gekurt. Neben Franz Liszt taten dies auch Adolf von Menzel und Theodor Fontane. Weitere Persönlichkeiten kamen aus Europa und Übersee.
Sehenswert ist die Wasserkunst. Die Kunsthalle neben dem Romanischen Haus (1138) zeigt im Anbau die Dauerausstellung „Die Puppenwelt der Käthe Kruse“ mit mehr als 250 originalen Puppen. Die weltbekannte Puppengestalterin lebte und wirkte von 1912 bis 1950 in der Badestadt.
Bad Kösen ist ein Weinort im nördlichsten Qualitätsweinanbaugebiet Deutschlands Saale-Unstrut.
s. auch www.badkoesen.de und www.kulturbox.de/museen/bad koesen

Routenbeschreibung: Vom *Bahnhofsvorplatz* in ***Naumburg*** folgen wir rechterhand dem Wegweiser zum Saale-Radweg. Nach Querung der *B 180* wandern wir links der Straße an einer gepflegten *Kleingartenanlage* vorüber.
Nach 1,4 km wird rechterhand eine *Bahnbrücke* unterquert. Anschließend biegen wir links in den *Saale-Radweg* ein. Bei der nach 400 m folgenden Weggabelung halten wir uns links. Wir laufen parallel der *Bahntrasse*, bevor wir wieder links den *Bahntunnel* unterqueren. Hier setzt auch die „zuständige“ Markierung mit dem *roten Dreieck* ein *(Finnewanderweg)*. Nun geht es zwischen einer *Kleingartenanlage* und der *Bahntrasse* entlang.
Im Naumburger Stadtteil ***Almrich*** schwenken wir links in die *Hauptstraße* ein *(B 87)*. Nach 120 m folgen wir dem Verlauf der ***Kleinen Saale.***

Die Mönche von Pforta legten Teile des sumpfigen Saaletales trocken, errichteten Wehre und bauten die kleine Saale aus, um ihre Mühlen antreiben zu können. Außerdem bauten sie Obst und Wein an.
s. auch www. blaues-band.de

Auf unserem weiteren, ziemlich wildromantischen Weg erreichen wir die ***Klopstockquelle.***

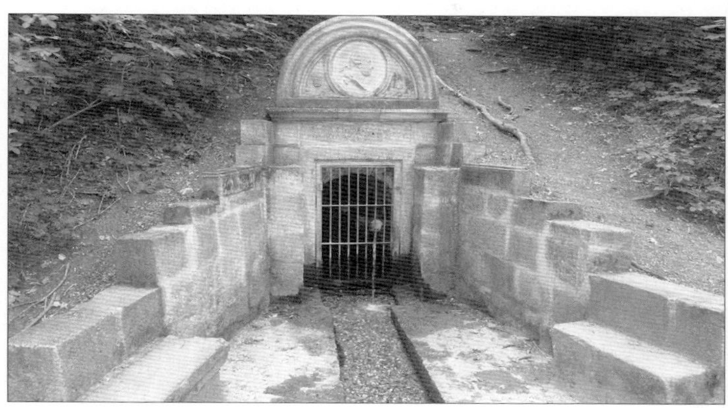

Klopstockquelle

Es ist davon auszugehen, dass die Klopstockquelle den Mönchen des ehemaligen Klosters St. Marien der Trinkwasserversorgung diente. Der Name der Quelle geht auf den Dichter Friedrich Gottlieb Klopstock (1724- 1803) zurück. Er war einige Jahre Schüler an der Fürstenschule in Schulpforte.
s. auch www.touren-an-saale-und-unstrut.de
An dieser Stelle werden zwei Möglichkeiten angeboten, zum Kloster Pforta zu gehen. Eine Variante besteht darin, das Klostergelände zu umgehen.

Wir aber bleiben geradeaus an der *Kleinen Saale* und erreichen nach wenigen Minuten das Areal vom ***Kloster Pforta.***

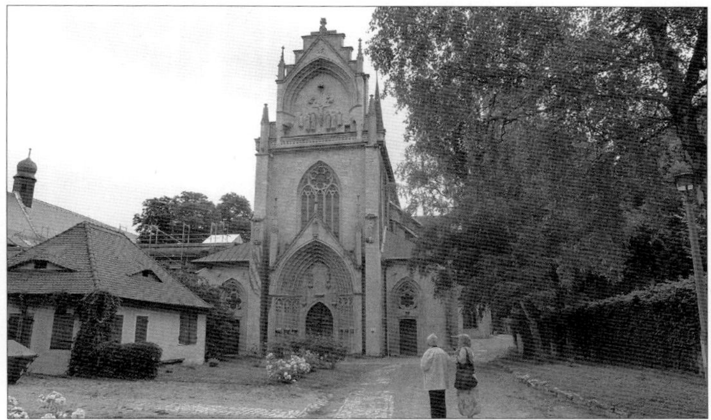

Kloster Pforta bei Bad Kösen

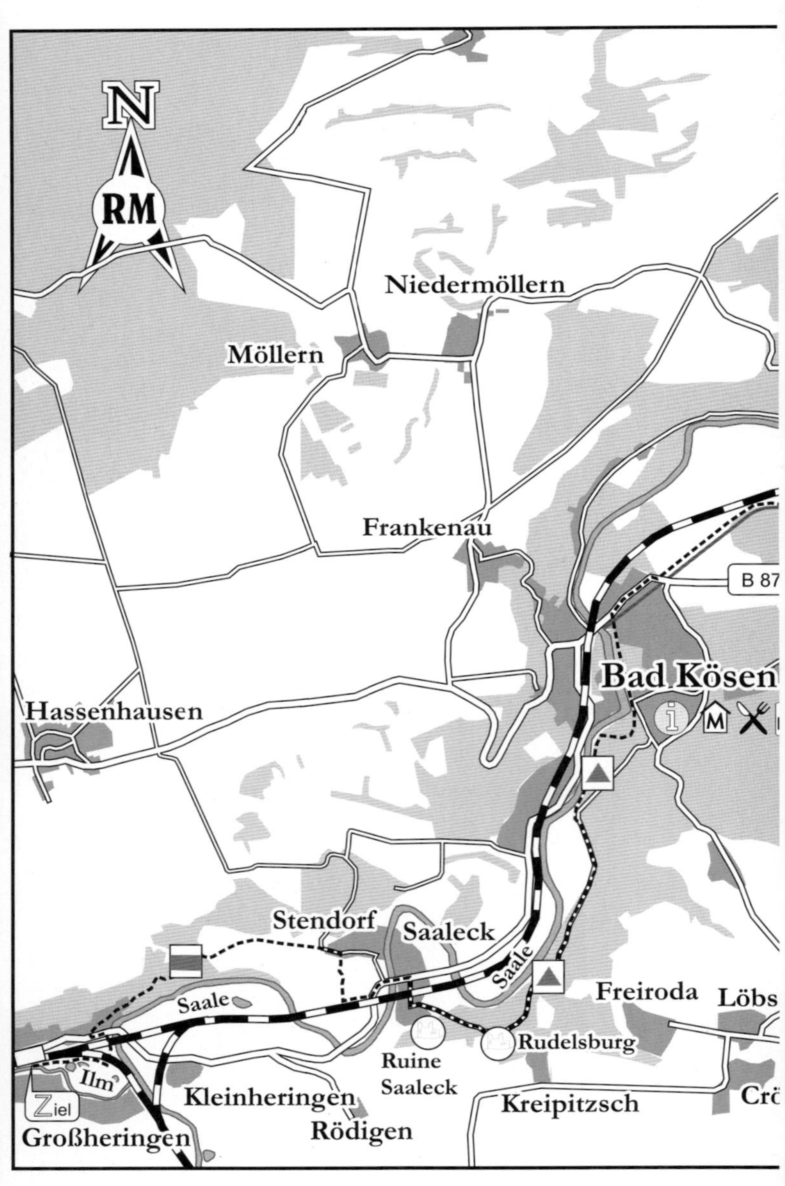
N
RM
Niedermöllern
Möllern
Frankenau
B 87
Bad Kösen
Hassenhausen
Stendorf
Saaleck
Saale
Saale
Freiroda
Löbs
Ilm
Rudelsburg
Ruine
Saaleck
Ziel
Kleinheringen
Kreipitzsch
Großheringen
Rödigen

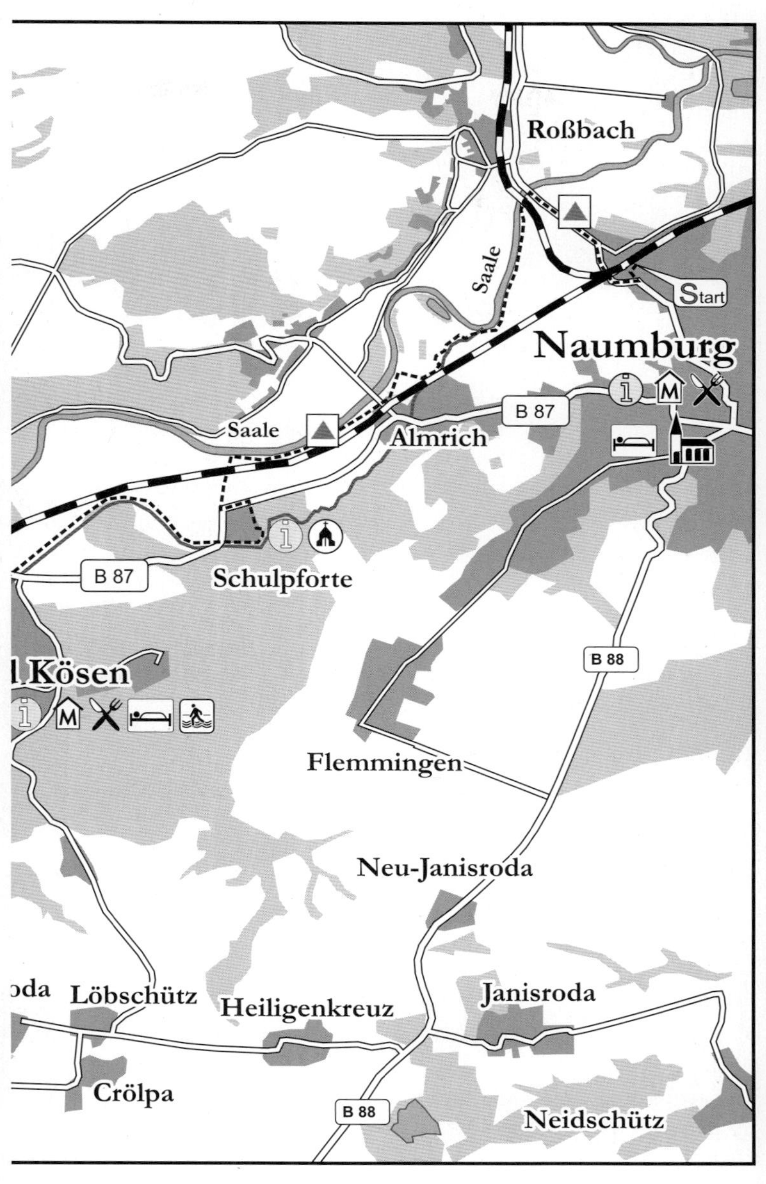
Roßbach
Saale
Start
Naumburg
B 87
Saale
Almrich
B 87
Schulpforte
l Kösen
B 88
Flemmingen
Neu-Janisroda
oda
Löbschütz
Heiligenkreuz
Janisroda
Crölpa
B 88
Neidschütz

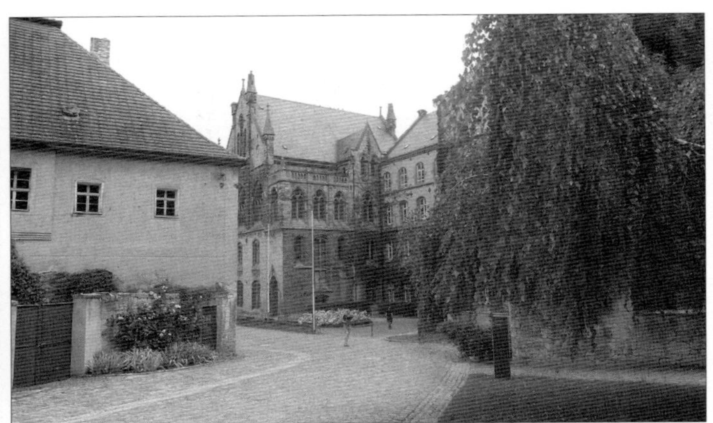

Kloster Pforta bei Bad Kösen

Durch die *Klostermauer* gelangen wir in den *Klostergarten*, wo es sich gut entspannen lässt. Auf der Rückseite der altehrwürdigen Gemäuer befindet sich der offizielle Eingangsbereich mit *Klosterladen*, wo ein reichhaltiges Sortiment des Saale-Unstrut-Weines angeboten wird.

Das im Jahre 1136 gegründete Zisterzienserkloster bietet sehenswerte Zeugnisse der Romanik. Zwischen 1251 und 1268 wurde die romanische Backsteinbasilika im gotischen Stil umgebaut. Die Errichtung des Chores war eine Meisterleistung dieser Zeit.
Gut erhaltene Kloster- und Schulgebäude sind auch die einschiffige Abtskapelle, der Kreuzgang, der Kapitelsaal, das Reflektorium, das Konversenhaus, das Hospitz, die Klostermühle, das Fürstenhaus, der Schafstall sowie das Amts- und Pächterhaus.
Seit der Auflösung des Klosters im Jahre 1540 durch die sächsische Regierung wird der Gebäudekomplex ununterbrochen als Schule genutzt. Zunächst zog die sächsische Landesschule ein. Zu den prominentesten Schülern zählen neben Klopstock die Philosophen Johann Gottlieb Fichte und Friedrich Nietzsche.
Von der Anlage können der Kreuzgang und die Kirche besichtigt werden.
Eine Dauerausstellung über das einstige Kloster ist im romanischen Haus in Bad Kösen zu sehen.
s. auch www.kloster-pforta.de oder www.blaues-band.de

Nach Querung der *B 87* schließt sich der kleine Ort ***Schulpforte*** an.

Hier besteht eine weitere Möglichkeit zur Rast.

Anschließend umwandern wir den *Köppelberg*. Dabei nähern wir uns wieder den *Bahnschienen*.
Am Ortseingang von ***Bad Kösen*** laufen wir rechts neben der Straße stadteinwärts. Nach ca. 400 m haben wir den *Kurpark* erreicht, in den wir links einbiegen.

Dabei lohnt sich ein Abstecher zur Radinsel.

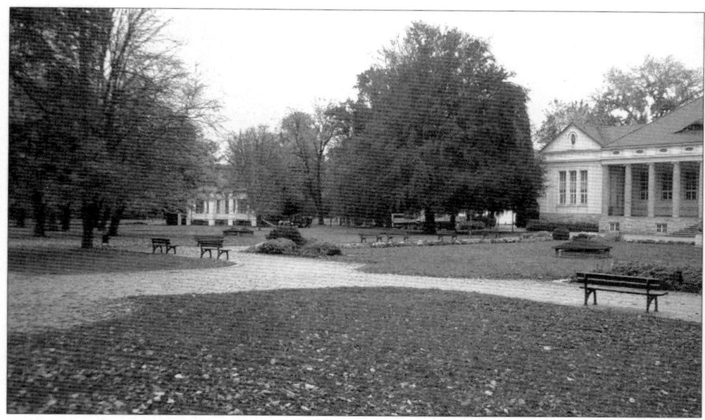

Bad Kösen, Kurpark

Den Kurort verlassen wir über die *Loreleypromenade*. Dabei bleiben wir auf Tuchfühlung zur *Saale*. Nach ca. 400 m wird die ***Johannisquelle*** passiert.

Sie wurde im Jahre 1868 entdeckt. Bis 1963 wurde diese schwach salzhaltige Sole zu Kur- und Heilzwecken genutzt.
s. auch www naturpark-saale-unstrut.de

Nachdem wir einen guten Kilometer zurückgelegt haben, erreichen wir den ***Campingplatz Rudelsburg***. Der gut ausgeschilderte Wanderweg führt nun über *Treppen* zur gleichnamigen Burganlage.

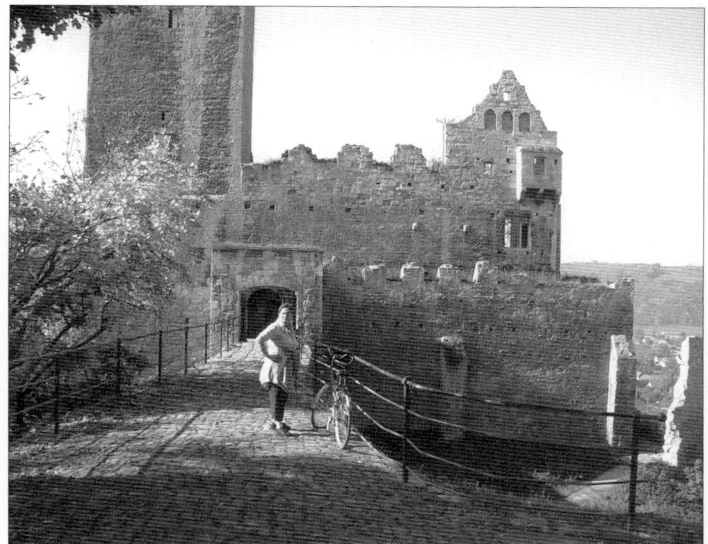

Rudelsburg bei Bad Kösen

Auf dem Weg zur Rudelsburg werden mehrere Denkmale der Kösener Corpsstudenten passiert. Seit 2006 befindet sich hier auch wieder ein Bismarckdenkmal.
Auch auf dem Gelände der Burg lohnt sich ein längerer Aufenthalt.
1171 wurde sie erstmals urkundlich erwähnt. Hier haben viele Kriege und die Zeit ihre Spuren hinterlassen. In den Jahren 1991/1992 erfolgte eine umfassende Sanierung dieses Kleinodes.
Heute können ganzjährig zahlreiche Gäste begrüßt und bewirtet werden.
s. auch www.rudelsburg.com

Um zur ***Burg Saaleck*** zu gelangen, steigen wir zur Straße hinab, wobei wir 50 Höhenmeter verlieren. Der dann folgende Anstieg ist ziemlich moderat.
Auch hier lohnt sich ein längerer Aufenthalt.

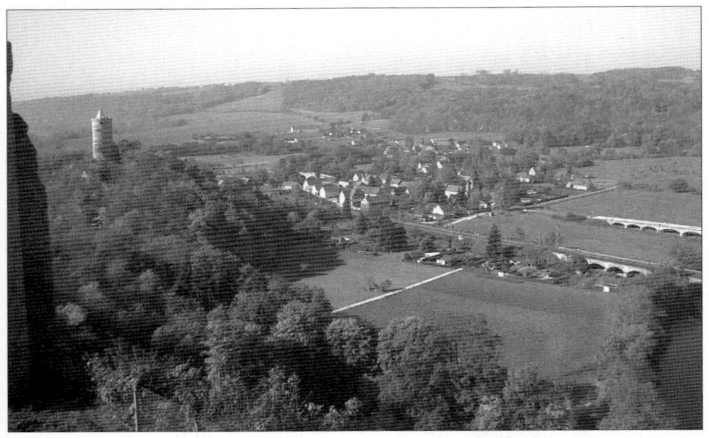

Die Burg Saaleck thront über den gleichnamigen Ort

Um 1050 als Grenzburg erbaut, diente sie dem Schutz einer wichtigen Handelsstraße. Die Saalecker Vögte der Burg wurden durch den Markgrafen von Meißen belehnt. 1349 wurden die Besitzrechte an den Bischof von Naumburg übertragen. Mit der Reformation kam die Burg in den Besitz des Kurfürsten von Sachsen.
Durch die Bodenreform erhielt 1945 die Stadt Bad Kösen die Burg.
Seit 2001 engagiert sich der Heimatverein Saaleck erfolgreich für den Erhalt der Anlage. Entstanden ist ein Museum. Außerdem werden interessante Varanstaltungen angeboten.
s. auch www.burg-saaleck.de

Nach der Besichtigung dieser geschichtsträchtigen Anlage nehmen wir über den *Burgberg* den Abstieg zum gleichnamigen Ort vor. Dann wandern wir dorfeinwärts und schwenken links in die *Sulzaer Straße* ein.
Hinter der *Saalebrücke* folgen wir rechterhand der wenig befahrenen Straße nach ***Stendorf***. Hinter der *Bushaltestelle* trennen wir uns vom Finnewanderweg. Nun wandern wir zunächst *ohne Markierung,* um den Ort über einen befestigten Wirtschaftsweg zu verlassen.

Bei der nach 450 m folgenden Weggabelung halten wir uns geradeaus. Wenig später setzt die Markierung mit dem *roten Querbalken* ein. Nachdem wir etwa 800 m zwischen *Feld* und *Obstplantage* gewandert sind, nimmt uns der Wald auf.

Hin und wieder tun sich Ausblicke auf die beiden Burgen oberhalb von Saaleck auf.

Nach 300 m gabeln sich an einer *Kleingartenanlage* die Wege (Wanderwegweiser). Wir bleiben geradeaus und erreichen nach einem weiterem Kilometer ***Großheringen.***
Bei der *Gemeindeverwaltung* halten wir uns links, um auf den Ortsausgang zuzuwandern. Vor der *Saalebrücke* schwenken wir rechts ein, unterqueren zwei *Bahntunnel* und wandern parallel zu den Bahnschienen auf den ***Bahnhof Großheringen*** zu.
Großheringen, am Zusammenfluss von Ilm und Saale gelegen, wurde erstmals 1110 urkundlich erwähnt (Urkunden der Markgrafen von Meißen und Landgrafen von Thüringen).

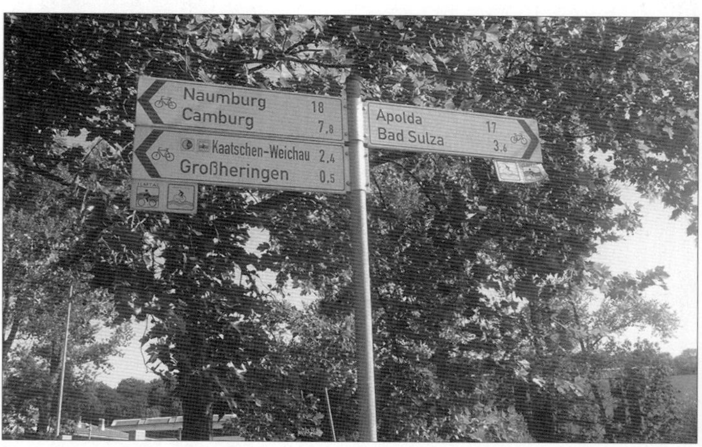

Großheringen liegt am Ilmtal-Radweg.

Ein Fotomotiv ist überdachte Hausbrücke, die unter Denkmalschutz steht. Sie wurde 1753 als Salzbrücke erbaut. Als einzige Verbindung über die Ilm verband sie die alte Salzstraße mit dem Saalfelder Gebiet. Dieses bauliche Meisterwerk ermöglichte den Fuhrleuten auch bei Hochwasser die Ilm zu passieren.
1991 wurde das Bauwerk umfassend saniert und erhielt ihr früheres Aussehen zurück.
Ein Besuch lohnt sich auch im Verkehrs- und Flößermuseum, welches 2003 auf dem Gelände der ehemaligen „Alten Gemüsefabrik" entstand. Hier wird dokumentiert, welche Rolle einst der Ort mit seinem Umsteigebahnhof als Verkehrsknotenpunkt gespielt hat. Der Besucher wird auch über die längst ver-

gangenen Zeiten der Flößerei informiert. Sehenswert ist auch die Rosenkirche in Großheringen, eine aus dem Jahr 1341 stammende spätmittelalterliche Dorfkirche.

Der Ortsteil Kaatschen-Weichau hat sich in den letzten Jahren zu einem idyllischen Weindorf gemausert. Wer mehr darüber wissen möchte, sollte den 2,5 km langen Weinlehrpfad unter die Füße nehmen. Damit nicht genug: Inzwischen führt ein Weinrosenweg über 125 Stufen hinauf in die Weinberge.

In Kaatschen-Weichau endet der Ilmtal-Radweg. Es besteht aber deshalb kein Grund traurig zu sein. Wenn dieser schöne Radweg zu Ende ist, radelt man eben auf dem Saale-Radweg weiter.

Aufgrund seiner Bahnstation eignet sich Großheringen gut als Ein-oder Ausstieg in den Ilmtal- oder Saale-Radweg.

s. auch www.grossheringen.de oder www.erlebnisweingut. de

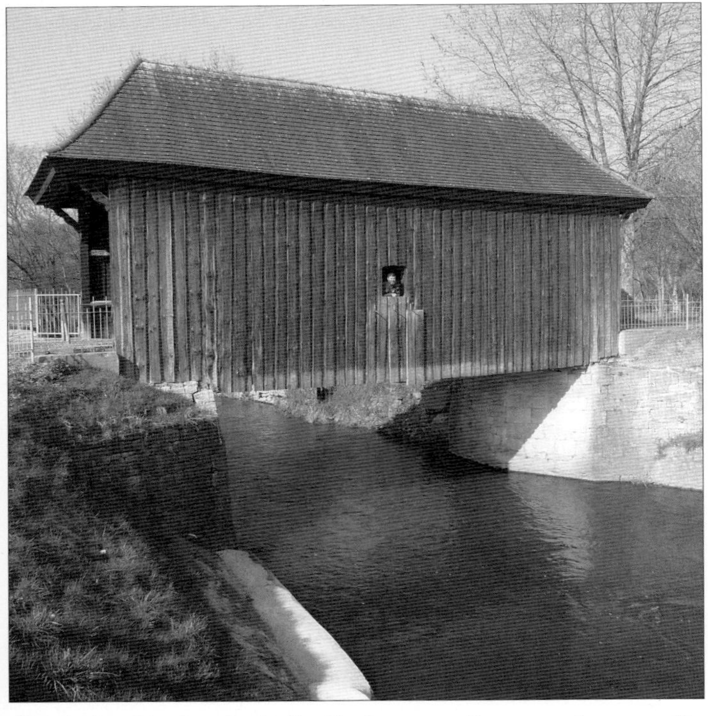

Überdachte Hausbrücke in Großheringen am Zusammenfluss vom Ilm und Saale

Register

Quellennachweis

– Autorenkollektiv: GeoPark Kyffhäuser - unerwartete Begegnun-gen auf steinigen Wegen, GeoPark Kyffhäuser e. V. , 2. Auflage 2009, (Hg)

– Autorenkollektiv: Auf Geopfaden unterwegs - Ein Tourenheft, Naturpark „Saale-Unstrut-Triasland" e. V. 2011 (Hg.)

– Autorenkollektiv: Auf Geopfaden unterwegs - Geopfad Trais-Tor, Naturpark „Saale-Unstrut-Triasland" e. V. 2012 (Hg.)

– Burghardt, Erwin: Chronik unseres Heimatortes Görmar, Heimatverein Görmar e. V. (Hg.) 2012

– Fritze, Eduard | Görner, Gunter Naturhistorische Chronik vom Gebiet zwischen Südharz, Eichsfeld, Unstrut, Hainich und Werra, Verlag Rockstuhl, Bad Langensalza, 2015. ISBN 978-3-95966-024-2

– Geißler, Roland: Die schönsten Wanderungen im Eichsfeld, 2. überarbeitete und erweiterte Auflage 2000, Mecke-Druck, Duderstadt

– Geißler, Roland: Die schönsten Wanderungen zwischen Kyffhäuser, Hainleite, Schmücke und Hohe Schrecke, Starke Druck & Werbeerzeugnisse Sondershausen 2011

– Geißler, Roland: Großer Hainich-Wanderführer, mit Radtourenvorschlägen, 3. überarbeitete Auflage, Verlag Rockstuhl, Bad Langensalza 2014

– Geißler, Roland: Wanderführer Fahner Höhe, Bad Tennstedt und Unstruttal, mit Radtourenvorschlägen, ebenda, 2005

– Graf, Eduard: Heimatskunde des Kreises Langensalza 1886, Verlag Rockstuhl Bad Langensalza, Reprint, ISBN 3-936030-27-8

– Kahl, Wolfgang: Ersterwähnung Thüringer Städte und Dörfer - Ein Handbuch, Verlag Rockstuhl Bad Langensalza, 6. Auflage 2016, ISBN 978-86777-800-8

– Koch, Rolf: Der Kyffhäuserkreis - Heimat zwischen Kyffhäuser und Thüringer Becken (Autor und Hg.)

– Köhler, Michael: Thüringer Burgen und befestigte vor- und frühgeschichtliche Wohnplätze, Jenzig-Verlag Gabriele Köhler Jena 2001

– Kubatz, H./Nordt, H.: Wanderführer für Wiehe und Umgebung - Heimatverein Wiehe/Unstruttal e. V. (Hg.) 1997

– Kühn, Ilka: Das neue Buch über das Eichsfeld - Zwischen Tradition und Moderne, Verlag Edition Limosa GmbH Clenze 2010, ISBN 978-3-86037-380-4

– Leipold, Johannes: Heimatbuch Donndorf und sein Kloster, Verlag Rockstuhl, Bad Langensalza 2009, ISBN 978-3-86777-123-8

– Leipold, Johannes: Chronik des Kupferschieferbergbaus in Bottendorf / Unstrut, Verlag Rockstuhl, Bad Langensalza 2007, ISBN 978-3-938997-67-3

– Leischner/Fitzke: Der Unstrut-Radwanderführer, Verlag Grünes Herz Ilmenau und Ostseebad Wustrow, 3. aktualisierte Auflage 2013, ISBN-Nr. 978-3-935621-85-4

– Moser, Otto: Wanderungen im Unstrutthal - Leipziger Verlagsgesellschaft Fliegenkopf-Verlag

– Neumerkel, Dr. Wilfried: 20 Naturwanderungen am Kyffhäuser, 2. erweiterte Auflage, Bad Frankenhausen 2006

– Patze, Dr. Hans: Handbuch der historischen Stätten Deutschlands

– Thüringen - Alfred Kröner Verlag, Stuttgart 1989

– Reuther, R./Weise, R.: Der Unstrut-Hainich-Kreis mit seinen Landschaften, Naturschönheiten und Schutzgebieten, Naturschutz- und Informationszentrum Nordthüringen e. V. (NIZ) (Hg.), Druck und Verlag Mühlhausen GmbH C. Schröter 1996

– Rockstuhl, Harald/Störzner, Frank: Hainich-Geschichtsbuch - Geschichte und Geschichtszeugen eines Naturerbes in Thüringen, 4. Auflage, Verlag Rockstuhl, Bad Langensalza 2014, ISBN 978-3-86777-684-4

– Rockstuhl, Harald: Die Unstrut. Geschichte, Landschaft und Leben am Fluss von der Quelle bis zur Mündung. Verlag Rockstuhl, Bad Langensalza 2014, ISBN 978-3-938997-66-6

– Rockstuhl, Harald: Die Unstrut - Luftbildatlas. Von der Quelle bis zur Mündung. Verlag Rockstuhl, Bad Langensalza. 2. Auflage 2015, ISBN 978-3-86777-405-5

– Rockstuhl, Harald: Unstrut Sagenbuch. Verlag Rockstuhl, Bad Langensalza. 2. Auflage 2015, ISBN 978-3-86777-782-7

– Trinius, August: Durch’s Unstruttal - Ein Wanderbuch 1892 - Von der Saale bis zum Kyffhäuser, Verlag Rockstuhl, Bad Langensalza, Reprint 1892/2011, ISBN 978-3-86777-276-1

– Vogel, Dirk: Der Klosterpfad in Nordwest-Thüringen - zwischen Thüringer Becken, Eichsfeld und Werratal, Verlag Rockstuhl Bad Langensalza 2009, ISBN 978-3-86777-124-5

Weiterhin wurden Angaben aus Prospekten und weiteren Publikationen verschiedener Orte, Institutionen und Vereine verwendet.

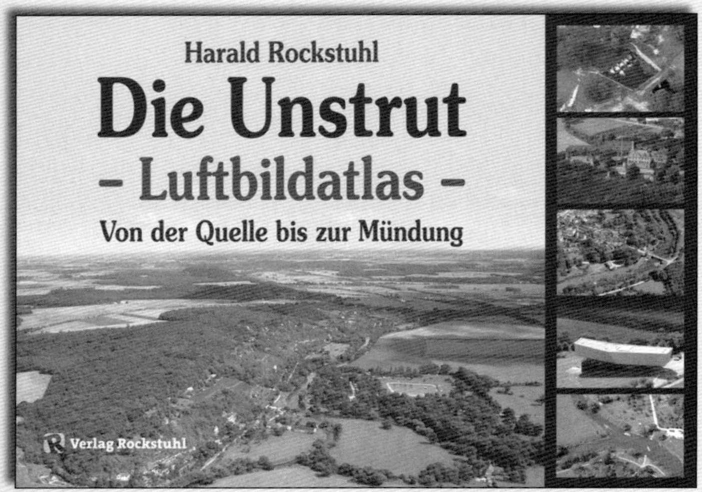

Von der Quelle bis zur Mündung – 192 km. Autor und Fotografie Harald Rockstuhl, Bildband mit 240 Seiten und 250 Farbfotos.

ISBN 978-3-86777-405-5

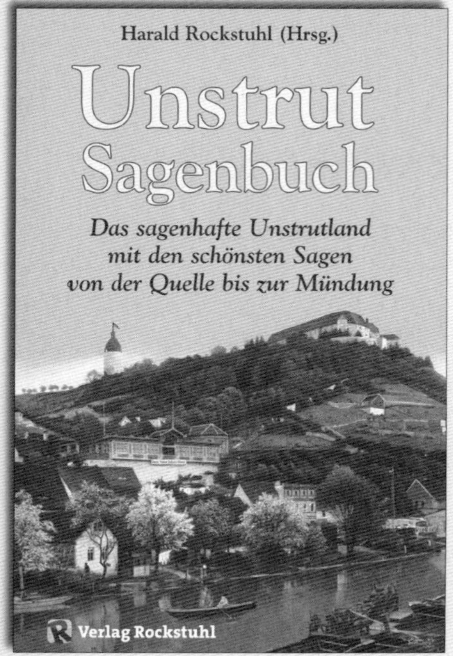

Herausgeber
Harald Rockstuhl
Taschenbuch,
176 Seiten,
47 Fotos,
151 Sagen.

ISBN
978-3-86777-782-7

Harald Rockstuhl

Die Unstrut

Geschichte, Landschaft und Leben am Fluss von der Quelle bis zur Mündung

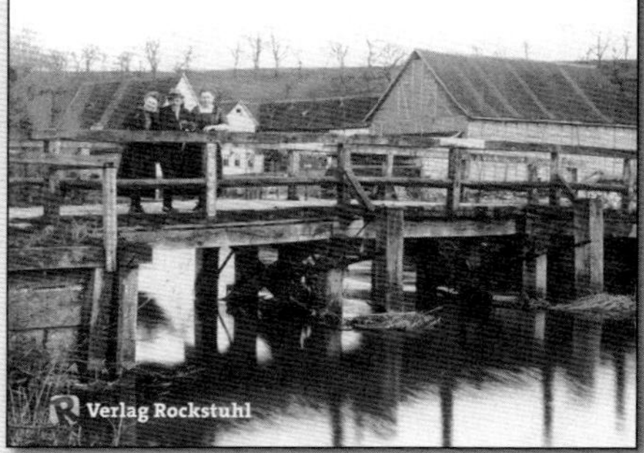

Autor:
Harald Rockstuhl
Festeinband,
222 Seiten mit
322 Abbildungen.

ISBN
978-3-938997-66-6

August Trinius

Durch's Unstruttal

Ein Wanderbuch 1892

Von Naumburg a.d.Saale bis zum Kyffhäuser

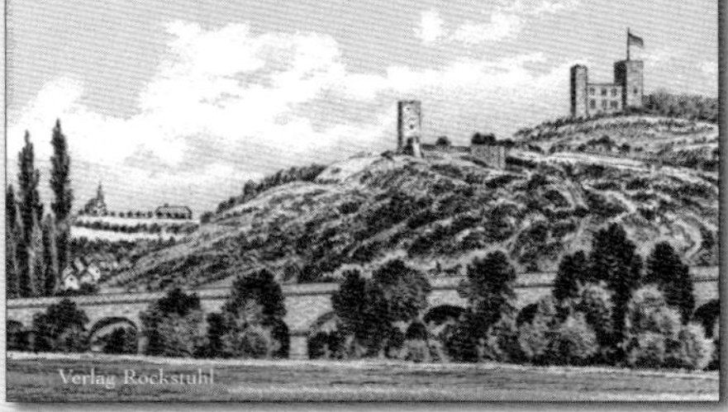

Autor:
August Trinius
Taschenbuch, Reprint von 1892
(Altdeutsche Schrift),
398 Seiten

ISBN
978-3-86777-276-1

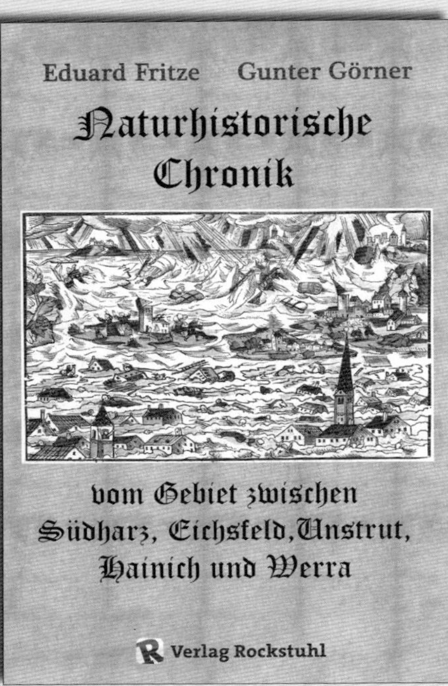

Autoren:
Eduard Fritze und
Gunter Görner,
Festeinband,
450 Seiten mit
135 Abb.

ISBN
978-3-95966-024-2

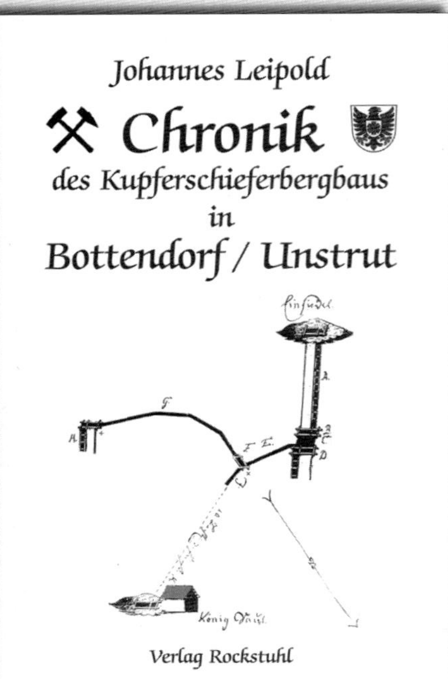

Autor:
Johannes Leipold
Festeinband,
258 Seiten,
86 Abbildungen

ISBN
978-3-938997-67-3

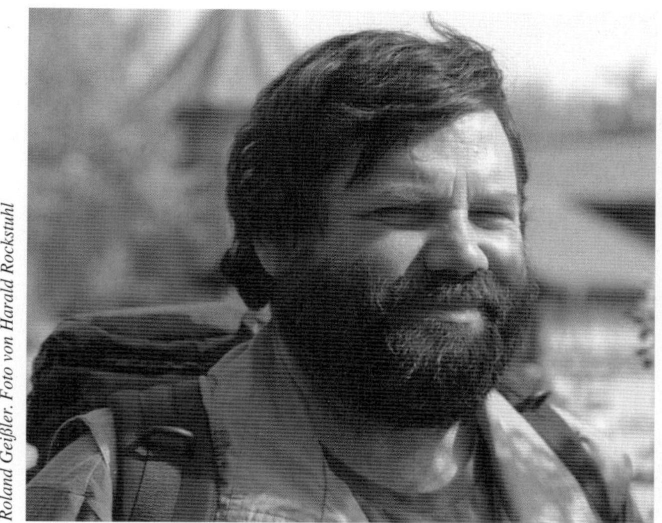

Roland Geißler. Foto von Harald Rockstuhl

Roland Geißler (geb. 1953) ist Autor zahlreicher Wanderführer mit Vorschlägen für Radtouren.

Seiner Wanderleidenschaft geht er seit 1982 nach. Ausgehend von seinem Lebensmittelpunkt, dem wunderschönen Eichsfeld, erwandert er interessante und reizvolle Regionen in Thüringen und angrenzenden Gebieten.

1996 kam er auf die Idee, einmal das gesamte Eichsfeld abzuwandern, um darüber einen umfassenden Wanderführer zu verfassen (Hrsg.: 1998). Der Erfolg der binnen kurzer Zeit vergriffenen Auflage veranlasste ihn, weitere Werke folgen zu lassen.

Relativ spät, erst im Jahr 2001, entdeckte er für sich das Radfahren, was sich in der Zwischenzeit ebenfalls zu einer Leidenschaft entwickelt hat. Den Interessenkonflikt zwischen dem Wandern und dem Radfahren nutzt er seitdem produktiv, indem er alle seit 2004 erschienenen Werke als Wander- und Radwanderführer kombinierte.

Aus seiner Feder stammen auch einige Reportagen über Urlaubsreisen, Wanderungen und Radtouren in Tageszeitungen und Radmagazinen.

2011 hat er auch eine Ausbildung beim Deutschen Wanderverband als Bestandserfasser für Prädikatswanderwege absolviert. 2012 erfolgte die Ausbildung über den ADFC-Bundesverband zum Radwegeinspektor, was ihn berechtigt, Radwanderwege zu zertifizieren. Dank seiner Erfahrung und Ausbildung hat er an der Ausarbeitung und Kartierung von Rad- und Wanderwegen im Hainich und in der Hohen Schrecke mitgewirkt. Gern würde er dies auch in weiteren Regionen tun.

Roland Geißler ist Abteilungsleiter der Wandergruppe im Eisenbahnersportverein Lok Leinefelde e. V.

Folgende Wanderführer von Roland Geißler sind erschienen

◊ **Hainich Wanderführer**
Taschenbuch | 264 Seiten | 250 Abbildungen
ISBN 978-3-86777-160-3 | Verlag Rockstuhl

◊ **Wanderführer Baumkronenpfad**
Taschenbuch | 72 Seiten | 100 Abbildungen
ISBN 978-3-86777-199-3 | Verlag Rockstuhl

◊ **Drei Gleichen – Wanderführer**
Taschenbuch | 96 Seiten | 60 Abbildungen
ISBN 978-3-937135-57-1 | Verlag Rockstuhl

◊ **Wanderführer Fahner Höhe, Bad Tennstedt und Unstruttal**
Taschenbuch | 144 Seiten | 100 Abbildungen
ISBN 978-3-937135-58-8 | Verlag Rockstuhl

◊ **Wanderführer um Bad Liebenstein und den Inselsberg**
Taschenbuch | 190 Seiten | 152 Abbildungen
ISBN 978-3-938997-79-6 | Verlag Rockstuhl

◊ **Wanderführer Forsthaus Thiemsburg**
Taschenbuch | 96 Seiten | 115 Abbildungen
ISBN 978-3-938997-95-6 | Verlag Rockstuhl

◊ **Die schönsten Wanderungen im Eichsfeld**
Taschenbuch | 324 Seiten | 48 Abbildungen
ISBN 978-3-932752-51-3 | Mecke Druck

◊ **Die schönsten Wanderungen zwischen Kyffhäuser, Hainleite, Schmücke, Hohe Schrecke**
Taschenbuch | 456 Seiten | 354 Abbildungen
ISBN 978-3-9811062-5-1 | Starke Druck

◊ **Die schönsten Wanderungen zwischen Südharz, Hainleite und Goldene Aue**
Taschenbuch | 344 Seiten | 58 Abbildungen
ISBN 978-3-9808465-9-2 | Starke Druck

◊ **Unstrut Wanderführer mit Radtouren**
Taschenbuch | 324 Seiten | 386 Abbildungen
ISBN 978-3-938997-09-3 | Verlag Rockstuhl